G. W. F. Hegel Werke in zwanzig Bänden

Wissenschaft der Logik II

黑格尔著作集

第 6 卷

逻 辑 学

II

先 刚 译

人民出版社

Georg Wilhelm Friedrich Hegel Werke in zwanzig Bänden
6
Wissenschaft der Logik II

Auf der Grundlage der Werke von 1832-1845 neu edierte Ausgabe
Redaktion Eva Moldenhauer und Karl Markus Michel
Suhrkamp Verlag Frankfurt am Main 1969

"十三五"国家重点图书出版规划项目

黑格尔著作集（二十卷，理论著作版）

总　序

张世英

　　这套黑格尔著作集的中文版，其所根据的版本是二十卷本的"理论著作版"（Theorie-Werkausgabe），即《格·威·弗·黑格尔二十卷著作集》（*G.W.F.Hegel Werke in zwanzig Bänden*），由莫尔登豪尔（E.Moldenhauer）和米歇尔（K.M.Michel）重新整理旧的版本，于20世纪60年代末开始出版。这个版本，虽不及1968年以来陆续出版的历史批判版《黑格尔全集》那样篇幅更大，包括了未曾公开发表过的黑格尔手稿和各种讲课记录以及辨析、重新校勘之类的更具学术研究性的内容，但仍然是当前德国大学科研和教学中被广泛使用的、可靠的黑格尔原著。我这里不拟对黑格尔文集的各种版本作溯源性的考察，只想就黑格尔哲学思想在当今的现实意义作点简单的论述。

　　黑格尔是德国古典唯心主义之集大成者，他结束了西方传统形而上学的旧时代。黑格尔去世后，西方现当代哲学家大多对黑格尔哲学采取批评的态度，但正如他们当中一些人所说的那样，现当代哲学离不开黑格尔，甚至其中许多伟大的东西都源于黑格尔。在中国，自20世纪初就有些学者致力于黑格尔哲学的介绍、翻译与评论。1949年中华人民共和国成立到1976年所谓"文化大革命"结束，大家所广为传播的观点是把黑格尔哲学看成是马克思主义的三个来源之一，一方面批判黑格尔哲学，一方面又强调吸取其"合理内核"，黑格尔是当时最受重视的西方哲学家。1976年以来，哲学界由重视西方古典哲学转而注意西方现当代哲学的介绍与评论，黑格尔哲学更多地遭到批评，其总体地位远不如从前了，但不少学者对黑格尔哲学的兴趣与研究却比以前更加深沉、更多创新。黑格尔无论在西方还是在中国,其名声的浮沉,其思想影响的起伏,正说明他的哲学在人类思想史上所占的历史地位时刻不容忽视,即使是在它遭到反对的时候。他的哲学体系之庞大,著述之宏富,思想内容之广博和深邃,在中西哲学史上都是罕见的;黑格尔特别熟悉人类思想史,他的哲学像一片汪洋大海,融会了前人几乎全部的思想精华。尽管他个人文笔之晦涩增加了我们对他的哲学作整体把握的难度,特别是对于不懂德文的中国读者来说,这种难度当然要更大一些。但只要我们耐心琢磨,仔细玩味,这气象万千的世界必能给我们提供各式各样的启迪和收益。

一、黑格尔哲学是一种既重视现实
又超越现实的哲学

一般都批评黑格尔哲学过于重抽象的概念体系,有脱离现实之弊。我以为对于这个问题,应作全面的、辩证的分析和思考。

黑格尔一方面强调概念的先在性和纯粹性,一方面又非常重视概念的具体性和现实性。

黑格尔明确表示,无时间性的"纯粹概念"不能脱离有时间性的人类历史。西方现当代人文主义思想家们一般都继承了黑格尔思想的这一方面而主张人与世界的交融合一。只不过,他同时又承认和允许有一个无时间性的逻辑概念的王国,这就始终会面临一个有时间性的环节(认识过程、历史过程)如何与无时间性的环节(纯粹概念)统一起来的问题,或者用黑格尔《自然哲学》中的话语来说,也就是有时间性的"持久性"与无时间性的"永恒性"之间的鸿沟如何填平的问题。无论黑格尔怎样强调认识和历史的"持久性"多么漫长、曲折,最终还是回避不了如何由"持久性"一跃而到"永恒性"、如何由现实的具体事物一跃而到抽象的逻辑概念的问题。黑格尔由于把抽象的"永恒性"的"纯粹概念"奉为哲学的最

终领域，用普遍概念的王国压制了在时间中具有"持久性"的现实世界，他的哲学被西方现当代哲学家贬称为"概念哲学"或"传统形而上学"的集大成者。但无论如何，黑格尔哲学既是传统形而上学的顶峰，又蕴涵和预示了传统形而上学的倾覆和现当代哲学的某些重要思想，这就是黑格尔哲学中所包含的重视具体性和现实性的方面。

黑格尔早年就很重视现实和实践，但他之重视现实，远非安于现实，而是与改造现实的理想紧密结合在一起的，为此，他早在 1800 年的而立之年，就明确表示，要"从人类的低级需求"，"推进到科学"（1800 年 11 月 2 日黑格尔致谢林的信，*BRIEFE VON UND AN HEGEL*，Verlag von Felix Meiner，Hamburg，Band 1，S.59）。他所谓要"推进到科学"的宏愿，就是要把实践提高到科学理论（黑格尔的"科学"一词远非专指自然科学，而是指系统的哲学理论的意思）的高度，以指导实践，改造现实。黑格尔在 1816 年 10 月于海德堡大学讲授哲学史课程的开讲词里说过这样一些话：一段时间以来，人们过多地忙碌于现实利益和日常生活琐事，"因而使得人们没有自由的心情去理会那较高的内心生活和较纯洁的精神活动"，"阻遏了我们深切地和热诚地去从事哲学工作，分散了我们对于哲学的普遍注意"。现在形势变了，"我们可以希望……除了政治的和其他与日常现实相联系的兴趣之外，科学、自由合理的精神世界也要重新兴盛起来"。为了反对先前轻视哲学的"浅薄空疏"之风，我们应该"把哲学从它所陷入的孤寂境地中拯救出来"，以便在"更美丽的时代里"，让人的心灵"超脱日常的兴趣"，而"虚心接受那真的、永恒的和神圣的事物，并以虚心接受的态度去观察并把握那最高的东西"（黑格尔：《哲学史讲演录》，生活·读书·新知三联书店 1956 年版，第 1—3 页）。黑格尔所建立的庞大的哲学体系，其目的显然是要为改造现实提供理论的、哲学的根据。黑格尔的这些话是差不多两百年以前讲的，但对我们今天仍有很大的启发意义。针对当前人们过分沉溺于低级的现实欲求之风，我们的哲学也要既面对现实，又超越现实。"超越"不是抛弃，而是既包含又高出之意。

二、黑格尔哲学是一种揭示人的自由本质、以追求 自由为人生最高目标的哲学

黑格尔哲学体系包括三大部分:逻辑学、自然哲学和精神哲学。在 1949 年中华人民共和国成立到改革开放以前的大约 30 年里,我们的学界一般都只注重逻辑学,这是受了列宁《哲学笔记》以评述逻辑学为主的思想影响的缘故。其实,黑格尔虽然把逻辑学看成是讲事物的"灵魂"的哲学,而自然哲学和精神哲学不过是"应用逻辑学",但这只是就逻辑学所讲的"逻辑概念"比起自然现象和人的精神现象来是"逻辑上在先"而言,离开了自然现象和精神现象的"纯粹概念",必然失去其为灵魂的意义,而成为无血无肉、无所依附的幽灵,不具现实性,而只是单纯的可能性。

黑格尔明确承认"自然在时间上是最先的东西"的事实,但正因为自然的这种时间上的先在性,而使它具有一种与人的精神相对立的外在性。人的精神性的本质在于克服自然的外在性、对立性,使之包含、融化于自身之内,充实其自身,这也就是人的自由(独立自主的主体性)本质。黑格尔认为,精神的最高、最大特征是自由。所谓自由,不是任性。"自由正是精神在其他物中即在其自身中,是精神自己依赖自己,是精神自己规定自己"(黑格尔:《逻辑学》,人民出版社 2002 年版,第 72 页)。所以精神乃是克服分离性、对立性和外在性,达到对立面的统一;在精神中,主体即是客体,客体即是主体,主体没有外在客体的束缚和限制。精神所追求的目标是通过一系列大大小小的主客对立统一的阶段而达到的最高的对立统一体,这是一种最高的自由境界。黑格尔由此而认为精神哲学是"最具体的,因而是最高的"(*G. W. F. Hegel Werke in zwanzig Bänden* 10, S. 9)。也就是说,关于人生的学问——"精神哲学"是最具体的、最高的学问(比起逻辑学和自然哲学来)。黑格尔哲学体系所讲的这一系列大大

小小对立统一的阶段,体现了人生为实现自我、达到最终的主客对立统一的最高自由之境所经历的漫长曲折的战斗历程,这对于我们中国传统哲学把主体——自我湮没于原始的、朴素的、浑沌的"天人合一"的"一体"(自然界的整体和封建等级制的社会群体)之中而忽视精神性自我的自由本质的思想传统来说,应能起到冲击的作用。

三、"辩证的否定性"是"创新的源泉和动力"

黑格尔认为克服对立以达到统一即自由之境的动力是"否定性"。这种"否定性"不是简单抛弃、消灭对立面和旧事物,而是保持又超越对立面和旧事物,他称之为"思辨的否定"或"辩证的否定"。这种否定是"创新的源泉和动力",是精神性自我"前进的灵魂"。一般都大讲而特讲的黑格尔辩证法,其最核心的实质就在于此种否定性。没有否定性,就没有前进的动力,就不能实现人的自由本质。我以为,我们今天讲弘扬中华传统文化,就用得着黑格尔辩证哲学中的否定性概念。辩证法"喜新",但并不"厌旧",它所强调的是在旧的基础上对旧事物进行改造、提高,从而获得前进。中华文化要振兴、前进,就得讲辩证哲学,就得有"否定性"的动力。

2013 年 8 月 27 日于北京北郊静林湾

目　　录

第一部分　客观逻辑(第二卷)

第二卷　本质论

第二部分　主观逻辑

第三卷　概念论

逻辑学 Ⅱ

第一部分　客观逻辑

第二卷　本质论

存在的真理是**本质**。

存在是直接的东西。当知识想要认识存在**自在且自为地**所是的那个真相(das Wahre),它就不是停留于直接的东西及其各种规定,而是深入其中,同时预先设定了[两点]:首先,这个存在的**幕后**还有某种不同于存在本身的东西;其次,这个幕后根据构成了存在的真理。这个认识是一种经过中介的知识,因为它不是直接达到本质并置身于其中,而是从一个他者,亦即从存在出发,开辟出一条先行的道路,即一条超越存在之路,或更确切地说,一条深入存在之路。只有当知识从直接的存在那里**深入内核或回忆起自身**①,才会通过这个中介活动找到本质。——通过"存在"(sein)这个动词的完成时(gewesen),德语把过去时间的本质(Wesen)保留下来了。因为本质是已经过去的存在,但这个"过去"与时间无关。

如果我们把这个运动看作是一条知识之路,那么存在的这个开端,以及那个扬弃存在而达到作为经过中介者的本质的推进过程,看起来就是一种认识活动,但这种认识活动对存在而言是外在的,根本没有触及它的独特本性。

但这个进程是存在自身的运动。在存在那里,我们发现,它通过自己的本性就深入内核或回忆起自身,并通过这个内化活动(Insichgehen)而成为本质。

因此,如果说绝对者最初被规定为**存在**,那么它现在则是被规定为**本质**。总的说来,认识活动不可能止步于纷乱杂多的**定在**,但也不可能止步于**纯粹的存在**。这里直接出现了一个反映,即这个**纯粹的存在**,作为一切

---

① 这里及随后的几处"深入内核"(sich erinnert, Erinnerung),从字面上来看,同时也有"回忆起自身"的意思。这个语义双关的术语在《精神现象学》里面已经多次出现。参阅黑格尔《精神现象学》(先刚译,人民出版社 2013 年版)第 463、502 页。——译者注

[14]　有限者的**否定**,预先设定了一个**深入内核或回忆起自身**的运动,后者已经把直接的定在净化为纯粹的存在。在此之后,存在被规定为本质,亦即这样一个存在,在它那里,全部规定性和有限者都遭到否定。因此本质是一个**无规定的**、单纯的统一体,已经以一个**外在的方式**被剥夺了规定性;对这个统一体而言,规定性本身曾经是一个外在的东西,如今被剥夺之后,也仍然与统一体保持对立;也就是说,规定性并非自在地就遭到扬弃,而是相对地,仅仅在与这个统一体的关联中,遭到扬弃。——此前我们已经指出,当纯粹本质被规定为**全部实在性的总括**,这些实在性仍然服从于规定性和抽离式反映的本性,而这个总括则是归结为一种空洞的单纯性。在这种情况下,本质仅仅是产物,是一个制造出来的东西。**外在的**否定,亦即抽象,仅仅**撬走**存在的各种规定性,然后把遗留下来的存在本身当作本质;实则这些规定性只不过是换了一个地方而已,但从头至尾都存在着。在这种情况下,本质既不是**自在的**,也不是**自为的**;之所以不是自在的,因为它是**通过一个他者**(即那个外在的抽离式反映)而存在着,之所以不是自为的,因为它是**为着一个他者**(即抽象,以及全部始终与本质保持对立的存在者)而存在着。因此按照这个规定,本质是一个内在死去的、空洞的无规定性。

　　但在这里,由存在转变而来的本质却不是通过一个陌生的否定性,而是通过自己的运动,通过存在的无限运动,成为它所是的那个东西。本质是**自在且自为的存在**,——是一个绝对的**自在存在**,因为它和存在的全部规定性都漠不相关,从而完全扬弃了他者的存在(异在),扬弃了与他者的关联。但它也并非仅仅是这样一个单纯的自在存在,否则它只不过是纯粹本质的一个抽象罢了。毋宁说,它在本质上同样是一个**自为存在**;它本身就是这个否定性,即异在和规定性的自身扬弃。

[15]　　如此,本质作为存在的完满的自身回归,首先是未规定的本质;存在的各种规定性在本质之内被扬弃了;诚然,本质**自在地**包含着各种规定性,但并没有**在自身那里**把它们设定下来。作为这样的单纯东西,绝对的本质**不具有任何定在**。但是它必须过渡到定在,因为它是**自在且自为的**

存在,也就是说,它把它**自在地**包含着的各种规定**区分开**;正因为它是一个**否定的**自身关联,自己排斥自己,与自己漠不相关,所以它设定自己与自己相对立,并且只有当它在它的这个自身区别中保持自身统一,它才是一个无限的自为存在。——因为,这个规定活动在本性上不同于存在层面上的规定活动,而相比存在的各种规定性,本质的各种规定也具有另一个特性。本质是自在存在和自为存在的绝对统一体,因此它的规定活动始终局限在这个统一体之内,既非转变,亦非过渡,正如各种规定本身既不是严格意义上的**他者**,也和他者没有关系。这些规定是独立的,但与此同时,这些独立的规定只能共存于它们的统一体里面。——由于本质首先是一个**单纯的**否定性,所以它必须在**自己的**层面上设定它仅仅**自在地**包含着的规定性,以便赋予自己以定在,随之赋予自己以自为存在。

作为一个整体,本质曾经是存在层面上的**量**,和界限绝对地漠不相关。但量按照其**直接的**规定而言同样与界限漠不相关,而它那里的界限是一个直接外在的规定性,因此量**过渡到**定量;外在的界限对量来说是必然的,并且在量那里**存在着**。反之,规定性在本质那里并未**存在着**;规定性仅仅是由本质自身**所设定的**,因此不是自由的,而是只能与本质的统一体**相关联**。——本质的否定性是**反映**,而规定则是一些**经过反映的**、由本质自身所设定的、在本质里面作为被扬弃的东西而保留下来的规定。

本质处于**存在和概念**之间,构成了二者的中项,而它的运动则是构成 [16] 了从存在到概念的**过渡**。本质是**自在且自为的**存在,但又被规定为自在存在;因为本质的普遍规定在于,它来自存在,或者说是**存在的第一个否定**。本质的运动在于,在自身那里把否定或规定设定下来,以便通过这个方式赋予自己以**定在**,并且使自己的自在存在成为一个无限的自为存在。于是本质赋予自己一个与它的自在存在**相等同**的定在,而它自己则是转变为**概念**。因为概念是这种意义上的绝对者,即它在自己的定在中是绝对的,或者说是自在且自为的。但本质赋予自己的定在尚且不是一个自在且自为的定在,毋宁说,正因为这个定在是本质**赋予自己的**,是**被设定的**,所以仍然有别于概念的定在。

第一,本质**在自身内映现**(scheint in sich selbst),或者说是**反映**;第二,本质**显现出来**(erscheint);第三,本质**启示**自身。本质在其运动中把自己设定到如下几个规定之内:

第一,作为**单纯的**、自在存在着的本质,局限于它自身内部的各种规定;

第二,来到自身之外,进入定在,或者说按照它的实存和**现象**而显露出来;

第三,作为与它的现象合为一体的本质,**作为现实性**。

第一篇　本质作为自身内反映

本质来自于存在。就此而言，它不是直接自在且自为的，而是那个运 [17]动的一个**结果**。换言之，本质首先被看作是一个直接的本质，这时它是一个已规定的定在，与另一个定在相对立；它仅仅是**本质性的**定在，与非本**质性的**定在相对立。但本质是一个自在且自为地已扬弃的存在；与之相对立的仅仅是**映象**（Schein）。唯有映象才是本质自己的设定活动。

第一，本质是**反映**。反映规定自己；它的各种规定是一个已设定的存在，同时是一个自身内反映（Reflexion-in-sich）；

第二，必须考察这些**反映规定**或**本质性**（Wesenheiten）；

第三，本质作为规定活动的自身内反映，转变为**根据**，随之过渡到**实存和现象**。

第一章　映　象

本质来自于存在,映现为与存在相对立。**首先**,这个直接的存在是**非本质性的东西**。

其次,但直接的存在不止是非本质性的存在,而是无本质的存在,即**映象**。

第三,这个映象不是一个外在的东西,不是本质的他者,而是本质自己的映象。本质的自身内映现是**反映**。

[18]

A. 本质性的东西和非本质性的东西

本质是**已扬弃的存在**。它是单纯的自身等同性,并在这个意义上是对整个存在层面的**否定**。如此,本质与直接性相对立,后者作为本质的发源地,在这个扬弃活动中保全了自己,并且保留下来。按照这个规定,本质本身是一个**存在着的**、直接的本质,而存在仅仅是一个与本质**相关联**的否定者,不是自在且自为的。因此,本质是一个**已规定**的否定。在这种情况下,存在和本质重新表现为一般意义上的**他者**,彼此漠不相关,因为**双方都具有一个存在或一个直接性**,并且就这个存在而言具有同样的价值。

但与此同时,存在作为本质的对立面,是**非本质性的东西**;存在作为本质的对立面,被规定为已扬弃的东西。因此一般而言,存在仅仅表现为本质的一个他者,于是本质也不是真正意义上的本质,毋宁只是另一个已规定的定在,即**本质性的东西**。

本质性东西和非本质性东西的区别使本质重新落入**定在**的层面,因为本质首先被规定为一个直接的存在者,随之被规定为一个仅仅与存在相对立的**他者**。这样一来,定在的层面就被置于根基处,至于"这个定在里的存在是一个自在且自为的存在",则是一个外在于定在本身的进一步的规定,正如反过来看,本质只有在一个**特定的**情况下,即相对于一个他者而言,才是一个自在且自为的存在。——所以,当定在那里区分出一个**本质性的东西**和一个**非本质性的东西**,这个区分是一个外在的设定,即让一个部分脱离另一个部分,同时并未触及定在本身,——是一种落入**第三者**的分离。这里并未规定什么东西是本质性的或非本质性的。这个区 [19] 分来源于一个外在的视角或考察,因此同一个内容有时候被看作是本质性的,有时候被看作是非本质性的。

仔细看来,本质之所以成为一个完全与非本质性东西相对立的本质性东西,只是因为本质被当作是一个已扬弃的存在或定在。而在这种情况下,本质仅仅是**最初的**否定或**否定本身**,即这样一种**规定性**,它使存在仅仅转变为定在,或使定在仅仅转变为一个**他者**。但本质是存在的绝对否定性;它就是存在本身,这个存在不是仅仅被规定为一个**他者**,而是把自己作为直接的存在和直接的否定(即与一个他者存在纠缠不清的否定)加以扬弃。这样一来,存在或定在就不是作为一个他者,而是作为本质,保留下来,至于那个仍然有别于本质的直接东西,也不是一个单纯的非本质性的定在,而是一个**自在且自为地**虚无的直接东西;它仅仅是一个**非本质**,即**映象**。

B. 映象

1. **存在是映象**。映象的存在仅仅基于"存在已经被扬弃"这一事实,基于存在的虚无性;存在在本质之内具有这种虚无性,而在它的虚无性或本质之外,没有映象。映象是一个被设定为否定者的否定者。

映象是存在层面遗留下来的全部残余。但它看起来仍然具有一个独立于本质的直接方面,并且是本质的一般意义上的**他者**。总的说来,"**他者**"概念包含着两个环节,即定在和非定在。由于非本质性的东西不再具有一个存在,所以对它而言,异在始终只是一个**纯粹的环节**,即**非定在**;按照规定,存在只有在与他者相关联的时候才具有定在,或者说只有在它的非定在中才具有定在,因此映象就是这种**直接的**非定在,一个非独立 [20]

的、仅仅依赖于它的否定的东西。在这种情况下,映象只剩下**直接性**这一纯粹的规定性;但这是一个**经过反映**的直接性,也就是说,这个直接性仅仅以它的否定为**中介**而存在着,并且相对于它的**中介活动**而言无非是"非定在的直接性"这一空洞的规定。

在这个意义上,**映象**就是**怀疑论**所说的"现象"(Phänomen)或唯心主义所说的"现象"(Erscheinung),即这样一个**直接性**,它既不是某东西,也不是物,更不可能是一个漠不相关的存在,仿佛可以脱离其规定性,与主体毫无关系。怀疑论不允许说"现象**存在着**";近代的唯心主义则不允许把认识看作是关于自在之物的知识;前者所说的"现象"根本不应当以一个存在作为根基,后者所说的"认识"也不应当包容自在之物。与此同时,怀疑论容许那个映象具有丰富多姿的规定,或更确切地说,容许映象以整个丰富多姿的世界为内容。唯心主义所说的现象同样把这些丰富多姿的规定性完全包揽在自身之内。也就是说,映象和现象被**直接**规定为丰富多姿的东西。这些内容并不是建基于任何存在、物或自在之物之上;它们本身就是其所是的东西;它们只不过是从存在转移到映象,而且映象在其自身内部就具有那些丰富多姿的规定性,即各种直接的、存在着的、彼此相互对立的规定性。换言之,映象本身是一个**直接地**已规定的东西,能够具有这个或那个内容;至于究竟具有哪个内容,这不是由它自己设定的,而是它直接获致的。无论是莱布尼茨的、康德的、费希特的唯心主义,还是唯心主义的其他形式,都和怀疑论一样,没有超越作为规定性的存在,没有超越这种直接性。怀疑论认为它所说的映象的内容是**给定的**;对怀疑论而言,映象无论具有什么内容,都是**直接**如此的。莱布尼茨的**单子**从自身之内发展出它的各种表象;但它并不是一种创造性的联系力量,毋宁说,那些表象仅仅像气泡一样在单子里面冒出来;它们彼此之间漠不相关,直接摆在那里,对单子自身来说也是如此。**康德**所说的现象同样是一种**给定的**知觉内容;他预先设定了各种刺激(Affektionen),而这些主体规定无论对主体自身而言还是对彼此而言都是直接的。诚然,**费希特**的唯心主义所说的"无限阻碍"不是基于什么自在之物,因此这完全是自我自

[21]

身之内的一个规定性。自我使这个规定性成为自己的规定性,从而扬弃了它的外在性,但它对自我而言同时是一个**直接的**规定性,是对于自我的一个**限制**;自我能够超越这个限制,但限制本身具有一个漠不相关的方面,而从这个方面来看,限制虽然位于自我之内,但却包含着自我的一个**直接的**非存在。

2. 因此映象包含着一个直接的预先设定,一个独立于本质的方面。就它有别于本质而言,我们不能表明它扬弃了自身并返回到本质之内;因为映象是自在的虚无东西;我们只能表明:首先,那些将它和本质区分开的规定是本质自身的规定;其次,**本质的这个规定性**就是映象,并且在本质自身之内遭到扬弃。

非存在的直接性恰恰造成了映象;但这个非存在无非是本质自身的否定性。存在是本质之内的非存在。它的自在的**虚无性**是**本质自身的否定本性**。但这个非存在所包含的直接性或漠不相关性,却是本质自己的绝对的自在存在。本质的否定性就是本质的自身等同性,亦即本质的单纯的直接性和漠不相关性。存在在本质之内保留下来,因为本质在它的无限的否定性里具有这种自身等同性;这样一来,本质本身就是存在。直接性在映象那里具有一个与本质相对立的规定性,因此它无非是本质自己的直接性;但这不是一个存在着的直接性,而是一个完全经过中介或反映的直接性,即映象,——存在不是作为存在而与中介活动相对立,而是仅仅作为存在的规定性而与之相对立;在这里,存在是一个环节。 [22]

这两个环节,即“虚无性”(但相当于持存)和“存在”(但相当于环节),或者说“自在存在着的否定性”和“经过反映的直接性”,构成了**映象的全部环节**,随之也是**本质自身的全部环节**:但这并不是说,本质那里有存在的一个映象,或存在那里有本质的一个映象;毋宁说,本质之内的映象不是一个他者的映象,而是**自在的映象**,即**本质自身的映象**。

当本质本身被规定为存在,就是映象。换言之,当本质在自身内**接受规定**,随之与它的绝对统一体区分开,它就具有一个映象。但这个规定性在其自身同样已经被完全扬弃。因为本质是独立的东西,一个通过它的否定(这个否定就是它自己)而**存在着**的东西,一个以自身为中介的东西;也就是说,它是绝对否定性和直接性的同一个统一体。——否定性是自在的否定性;它是它的自身关联,因此是一个自在的直接性;但它是一个否定的自身关联,一个带有排斥性的自身否定,因此自在存在着的直接性就成了与它相对立的否定者或**已规定的东西**。但这个规定性本身是绝对的否定性,而这个规定活动作为一个直接的规定活动,扬弃自身,返回到自身之内。

[23] 　映象是一个存在着的否定者,同时存在于一个他者(亦即它的否定)之内;映象是一种非独立性,一种在其自身即被扬弃的、虚无的非独立性。就此而言,它是一个回归自身的否定者,一个本身就非独立的东西。否定者或非独立性的这个**自身关联**就是它的**直接性**,一个不同于它自身的**他者**;这个自身关联是否定者的与自身相对立的规定性,亦即对于否定者的否定。但对于否定者的否定就是一个仅仅与自身相关联的否定性,是对于规定性本身的绝对扬弃。

　　因此,**规定性**作为本质之内的映象,是一个无限的规定性;它仅仅是一个**与自身**融合的否定者;它作为这样的规定性,本身说来是独立性,并且是未经规定的。——反过来,独立性作为一个与自身相关联的**直接性**,同样是绝对的规定性和环节,并且仅仅是一个与自身相关联的否定性。——这个与直接性同一的否定性,同理,这个与否定性同一的直接性,就是**本质**。因此,映象就是本质本身,但具有一个规定性,而由于这个规定性仅仅是本质的一个环节,所以本质是一种自身内映现。

　　在存在的层面里,非存在也是**作为一个直接的东西产生出来**,与**直接的存在**相对立,而它们的真理就是转变。在本质的层面里,首先是本质与非本质性东西的对立,然后是本质与映象的对立,——在这里,非本质性东西和映象相当于存在的残余。进而言之,这两个东西及其与本质的区别之所以出现,只是因为本质首先被看作是一个**直接的**本质,而不是被看作自在的本质,也就是说,这个直接性并没有被看作是纯粹的中介活动或绝对的否定性。就此而言,最初的那个直接性仅仅是直接性的**规定性**。

所以,为了扬弃本质的这个规定性,唯一的办法就是指出:非本质性的东西仅仅是映象,更重要的是,本质在自身之内就包含着映象,把它当作自身之内的一个无限运动,这个运动把本质的直接性规定为否定性,把本质的否定性规定为直接性,从而是本质的自身内映现。本质在它的这个自身运动中就是**反映**。 [24]

C. 反映

映象(Schein)和**反映**(Reflexion)是同一个东西;但映象作为反映,是一个**直接的**反映;因此对于那个已经内化到自身之内,在这里已经摆脱了自己的直接性的映象,我们借用外来语言的一个词汇,将其称作**反映**。

本质是反映;这个运动是一种在自身内持续进行着的转变和过渡,其中区分开的东西完全被规定为自在的否定者,即映象。——在存在的转变里,规定性以存在为根基,与**他者**相关联。与此相反,作为他者的反映运动乃是一个**自在的否定**,而这个否定只有作为一个与自身相关联的否定才具有一个存在。换言之,由于这个自身关联恰恰是对于否定的否定,这里就呈现出**作为否定的否定**,即一个在遭到否定时才存在着的东西,或者说映象。因此在这里,他者不是一个**遭到否定**或限制的**存在**,而是一种**否定之否定**。至于那个与他者相对立的**最初东西**,即直接的东西或存在,仅仅是一个自身等同的否定,一个遭到否定的否定,即绝对的否定性。所以,这个自身等同性或**直接性**既不是一个作为开端并过渡到其否定的**最初东西**,也不是一个存在着的、仅仅通过反映而推动自身的基体;毋宁说,直接性仅仅是这个运动本身。

所以,本质之内的转变,或者说本质的反映运动,是一个**从无到无,随之返回自身的运动**。过渡或转变在这个过程中扬弃了自己;至于那个在过渡中发生转变的他者,并不是一个存在的非存在,而是一个无的无,因此只要否定了无,就构成了存在。——当存在仅仅作为从一个从无到无的运动,就是本质;本质并非**在自身之内**具有这个运动,毋宁说,本质就是 [25]

这个运动,就是绝对映象本身,或这样一个纯粹的否定性,它不是把它所否定的东西放在自身之外,而是仅仅否定了它自己的那个仅仅存在于否定中的否定者本身。

这个纯粹的绝对反映,作为一个从无到无的运动,进一步规定自己。

第一,它是**进行设定的反映**。

第二,它把**预先设定的直接东西**当作开端,因此是一个**外在的**反映。

第三,它扬弃了这个预先设定,而当它在扬弃预先设定的**同时**又进行预先设定,它就是**进行规定的**反映。

1. 进行设定的反映

映象是一个虚无的或无本质的东西;但虚无的或无本质的东西不是在它映现的一个**他者**那里具有其存在,毋宁说,它的存在是它自己的自身等同性;否定者的这个自身更替把自己规定为本质的绝对反映。

这个与自身相关联的否定性是一个自身否定。因此一般而言,它不但是一个否定性,更是一个**已扬弃的**否定性。换言之,它本身就是否定者,是一个单纯的自身等同性或直接性。也就是说,否定性在于**既是它自己也不是它自己**,而且在同一个统一体中就是如此。

反映首先是一个从无到无的运动,从而是一个与自身融合的否定。一般而言,这个自身融合是一个单纯的自身等同性或直接性,但这并不意味着从否定过渡到它的**异在**(即自身等同性),毋宁说,反映作为过渡,同时也扬弃了过渡;因为它是否定者的直接的**自身**融合;就此而言,**首先**,这个融合是一个自身等同性或直接性,**其次**,这个直接性是**否定者的**自身等同性,从而是一个自身否定的等同性;自在地看来,直接性就是否定者或自身否定,即作为它所不是的那个东西而存在。

否定者的自身关联意味着否定者返回自身;这个自身关联作为直接性,乃是对于否定者的扬弃;但从根本上来说,直接性只能是这样一个关联,即从**一个他者**那里返回自身,因此这是一个自身扬弃的直接性。——这就是**已设定的存在**(Gesetztsein),一个单纯作为**规定性**的直接性,或自身内反映的直接性。就这个直接性仅仅意味着否定者**返回**自身而言,它就是之前所说的那个直接性,后者构成了存在的规定性,并且看起来开启了一个反映运动。但我们不能把这个直接性当作开端,因为它只有作为回归或反映本身才是直接性。换言之,反映是这样一个运动,它只有在返回的时候才是开端者或返回者。

反映是**设定活动**,因为它只有作为一种回归才是直接性;也就是说,没有一个它由之出发或返回到那里的他者;它仅仅是自身回归或自身否定。进而言之,这个直接性是已扬弃的否定和已扬弃的自身回归。反映作为对于否定者的扬弃,是对于**它的他者**亦即直接性的扬弃。因此,既然它作为直接性乃是否定者的一种自身回归或自身融合,那么它同样也是对于作为否定者的否定者的否定。在这种情况下,它是**预先设定**(Voraussetzen)。——换言之,直接性作为回归,仅仅是一个自身否定,即不再作为直接性而存在;但反映是对于自身否定的扬弃,是一个自身融合;于是它扬弃了自己的设定活动,又因为它是在进行设定时扬弃设定活动,所以它是预先设定。——在预先设定里,反映把自身回归规定为自身否定,而本质就是对于这种自身否定的扬弃。本质是一种自身对待,但却是把自己当作自身否定来对待;只有在这种情况下,它才是一个保持在自身之内、与自身相关联的否定性。一般而言,直接性仅仅作为回归而出现,并且是一个否定者,而这个否定者是那个通过回归而被否定的开端的映象。因此本质的回归是它对于它自己的排斥。换言之,自身内反映在本质上就是预先设定某个东西,从那里返回自身。

正是由于扬弃了自己的自身等同性,本质才达到了自身等同性。它预先设定自己,同样也是它自己扬弃了这个预先设定;反过来,对于预先设定的扬弃本身就是预先设定。——也就是说,反映**面对着**一个直接的东西,将其超越并返回到自身之内。但这个回归首先是预先设定了某个面对着的东西,这个东西只有在**被放弃**的时候才**产生出来**;它的直接性是一个已扬弃的直接性。——反过来,已扬弃的直接性就是自身回归,即本质**来到**自己身边,成为一个单纯的、自身等同的存在。因此所谓来到自己

[27]

身边，就是扬弃自身，成为一个自己排斥自己、预先设定自己的反映，而当它排斥自己的时候，就来到自己身边。

就此而言，反映运动必须被看作是一个返回自身的**绝对排斥**（absoluter Gegenstoß）。因为本质**来源于**自身回归，且只有作为这种自身回归才**存在着**，而对于自身回归的预先设定只能是基于回归本身。反映开始于直接的东西，惟其如此，对于直接东西的超越才是一种超越；所谓[28]超越直接的东西，就是来到这个东西身边。运动作为一种推进，在自身内直接反转，而且只有在这种情况下才是一个自身运动，即一个从自身出发的运动，因为**进行设定的**反映就是**作出预先设定的**反映，**作出预先设定**的反映也是绝对地**进行设定的**反映。

所以，反映既是它自己，也是它自己的非存在；只有当它是它自己的否定者，它才是它自己，因为只有在这种情况下，对于否定者的扬弃才同时是一个自身融合。

反映作为扬弃，预先设定了直接性，因此从根本上说，直接性仅仅是一个**已设定的存在**，一个**自在地**已扬弃的东西，这个东西与自身回归没有任何区别，本身仅仅是这种自身回归。但它同时被规定为**否定者**，与某个东西(一个他者)直接**对立**。因此反映是**已规定的**；按照这个规定性，反映**具有**一个预先设定，并且是从它的他者(直接东西)出发，因此它是一个**外在的反映**。

2. 外在的反映

反映作为绝对反映是一个在自身内映现的本质，并且仅仅把自己预先设定为映象或一个已设定的存在；直接地看来，它作为进行预先设定的反映，只是进行设定的反映。但外在的或实在的反映把自己预先设定为已扬弃的东西，即它自己的否定者。在这个规定里，反映是双重的：从一方面来看，它是预先设定的东西或自身内反映，是一个直接的东西，从另一方面来看，它是一个否定的自身关联的反映，即把自己当作它自己的非存在而与之相关联。

首先,外在的反映预先设定了一个存在。但这并不是指它的直接性仅仅是已设定的存在或一个环节,而是指这个直接性是一和自身关联,只有规定性才是一个环节。反映与它的预先设定相关联,这个预先设定是反映的否定者,但在这种情况下,这个否定者**作为**否定者已经被扬弃了。——反映在进行设定时直接扬弃了它的设定活动,因此它具有一个直接的预先设定。也就是说,它所**面对的**设定活动是这样一个东西,它首先从这个东西出发,然后才返回自身,否定了它的这个否定者。至于这个预先设定的东西究竟是一个否定者抑或一个已设定的东西,这是无关紧要的;这个规定性仅仅属于进行设定的反映,但在进行预先设定的时候,已设定的存在仅仅是已扬弃的东西。就此而言,外在的反映在直接的东西那里加以规定和设定的东西,是一些位于直接东西之外的规定。——在存在的层面里,外在的反映就是无限者;有限者被认为是首要的、实在的东西,是位于根基处且始终位于根基处的东西,是一切的开端,而无限者则是与之相对立的自身内反映。

外在的反映是一个推论,其两个端项分别是直接的东西和自身内反映;二者的中项是它们的关联,即已规定的直接东西,而在这种情况下,其中一部分(即直接性)仅仅归属于一个端项,另一部分(即规定性或否定)仅仅归属于另一个端项。

其次,细看之下,外在的反映行动就是设定一个直接的东西,使之成为否定者或已规定的东西;但它同时也是对于它的这个设定活动的扬弃;因为它**预先**设定了直接的东西;它在作出否定时否定了它的这个否定。也就是说,外在的反映**设定了**它的否定的直接东西,同时直接将其扬弃;后者作为一个陌生东西看起来是外在的反映的出发点,但只有在其真正由之出发的时候才存在。通过这个方式,直接的东西不仅**自在地**是直接的东西(对我们而言,或在外在的反映里,这个情况和反映是**同一回事**),而且是**被设定为**直接的东西。也就是说,直接的东西被反映规定为反映的否定者或他者,但反映又否定了这个规定,因此就是直接东西本身。——这样一来,那与直接的东西相对立的反映的外在性就被扬弃了; [30]

[29]

19

反映的设定活动自己否定自己,这意味着反映与它的否定者(即直接的东西)融合,而这个融合是本质上的直接性本身。——因此现在的情况是,外在的反映并非外在的,毋宁同样是直接性本身的内在的反映,换言之,那通过进行设定的反映而得出的东西,是自在且自为地存在着的本质。这就是**进行规定的反映**。

注　　释

人们通常是在主观的意义上把反映当作判断力的运动,即超越一个给定的直接表象,为其寻找一些普遍的规定,或用它们来进行比较。康德把"反映的判断力"①与"规定的判断力"对立起来(《判断力批判》导论,第一版,第XXIII页以下)。他把判断力一般地定义为一种**把特殊东西当作包含在普遍者之下而加以思考**的能力。如果**普遍者**(规则、原则、规律)**被给定**,这时判断力就是**进行规定**,即把特殊东西归摄在普遍者之下。但如果只是特殊东西被给定,**判断力应当为其找到普遍者**,这时判断力就是单纯**进行反映**。因此在这里,反映同样意味着超越一个直接东西而走向普遍者。一方面,特殊东西只有在与它的普遍者相关联时才被规定为特殊东西,但单独看来仅仅是一个个别东西或一个直接的存在者;另一方面,与之相关联的是它的普遍者(规则、原则、规律),简言之,一个返回自身、与自身相关联的东西,即本质或本质性的东西。

[31]　　　这里所说的,既不是意识的反映,也不是知性的更具体的反映(即那种把特殊东西和普遍者当作自己的规定的反映),而是一般意义上的反映。很显然,康德所说的那种反映,即为给定的特殊东西找出其普遍者,同样仅仅是**外在的**反映,一个把直接东西当作给定的东西而与之相关联的反映。——但其中也包含着"绝对反映"这一概念,因为反映通过作出

---

①　康德学界把这个概念译为"反思的判断力"。但在黑格尔的《逻辑学》里,因为"sich reflektieren"这个术语并不具备黑格尔所说的那种"主观的意义",不是指"反思"或"思考",所以我们为行文一致起见,将其改译为"反映的判断力"。——译者注

规定而达到的普遍者(原则或规则和规律)被看作是那个直接东西的本质,被看作是出发点,反之直接的东西则被看作是虚无的东西。惟其如此,反映作出的规定,即从直接的东西那里返回自身,才是按照这个东西的真正的存在而将其设定下来。也就是说,反映在直接的东西那里所做的事情,还有那些来源于反映的规定,都不是位于直接的东西之外,而是这个东西的真正的存在。

曾经有一段时间,近代哲学对反映口诛笔伐,把反映及其规定看作是绝对的考察方式的阻碍和死敌。这些指责虽然针对的是一般意义上的反映,但也针对着外在的反映。实际上,当思维着的反映表现为一个外在的反映,也同样完全是从一个给定的、对它而言陌生的直接东西出发,把自己看作是一个单纯形式化的行动,即从外部接收内容和质料,而它自己仅仅是一个以这些内容和质料为条件的运动。——此外,如果我们仔细考察那个进行规定的反映,就会立即发现,**经过反映的规定**和存在的单纯而直接的规定属于不同的类型。后者更容易被看作是一种飘忽不定的、单纯相对的、与他者相关联的规定,反之前者在形式上却是一个自在且自为的存在;经过反映的规定把自己确立为**本质性的**规定,不是过渡到其相反的规定中,而是显现为绝对的、自由的、彼此漠不相关的规定。因此它们固执地反抗自己的运动;它们的**存在**就是它们在其规定性中的自身同一性,按照这个规定性,它们虽然预先设定彼此,但在这个关联中却是作为绝对分离的东西而保留下来。 ［32］

3. 进行规定的反映

一般而言,进行规定的反映是**进行设定的**反映和**外在的**反映的统一体。对此必须有进一步的考察。

1. 外在的反映以直接的存在为开端,**进行设定的**反映则是以无为开端。当外在的反映作出规定,就设定了一个他者(亦即本质),并以之取代了已扬弃的存在;所谓设定,不是指用自己的规定去取代他者;它没有预先设定什么东西。但正因如此,这不是一个完满的、进行规定的反映;

相应地,它所设定的规定**仅仅**是一个已设定的东西;它是直接的东西,但不是作为自身等同性,而是作为自身否定,并且与自身回归有着绝对的关联;它仅仅存在于自身内反映之内,但不是这个反映本身。

已设定的东西是一个**他者**,但与此同时,反映的自身等同性完全保留下来;因为已设定的东西仅仅是已扬弃的东西,与自身回归相关联。——在**存在的层面**里,**定在**是一个本身包含着否定的存在,而存在则是这个否定的直接的基础和要素,所以否定本身是直接的。在**本质的层面**里,那与定在相对应的,是**已设定的存在**。后者同样是一个定在,但它的基础却是作为本质的存在,或者说作为纯粹否定性的存在;它作为一个规定性或否定,不是存在着,而是直接遭到扬弃。"**定在仅仅是已设定的存在**"——这个命题指出了定在的本质。已设定的存在一方面与定在相对立,另一[33]方面又与本质相对立,因此它必须被看作是一个使定在与本质相结合,反过来又使本质与定在相结合的中项。——就此而言,当人们说"规定**仅仅是一个已设定的存在**",这句话就有可能包含着双重的意思,即要么指规定与定在相对立,要么指规定与本质相对立。在前一个意义上,定在被认为高于已设定的存在,后者归属于外在的反映,归属于主观方面。但实际上,已设定的存在才是更高级的东西,因为已设定的存在就是定在,而且是定在自在地所是的东西,即一个完全仅仅与自身回归相关联的否定者。正因如此,**只有**相对于本质而言,已设定的存在才是一个已设定的存在,即对于自身回归的存在的否定。

2. 已设定的存在尚且不是反映规定;它作为规定性,仅仅是一般意义上的否定。但设定和外在的反映是一个统一体;在这个统一体里,外在的反映是一个绝对的预先设定,亦即反映的自身排斥,或把规定性设定为**反映本身**。所以,已设定的存在本身就是否定;但作为预先设定的东西,它已经返回自身。在这种情况下,已设定的存在是**反映规定**(Reflexions-bestimmung)。

反映规定不同于存在的规定性或质;质是与一般意义上的他者的直接关联;虽然已设定的存在也是与他者相关联,但在这里却是与一个已经返回自身的存在相关联。否定作为质乃是**存在着的**否定;存在构成了它的根据和要素。与此相反,反映规定却是把那个已经返回自身的存在当作自己的根据。已设定的存在之所以固定下来成为规定,原因恰恰在于,反映是在它的遭到否定的存在中保持自身等同;所以它的遭到否定的存在本身就是自身内反映。在这里,规定不是基于存在,而是基于它自己的自身等同性。正因为那个承载着质的存在不同于否定,所以质在自身之内不同于自己,随之是一个过渡性的、消失在他者之内的环节。与此相反,反映规定作为已设定的存在乃是一个**否定**,这个否定把遭到否定的存 [34] 在当作自己的根据,因此在自身之内并非不同于自己,从而是一个**本质性的**而非过渡性的规定性。正因为**反映的自身等同性**把否定者仅仅当作否定者,当作已扬弃的东西或已设定的东西,所以它才赋予否定者以持存。

　　正是**基于这个自身内反映**,反映规定才显现为一些自由的、在虚空里飘荡的、彼此既不吸引也不排斥的**本质性**。在它们里面,规定性通过自身关联而得以巩固,并且无限地固定下来。已规定的东西恰恰在自身之内掌握着它的过渡和单纯的已设定的存在,或者说把它的他者内反映(Reflexion-in-Anderes)颠转为自身内反映。通过这个方式,这些规定构成了已规定的映象,亦即本质之内的映象,或者说本质性的映象。正因如此,**进行规定的反映**是一个来到自身之外的反映;本质的自身等同性消失在占据支配地位的否定中。

　　反映规定包含着两个立即可以区分开来的方面。**首先**,它是已设定的存在,即作为否定的否定;**其次**,它是自身内反映。从前一个方面来看,它是作为否定的否定;就此而言,这个否定已经是它的自身统一。但它起初仅仅**自在地**是这个否定,换言之,它作为直接的东西,自己扬弃自己,成为自己的他者。——在这个意义上,反映是一个始终位于自身之内的规定活动。与此同时,本质并未来到自身之外;各种区别是绝对地**已设定的**,并且被收回到本质之内。但从后一个方面来看,各种区别并不是已设定的,而是已经返回自身;否定**作为**否定返回到自身等同性,而不是返回到它的他者,不是返回到它的非存在。

[35] 　　3. 由于反映规定既是经过反映的自身关联，也是已设定的存在，所以它的本性更清楚地呈现出来。作为已设定的存在，它是作为否定的否定，即一个与他者相对立的非存在，也就是说，它与绝对的自身内反映或本质**相对立**。但作为自身关联，它已经返回自身。——它的这个反映和那个已设定的存在是不同的；确切地说，它的已设定的存在是它的已扬弃的存在；但它的已经返回自身的存在却是它的持存。就已设定的存在同时是自身内反映而言，反映规定性是**一个在自身那里与异在的关联**。——这不是一个存在着的、静态的、与一个他者相关联的规定性，以至于被关联的东西和它的关联是彼此不同的，仿佛被关联的东西是一个内化存在者，一个某东西，把它的他者和他者关联从自己那里排除出去。毋宁说，反映规定本身就是一个**已规定的方面**，并且是这个已规定的方面的**关联**，即与它的否定的关联。——质通过其关联过渡到他者；在这个关联里，它开始发生变化。与此相反，反映规定已经把它的异在收回到自身之内。它是**已设定的存在**，是一个把他者关联颠转过来指向自身的否定，一个自身等同的、把它自己和它的他者统一起来的否定；惟其如此，它才是**本质性**。也就是说，它是已设定的存在，是否定，但作为自身内反映，它同时扬弃了这个已设定的存在，成为一个无限的自身关联。

第二章　本质性或反映规定

反映是已规定的反映；相应地，本质是已规定的本质，或者说是**本质性**。

反映是**本质的自身内映现**。本质作为无限的自身回归不是一个直接的单纯性，而是一个否定的单纯性；这是一个贯穿不同环节的运动，一个 [36] 绝对的自身中介活动。但本质映现在它的诸环节之内；因此它们本身是一些反映回自身之内的规定。

第一，本质是单纯的自身关联本身，是纯粹的**同一性**。这是它的规定，但按照这个规定，它毋宁是一种无规定性。

第二，真正的规定是**区别**，它有时候指外在的或漠不相关的区别，即一般意义上的**差异性**，有时候指相反的差异性，即**对立**。

第三，作为**矛盾**，对立反映回自身之内，返回到它的**根据**。

注　　释

反映规定通常被纳入**命题形式**中，据说可以**适用于一切东西**。这些命题被看作是**普遍的思维规律**，是全部思维的根基；据说它们本身是绝对的和不可证明的，任何思维只要把握了它们的意义，就会直接不容反驳地承认并且接受它们是真实的。

比如同一性的本质性规定就在这个命题中陈述出来：**一切东西都是自身等同的**；**A＝A**。或者否定的说法是：A 不可能同时是 A 和非 A。

首先，我们不明白为什么只有这些单纯的反映规定应当获得这些特殊形式，其他范畴以及存在层面里的全部规定性却不能获得这个待遇。在后面这种情况下，就会有"一切东西**存在着**"、"一切东西都具有一个**定在**"、"一切东西都具有一个**质和量**"等命题。因为存在、定在等等作为一

25

般意义上的逻辑规定乃是一切东西的**谓词**。根据词源学和亚里士多德的定义，"范畴"（Kategorie）是用来谓述存在者的东西。——然而存在的规

[37] 定性在本质上是一个向着对立面的过渡；每一个规定性的否定和这个规定性本身一样都是必然的；它们作为直接的规定性，每一个都和另一个直接对立。所以，如果这些范畴被纳入上述命题中，那么相反的命题同样会显露出来；两种命题都带着同样的必然性，并且作为直接的主张至少具有同样的权利。每一方都需要通过一个证明来反驳对方，既然如此，这些主张在本性上就不可能是一种直接真实的、不容反驳的思维命题。

与此相反，反映规定不属于质的类型。它们是自身关联的，因此同时被剥夺了与他者相对立的规定性。再者，就它们作为规定性是一个自在的**关联**而言，已经在自身之内包含着命题形式。因为命题和判断的区别主要在于，在命题那里，**内容**构成了**关联本身**，换言之，命题是一个**已规定的关联**。反之判断却是把内容放置到谓词里面，后者作为一个普遍的规定性乃是独立的，并且与它的关联（即单纯的**系词**）区分开来。如果要把命题转化为判断，那么动词里的已规定的内容就应当转化为分词，以便通过这个方式使规定本身摆脱与一个主词的关联。与此相反，反映规定作为反映回自身之内的已设定的存在，更接近于命题形式。——关键在于，当它们作为普遍的**思维规律**被陈述出来时，还需要一个与它们相关联的主词，这个主词要么是"**一切东西**"，要么是一个意味着一切东西和每一个存在的"A"。

一方面看来，命题形式是某种多余的东西；反映规定必须作为自在且自为的东西得到考察。另一方面看来，这些命题是偏颇的，即把"**存在**"、

[38] "**全部某东西**"当作主词。在这种情况下，它们重新唤醒了存在，用"同一性"等反映规定来谓述某东西，仿佛它们是某东西本身就具有的一个质，——这个做法缺乏思辨的意义，因为它把某东西当作一个始终具有这样一个质而**存在着**的主体，殊不知某东西已经过渡到同一性，以之为它的真理和它的本质。

最后，反映规定虽然在形式上是自身等同的，从而与他者没有关联并

且没有对立面,但我们通过仔细考察就会发现——或者说,它们作为同一性、差异性、对立等等本身就表明——,它们是**相互规定的**;因此就它们的反映形式而言,它们并没有摆脱过渡和矛盾。细看之下,那些作为**绝对的思维规律**而提出来的**诸多命题**是**相互对立**乃至**相互矛盾的**,它们扬弃了彼此。——假如一切东西都是自身**同一的**,那么它们就不是**有差异的**,不是**相互对立的**,也没有什么**根据**。又或者,假设**不存在两个相同的事物**,也就是说,假设一切东西都是彼此**有差异的**,那么 A 就不同于 A,A 也不是与什么东西相互对立,如此等等。只要假设了这些命题中的任何一个,就不允许假设别的命题。——无思想的考察**依次**列举这些命题,让它们看起来彼此无关;这种做法仅仅意识到命题的自身内反映的存在,却没有注意到它们的另一个环节,即**已设定的存在**或它们的严格意义上的**规定性**,殊不知正是这个规定性驱赶着命题走向过渡,走向它们的否定。

A. 同一性

1. 本质作为单纯的直接性乃是已扬弃的直接性。它的否定性是它的存在;它的自身等同性是基于它的绝对否定性,通过这种否定性,异在和他者关联自在地完全消失在纯粹的自身等同性之中。也就是说,本质　[39]是单纯的自身**同一性**。

自身同一性是一个**直接的**反映。它作为自身等同性,不是单纯的**存在**或单纯的**虚无**,而是把自己建立为统一体,不是从一个他者那里重建自身,而是完全从自身出发并且在自身之内建立统一体。这是**本质上的同一性**。就此而言,它不是**抽象的**同一性,也不是通过一个相对的否定而产生出来,仿佛否定是在它之外发生的,然后从它那里仅仅区分出某种东西并分割出去,使之留在它外面,和从前一样**存在着**。毋宁说,存在以及存在的全部规定性都不是相对地,而是自在地已经扬弃自身;自在地看来,存在的这个单纯的否定性就是同一性本身。

因此一般而言,同一性和本质仍然是同一个东西。

注　释　一

当思维坚持外在的反映,以为除了外在的反映之外没有别的思维,就不可能认识到刚才所说的意义上的同一性或本质(二者是同一个东西)。这种思维始终只能看到抽象的同一性,以及那个位于同一性之外和旁边的区别。它以为,理性无非是一台织布机,在上面先铺上经纱(比如同一性),然后再铺上纬纱(比如区别),如此以外在的方式将它们交织在一起——要不然就是以分解的方式先把同一性抽取出来,**然后重新把差别放在其旁边**,先设定等同,然后**重新设定**不同,——所谓设定等同,就是把区别**抽离**,所谓设定不同,则是把等同**抽离**。——人们必须把这些关于理性的行为举止的主张和意见完全放在一边,因为它们在某种程度上仅仅

[40]　属于**历史学**。实际上,当我们考察一切存在着的东西时,它们**本身**就表明,它们一方面在其自身等同性中是不同于自身的、自相矛盾的,另一方面在其差异性或矛盾中是自身同一的,而且它们本身就是从某一个规定过渡到另一个规定的运动,而这是因为,每一个规定在其自身就是它自己的反面。从概念上看,同一性是一个单纯的与自身相关联的否定性,但这个概念不是外在的反映的产物,而是来自于存在本身。与此相反,那种位于区别之外的同一性,还有那种位于同一性之外的区别,都是外在的反映和抽象的产物,因为这些做法是以随意的方式固守在漠不相关的差异性这一点。

2. 这种同一性首先是本质本身,而非本质的规定;它是完整的反映,而非反映的区分出来的一个环节。作为绝对的否定,它是一个直接否定了自身的否定,——是一个非存在,一个在产生的同时消失的区别,或者说,一种没有区分任何东西,而是直接回落到自身之内的区分活动(Unterscheiden)。区分活动意味着把非存在设定为他者的非存在。但他者的非存在意味着扬弃他者,随之扬弃区分活动本身。就此而言,摆在这里的区分活动是一个与自身相关联的否定性,是这样一个非存在,它是它自身的非存在,并且不是在一个他者那里,而是在自身那里就具有自己的非

存在。因此这是一个与自身相关联的、经过反映的区别,或者说一个纯粹
的、**绝对的区别**。

　　换言之,同一性是一个自身内反映,而自身内反映只有作为内在的排
斥才是如此;这种排斥作为自身内反映,是一种直接把自己收回自身的排
斥。也就是说,同一性之所以是同一性,在于它是一个自身同一的区别。
但区别之所以是自身同一的,仅仅因为它不是同一性,而是绝对的非同一　　[41]
性。非同一性之所以是绝对的,是因为它并非包含着它的他者,而是仅仅
包含着它自己,换言之,因为它是绝对的自身同一性。

　　因此同一性**在其自身**就是绝对的非同一性。但反过来,按照其**规定**
而言,它也是同一性。因为作为自身内反映,它把自己设定为它自己的非
存在;它是整体,但作为反映,它又把自己设定为它自己的一个环节,设定
为已设定的存在,从那里返回自身。就此而言,它只有作为它自己的一个
环节才是严格意义上的同一性,即按照其**规定**而言,作为单纯的自身等同
性而与绝对的区别相对立。

注　释　二

　　在这个注释里,我将仔细考察作为**同一性命题**(同一律)的同一性,
因为这个命题通常被看作是**第一条思维规律**。

　　首先,这个命题的肯定表述,"**A＝A**",无非是一个空洞的**同语反复**的
说法。所以人们已经正确地指出,这条思维规律**没有内容**,无法进行推
导。有些人对这种空洞的同一性爱不释手,不但认为它本身是某种真实
的东西,而且不厌其烦地宣称:同一性不是差异性,同一性和差异性是有
差异的,如此等等。他们没有注意到,当他们说"**同一性和差异性是有差
异的**",这本身就指出同一性是一个有差异的东西。由于人们必须同时
承认这是同一性的本性,所以这意味着,同一性并非外在地,而是在其自
身、按照其本性而言,就是有差异的。——再者,当他们坚持这种静止不
动的、与差异性相对立的同一性时,同样没有意识到,这个做法已经使同

一性成为一个片面的规定性,一个就其自身而言不真实的东西。他们承
[42] 认,同一律仅仅表达出了一个片面的规定性,仅仅包含着**形式化的**真理,
即一个**抽象的、不完整的真理**。——这个正确的判断直接包含着一个意
思,即**真理只有在同一性和差异性的统一体中才是完整的**,从而仅仅存在
于这个统一体之中。当人们主张那种同一性是不完整的,总体性(它作
为尺度判定同一性是不完整的)就作为一个完满的东西浮现在思想中;
另一方面,由于人们坚持认为同一性和差异性是绝对分离的,而且在这个
分离中是一个本质性的、有效的、真实的东西,所以在这些相互矛盾的主
张里,我们唯一看到的是一个缺陷,即没有能力把“同一性作为抽象的同
一性是本质性的”和“同一性就其自身而言同样是不完满的”等思想整合
在一起,——这是意识在面对否定的运动时的缺陷,因为在这些主张里,
同一性本身就呈现为这个否定的运动。——又或者,当人们说“同一性
作为本质上的同一性和差异性是分离的,或**存在于和差异性的分离中**”,
这同样直接说出了同一性的真理,即同一性在于作为严格意义上的**分离**
而存在,或同一性**在分离中**是本质性的,换言之,同一性**不是什么孤立的
东西**,而是分离的一个环节。

至于另外一些信誓旦旦的关于**同一律**的绝对**真理**的说法,其实是以
经验为基础,因为每一个人在听到“A 是 A”、“一棵树是一棵树”之类命
题时,都可以诉诸经验。于是他们直接认可这些命题,并对此心满意足,
因为它们是通过自身就直接清楚明白的,不需要别的论证和证明。

一方面,像这样诉诸经验,说每一个人都普遍承认这个命题,这完全
是一句废话。因为它的意思并不是说,每一个人都已经用“A＝A”这一抽
[43] 象命题做过实验。就此而言,这并不是严肃地诉诸现实的经验,毋宁仅仅
是一个**保证**,即假若人们投身经验,就会得出一个普遍承认的结果。——
但如果这里不是指抽象的命题本身,而是指**具体应用**中的命题(只有具
体应用才会**发展出**那个抽象命题),那么当人们主张命题的普遍性和直
接性,就等于说,每一个人,乃至于他的每一个行为举止,都是以这个命题
为根基,或命题**蕴含**在每一个人的行为举止中。但**具体东西和应用**恰恰

是单纯的**同一性东西**与一个与它**有差异的东西的关联**。假若作为命题来表述,那么具体东西首先是一个综合命题。诚然,抽象活动能够通过分析而从具体东西本身或它的综合命题里提炼出同一性命题,但在这样做的时候,它实际上并没有让**经验**保持原样,而是**改变了**经验,因为经验包含着统一体与差异性的同一性,而这就**直接反驳了**那个主张,即把抽象的同一性本身当作某种真实的东西;真实的情况恰恰相反,即同一性只有在与差异性结合的情况下才会出现在每一个经验中。

另一方面,人们热衷于用纯粹的同一性命题来解释经验,而这种经验清楚地表明,它所包含的真理是什么样子。比如,针对"植物是什么?"这个提问,如果人们回答"植物是植物",那么任何审查过这样一个命题的真理的人都会表示认可,同时异口同声地说,这没有说出**任何东西**。如果某人开了口,许诺阐述上帝是什么,却声称"上帝是上帝",那么人们的期望就破灭了,因为他们期待的是一个**有差异的规定**;假若这个命题竟然是 [44] 绝对真理,那么这种绝对的废话是根本得不到尊重的;人世间最无聊和最让人厌烦的事情,莫过于一种反复咀嚼同一事物的谈话,而且这种言论竟然以真理自居!

仔细考察这类真理的无聊效果,可以看出,"植物是……"这一开端摆出了要说出**某些东西**的架势,仿佛要给出一个进一步的规定似的。但由于只有同一事物的重复,所以事实正相反,即它**没有说出任何东西**。因此这种**同一性**的言论是**自相矛盾**的。所以,同一性本身并不是真理和绝对真理,毋宁是相反的东西;它不是一个静止不动的单纯东西,而是超越自身,走向自身的瓦解。

命题形式表达出了同一性,但这个形式包含着比单纯的、抽象的同一性**更多的东西**;这里面有一个纯粹的反映运动,即他者仅仅作为映象,作为一种直接的消失而浮现出来;"A 是……"是一个开端,向着前面一个有差异的东西走出去;但它达不到这个东西;A 是非 A;差异性仅仅是一种消失;运动返回到自身之内。——命题形式可以被看作是一种隐蔽的必然性,即必须把那个运动里的多出来的东西附加到抽象的同一性身

31

上。——比如必须附加一个 A，一株植物或任意一个基体，哪怕这个基体作为无用的内容不具有任何意义；但这个内容毕竟构成了差异性，一种看起来偶然地附加进来的差异性。如果它不是指 A 或任何一个别的基体，而是指同一性本身——所谓"同一性是同一性"——，那么同样也必须承认，它可以不是指同一性，而是指任何一个别的基体。所以，如果人们诉诸现象所表现的东西，那么现象所表现的就是，在同一性的表达式里也直接出现了差异性，——或根据以上所述更明确地说，这种同一性是无，是否定性，是一个绝对的自身区别。

[45]

同一性命题的另一个表述，**"A 不能同时是 A 和非 A"**，具有否定的形式。这就是**矛盾命题**（矛盾律）。通常说来，人们并没有论证，**否定的形式**（它使矛盾命题与同一性命题区分开来）如何达到同一性。——这个形式意味着，同一性作为一个纯粹的反映运动乃是一个单纯的否定性，这个否定性明确地包含在命题的上述第二个表述式里面。它说出了 A 和非 A，即 A 的纯粹他者；后者之所以出现，只是为了消失。因此在这个命题里，同一性表现为否定之否定。A 和非 A 是区分开的，这些区分开的东西与同一个 A 相关联。也就是说，同一性在这里呈现为**同一个关联中区分出来的 A 和非 A**，或者说呈现为 **A 和非 A 在其自身的一个单纯区别**。

由此可见，同一性命题本身，尤其是矛盾命题，在本性上并不是单纯的**分析**命题，而是**综合**命题。因为矛盾命题在其表达式里不是仅仅包含着一种空洞的、单纯的自身等同性，而是不但包含着这种自身等同性的**一般意义上的他者**，而且包含着一种**绝对的非等同性**，即**自在的矛盾**。但正如前面已经指出的，同一性命题本身包含着一个反映运动，也就是说，同一性意味着异在的消失。

以上考察得出的结果就是：**首先**，如果同一性命题或矛盾命题仅仅把那个与区别相对立的抽象同一性表述为真相，那么它们并不是思维规律，毋宁是其反面；**其次**，这些命题包含着比它们的**意谓更多的东西**，也就是说，它们包含着自身的反面，即绝对区别本身。

B. 区别

1. 绝对的区别

区别（Unterschied）是反映在自身内具有的一个否定性，是一个通过同一性言论而说出来的无，是同一性本身的一个本质性环节，而同一性则是把自己规定为自己的否定性，同时把自己与区别区分开。

1. 这个区别是**自在且自为的区别**，**绝对的区别**，或者说**本质的区别**。——作为自在且自为的区别，它不是由一个外在东西造成的区别，而是一个**与自身相关联的**、亦即**单纯的区别**。——把绝对区别理解为**单纯的区别**，这一点是至关重要的。在 A 和非 A 相互的绝对区别里，**单纯的**"非"本身就构成了这个区别。区别本身是一个单纯的概念。人们说，**在概念中**，两个事物**区分**开，如此等等。——所谓"在概念中"，指站在同一个角度，立足于同一个规定根据。这是**反映的区别**，而不是**定在的异在**。一个定在和另一个定在被设定为彼此外在的；在这两个相互规定的定在里，每一方本身就具有一个**直接的存在**。与此相反，**本质的他者**是自在且自为的他者，不是另一个位于它之外的东西的他者，因此这是一个单纯的、自在的规定性。定在的层面里也有异在，而且这个规定性在本性上是一个单纯的规定性，意味着同一性的对立；但这个同一性仅仅表现为从一个规定性到另一个规定性的**过渡**。在这里，在反映的层面里，区别表现为一个经过反映的区别，这个区别已经被设定为它自在地所是的样子。

2. 自在的区别是一个与自身相关联的区别；就此而言，它是它自己的否定性，不是与一个他者区分开，而是**与它自己**区分开；它不是它自己，而是自己的他者。但那个与区别区分开的东西是同一性。因此区别既是它自己，也是同一性。二者构成了区别；区别既是整体，也是它自己的一个环节。——同样也可以说，区别作为单纯的区别并不是区别，而是只有在与同一性相关联的时候才是区别；确切地说，它作为区别，同时包含着同一性和这个关联本身。——区别既是整体，也是它自己的一个**环节**，正如同一性同样既是整体,也是它自己的一个环节。——这一点必须被看作是反映的根本特性,它是**全部活动和自身运动的已规定的原初根据**。——区别和同一性都把自己当作**环节**或**已设定的存在**,因为它们作为反映乃是一种否定的自身关联。

因此**自在地看来**,区别作为它自己和同一性的统一体,**本身**是一个**已规定的区别**。它不是过渡到一个他者,不是与一个外在于它的他者相关联,而是本身就具有它的他者,即同一性;相应地,当同一性进入区别的规定,也不是把区别当作它的他者并消失在其中,而是在其中保留下来,成为区别的自身内反映和一个环节。

3. 区别具有两个要素,即同一性和区别;就此而言,二者都是一个**已设定的存在**或一个规定性。但在这个已设定的存在里,每一方都是一个**自身关联**。其中一方(同一性)本身直接地是自身内反映这一环节,但另一方(区别或者说自在的区别)同样是一个经过反映的区别。当区别具有的这两个要素本身都是一个自身内反映,区别就是**差异性**(Verschiedenheit)。

2. 差异性

1. 同一性在其自身就**分裂为**差异性,因为它作为绝对区别在自身内[48]把自己设定为它自己的否定者,而同一性的这两个环节,即同一性本身及其否定者(它的自身内反映),是与自身同一的;换言之,这是因为同一性直接扬弃了它的否定,并在它的**规定中反映回自身之内**。区分开的东西作为彼此漠不相关的、有差异东西**存在着**,因为它是自身同一的,而且它的根基和要素是由同一性构成的;换言之,有差异的东西只有在它的反面亦即同一性里才是有差异的东西。

差异性构成了反映的严格意义上的异在。定在的他者把直接的**存在**当作自己的根据,并通过这个方式使否定者具有持存。而在反映里,却是自身同一性(即经过反映的直接性)构成了否定者的持存及其漠不相关性。

区别的两个环节分别是同一性和区别本身。当二者反映回自身之内，**与自身相关联时**，它们是有差异的东西；**按照同一性的规定**，它们仅仅与自身相关联；同一性与区别无关，区别也与同一性无关；因此，当这两个环节都仅仅与自身相关联时，它们就**没有被规定为**彼此对立。——如此看来，因为它们在其自身并未区分开，所以**区别**对它们来说是**外在的**。这些有差异的东西相互之间不是同一性与区别的关系，毋宁说，它们仅仅是一般意义上的**有差异的东西**，不但彼此漠不相关，而且与它们各自的规定性也漠不相关。

2. 一般而言，当差异性指一种漠不相关的区别，其中的**反映**就是**外在的**；区别仅仅是一个已设定的存在，或者说一个已扬弃的区别，但它本身是完整的反映。——确切地说，正如之前规定的，同一性和区别都是反映；每一方都是它自己和它的他者的统一体；每一方都是整体。但这样一来，"**单纯作为同一性而存在**"或"**单纯作为区别而存在**"这一规定性就被 [49] 扬弃了。在这种情况下，它们不是质，因为它们通过自身内反映而获得的规定性同时仅仅是一个否定。因此这里有双重的东西，一个是严格意义上的**自身内反映**，另一个是作为否定的规定性或**已设定的存在**。已设定的存在是一个外在于自身的反映；它是作为否定的否定，——**自在地看来**，这虽然是一个与自身相关联的否定和自身内反映，但仅仅自在地是如此；它是把自己当作一个外在的东西而与自己相关联。

就此而言，"自在的反映"和"外在的反映"是区别的两个环节（即同一性和区别）分别获得的规定。当它们相互规定，就成了这样两个环节。——**自在的反映**是同一性，但被规定为与区别漠不相关，这不是指它根本不具有区别，而是指它相对于区别而言表现为自身同一的东西；它是**差异性**。它是一个已经反映回自身之内的同一性，但真正说来，它仅仅是两个环节中的**一个**自身内反映；二者都是自身内反映。同一性是二者中的一个反映，它把区别仅仅当作它本身具有的一个漠不相关的区别，因此是一般意义上的差异性。——与此相反，**外在的反映**是它们的**已规定的**区别，不是作为一个绝对的自身内反映，而是作为一个与自在存在着的反映漠不相关的规定;在这种情况下,区别的两个环节(即同一性和区别本身)是被设定为外在的规定,不是自在且自为地存在着的规定。

现在,这个外在的同一性就是**等同**(Gleichheit),而外在的区别则是**不同**(Ungleichheit)。——**等同**虽然是同一性,但它仅仅是一个已设定的存在,一个并非自在且自为地存在着的同一性。——同样,**不同**虽然是区别,但它是一个外在的区别,不是自在且自为的区别,而是不同事物本身的一个区别。至于这个东西和那个东西是等同的还是不同的,这对前者

[50] 和后者都毫无影响;双方都仅仅与自身相关联,自在且自为地是其所是;只有从一个位于它们之外的第三者的角度来看,才有作为等同的同一性或作为不同的非同一性。

3. 外在的反映使有差异的东西与等同和不同相关联。这个关联,即**比较**,从等同走向不同,又从不同走向等同,如此来回往复。但对等同和不同之类规定本身来说,这个来回往复的关联是外在的;而且它们也不是相互关联的,毋宁说,每一方仅仅独自与一个第三者相关联。在这个更替中,每一方都是独自直接出现。——外在的反映本身就是外在的;**已规定的**区别是遭到否定的绝对区别;因此它不是单纯的区别,不是自身内反映,而是在自身之外具有自身内反映;相应地,它的各个环节四散分离,并且作为彼此外在的环节与那个与它们相对立的自身内反映相关联。

因此,在这个自身异化的反映里,等同和不同是作为彼此无关的东西而出现的;当这个反映通过各种**情况**、**方面**和**角度**使二者**与同一个东西相关联**时,就导致了二者的**分离**。有差异的东西是同一个东西,与等同和不同都相关联,因此它们从**一个方面来看**是彼此等同的,**从另一个方面来看**是彼此不同的,而且它们是在彼此等同的**情况**下彼此不同。等同仅仅与自身相关联,同样地,**不同**仅仅是不同。

但通过它们相互之间的这个分离,它们仅仅扬弃了自身。当人们说一个东西和另一个东西**在一个角度下是等同的,但在另一个角度下是不同的**,这本来是为了让它们免于矛盾和瓦解,但像这样把等同和不同割裂开来,恰恰导致了它们的毁灭。因为二者都是区别的规定;它们相互关

联,这一方是那一方所不是的东西;等同不是不同,不同不是等同,二者在　[51]
本质上具有这个关联,并且离开这个关联就不具有任何意义;二者作为区
别的规定,每一方都是其所是,与它的他者**区分开**。但由于它们彼此漠不
相关,所以等同仅仅与自身相关联,同样地,不同也是一个自足的角度和
自身内反映;就此而言,每一方都是自身等同的;区别已经消失了,因为等
同和不同并不具有相互对立的规定性;换言之,每一方在这种情况下都是
等同。

　　于是这个漠不相关的角度或外在区别扬弃自身,成为一种自在的自
身否定性。这种否定性在进行比较的时候附加到比较者上面。比较者从
等同走向不同,又从不同返回到等同,它使一方在另一方里消失,因此实
际上是**二者的否定统一体**。这个统一体首先超出了比较者,进而超出了
比较的各个环节,是一个主观的、落于它们之外的行动。但实际上,正如
我们看到的,这个否定的统一体是等同和不同的本性本身。正因为每一
方都是一个独立的角度,所以这个角度是一个自身关联,不但扬弃了它们
的区分性,而且扬弃了它们本身。

　　从这个方面来看,等同和不同作为外在反映的彼此外在的环节,消失
在它们的等同中。进而言之,它们的这个否定的统一体在它们自身那里
就**已经设定下来**;也就是说,它们是在自身之外具有一个**自在存在着的**反
映,换言之,它们是**一个第三者**(即它们本身的一个他者)的等同和不同。
所以,等同者不是它自身的等同者,反之不同者本身就是等同者,因为它
不是与它自身不同,而是与一个不同于它的东西不同。因此等同者和不
同者都是**其自身的不同者**。每一方都是这样一个反映:等同既是等同,也
是不同,不同既是不同,也是等同。

　　一方面,等同和不同构成了**已设定的存在**,而在与之相对立的另一方　[52]
面,比较者或有差异的东西把自己规定为一个**自在存在着的**反映。但是,
相对于等同和不同而言,有差异的东西同样失去了自己的规定性。等同
和不同作为外在反映的规定,是一个仅仅自在存在着的反映,而这个反映
本来应当成为严格意义上的有差异的东西,成为其纯粹未规定的区别。

37

自在存在着的反映是一种与否定无关的自身关联,一种抽象的自身同一性,随之恰恰是已设定的存在本身。——单纯有差异的东西于是通过已设定的存在而过渡到否定的反映。有差异的东西是单纯已设定的区别,即一个不是区别的区别,因此在其自身就是它自己的否定。在这种情况下,等同和不同本身,即已设定的存在,通过漠不相关性或自在存在着的反映而返回到一个否定的自身统一体,返回到这样一个反映之内,即它在其自身就是等同和不同的区别。当差异性的**漠不相关**的各个方面全都仅仅是一个否定统一体的**诸环节**,差异性就是**对立**(Gegensatz)。

注　释

差异性和同一性可以分别通过一个自足的命题表达出来。此外,这两个命题始终处于彼此漠不相关的差异性中,以至于每一方在不考虑对方的情况下本身就是有效的。

　　"**一切事物都是有差异的**",或者说"**没有两个彼此等同的事物**"。——这个命题实际上是与同一性命题相对立的,因为它宣称:A 是一个有差异的东西,即 A 不是非 A;换言之,A 不同于另一个东西,因此它不是一般意义上的 A,而是一个已规定的 A。在同一性命题里,A 可以用[53] 任何一个别的基体来代替,但 A 作为不同者却不再能够用任何一个别的东西来替换。诚然,它不应当是一个**与自己**有差异的东西,而是仅仅**与他者**有差异;但这个差异性是它自己固有的规定。A 作为自身同一的东西是未规定的;但作为已规定的东西,它是前者的反面;它不再仅仅具有一种自身同一性,而是也具有一种否定,随之在其自身就具有它自己与自己的差异性。

　　"全部事物都是彼此有差异的"这一命题完全是一句废话,因为事物的复数形式已经直接包含着多样性和整个未规定的差异性。——与此相反,"没有两个彼此完全等同的事物"这一命题就表达出了更多的东西,即一种**已规定的**差异性。两个事物不是单纯的"二"——数目的多样性完全是千篇一律的——，毋宁说，它们**通过一个规定**而是有差异的。"没有两个彼此相同的事物"这一命题是不难想象的，而根据一则宫廷轶事，当宫女们听到莱布尼茨说出这个命题之后，都去寻找是否有两片相同的树叶。——这是形而上学的幸运时光，人们在宫廷里从事形而上学研究，除了拿树叶来做比较之外，不需要付出别的努力去检验形而上学命题！正如之前所述，"没有两个彼此完全等同的事物"这一命题之所以引人注目，是因为"**二**"或数目的多样性尚未包含着**已规定的**差异性，而且严格意义上的差异性作为一个抽象的东西，首先与等同和不同是漠不相关的。当想象也过渡到规定，就把这两个环节本身当作彼此漠不相关的东西接受下来，以为其中一方（事物的**单纯等同**）无需另一方（事物的**不同**）就足以成为规定，或者说以为事物只要是数目上的多，就是有差异的，哪怕它们只是一般意义上的有差异的东西，而不是彼此不同的。与此相反，差异　[54]
性命题指出，首先，事物是通过彼此不同才是有差异的，其次，事物同时具有等同和不同这两个规定，因为只有二者合在一起才构成已规定的区别。

现在，"全部事物都具有'不同'这一规定"这个命题还需要一个证明；它不可能作为一个直接的命题提出来，因为通常的认识活动要求，在一个综合命题里，必须证明各个规定是可以结合的，或者说必须揭示出一个将它们串联起来的第三者。这个证明必须呈现出从同一性到差异性的过渡，以及从差异性到已规定的差异性（即不同）的过渡。但这一点通常是很难做到的，由此导致的结果是，差异性或外在的区别其实是一个反映回自身之内的区别，一个在其自身的区别，至于有差异的东西的漠不相关的持存，仅仅是一个已设定的存在，随之不是一个外在的、漠不相关的区别，而是两个环节的**同一个**关联。

这里也蕴含着**差异性命题**的瓦解和虚无性。两个事物不是完全等同的；这样看来，它们同时是等同的和不同的；所谓等同，指它们都是事物，或者说是一般意义上的两个东西，因为每一方和对方一样，都是一个事物，都是一个单一体，所以双方是同一个东西；但它们又被假定为不同的。因此这里有一个规定，即等同和不同这两个环节**在同一个东西里**是有差异的,换言之,那个落于彼此之外的区别同时是同一个关联。于是这个规定过渡到**对立设定**(Entgegensetzung)。

[55]　　诚然,两个谓词的"**同时**"是通过**情况**而彼此分开的:**在**两个事物等同的**情况下**,它们不是不同的,或者说它们从一个**方面**和**角度**来看是等同的,但从另一个**方面**和**角度**来看却是不同的。这样一来,事物就摆脱了等同和不同的统一体,至于它自己固有的反映(即等同和不同的自在的反映),则被坚持看作是一个外在于事物的反映。正是这个反映**在同一个活动里**区分出等同和不同这两个方面,因此是在**同一个**活动里包含着二者,让其中一方映现或折射在另一方之内。——通常对待事物的温情做法只关心一点,即事物不应当陷入自相矛盾,但它在这里和别的地方都忘了,这样并没有消解矛盾,毋宁只是把矛盾推到别处,推到一个主观的或外在的反映里;而且它忘了,这个反映实际上包含着两个环节,它们通过这种清除和推移被陈述为纯粹的**已设定的存在**,实则已经遭到扬弃,并且在**同一个**统一体里相互关联。

3. 对立

在对立里,区别作为**已规定的反映**得以完成。它是同一性和差异性的统一体;它的各个环节在**同一个**同一性里是有差异的;因此它们是**被设定为对立的**环节。

同一性和**差异性**是区别在其自身内部坚持着的两个环节;它们是区别的统一体的**经过反映的**环节。反之**等同**和**不同**却是一种已经外化的反映;它们的自身同一性意味着,每一方不仅与那个与它有差异的东西漠不相关,而且与严格意义上的自在且自为的存在漠不相关,因此这种自身同一性是与反映回自身之内的同一性相对立的;换言之,这是一种并未反映回自身之内的**直接性**。所以,当外在反映的两个方面作为已设定的存在,就是一个**存在**,而作为未设定的存在,则是一个**非存在**。

[56]　　仔细看来,对立的两个环节其实是一个反映回自身之内的已设定的存在,即一般意义上的规定。已设定的存在是等同和不同;当二者都反映

回自身之内,就构成了对立的规定。它们的自身内反映在于,每一方在其自身都是等同和不同的统一体。等同仅仅立足于一个用不同来进行比较的反映,因此是以它的另一个漠不相关的环节为中介;同样地,不同也仅仅立足于等同所在的同一个反映关联。——每一方在其规定性里都是一个整体。之所以是一个整体,因为每一方也包含着它的另一个环节;但那个环节是一个漠不相关地**存在着的**环节;因此,每一方在自身内都与它的非存在相关联,仅仅是一个自身内反映,换言之,每一方都是一个在本质上与它的非存在相关联的整体。

这个反映回自身之内的自身**等同**,在自身之内与不同相关联,是**肯定者**;相应地,那个在自身之内与自己的非存在(等同)相关联的**不同**,是**否定者**。——换言之,二者都是已设定的存在;现在,区分出来的规定性被看作是已设定的存在所区分出来的、**已规定的自身关联**,于是对立作为**已设定的存在**,一方面反映回它的自身**等同**,另一方面反映回它的自身**不同**,而这就是**肯定者**和**否定者**。——**肯定者**是一个反映回自身等同的已设定的存在;但已设定的存在是经过反映的东西,即作为否定的否定;所以这个自身内反映按其规定而言就与一个他者相关联。**否定者**是一个反映回不同的已设定的存在;但已设定的存在就是不同本身;所以这个反映是不同的自身同一性,是一个绝对的自身关联。——也就是说,反映回自身等同的已设定的存在本身就包含着不同,而反映回自身不同的已设定的存在本身也包含着等同。

因此,肯定者和否定者是对立的两个已然独立的方面。它们是独立的,因为它们在自身内都是**整体**的反映;它们又是隶属于对立的,因为**规定性**作为整体已经反映回自身之内。基于其独立性,它们构成了**自在地**已规定的对立。每一方都是它自己和它的他者,因此每一方都不是在一个他者那里,而是**在其自身具有自己的规定性**。——每一方的自身关联都仅仅是他者关联。这件事情具有两面性:一方面,每一方在与它的非存在相关联时,都在自身内扬弃了这个异在,因此它的非存在仅仅是它自身内的一个环节;但另一方面,已设定的存在是一个存在,而且已经转变为 [57]

一个漠不相关的持存,所以每一方在自身内所包含着的他者也是整体的非存在(而它本应作为一个环节包含在这个整体里)。就此而言,只有当每一方的**非存在存在着**,每一方才**存在着**,而且是存在于一个同一性关联中。

因此,那些把肯定者和否定者建构起来的规定在于,**首先**,肯定者和否定者是对立的绝对**环节**;它们的不可分割的持存是同一个反映;通过一个中介活动,每一方的存在都是基于它的他者的非存在,随之是基于它的他者,或基于它自己的非存在。——这样,它们是一般意义上的**相互对立者**;换言之,**每一方都仅仅是他者的对立面**,在这里,并非一方是肯定的而另一方是否定的,毋宁说,二者对彼此而言都是否定的。**第一**,一般而言,每一方都**在他者存在着的情况下**存在着;它通过它的他者或通过它自己的非存在而是其所是;它仅仅是一个**已设定的存在**。**第二**,每一方都**在他者不存在的情况下**存在着;它通过他者的非存在而是其所是;它是一个**自身内反映**。——以上两种情况是一般意义上的对立的**同一个**中介活动,而总的说来,肯定者和否定者在这个中介活动中都仅仅作为**已设定的东西而存在着**。

其次,一般而言,这个单纯的已设定的存在已经反映回自身之内;从**[58]** **外在的反映**这一环节来看,肯定者和否定者与最初那个以它们为环节的同一性**漠不相关**;换言之,由于最初的反映是肯定者和否定者自己固有的自身内反映,而且每一方在其自身就是它自己的已设定的存在,所以双方都漠不相关地反映回自己的非存在,毫不理会自己的已设定的存在。因此这两个方面仅仅是有差异的,而由于它们的规定性(即分别作为肯定者和否定者而存在)相互构成了它们的已设定的存在,所以双方都不是在其自身就被规定为这个样子,毋宁只是一般意义上的规定性;诚然,双方要么获得肯定者的规定性,要么获得否定者的规定性,但这些规定性是可以替换的,所以每一方都既可以被认为是肯定的,也可以被认为是否定的。

再次,肯定者和否定者并非仅仅是一个已设定的东西或一个纯粹漠不相关的东西,毋宁说,它们的**已设定的存在**或它们在一个异于它们的**统一体中的他者关联**已经被**收回**到各方之内。每一方在其自身就是肯定的和否定的;肯定者和否定者是一个自在且自为的反映规定;只有在相互对立的存在这一自身内反映中,每一方才是肯定的和否定的。肯定者在其自身就具有一个他者关联,并通过这个关联而被规定为肯定者;相应地,否定者不是在与他者相对立时才是否定者,毋宁说,它同样在自身之内具有一个使它成为否定者的规定性。

所以,每一方都是一个独立的、自为存在着的自身统一体。诚然,肯定者是一个已设定的存在,但对它而言,这个已设定的存在仅仅是一个已经遭到扬弃的东西。它是**非对立面**,一个已经遭到扬弃的对立,但这是对立本身的一个方面。——诚然,某东西在与一个异在相关联时被规定为肯定者,但它在本性上并不是作为一个已设定的东西而存在着;它是一个否定着异在的自身内反映。但它的他者,否定者,本身不再是一个已设定的存在或一个环节,而是一个独立的**存在**;这样一来,肯定者的否定式自身内反映的规定性就在于,把它的这个**非存在**从自身那里**排除**出去。

因此,作为绝对反映的否定者不是一个直接的否定者,而是一个自在且自为的否定者,它作为遭到扬弃的已设定的存在,以肯定的方式立足于自身。作为自身内反映,它否定了自己与一个他者的关联;它的他者是肯定者,一个独立的存在;——它与肯定者的否定关系在于把后者从自身那里排除出去。否定者是一个自为持存着的对立面,而与之相对的肯定者是已扬弃的对立这一规定,——否定者是一个立足于自身的**完整对立**,而它的对立面则是一个自身同一的已设定的存在。

就此而言,肯定者和否定者不仅**自在地**,而且自在且自为地就是肯定的和否定的。之所以**自在地**是如此,因为它们与他者的排斥性关联已经被抽离了,仅仅按照其规定来理解。只要某东西不是仅仅针对**一个他者**而被规定为肯定的或否定的,它就**自在地**是如此。但是,如果肯定者和否定者不是已设定的存在,随之不是相互对立的东西,那么每一方都是一个直接的东西,即**存在**和**非存在**。实际上,肯定者和否定者是对立的两个环

[59]

43

节,它们的自在存在仅仅构成了它们的反映回自身之内的存在的形式。某东西**自在地**是肯定的,与否定者无关;同样,某东西**自在地是否定的**,与否定者无关;这个规定仅仅坚持"反映回自身之内的存在"这一抽象环节。然而**自在存在着**的肯定者或否定者在本质上意味着,相互对立既不是一个单纯的环节,也不隶属于比较,而是对立的两个方面**固有的**规定。因此它们不是在与他者无关的情况下**自在地**是肯定的或否定的,毋宁说,**这个关联**,作为排斥性关联,构成了它们的规定或自在存在;惟其如此,它们才同时是自在且自为的。

注　释

这里必须讨论**算术**里面出现的**肯定者**(正)和**否定者**(负)的概念①。这个概念在算术里被假定为众所周知的,但因为它并没有在其明确的区别中得到理解把握,所以深陷于不可解决的困难和麻烦之中。前面除了得出肯定者和否定者的"相互对立"这一单纯的概念之外,还得出了它们的两个**实在的**规定。也就是说,**一方面**,相互对立的根基是一个仅仅有差异的、直接的定在,后者的单纯的自身内反映与其已设定的存在(相互对立本身)是区分开的;就此而言,相互对立并非自在且自为地存在着,而是依附于有差异的东西,以至于每一方都是一般意义上的对立面,同时又漠不相关地、自为地持存着,而在这两个相互对立的有差异的东西里面,无论哪一方被看作是肯定的抑或否定的,都是同一回事。——**另一方面**,肯定者本身是自在的肯定者,否定者本身是自在的否定者,因此有差异的东西不是与这个情况漠不相关的,毋宁说,这是它的自在且自为的规定。——肯定者和否定者这两个形式同时出现在最初的一些规定里,并在算术中得到应用。

---

①　在这一章节里,我们根据不同的语境把 das Positive 译为"肯定者"或"正",把 das Negative 译为"否定者"或"负"。——译者注

首先,+a 和-a 是**一般意义的相互对立的大小**;a 是位于二者的根基处的一个**自在存在着的统一体**,一个与相互对立本身漠不相关的东西,它在这里无需任何概念就充当着一个僵死的根基。-a 和+a 虽然分别标示着否定者和肯定者,但双方都同样仅仅是**一个对立面**。

其次,a 并非仅仅是一个**单纯的**、位于根基处的统一体,毋宁说,它作为+a 和-a 乃是这两个对立面的自身内反映;这里有**两个有差异的 a**,至于其中哪一方应当标示着肯定抑或否定,这是无关紧要的;二者都具有一个特殊的持存,都是肯定的。　　　　　　　　　　　　　　［61］

按照上述第一个方面,+y-y = 0;或者说在-8 + 3 里,正 3 在 8 里是负的。这两个对立面在其结合中扬弃了自身。向东走一个小时,再回过头向西走一个小时,就扬弃了起初走过的路程;欠了多少债务,就少了多少资产,有多少资产,就扬弃多少债务。向东的一小时路程不是自在的正路程,向西的一小时路程也不是自在的负路程,毋宁说,这些方向与正负对立的规定性是漠不相关的;只有一个落于它们之外的第三者的角度才把其中一个方向看作是正,把另一个方向看作是负。同理,债务并非自在且自为地就是负;它们只有在与债权人相关联时才是负;对债权人而言,它们是他的正资产;它们是一笔钱或具有一定价值的东西,仅仅从外在的角度来看才是债务或资产。

相互对立的双方虽然在其关联中扬弃自身,以至于结果等于零,但这里也有**它们的同一性关联**,与对立本身漠不相关;于是它们构成"某一"(Eines)。比如,刚才提到的那笔钱仅仅是**某一笔钱**,在+a 和-a 里,a 也仅仅是**某一个** a;路程仅仅是**某一段路程**,而非两段路程(一段向东,另一段向西)。同理,纵坐标线 y 在横坐标线的这条边或那条边上面是同一个东西;在这种情况下,+y-y = y;y 仅仅是**纵坐标线本身**,正和负仅仅是它的**某一个规定和规律**。

再者,相互对立的双方不仅是**某一个**漠不相关的东西,而且是**两个漠不相关的东西**。也就是说,它们作为相互对立的东西也反映回自身之内,随之作为有差异的东西而持存着。

[62]　　　因此一般而言,在-8 + 3 里有 11 个统一体(单位);+y 和-y 是横坐标线的相互对立的两条边上面的纵坐标线,其中每一方都是一个与这个界限及其对立漠不相关的定在;在这种情况下,+y-y = 2y。——向东的路程和向西折回的路程也是一个双重努力的总和,或者说两个时间周期的总和。同理,在国民经济里,一定数量的金钱或价值也并非仅仅是单方面的一定数量的生计手段,而是一个双重性的东西;无论对债权人还是对债务人来说,它都是生计手段。我们在计算国家资产的时候,不会仅仅将其看作是现金以及国家现有的其他不动产和动产的价值的总额,更不会将其看作是正资产扣除负资产之后的余额,毋宁说,虽然资本的正账和负账相加也归结为零,但**首先**,资本始终是正资本,即+a-a = a,**其次**,由于资本以繁复的方式成为负的、借来借去的,所以在这种情况下,它成了一笔极为繁复化的资金。

　　　相互对立的大小一方面仅仅在一般的意义上相互对立,另一方面也是实在的或漠不相关的东西。进而言之,虽然定量本身是一个漠不相关的受限的存在,但在它那里毕竟出现了自在的正和自在的负。比如,当 a 没有符号,同时又被拿来计算,就被看作是+a。假若它只应当是一个一般意义上的对立面,那么也可以被看作是-a。但正号是被直接给予它的,因为"正"本身是直接东西的真正意义,即作为自身同一的东西,与对立相对立。

　　　再者,当正量和负量相加或相减,它们被认为本身就是正的和负的,而不是仅仅通过相加或相减的关联,以这种外在的方式成为正的和负的。
[63]在 8-(-3)里,第一个减号与 8 是**相互对立的**,但第二个减号(-3)却被认为是**自在的**对立面,位于这个关联之外。

　　　这个情况在乘法和除法里有着更明确的体现;在这里,正在本质上被看作是**非对立面**,反之负被看作是对立面,也就是说,两个规定并非以同样的方式仅仅被看作是一般意义上的对立面。教科书在证明这两个计算方式里的符号的关系时,止步于一般意义上的"相互对立的大小"这一概念,因此这些证明是不完整的,深陷于各种矛盾之中。——但在乘法和除法里,加号和减号获得了自在的正和负的更确定的意义,因为那里面的因素(单位和数目)必须是相互对立的东西,这个关系不像在加法和减法那里一样,仅仅是增加和减少的关系,毋宁说,这是一个质的关系,而加和减也因此获得了正和负的质的意义。——如果没有这个规定,单是从"相互对立的大小"这一概念出发,那么很容易得出一个错误的推论,即从$-a \times +a = -a^2$反过来得出$+a \times -a = +a^2$。由于前一个因素意味着数目,后一个因素意味着单位,且前者通常具有优先地位,所以"$-a \times +a$"和"$+a \times -a$"这两个表达式的区别在于,在前者那里,$+a$是单位,$-a$是数目,而在后者那里则正相反。关于前一个表达式,通常的说法是,如果我想要$+a$的$-a$倍,那么我不仅用a乘以$+a$,而且同时采用了那个与它相互对立的方式,用$+a$乘以$-a$;由于那里有一个加号,所以我必须把它看作是负的,而乘积就是$-a^2$。但在第二种情况下,如果我想要$-a$的$+a$倍,那么同样不应当用$-a$乘以$-a$,而是应当在与它相互对立的规定里,用$+a$乘以$-a$。因此根据第一个情况的推理可以得出,乘积必须是$+a^2$。——在除法那里同样也是如此。

只要加和减仅仅被看作是一般意义上的相互对立的大小,上述结论 [64] 就是必然的;在前一种情况下,减被赋予一种去改变加的力量;但在后一种情况下,加却不应当具有这种凌驾于减的力量,哪怕它和减一样,都是**一个相互对立的**大小规定。实际上,加之所以不具有这种力量,原因在于,它在这里必须按照其质的规定而与减对立,而且这两个因素相互之间是一种质的关系。在这种情况下,负是一个自在的、严格意义上的对立面,而正却是一个一般意义上的未规定的、漠不相关的东西;它确实也是负,但并非在其自身就是负,毋宁只是他者的负。——因此规定作为否定,仅仅来自于负,而不是来自于正。

同理,之所以$-a \times -a = +a^2$,也不是因为负a仅仅是一个单纯的对立面(否则这里就是用它与$-a$相乘),而是因为它本身就应当是负的。于是负负得正(否定之否定即肯定)。

C. 矛盾

1. 一般意义上的**区别**把自己的两个方面当作**环节**包含在自身之内；在**差异性**里，它们**漠不相关**地四散分离；在严格意义上的**对立**里，它们是区别的两个方面，一方仅仅由另一方所规定，随之仅仅是环节；但它们同样在其自身就是已规定的，彼此漠不相关，相互排斥：它们是一些**独立的反映规定**。

一方是**肯定者**，另一方是**否定者**，但前者是在其自身的肯定者，后者是在其自身的否定者。当每一方在其自身就与它的另一个环节相关联，本身就获得了一种漠不相关的独立性；就此而言，每一方都是一个完整的封闭在自身之内的对立。——作为整体，每一方都是**通过它的他者**而达到自身中介，并且**包含着**他者。除此之外，每一方也通过**它的他者的非存在**而达到自身中介；在这种情况下，它是一个自为存在着的统一体，把他者**排斥在外**。

[65]

独立的反映规定在同一个角度看来既包含着相反的规定，随之成为独立的，也把相反的规定排斥在外，既然如此，它就是作为独立的东西而把自己固有的独立性排斥在外；因为独立性意味着，在自身之内包含着相反的规定，从而不是与一个外在的东西相关联，——与此同时，独立性同样意味着作为它自己而存在，把那个否定着它的规定排斥在外。在这种情况下，独立性就是**矛盾**（Widerspruch）。

一般意义上的区别已经是**自在的矛盾**；因为它是那些仅仅存在着（即**没有成为单一体**）的东西的**统一体**，——是那些仅仅**在同一个关联中**分离存在着的东西的**分离**。但肯定者和否定者却是**已设定的**矛盾，因为它们作为否定的统一体，本身就自己设定自己，同时又扬弃自己，设定自己的反面。——它们使进行规定的反映成为**排斥性的**反映；正因为排斥是**同一个**区分活动，而且这些区分出的东西每一方作为排斥者本身就是整个排斥活动，所以每一方在自身内都排斥自己。

如果单独考察这两个独立的反映规定，可以说肯定者作为**已设定的**

存在已经反映回**自身等同**，这个已设定的存在与他者无关，因此当它**遭到扬弃并被排斥在外**，肯定者就是一种持存。这样一来，肯定者就使自己**与一个非存在、与一个已设定的存在**发生关联。——这种肯定者是矛盾，即它作为自身同一性，通过**排斥**否定者而把自己设定为某个东西（即它所排斥在外的他者）的**否定者**。他者作为被排斥在外的东西，被设定为独立于排斥者，随之反映回自身之内，也进行排斥活动。就此而言，排斥性　[66]反映就是把肯定者设定为一个排斥着他者的东西，于是这个设定活动直接设定了肯定者的他者，即它所排斥的东西。

这是肯定者的绝对矛盾，但它同时也是否定者的绝对矛盾；二者的设定是**同一个反映**。——单独看来，与肯定者相对立的否定者作为已设定的存在，已经反映回**自身不同**，是作为否定者的否定者。但否定者本身就是不同者，即一个他者的非存在，因此与其说它反映回自身不同，不如说这是它的自身关联。——**一般意义上的**否定是作为质的否定者，或一个**直接的**规定性；但**作为否定者的**否定者却是与它自己的否定者（它的他者）相关联。如果我们仅仅把它和前者看作是同一个东西，那么它和前者一样都仅仅是直接的；在这个意义上，由于它不是与他者相对立，所以不再是否定者；归根结底，否定者不是一个直接的东西。——进而言之，由于双方现在是同一个东西，所以不同者的这个关联同样是它们的同一性关联。

因此，否定者的矛盾和肯定者的矛盾是同一个矛盾，即一个作为自身关联的已设定的存在或否定。但肯定者仅仅**自在地**是这个矛盾；反之否定者却是**已设定的**矛盾；因为后者的自身内反映在于，作为一个自在且自为的否定者或严格意义上的否定者而达到自身同一，但与此同时，它被规定为非同一的东西或对同一性的排斥。也就是说，**通过反对同一性而达到自身同一**，随之通过它的排斥性反映而把自己从自己那里排斥出去。

因此，否定者是一个完整的、作为相互对立而基于自身的相互对立，一个**与他者无关的**绝对区别；它作为相互对立，把同一性从自己那里排除出去，随之也把自己排斥出去；因为作为**自身关联**，它把自己规定为它所　[67]

49

排斥的同一性本身。

2. 矛盾自行瓦解。

在刚才考察的那个自己排斥自己的反映里，肯定者和否定者在各自的独立性中分别扬弃自身；每一方都完全是一个过渡，或更确切地说，每一方都把自己转移到它的对立面。对立双方的无休止的消失过程是通过矛盾而确立的**紧接着的统一体**；这个统一体就是**零**。

但矛盾不但包含着**否定者**，而且包含着**肯定者**；换言之，那个排斥自身的反映同时是一个**进行设定的**反映；矛盾的结果不仅仅是零。——肯定者和否定者构成了独立性的**已设定的存在**；但它们的自身否定又扬弃了独立性的**已设定的存在**。这才是矛盾中真正消灭的东西。

通过自身内反映，对立双方都成为独立的自身关联，但它们的这个独立性首先是**区分开的**环节的独立性；就此而言，它们仅仅**自在地**是这个独立性，因为它们仍然是相互对立的，而且它们的**自在**存在恰恰构成了它们的已设定的存在。但它们的排斥性反映扬弃了这个已设定的存在，使它们成为这样一种自为存在着的独立东西，即并非仅仅**自在地**具有独立性，而是通过其否定的他者关联而具有独立性；通过这个方式，它们的独立性也被设定下来。但紧接着，它们又通过这个设定活动而使自己成为一个已设定的存在。**它们走向消灭**，因为当它们把自己规定为自身同一者时，却把自己规定为否定者，规定为一个与他者相关联的自身同一者。

然而仔细看来，这个排斥性反映并非仅仅是一个形式上的规定。它是**自在**存在着的独立性，同时扬弃了这个已设定的存在，并且只有通过这[68]个扬弃，才成为一个自为存在着的、事实上独立的统一体。诚然，即使扬弃异在或已设定的存在，也仍然面临着已设定的存在，即一个他者的否定者，但实际上，这个否定不再是最初的直接的他者关联，因为它虽然是一个已设定的存在，但已经不再是被扬弃的直接性，而是被扬弃的已设定的存在。当独立性的排斥性反映进行排斥，就使自己成为已设定的存在，同时又扬弃了它的已设定的存在。它是一个进行扬弃的自身关联，在这个过程中**首先扬弃了否定者**，**然后**把自己设定为否定者，而这个否定者恰恰是它所扬弃的那个否定者;在扬弃否定者时,它同时设定和扬弃了否定者。通过这个方式,**排斥性规定本身就成为自己的他者**,并且是这个他者的否定;所以,在扬弃这个已设定的存在之后,虽然还是面临一个已设定的存在,但这已经不再是一个他者的否定者,而是一种自身融合,一个肯定的自身统一体。就此而言,独立性是一个通过**自己固有的**否定而返回自身的统一体,因为它是通过否定**自己的**已设定的存在而返回自身。它是本质的统一体,因为它不是通过否定一个他者,而是通过否定它自己而达到自身同一。

3. 对立中的独立性作为排斥性反映,使自己成为已设定的存在,同时将其扬弃,不再是已设定的存在;从这个肯定的方面来看,对立不仅**消灭了**,而且已经**返回到自己的根据中**①。——独立的对立的排斥性反映使对立仅仅成为一个否定者或一个已设定的存在,并借此把它的原本独立的**规定**(肯定者和否定者)降格为**单纯的规定**,而在这种情况下,当已设定的存在成为已设定的存在,就完全返回到它的自身统一体之内;它是**单纯的本质**,但却是作为**根据**的本质。通过扬弃本质的这些自相矛盾的规定,本质得以重建,但仍然被规定为一个排斥性反映,——这个单纯的 [69] 统一体把自己规定为否定者,同时在这个已设定的存在中直接与自身等同,与自身融合。

也就是说,独立的对立首先通过自己的矛盾而**返回**到根据中;这个对立是最初的、直接的、作为开端的东西,与此相反,已扬弃的对立或已扬弃的已设定的存在本身是一个已设定的存在。因此,**本质作为根据乃是一个已设定的存在,一个转变而成的东西**。但反过来,这里所设定的情况仅仅是,对立或已设定的存在只有作为已设定的存在才是一个已扬弃的东西。本质作为根据乃是一个排斥性反映,也就是说,它使自己成为一个已设定的存在,至于此前那个被当作开端和直接东西的对立,则是本质的单纯已设定的、已规定的独立性,而且对立仅仅是一个在其自身就扬弃自己

①　德语的"消灭"(zugrunde gehen)在字面上的意思是"走向根据"。——译者注

的东西,反之本质却是在其规定性中反映回自身之内。本质作为根据,把**自己**从自己那里排斥出去,它设定**自己**;它的已设定的存在——即被排斥出去的东西——仅仅是已设定的存在,即否定者的自身同一性。这个独立的东西是否定者,**被设定**为否定者;这是一个自相矛盾的东西,因此直接保留在本质中,把本质当作自己的根据。

　　已瓦解的矛盾是根据,而当它作为肯定者和否定者的统一体,则是本质。在对立中,规定发展为独立性;但根据就是这个已完成的独立性;否定者在其中是一个独立的本质,但毕竟是否定者;在这种情况下,它作为一个在否定性中保持自身同一的东西,同样是一个肯定者。因此在根据中,对立及其矛盾既是已经被扬弃的,也保留下来。根据作为本质乃是一种肯定的自身同一性,但这种同一性同时把自己当作否定性而与之相关联,随之把自己规定为一个被排斥出去的已设定的存在;但这个已设定的

[70] 存在是整个独立的本质,而本质作为根据,是一个在它的这种否定中保持自身同一的肯定者。也就是说,自相矛盾的、独立的对立原本就已经是根据,只不过后来才获得“自身统一体”这一规定;这个规定之所以出现,是因为独立的对立双方分别扬弃自己,把自己当作自己的他者,随之在走向毁灭(返回根据)的同时,与自身融合,因此确切地说,只有在它们的毁灭中(亦即在它们的已设定的存在或否定中),才有一个反映回自身之内的、自身同一的本质。

注　释　一

　　肯定者与否定者是同一个东西。这个表述属于**外在的反映**,因为它在这两个规定之间进行**比较**。但无论是在这两个规定之间,还是在别的范畴之间,都不应当进行外在的比较,毋宁说,我们必须就它们本身进行考察,亦即去考察它们自己固有的反映是什么。这个反映已经揭示出,每一方在本质上都是它自己在他者中的映现,并且每一方都把自己设定为他者。

即使人们只是想象着肯定者和否定者,不去考察它们自在且自为的样子,也能够通过比较而发现,这些区分开的、通常被认为誓不两立的东西是站不住脚的。反映式思维只需要一点点经验就已经注意到,当某东西被规定为肯定的,以此为根基继续前进,同一个东西眨眼之间直接颠转为否定者,反之否定者则是颠转为肯定者;正因如此,反映式思维在这些规定里变得紊乱不堪,自相矛盾。只要不了解这些规定的本性,就会以为这个混乱是某种没道理的、不应当出现的东西,随之将其归咎于一个主观的错误。实际上,即使人们没有意识到转换的必然性,这个过渡也仍然是一个单纯的紊乱。——就连外在的反映通过一个简单的考察也发现,首先,肯定者不是一个直接的同一者,毋宁说,一方面看来,它是否定者的对立面,而且只有在这个关联中才有意义,因此**它的概念**本身就包含着否定者,另一方面看来,肯定者在其自身就是一个与自身相关联的否定(其否定的是单纯的已设定的存在或否定者),因此在自身之内就是一个**绝对的否定**。——同理,那个与肯定者相对立的否定者也只有在与它的这个他者相关联时才有意义,因此**它的概念**包含着肯定者。但否定者在与肯定者无关的情况下也具有一个**自足的持存**;它是自身同一的;就此而言,否定者本身就是肯定者本来应当所是的那个东西。 [71]

人们通常认为,肯定者和否定者的对立意味着,前者(其在字面上已经指"**已定位的存在**"①或"**已设定的存在**")应当成为一个客观的东西,反之后者应当成为一个主观的东西,这个东西仅仅属于一个外在的反映,与自在且自为地存在着的客观东西毫无关系,对它来说根本不存在。实际上,假若否定者无非意味着一个抽象的主观任性或一个进行规定的外在比较,那么它对于客观的肯定者来说当然不存在,也就是说,肯定者并非在其自身就与这样一个空洞的抽象东西相关联;但这样一来,"它是肯定者"这一规定对它来说就同样是外在的。——这里不妨从这些反映规定的固定对立中举一个例子:一般而言,**光**被看作是纯粹的肯定者,**黑暗**

① 德语的 Position 既有"肯定"的意思,也有"位置"的意思。——译者注

则被看作是纯粹的否定者。但光作为一个无限扩张的东西,作为一种带来启示和生命的力量,其在本性上是一种绝对的否定性。反之,黑暗作为
[72] 非杂多的东西或一个未在自身内进行区分的子宫,是单纯的自身同一者,即一个肯定者。只有当黑暗作为光的完全缺失,对光来说根本不存在,只有在这个意义上,它才是否定者,——也就是说,由于光在与黑暗相关联时不是与一个他者相关联,而是纯粹与自身相关联,所以黑暗只能在光面前消失。但众所周知,光是通过黑暗而变得阴沉,成为灰色;除了这个单纯的量的变化之外,光也经历了质的变化,即通过其与黑暗的关联而被规定为颜色。——同理,**美德**离不开斗争,毋宁说,它是最高的、已完成的斗争;就此而言,它不但是肯定者,而且是绝对的否定性;它也不是仅仅通过与恶习的**比较**才成为美德,毋宁说,它在其自身就是对立和抗争。反过来,**恶习**也并非仅仅是美德的**欠缺**——天真无邪也算这种欠缺——,并非仅仅对于一个外在反映而言才与美德区分开,毋宁说,它在其自身就是美德的对面,就是**恶**。恶在于依据自身而与善相对抗;它是一种肯定的否定性。天真无辜作为善和恶的欠缺,与这两个规定都是漠不相关的,既不是肯定的,也不是否定的。但与此同时,这个欠缺也可以说是一个规定性,它一方面被看作是某东西的肯定的本性,另一方面与一个对立面相关联,把全部自然存在者都逐出它们的天真无辜,使之脱离其漠不相关的自身同一性,通过自身而与它的他者相关联,随之走向消灭,或在肯定的意义上说,返回它们的根据。——**真理**作为一种与客体相符合的知识,也是肯定者,但它仅仅是这个自身等同,因为知识以否定的态度对待他者,贯穿客体,将其当作一种否定而加以扬弃。**谬误**作为一种并未触及自在且自
[73] 为的存在者的意谓,是肯定者,因为它对自己了如指掌,而且立场坚定。反之,无知要么是一种与真理和谬误漠不相关的东西(这时它既不是肯定的,也不是否定的,因此这个规定属于外在的反映),要么是一个客观的东西,即自然存在者本身固有的规定,而在后面这种情况下,它是一个指向自身的冲动,一个在自身内包含着肯定方向的否定者。——最重要的认识之一,就是要洞察并掌握以上所考察的反映规定的这个本性,也就

是说,它们的真理仅仅立足于它们的相互关联,换言之,每一方在其概念中本身就包含着另一方;假若没有这个认识,人们在哲学里面真的是寸步难行。

注 释 二

"相互对立"这一规定同样已经被改造为一个命题,即所谓的**排中命题**(排中律)。

某东西要么是 A,要么是非 A;没有第三者。

首先,这个命题意味着,一切东西都是一个**对立面**,要么是一个肯定的**已规定的东西**,要么是一个否定的**已规定的东西**。——这个重要的命题之所以是必然的,是因为同一性过渡到差异性,而差异性又过渡到相互对立。但人们并不是在这个意义上理解它,而是通常这样来理解,即在一切谓词里,只能要么是这一个谓词,要么是这一个谓词的非存在,归属于某一事物。对立面在这里意味着单纯的欠缺,或更确切地说,意味着**无规定性**;这个命题是如此之无关紧要,根本不值一提。如果人们用"甜"、"绿"、"四角"等规定——而且这里可以用全部谓词——来谓述精神,指出它要么是甜的,要么不是甜的,要么是绿的,要么不是绿的,如此等等,那么这根本就是一种无所云谓的废话。规定性或谓词与某东西相关联;当命题进行谓述,某东西就得到规定;命题在本质上应当包含着一点,即规定性必须进一步规定自身,使自己成为**自在的**规定性,成为相互对立。如若不然,在那种无聊的意义上,命题就仅仅从规定性过渡到规定性的一般意义上的非存在,返回到无规定性。 [74]

其次,排中命题和之前考察过的同一性命题或矛盾命题的区别在于,矛盾命题主张:**不存在什么同时是 A 和非 A 的东西**,而排中命题则是主张:**不存在什么既不是 A 也不是非 A 的东西**,不存在与对立漠不相关的第三者。但实际上,后面这个命题自身之内就**存在着**与对立漠不相关的第三者,即其中的 A 本身。这个 A 既不是+A 也不是-A,同样既是+A 也

是-A。——如果某东西要么是+A，要么是非 A，那么它和+A 和非 A 都
是相关联的；反过来，当它与 A 相关联时，就**不**应当与非 A 相关联，而当
它与非 A 相关联时，则**不**应当与 A 相关联。因此，某东西本身就是那个
应当被排除的第三者。由于相互对立的规定在某东西里既是被设定的，
也在这个设定中遭到扬弃，所以第三者(它在这里的形态是一个僵死的
某东西)在更深的层次上指反映的统一体，即相互对立返回到其中的
根据。

注　释　三

　　现在，如果"同一性"、"差异性"和"相互对立"等最初的反映规定已
经在一个命题中建立起来，那么**矛盾**作为它们的归宿和真理，就更应当用
这样一个命题来把握和表述："一切事物自在地就是自相矛盾的。"也就
是说，这个命题比其余的命题更准确地表述出了事物的真理和本
[75]　质。——矛盾出现在相互对立中，仅仅是已展开的无，这个无包含在同一
性里面，曾经通过"同一性命题**没有说出任何东西**"这一表述而体现出
来。这个否定接下来把自己规定为差异性和相互对立，而这现在是一个
已设定的矛盾。

　　迄今的逻辑和通常观念的基本成见之一，就是以为矛盾不像同一性
那样，是一个本质性的、内在的规定；假若要在这两个规定之间分个高下，
坚持认为它们是分离的东西，那么我们必须承认矛盾是更深层次的、更本
质性的。因为那个与之对立的同一性仅仅是单纯的直接东西或僵死的存
在的一个规定，反之矛盾却是全部运动和生命的根源；只有当某东西在自
身内包含着矛盾，它才推动自己，才具有冲动和活动。

　　通常的情况下，人们一方面把矛盾从一般意义上的事物、存在者和真
相身上清除出去，主张**不存在矛盾的东西**，另一方面把矛盾归咎于主观的
反映，认为它是通过后者的关联和比较而被设定的。还有一些人认为，主
观的反映里同样没有矛盾，因为**矛盾**的东西既不可能**被想象**，也不可能**被**

思考。总之,无论在现实东西里还是在思维反映里,矛盾都被看作是偶然的,仿佛是一个例外状态或一种暂时的疾病发作。

　　对于"矛盾**不存在**"或"矛盾不是现实的"之类主张或保证,我们不需要去关心;本质的绝对规定必须出现在全部经验里,出现在全部现实的东西以及每一个概念里。此前谈到作为**无限者**的矛盾在存在的层面里的表现时,我们已经作出了同样的提醒。但普通经验本身就表明,至少**存在着一定数量的**矛盾事物和矛盾结构,它们的矛盾不是仅仅位于一个外在的　[76]反映中,而是位于它们自身之内。此外,矛盾也不应当被看作是一个仅仅出现在这里或那里的例外状态,毋宁说,矛盾是一个具有本质规定的否定者,是全部自主运动的本原,而自主运动无非是立足于矛盾的呈现。外在的感性运动本身就是矛盾的直接定在。某东西之所以推动自身,不是因为它于这一个"这时"在这里,于另一个"这时"在那里,而是仅仅因为它于同一个"这时"既在这里又不在这里,或在同一个"这里"既存在,同时又不存在。我们必须承认古代辩证法家揭示出的运动中的各种矛盾,但不能由此得出"运动不存在"的结论,毋宁说,运动是**定在着的**矛盾本身。

　　同样,内在的、真正意义上的自主运动,即一般意义上的**冲动**(Trieb)——单子的欲望或张力,绝对单纯的本质的隐德莱希——无非意味着从同一个角度来看,某东西**在其自身之内既是它自己**,也是一个欠缺,即**它自己的否定者**。抽象的自身同一性尚且不是生命,毋宁说,自在地看来,肯定者本身就是否定性,从而来到自身之外,把自己设定在变化中。因此,只有当某东西在自身内包含着矛盾,并且成为一种在自身内把握和容忍矛盾的力量,它才是有生命的。反之,如果一个实存者不能在其肯定规定中同时统摄它的否定规定,不能在一方中坚持另一方,不能在自身之内具有矛盾,它就不是活生生的统一体本身,不是根据,而是在矛盾中走向消灭。——**思辨的思维**仅仅在于,思维坚持矛盾并在矛盾中坚持自身,而不是和表象活动一样受矛盾支配,随之其各种规定通过矛盾而仅仅瓦解为另一些规定或无。

　　在运动、冲动之类东西里,矛盾对表象活动而言是掩盖在这些规定的　[77]

单纯性之下，反之在**对比关系规定**里，矛盾直接呈现出来。最常见的那些例子——上和下、右和左、父亲和儿子，如此以至无限——全都包含着同一个东西里的对立。上**是**那**不是**下的东西；上只有在被规定为**不是**下的时候才**是**上，而且只有当某东西是下，上在这种**情况**下才**是**上，反之亦然；同一个规定包含着自己的反面。父亲是儿子的他者，儿子也是父亲的他者，每一方都仅仅是对方的这个他者；与此同时，这一规定仅仅存在于与另一规定的关联中；它们的存在是**同一个**持存。父亲在与儿子无关的情况下，本身也是某东西；但这样他就不是父亲，而是一个一般意义上的男人；同理，上和下、右和左在反映回自身之内并且彼此无关的情况下，也是某东西，但这时它们仅仅是一般意义上的地点。——当对立双方在同一个角度下以否定的方式彼此关联或**相互扬弃**，彼此**漠不相关**，这时它们就包含着矛盾。当表象过渡到这些规定的**漠不相关性**这一环节，就忘记了它们的否定统一体，随之把它们仅仅当作一般意义上的有差异的东西而保留下来，而在这个规定中，右不再是右，左不再是左，如此等等。但由于表象实际上又注意到右和左［的差异］，就认为这些规定是相互否定的，其中一方在另一方中，但与此同时，它们在这个统一体中并不相互否定，而是每一方都漠不相关地自为存在着。

　　所以，表象活动虽然任何时候都把矛盾当作自己的内容，却没有意识到矛盾；表象活动始终是一个外在的反映，它从等同过渡到不同，或从否定的关联过渡到区分出的东西的反映回自身之内的存在。这个外在的反映坚持认为上述两个规定是外在地相互对立的，而且它**仅仅注意到它们**，

[78]　却没有注意到**过渡**，不知道后者才是本质性东西，并且在自身内包含着矛盾。——这里不妨指出，**机智的**反映反而理解并且说出了矛盾。诚然，这种反映没有表达出事物的**概念**及其关系，并且仅仅把表象规定当作自己的材料和内容，但它毕竟把它们置于一个关联之中，这个关联包含着表象规定的矛盾，并通过矛盾而让**它们的概念映现出来**。——但真正说来，是**思维着的理性**把有差异的东西的模糊区别（即表象的单纯杂多性）变得尖锐起来，成为**本质性的**区别，成为**对立**。杂多东西只有被推到矛盾的顶

端之后,才对彼此而言是活泼生动的,才会在矛盾中获得否定性,而这种否定性乃是自主运动和生命力的内在脉搏。

关于**上帝存在**的**本体论论证**,我们已经指出,其依据的是"**全部实在性的总括**"这一规定。就这个规定而言,人们通常总是首先表明它是**可能的**,因为它不包含矛盾,而实在性仅仅被看作是没有限制的实在性。我们曾经指出,在这种情况下,那个总括就成了一个单纯的未规定的存在,或者说,如果实在性在事实上被理解为诸多已规定的东西,那么总括就成了全部否定的总括。如果再仔细考察实在性的区别,那么区别就从差异性转变为对立,随之转变为矛盾,而"全部实在性的总括"则是转变为一个绝对的自身矛盾。正如自然界害怕虚空,通常说来,表象式的、非思辨的思维也**害怕**矛盾,从而抛弃了上述结论;换言之,它总是驻足于一种片面的考察,只看到矛盾**瓦解为无**,却没有看到矛盾的肯定方面,而从这个方面来看,矛盾已经转变为**绝对活动**和绝对根据。

一般而言,人们在考察矛盾的本性时已经发现,即使一件事情身上的矛盾被揭示出来,这本身还不能说是事情的损失、欠缺或过错。毋宁说,每一个规定,每一个具体东西,每一个概念,在本质上都是可区分的和不可区分的环节的一个统一体,这些环节通过**已规定的**、**本质性的**区别而转变为相互矛盾的环节。这个矛盾绝不会瓦解,而是返回到自己的否定统一体之内。现在,物、主体、概念恰恰就是这个否定的统一体本身;这是一个自在的矛盾,但同样是一个**已瓦解的矛盾**;它是**根据**,包含并承载着自己的各种规定。物、主体或概念在自己的层面里反映回自身之内,从而是其自己的已瓦解的矛盾,但它们的整个层面也重新成为一个**已规定的、有差异的**层面;因此这是一个有限的层面,而有限的层面就叫作**矛盾**的层面。它本身并不是这个更高的矛盾的瓦解,而是把一个更高的层面当作它的否定统一体,当作它的根据。因此一般而言,那些漠不相关的、杂多的有限事物自在地就是一个矛盾,即**在自身之内碎裂并返回到它们的根据之内**。——将来的考察还会表明,从有限的偶然东西到绝对必然的本质的真正推论不在于把前者当作**一个位于根基处且始终位于根基处的存**

[79]

在,而是在于,不管那个直接的**偶然东西**是什么,都仅仅把它当作一个正在崩溃的、**自在地自相矛盾的存在**,由此出发推到一个绝对必然的东西,或更确切地说,偶然的存在自在地就返回到自己的根据之内,在其中扬弃自身,——除此之外,它只有把自己改造为一个已设定的东西,才通过这种返回而设定根据。在通常的推论里,有限者的**存在**都是显现为绝对者的根据;正因为有限者**存在着**,所以绝对者才存在着。但真理却是,正因为有限者是一个自在地自相矛盾的对立,正因为它**不存在着**,所以绝对者才存在着。在前一种意义上,推论命题是这样表述的:"有限者的**存在**是绝对者的存在。"而在后一种意义上,它是这样表述的:"有限者的**非存在**是绝对者的**存在**。"

[80]

第三章 根 据

本质把自己规定为根据（Grund）。

正如**无**首先和**存在**处于一个单纯的、直接的统一体中，同样在这里，本质的单纯同一性也是首先和它的绝对否定性处于一个直接的统一体中。本质仅仅是它的这个否定性，而这个否定性是纯粹的反映。本质只有作为存在的自身回归才是这个纯粹的否定性；就此而言，它只是**自在地**或对我们而言**被规定为**根据，即存在瓦解的地方。但这个规定性不是**由本质自身**所设定的；换言之，正因为本质不曾亲自设定它自己的这个规定性，所以它不是根据。然而本质的反映恰恰在于把自己**设定和规定为**其**自在地**所是的东西，即把自己设定和规定为一个否定者。肯定者和否定者构成了本质性规定，而本质则是把这个规定当作对它的否定，迷失在其中。这些独立的反映规定扬弃自身，只有那个消灭的（已经走向根据的）规定才是本质的真实规定。

所以，**根据**本身是本质的**诸多反映规定之一**，但这是最后的规定，或更确切地说，这个规定仅仅是一个已扬弃的规定。当反映规定消灭或走向根据，就获得了自己的真实意义，即成为一个绝对的、内在的自身排斥，也就是说，本质所获得的已设定的存在仅仅是一个遭到扬弃的已设定的存在，反过来，只有那个扬弃自身的已设定的存在才是本质的已设定的存在。本质在把自己规定为根据时，也把自己规定为一个未规定的东西，而它的规定活动仅仅在于扬弃它的已规定的存在。——在这个已规定的存在或这个自己扬弃自己的存在中，本质不是来自于他者，而是一个在它的否定性中达到自身同一的本质。 [81]

如果把规定当作最初的直接东西，由此出发走向根据（通过那个自行毁灭或走向根据的规定本身的本性），那么根据首先是由那个最初的东西所规定的。但一方面，这个规定活动，作为规定活动的扬弃，仅仅是本质的重建的、经过净化的或启示出来的同一性（这是**自在的**反映规定）；——另一方面，这个否定运动作为规定活动，仅仅设定了那个反映规定性，后者曾经显现为直接的反映规定性，但仅仅是由根据的自身排斥的反映所设定的，从而只是被设定为一个已设定的或已扬弃的东西。——就此而言，当本质把自己规定为根据，只不过是来到自身之外。因此它是作为**根据**而把自己**设定为本质**，而且它的规定活动就在于把自己设定为本质。换言之，设定是本质的反映，而反映在其**规定活动**中**扬弃**自身，从那个方面来看是**设定**，从这个方面来看是**本质的设定**，因此二者位于同一个行动中。

反映是一般意义上的**纯粹中介活动**，而根据是本质的**实在的自身中介活动**。前者是无经过无而返回自身的一个运动，是在一个**他者**里的**自身映现**；但这个反映里的对立仍然不具有独立性，正因如此，那个最初的东西（映现者）还不是一个肯定者，它在其中映现的**他者**也还不是一个否定者。二者都是基体（Substrate），真正说来仅仅是想象力的产物；它们尚且不是一些与自身相关联的东西。纯粹中介活动仅仅是**纯粹关联**，没有相关联者。进行规定的反映虽然设定了一些自身同一的关联，但与此同时，它们仅仅是一些**已规定的关联**。反之根据却是一个**实在的中介活动**，

[82] 因为它所包含的反映是已扬弃的反映；根据是一个**通过其非存在而返回自身并设定自身**的本质。从"已扬弃的反映"这一环节来看，已设定的东西包含着**直接性**的规定，而直接性是一个位于关联之外（或者说位于其映象之外）的自身同一者。这个直接东西是通过本质而得以重建的**存在**，即反映的非存在，而本质却是通过它而达到自身中介。本质作为否定者返回到自身之内；于是它的自身回归包含着一个规定性，正因如此，这个规定性是一个自身同一的否定者，是一个遭到扬弃的已设定的存在，随之既是一个**存在着的东西**，也是本质的自身同一性，即根据。

第一，根据是**绝对的根据**，本质在这里首先是根据关联（Grundbeziehung）的一般意义上的**根基**（Grundlage）；确切地说，根据把自己规定为**形式和质料**，并且赋予自己以一个**内容**。

第二，它是**已规定的根据**，即一个已规定的内容的根据；由于根据关联在得以实现时总是来到自身之外，所以过渡到**作条件的**（bedingende）中介活动。

第三，根据预先设定了条件；但条件同样预先设定了根据；无条件者是它们的统一体，是**自在的事情**，它通过作条件的关联的中介活动而过渡到实存。

注　　释

根据和其他反映规定一样，可以用这样一个命题表述出来："一切东西都有自己的充足根据。"——通常而言，这个命题的意思无非是说：**存在着的东西**不应当被看作是**存在着的直接东西**，而是必须被看作是**已设定的东西**；它不应当止步于直接的定在或一般意义上的规定性，而是应当从这里返回到自己的根据之内，而在这个反映里，它作为已扬弃的东西，获得其自在且自为的存在。因此在根据命题（根据律）里，自身内反映的本质性是作为单纯存在的反面而被陈述出来。——至于说根据是"**充足的**"，其实是一个完全多余的补充，因为这是不言而喻的事情；假若某东西的根据是不充足的，那么它根本就没有根据，但一切东西都应当有一个根据。只有莱布尼茨才对充足根据原则无比重视，甚至把它当作他的整个哲学的原理，但这样一来，他就突破了人们的常规做法，把这个原则与一个更深刻的意义和一个更重要的概念联系在一起，因为人们通常仅仅拘泥于命题的直接表述；诚然，这个命题指出，一般意义上的、直接的存在是非真实的东西、在本质上已设定的东西，反之根据才是真正的直接东西；单是在这个意义上，已经可以说这个命题是非常重要的。但莱布尼茨的关键做法，却是把根据的**充足性**与严格意义上的因果性（即机械的作用方式）对立起来。因为一般而言，因果性是一个外在的、就其内容而言被限制在**某一个**规定性之上的活动，所以那些通过它而被设定的规定就以**外在的、偶然的**方式进入到一个**联系**中；这些局部规定可以通过它们的

[83]

原因而得到理解把握;但它们的**关联**虽然构成了一个实存的本质性东西,却没有包含在机械性的原因之内。这个关联,这个作为本质性统一体的整体,仅仅位于**概念**或**目的**之内。对这个统一体而言,机械原因是不充足的,因为它们不是立足于作为规定统一体的目的。由此看来,莱布尼茨所理解的"充足根据"是这样一个东西,它对这个统一体而言也是充足的,因此在自身内不仅包揽了单纯的原因,而且包揽了**目的因**。然而根据的这一规定不属于这里的讨论范围,因为**目的论根据**专属于**概念**以及一个贯穿概念的中介活动,而这个活动就是理性。

[84]

A. 绝对的根据

a.形式和本质

当反映规定返回到根据之内,就是一般意义上的最初的、直接的定在,就是一个开端。但定在仅仅意味着已设定的存在,并且在本质上**预先设定**了一个根据,——但实际上,定在并没有**设定**根据,毋宁说,这个设定是它的自身扬弃,惟其如此,直接的东西才是已设定的东西,而根据却是未设定的东西。很显然,这种预先设定是一种反弹到设定者身上的设定;根据作为一个遭到扬弃的已规定的存在,不是未规定的东西,而是一个受自己规定的本质,但这个本质却是**未规定的**,或者说仅仅**被规定为**一个遭到扬弃的已设定的存在。**根据是一个在其否定性中达到自身同一的本质**。

就此而言,本质的**规定性**作为根据,成为一个双重的规定性,即"**根据**"和"**有根据的东西**"。首先,它是根据,**被规定为本质或未设定的存在**,与已设定的存在相对立。**其次**,它是有根据的东西,一个并非自在且自为地存在着的直接东西,或者说是严格意义上的已设定的存在。后者同样是自身同一的,但这是否定者的自身同一性。现在,自身同一的否定者和自身同一的肯定者是**同一个同一性**。因为根据是肯定者的自身同一性,或者说其本身也是已设定的存在的自身同一性;有根据的东西是严格意义上的已设定的存在,但它的这个自身内反映是根据的同一性。——也就是说,这个单纯的同一性本身不是根据,因为根据是**已设定的本质**,同时作为未设定的东西,**与已设定的存在相对立**。单纯的同一性作为这个已规定的同一性(即根据的同一性)和否定的同一性(即有根据的东西的同一性)的统一体,是**一般意义上的本质**,同时区别于本质的**中介活动**。

如果我们拿这个中介活动和它的来源(即那些先行的反映)进行比 [85] 较,那么它**起初**并不是纯粹的反映,因为后者与本质没有区分开,只是一个否定者,随之本身尚未具有规定的独立性。但在根据(作为已扬弃的反映)里,这些规定具有一种持存。——它也不是一个进行规定的反映,因为后者的规定具有本质上的独立性;换言之,进行规定的反映在根据里已经消灭,而在根据的统一体里,那些规定仅仅是已设定的规定。——所以,根据的这个中介活动是纯粹的反映和进行规定的反映的统一体;它们的规定或已设定的东西具有一种持存,反过来,规定的持存本身又是一个已设定的东西。正因为它们的这种持存本身是一个已设定的东西或具有规定性,所以它们区别于它们的单纯的同一性,并构成与本质**相对立的形式**。

本质**具有**一个形式以及形式的各种规定。只有作为根据,它才具有一种坚实的直接性,或者说才是一个**基体**(Substrat)。严格意义上的本质与它的反映是合为一体的,并且与这个反映的运动本身没有区别。所以,本质既未贯穿运动,也不是运动的最初开端。这个局面使得一般意义上的反映很难呈现出来,即人们根本不能说**本质**返回到自身之内,也不能说**本质**在自身内映现,因为本质不是**先于**它的运动或**处于**它的运动**中**,而运动也不具有一个可以依托的根基。只有在根据里,紧接着"已扬弃的反映"这一环节,才会出现一个与此相关联的东西。但本质作为被关联在一起的基体,乃是已规定的本质;由于这个已设定的存在的缘故,本质在本质上本身就具有一个形式。——与此相反,如今的形式规定是一些**依**

附于本质的规定;**本质作为它们的根据**,是无规定的东西,一个在其规定中与它们漠不相关的东西;它们在本质那里具有它们的自身内反映。诸反映规定本身就应当是一种持存的独立东西;但它们的独立性就是它们的瓦解;就此而言,它们是在一个他者那里具有它们的独立性;与此同时,这个瓦解本身就是它们的自身同一性,是持存的根据,而这个根据是它们自己给予自己的。

[86]

一般而言,全部**已规定的东西**都属于形式,都是一个形式规定,因为它是一个已设定的东西,随之区别于**另一个东西**(它是这个东西的形式);规定性作为**质**,与它的基体(即存在)是合为一体的;存在是直接地已规定的东西,一个与它的规定性尚未区分开的东西——或者说一个在规定性里尚未反映回自身之内的东西,正如规定性是一个存在着的规定性,尚且不是一个已设定的规定性。——进而言之,本质的形式规定作为反映规定性,按照其更具体的规定性而言,就是刚才考察过的反映的两个环节,即**同一性**和**区别**,——后者有时候表现为差异性,有时候表现为**对立**。再者,**根据关联**也属于形式,因为根据关联虽然是一个已扬弃的反映规定,但恰恰因此成为本质,同时是一个已设定的东西。与此相反,根据在自身内具有的那种同一性并不属于形式,也就是说,"已扬弃的已设定的存在"和"严格意义上的已设定的存在"——**根据**和**有根据的东西**——是**同一个反映**。这个反映构成了本质,使之成为**单纯的根基**,成为形式的**持存**。关键在于,这个持存是在根据里面**被设定的**;换言之,这个本质本身在本质上是一个已规定的本质;于是它又成为根据关联和形式的一个环节。——这是形式和本质的绝对的交互关联,也就是说,本质是根据和有根据的东西的单纯统一体,同时其本身又是一个已规定的东西或一个否定者,再者,它作为根基区别于形式,同时本身又成为形式的根据和环节。

所以,形式是反映的已完成的整体;形式也包含着反映的一个规定,亦即是一个已扬弃的形式;就此而言,形式既是它的规定活动的统一体,[87] 也**与它的已扬弃的存在或一个他者相关联**,这个他者本身不是形式,毋宁

说，只有当**依附于他者**，形式才是形式。形式作为一个**本质性的**、自身关
联的否定性，与这个单纯的否定者相对立，因此它是**设定者和规定者**；反
之单纯的本质却是一个未规定的、**不活动的**根基，只有在它那里，诸形式
规定才具有持存或自身内反映。——外在的反映通常都是止步于本质和
形式的这个区分；这个区分是必然的，但区分活动本身就是它们的统一
体，正如这个根据统一体是这样一个本质，它自己排斥自己，使自己成为
已设定的存在。形式是绝对的否定性本身，或者说是一个否定的、绝对的
自身同一性，正因如此，本质不是存在，而是本质。抽象地看，这个同一性
就是与形式相对立的本质，正如抽象地看，否定性是已设定的存在，是个
别的形式规定。但很显然，真正的规定是一个整全的、与自身相关联的否
定性，后者作为同一性，本身就是一个单纯的本质。所以，形式是基于它
自己的同一性而成为本质，正如本质是基于它自己的否定本性而成为绝
对的形式。就此而言，人们不应当提出"**形式如何添附到本质身上？**"之
类问题，因为形式仅仅是本质的自身内映现，是本质固有的内在于自身的
反映。同理，形式本身就是一个正在返回自身的反映或一个同一性本质；
在它的规定活动中，形式使规定成为严格意义上的已设定的存在。——
也就是说，所谓形式规定着本质，不是指形式仿佛真的是一个预先设定
的、与本质分离的东西，否则形式就成了一个非本质性的、不断消灭的
（走向根据的）反映规定；毋宁说，形式本身就是它的扬弃活动的根据，或
者说是它的各种规定的同一性关联。因此，所谓形式规定着本质，其真正
的意思是，形式在进行区分时扬弃了这个区分，成为自身同一性，而这个
自身同一性作为规定的持存，就是本质；它是一个矛盾，即一方面在其已
设定的存在中被扬弃，另一方面通过这个已扬弃的存在而具有持存，—— [88]
而这就是根据，即一个在其已规定的或已否定的存在中达到自身同一的
本质。

　　简言之，这两个区分开的东西，形式和本质，仅仅是单纯的形式关联
本身的**环节**。但它们还需要得到进一步的考察和规定。进行规定的形式
把自己当作已扬弃的已设定的存在而与之相关联，因此，当它与自己的同

一性相关联时,就是与一个他者相关联。它把自己设定为已扬弃的东西;这意味着,它预先设定了自己的同一性;从这个环节来看,本质是无规定的东西,而形式是它的一个他者。在这种情况下,本质不再是那样一个本质(其本身就是一个绝对的反映),而是**被规定为**一个无形式的同一性;它是**质料**。

b.形式和质料

1. 当本质的反映自己规定自己,把本质当作一个无形式和无规定的东西来对待,本质就成为质料。因此质料是一个单纯的、未区分的同一性,其作为本质,注定是形式的他者。就此而言,质料是形式的真正意义上的**根基**或基体,因为它构成了诸形式规定的自身内反映,或者说构成了一个独立的东西,而形式规定则是把这个东西当作它们的肯定持存而与之相关联。

如果抽离某一个东西的全部规定和全部形式,就只剩下无规定的质料。质料是一个**绝对抽象的东西**。(人们看不见、摸不着质料;人们看见和摸着的,是一个**已规定的质料**,即质料和形式的一个统一体。)质料来自于抽象,但这个抽象并非仅仅是**外在地**取消和扬弃形式,毋宁正如我们看到的,形式是通过它自己而还原到这个单纯的同一性。

[89] 再者,形式**预先设定**了一个质料,并与之相关联。但正因如此,二者不是以外在的和偶然的方式**相遇**;质料和形式都不是出自于自身,换言之,二者都不是**永恒的**。质料是一种与形式漠不相关的东西,但这个漠不相关性是自身同一性的**规定性**,而形式恰恰是把这个规定性当作自己的根基而返回到其中。形式预先**设定**了质料,而这恰恰是因为,它把自己设定为已扬弃的东西,从而把它的这个同一性当作一个他者而与之相关联。反过来,形式是由质料所预先设定的,因为质料作为一个单纯的本质,并非本身直接地就是一个绝对的反映,而是被规定为一个肯定者,也就是说,质料仅仅相当于一个已扬弃的否定。——但从另一方面来看,因为形式只有在扬弃自身时才把自己设定为质料,从而是**预先设定**了质料,所以

质料也被规定为一种**无根据的**持存。同理,质料不是被规定为形式的根据,毋宁说,当质料把自己设定为已扬弃的形式规定的抽象同一性,它就不再是根据意义上的同一性,于是形式相对于它而言就是无根据的。因此从形式和质料的规定来看,二者都不是由对方所设定的,彼此都不是对方的根据。毋宁说,质料是根据和有根据的东西的同一性,是与这个形式关联相对立的根基。漠不相关性是它们的共同规定,因此也是严格意义上的质料的规定,并且构成了二者的相互关联。同理,形式的规定(即成为区分开的东西的关联)也是二者的相互关系的另一个环节。——质料被规定为一种漠不相关的东西,是**被动者**,而与之对立的形式则是**主动者**。形式作为一个与自身相关联的否定者,是一个内在的矛盾,一个自行瓦解的、自己排斥自己并规定自己的东西。它与质料相关联,**被设定为**这样一个东西,即把它的这个持存当作一个他者而与之相关联。与此相反, [90] 质料被设定为一个仅仅与自身相关联、与他者漠不相关的东西;但它**自在地**也与形式相关联,因为它包含着已扬弃的否定性,且只有通过这个规定才是质料。质料之所以把形式当作一个**他者**而与之相关联,原因仅仅在于,形式不是在质料那里被设定的,形式仅仅**自在地**是形式。而质料之所以把形式封闭起来包含在自身之内,成为形式的绝对容器,原因仅仅在于,它在自身之内绝对地具有形式,而这是它的自在存在着的规定。就此而言,**质料必须形式化**,**形式必须质料化**,以便在质料那里赋予自身以一个自身同一性或持存。

2. 所以,形式规定着质料,质料是由形式所规定的。——正因为形式本身是一个绝对的自身同一性,随之在自身内包含着质料,同样,正因为质料在其纯粹抽象或绝对否定性中在自身之内就具有形式,所以形式对于质料的主动规定其实只不过是**扬弃了它们的漠不相关性**和区分性这一**映象**。就此而言,这个基于规定活动的关联意味着,每一方通过自己固有的非存在而达到自身中介,——但这两个中介活动是**同一个**运动,即重建它们的原初同一性,——让它们的外化活动深入内核(Erinnerung)。

第一,形式和质料**预先设定了**彼此。正如我们看到的,这件事情意味着：**同一个本质性统一体**，作为一个否定的自身关联，分裂为本质性同一性（作为一个漠不相关的根基）和本质性区别或否定性（作为进行规定的形式）。本质与形式作为形式和质料是相互对立的，而它们的统一体是**一个规定着**自身的**绝对根据**。当它把自己当作一个有差异的东西，关联就通过那个位于差异性的根基处的同一性而成为相互的预先设定。

[91]　　第二，形式作为独立的东西始终是一个扬弃着自身的矛盾；但它是被设定为这样一个矛盾，因为它是独立的，同时在本质上与一个他者相关联；——于是它扬弃自身。但由于它本身是双重性的，所以这个扬弃也具有双重的方面：**首先**，形式扬弃了**自己的独立性**，使自己成为一个**已设定的东西**，一个依附于他者的东西，而它的这个他者就是质料。**其次**，形式扬弃了它与质料相对立的规定性以及它与质料的关联，随之扬弃了它的**已设定的存在**，借此赋予自身以一种**持存**。就形式扬弃了自己的已设定的存在而言，它的这个反映是它自己固有的同一性，而它只不过是过渡到其中；但就它同时外化了这种同一性并将其当作质料而与之对立而言，已设定的存在的那个自身内反映就意味着与质料结合，于是形式在质料那里获得持存；也就是说，在这个结合里，形式既把质料**当作一个他者**而与之融合——按照第一个方面，形式把自己当作一个已设定的东西——，也**与它自己固有的同一性**融合。

　　形式的活动规定着质料，而这个活动是立足于形式的一种自身否定。但反过来，形式也是对于质料的否定；关键在于，质料之受到规定同样是形式自己的运动。这个运动独立于质料，但它扬弃了它的这种独立性；实际上，它的独立性就是质料本身，因为它是在质料那里具有自己的本质性同一性。因此，当形式把自己当作一个已设定的东西，也就把质料当作一个已规定的东西，这两件事情是同一回事。——但从另一方面来看，形式自己固有的同一性同时也外化自身，而质料就是它的他者；就此而言，即使形式扬弃了自己固有的独立性，质料也并未因此得到规定。关键在于，质料只有在与形式对立时才是独立的；当否定者扬弃自身，肯定者也就扬弃自身。也就是说，一旦形式扬弃自身，质料的规定性也就消失了，因为

[92]

质料只有在与形式相对立时才具有这个规定性,即成为一种无规定的持存。

进而言之,那显现为**形式的活动**的东西,同样是**质料自己固有的运动**。质料的**自在**存在着的规定或"应当"是它的绝对否定性。通过这个绝对否定性,质料不仅完全把形式当作一个他者而与之相关联,而且这个外在东西就是形式,即质料将其封闭起来而包含在自身之内的形式。自在地看来,质料和形式所包含的矛盾是同一个矛盾,而且这个矛盾和它的瓦解一样,仅仅是**同一个**矛盾。质料是自相矛盾的,因为它作为无规定的自身同一性,同时是绝对否定性;所以它在其自身就扬弃了自己,而它的同一性则是在它的否定性中发生分裂,使否定性在同一性那里获得其持存。因此,当形式作为一个外在的东西规定着质料,质料就获得了自己的规定,至于它们的外在关系,无论对形式还是对质料而言,都是基于这个事实,即双方(确切地说,它们的原初统一体)的设定同时是一种**预先设定**,而这样一来,自身关联就是同时把自己当作一个已扬弃的东西或他者而与之相关联。

第三,通过形式和质料的这个运动,它们的原初统一体一方面被制造出来,另一方面从此是一个**已设定的**统一体。质料自己规定自己,这个规定对它而言也是一个外在的、来自于形式的行动;反过来,形式同样只有在针对一个他者而作出规定时,才自己规定自己,或者说才在自身那里具有那个由它所规定的质料;二者(即形式的行动和质料的运动)是同一个东西,只不过前者是一个行动(这意味着,否定性是已设定的否定性),后者是一个运动或转变(这意味着,否定性是**自在存在着的**规定)。因此结果就是自在存在和已设定的存在的统一体。质料被规定为真正意义上的质料,或者说必然具有一个形式,而形式完全是一个质料性的、持存着的形式。 [93]

形式把质料当作它的他者而将其预先设定,在这种情况下,它是**有限的**。它不是根据,毋宁只是一个主动者。同理,质料也把形式当作它的非存在而将其预先设定,在这种情况下,它是**有限的**质料;它不是它和形式的统一体的根据,毋宁只是形式的根基。但无论是这个有限的质料,还是那个有限的形式,都不具有真理;每一方都与对方相关联,换言之,只有它们的统一体才是它们的真理。这两个规定返回到统一体里面,在其中扬弃了它们的独立性,而通过这个方式,这个统一体表明自己是它们的根据。在这种情况下,质料只有在不是作为严格意义上的质料,而是作为本质和形式的绝对统一体时,才是它的形式规定的根据;同理,形式只有在本身是这个统一体时,才是它的各种持存着的规定的根据。但这个统一体作为绝对否定性,或更确切地说,作为一个排斥性的统一体,是在其反映中进行预先设定;换言之,**同一个**行动,既在进行设定时把自己当作已设定的东西而保留在统一体中,也把自己从自己那里排斥出去,既把自己当作自己而与之相关联,也把自己当作一个他者而与之相关联。简言之,所谓质料受形式规定,就是本质作为根据在一个统一体里既通过自身也通过自身否定而达到自身中介。

现在,形式化的质料或持存着的形式不但是根据的绝对的自身统一体,而且是一个**已设定的**统一体。在刚才考察的这个运动里,绝对根据已经表明,它的各个环节相互扬弃,同时都是已设定的。换言之,重建的统一体在其自身融合中同时自己排斥自己,自己规定自己;因为,它们的统一体既然是通过否定而确立下来的,就同样是一个否定的统一体。因此[94] 这是形式和质料的统一体,是它们的根基,但这是它们的**已规定的根基**,即一个已经形式化的质料,它与形式和质料漠不相关,把它们全都当作已扬弃的东西和非本质性东西。这个质料就是**内容**(Inhalt)。

c.形式和内容

形式首先与本质相对立;在这种情况下,形式是一般意义上的根据关联,把根据和有根据的东西当作它的规定。随后它与质料相对立,这时它是进行规定的反映,把反映规定本身及其持存当作它的规定。最后,它与内容相对立,而在这种情况下,它重新把它自己和质料当作它的规定。之前所说的自身同一者首先是根据,然后是一般意义上的持存,最后是质料,随之处于形式的支配之下,重新成为形式的各种规定之一。

首先,内容具有一个形式和一个质料,它们属于内容,是本质性东西,而内容是它们的统一体。但由于这个统一体同时是一个**已规定的**或者说**已设定的**统一体,所以内容与形式相对立;形式构成了**已设定的存在**,且相对于内容而言是非本质性东西。就此而言,内容与形式是漠不相关的;形式既包含着严格意义上的形式,也包含着质料,因此内容具有一个形式和一个质料,并且构成了它们的根基,而它们对它而言仅仅是已设定的存在。

其次,内容是形式和质料里的自身同一者,以至于它们仿佛只是一些漠不相关的外在规定。它们是一般意义上的已设定的存在,但已设定的存在在内容里已经返回到自己的统一体或根据。所以,内容的自身同一性有时候是一个与形式漠不相关的同一性,有时候是**根据**的同一性。根据起初在内容里已经消失了;但内容同时是各种形式规定的一个否定的自身内反映;它的统一体起初只是一个与形式漠不相关的统一体,因此也 [95] 是形式化的统一体,或者说是严格意义上的**根据关联**。内容把这个根据关联当作自己的**本质性**形式,而根据反过来具有一个**内容**。

也就是说,根据的内容是一个已经返回到其自身统一体中的根据;根据起初是一个在其已设定的存在中达到自身同一的本质;作为一个与它的已设定的存在有差异的和漠不相关的东西,根据是无规定的质料;但作为内容,它同时是一个形式化的同一性,而这个形式之所以成为根据关联,是因为它的对立规定在内容里也被设定为已经遭到否定的东西。——除此之外,内容在其自身就是**已规定的**,不但是一般意义上的漠不相关的质料,而且是形式化的质料,以至于形式的各种规定具有一种质料性的、漠不相关的持存。一方面,内容是根据在其已设定的存在中达到的本质性自身同一性,另一方面,它是与根据关联相对立的已设定的同一性;这个已设定的存在,作为一个依附于同一性的形式规定,与那个自由的已设定的存在(即形式,作为根据和有根据的东西的完整关联)相对立;这个形式是一个整全的正在返回自身的已设定的存在,而那个形式仅仅是一个直接的已设定的存在,即严格意义上的**规定性**。

这样一来,根据已经完全转变为已规定的根据,而规定性本身是双重性的:首先是形式的规定性,其次是内容的规定性。前一个规定性是根据自己的规定性,它使根据位于那个与这个关联漠不相关的内容之外。后一个规定性是根据所具有的内容的规定性。

[96] ## B. 已规定的根据

a.形式化的根据

根据具有一个已规定的内容。正如我们看到的,内容被规定为形式的**根基**,一个与形式的**中介活动**相对立的、单纯的**直接东西**。根据是一个以否定的方式与自身相关联的同一性,于是同一性转变为一个**已设定的存在**;这个同一性以否定的方式与**自身**相关联,因为它在它的这个否定性中是自身同一的;这个同一性是根基或内容,而在这种情况下,内容构成了根据关联的漠不相关的或者说肯定的统一体,成为根据关联的**中介者**。

在这个内容里,首先,根据和有根据的东西的相互对立的规定性已经消失了。其次,中介活动是一个否定的统一体。否定者依附于那个漠不相关的根基,是根基的**直接规定性**,而根据因此具有一个已规定的内容。但这样一来,否定者就是形式的否定的自身关联。一方面,已设定的东西扬弃自身,返回到它的根据中;另一方面,根据作为本质上的独立性,以否定的方式与自身相关联,使自己成为已设定的东西。根据和有根据的东西的这个否定的中介活动是严格意义上的形式的独特的中介活动,即**形式化的中介活动**。现在,因为形式的两个方面相互过渡到对方,所以它们**在同一个同一性里**共同把自己设定为已扬弃的东西;就此而言,它们同时**预先**设定了这个同一性,后者是已规定的内容,于是形式化的中介活动把它当作一个肯定的自身中介者而与之相关联。内容是双方的同一性因素,而当双方相互区分开,同时在其区别中与对方相关联,它就是它们的持存,是**完整的每一方**本身。

由此可见,已规定的根据里面存在着如下情况:**首先**,一个已规定的 ［97］
内容可以从**两个方面**来考察,即要么被设定为**根据**,要么被设定为**有根据
的东西**。内容本身与这个形式是漠不相关的;它从两个方面来看都仅仅
是**同一个**规定。**其次**,根据本身既是形式的一个环节,也是一个由根据所
设定的东西;这就是上述二者**从形式来看的同一性**。至于这两个规定里,
哪一个充当开端,是作为已设定的东西过渡到对方(根据),还是作为根
据过渡到对方(已设定的东西),这是无关紧要的。单独看来,有根据的
东西是一种自身扬弃;在这种情况下,它一方面使自己成为已设定的东
西,另一方面设定了根据。严格意义上的根据也是这样一个运动,它使自
己成为已设定的东西,随之成为某东西的根据,也就是说,它在这个运动
中既是现成已有的已设定的东西,也是现成已有的根据。根据之所以存
在着,是因为有已设定的东西,于是反过来也可以说,根据是已设定的东
西。中介活动既可以从这方面开始,也可以从那方面开始,每一方都既是
根据,也是已设定的东西,每一方都是整个中介活动或整个形式。——进
而言之,这整个形式本身作为自身同一者就是"根据"和"有根据的东西"
这两个规定或两个方面的**根基**;因此形式和内容本身就是同一个同一性。

鉴于根据和有根据的东西的这个同一性,无论从内容还是从形式来
看,根据都是**充足的**(现在只谈这个关系里的充足);**一切包含在根据里
的东西也包含在有根据的东西里,正如一切包含在有根据的东西里的东
西也包含在根据里**。当人们追问一件事情的根据时,希望看到同**一个**规
定(即**内容**)的**双重性**,即就形式而言,一方面把它看作是一个已设定的
东西,另一方面把它看作是一个已经反映回自身之内的定在,即本质性。

在已规定的根据里,根据和有根据的东西都是整个形式,它们的内容
虽然是一个已规定的内容,但却是同一个内容;在这种情况下,根据在自 ［98］
己的两个方面都还没有获得实在的规定,这两个方面的内容也没有差异;
规定性仍然是单纯的,尚且不是一个已经过渡到两个方面的规定性;现有
的只是一个位于其纯粹形式中的已规定的根据,即**形式化的根据**。——

正因为内容仅仅是这个单纯的规定性,本身不具有根据关联的形式,所以它是一个自身同一的内容,与形式漠不相关,并且把形式当作外在的东西;它是形式的他者。

注　释

在涉及某些已规定的根据时,如果反思执着于根据此前得出的那个形式,那么其关于根据的说明就是一种单调的形式主义或空洞的同语反复,也就是说,这种同语反复通过自身内反映或本质性的形式而表达出的内容,和那个在直接的、被看作是已设定的定在的形式中已经出现的内容,是同一个内容。正因如此,这种关于根据的说明和那种遵循同一性命题的言论具有同样的空洞性。科学,尤其是物理科学,充斥着这类同语反复,以至于同语反复仿佛成了科学的特权。——比如在谈到行星围绕太阳运转时,把地球和太阳相互之间的**引力**当作根据。就内容而言,它所说出的无非是那些包含在现象里的东西,即这些天体在其运动中是相互关联的,只有就形式而言,它才把这个关联当作一个已经反映回自身之内的规定,即力。如果人们问"引力究竟是怎样一种力",那么答复是,这是那种使地球围绕太阳运转的力;也就是说,这个答复就内容而言和定在完全是同一个东西,而它本来应当是定在的根据;从运动的角度看,地球和太阳的关联是根据和有根据的东西的同一性根基。——如果人们这样解释结晶形态,即其根据在于分子相互之间的特殊组合,那么定在着的结晶就是这个组合本身,只不过后者被宣称为根据罢了。在日常生活里,科学掌握有特权的这种原因学(Ätiologie)被恰如其分地看作是一种同语反复的、空洞的废话。对于"这个人为什么到城里旅游"这一问题,如果宣称其根据在于城里有一种促使他到那里去的引力,那么这类答复同样是无聊之举,哪怕它在科学里是得到认可的。——**莱布尼茨**指责**牛顿**所说的引力是经院学者在解释事物时惯常使用的那种隐秘的质。实则人们应当这样反过来指责引力,即它是一种**太过于众所周知的**质,因为它的唯一内

[99]

容不是别的,只是现象本身。——这种解释方式之所以被广为采纳,因为它是极为清楚易懂的,试想,还有什么比"植物的根据在于一种植物性的力(即一种催生植物的力)"之类说法更为清楚易懂的东西呢?——力只有在这个意义上才可以被称作**隐秘的质**,即根据具有一个与有待解释者**不同的内容**;只有当这样一个内容没有被指出来,那种用于解释事物的力才是一个隐秘的根据,即一个应当被认识,但还**没有**被指出来的根据。这种形式主义没有解释任何东西,正如"植物是一株植物"或"植物的根据在于一种催生植物的力"之类说法同样不能让人认识到植物的本性。正因如此,哪怕这些命题是无比清楚的,人们也可以称其为一种极为**隐秘**的解释方式。

其次,**从形式来看**,这种解释方式里面出现了**根据关联**的两个**相反的** [100] **方向**,但人们并没有认识到它们的已规定的关系。一方面,根据是根据,即有根据的定在的已经反映回自身之内的内容规定,另一方面,根据是已设定的东西。定在应当通过根据而得到理解把握;但**反过来**也可以**从定在推论到根据**,即通过定在去理解把握根据。也就是说,这个反思的主要工作是从定在中找出一些根据,亦即把直接的定在转移到经过反映的存在的形式里;但这样一来,根据不再是一个自在且自为的独立东西,而是成了已设定的东西和推导出的东西。按照这个做法,因为根据是遵循现象而建立起来的,而且它的各种规定都是立足于现象,所以现象当然是极为顺利地从它的根据那里流溢出来。但这个做法根本不能带来一丝认识;认识在形式的区别里面兜圈子,而这个做法本身已经颠转和扬弃了这个区别。由于这个做法在科学里面占据着支配地位,所以科学研究面临的主要困难之一就在于这种位置的颠倒,即把那种事实上是推导出来的东西预先当作根据,而且总是先得出一些结论,然后才在事实上说出那些真正应当是根据的东西的根据。科学从阐述各种根据开始,把它们当作是一些悬在空中的原则和初始概念;这是一些单纯的规定,根本不具有任何自在且自为的必然性;但结论应当以它们为根据。所以,谁愿意钻研这类科学,就必须从牢记那些根据开始,——这对理性来说是一件苦差事,因为这等于逼着她把无根据的东西当作根基。这方面最如鱼得水的是那样一种人，他们不假思索地把**给定的原则**接受下来，从此把这些东西当作他们的基本知性规则而加以使用。假若没有这个方法，他们就无法开始；同样，没有这个方法，他们也寸步难行。这个进程的障碍在于，它遭遇到了方法的反噬，即它原本是希望在结论里展示那些推导出来的东西，但这些东西实际上才是那些前提的根据。再者，因为结论表现为一个定在，并从中推导出根据，所以当人们这样展示现象时，就没法让人信任其关于现象的阐述；因为现象不是明确表现为一个直接的东西，而是表现为根据的证据。但因为根据是从现象中推导出来的，所以人们要求看到一个直接的现象，以便能够由之出发对根据进行评判。在这样一类阐述里，当真正的根据作为推导出来的东西而出现，人们就不知道如何处理根据和现象。不确定性还会增加，——尤其是当某个论述并未采取严格彻底的方式，而是更带有**坦然相告**的意味——，因为任何地方都透露出现象的痕迹和情景，而它们所意指的不是仅仅包含在原则里的东西，而是更多的、经常完全不同的东西。最后，如果那些经过反思的、单纯猜想式的规定与现象本身的直接规定混淆在一起，如果前者说起来仿佛属于直接的经验，那么这还会造成更大的混乱。诚然，有些带着诚挚信念去从事这类科学研究的人可能会认为，既然分子、虚空的间隙、离心力、以太、单束光线、电磁**质料**以及诸如此类的大堆东西都可以作为直接的定在规定来讨论，那么按照同样的方式，它们实际上就是一些存在于**知觉中**的事物或关系。人们把它们当作其他东西的最初根据，宣称它们是现实的东西，心安理得地使用它们；人们还不知道这些规定其实是从它们本应加以论证的一个东西那里推导出来的，是从一种无批判的反思里引申出来的假想和臆想，就带着善良的信念认它们为有效的。但实际上，人们陷入了一个魔圈，在其中，根据和有根据的东西、现象和幻影挤作一团，相互纠缠，享受着同等的地位。

刨根问底的解释方式是一件形式化的事务，而在这里，且不说一切解释都是依据那些众所周知的力和质料，还有一种观点认为，我们**不认识这**

些力和质料的**内在本质**本身。这个说法等于坦率承认,这种论证方式本身完全是不充分的,其本身所要求的是某种完全不同于这些根据的东西。既然如此,我们就不明白这种煞费苦心的解释究竟有什么用处,为什么不去寻找别的东西,或至少是把这种解释抛到一边,干脆停留在单纯的事实上面。

b.实在的根据

正如我们看到的,根据的规定性一方面是**根基**或内容规定的规定性,另一方面是**根据关联**自身之内的异在,即根据关联的内容和形式的区分性;根据和有根据的东西的关联作为一个依附于内容的外在形式消失了,这两个规定与内容漠不相关。——但实际上,这两个规定并不是彼此外在的,因为内容应当是**有根据的东西里面的根据**与**根据里面的有根据的东西**的自身同一性。正如我们看到的,根据本身是一个已设定的东西,而有根据的东西本身是一个根据;每一方在其自身都是整体的这个同一性。但因为它们同时属于形式,并且构成了它们的已规定的区分性,所以每一方**在其规定性中**都是整体的自身同一性。就此而言,每一方都具有一个与对方**有差异的内容**。——或者从内容方面来看,因为内容的同一性指的是**根据关联**的自身同一性,所以它在本质上本身就具有这个形式区别,而作为根据,它是不同于有根据的东西的另一个内容。[103]

现在,正因为根据和有根据的东西具有一个有差异的内容,所以根据关联不再是一个形式上的关联;"回归根据"和"从根据出发走向已设定的东西"也不再是一个同语反复;**根据**实在化了。所以,当人们追问一个根据的时候,其实是希望知道根据的另一个内容规定,而不是他们追问其根据的那个内容规定。

这个关联进一步自己规定自己。也就是说,就它的两个方面是有差异的内容而言,二者是彼此漠不相关的;每一方都是一个直接的、自身同一的规定。接下来,当它们作为根据和有根据的东西相互关联,根据就是这样一个东西,它把异在当作自己的已设定的存在,并在其中反映回自身之内;因此,根据一方具有的内容同样包含在有根据的东西之内;有根据的东西作为已设定的东西,仅仅在这个内容里具有它的自身同一性和持存。但从现在起,有根据的东西除了具有根据的这个内容之外,也具有自己的独特内容,从而是一个具有**双重**内容的**统一体**。诚然,这个统一体作为区分开的东西的统一体,乃是它们的否定的统一体,但因为它们是一些彼此漠不相关的内容规定,所以统一体仅仅是它们的空洞的、本身无内容的关联,而不是它们的中介活动,——仅仅是一个**单一体**或**某东西**,作为它们的外在联系。

[104] 　　因此在实在的根据关联里,有一个双重性东西:**一方面**,内容规定是根据,它在已设定的东西里建构自身,成为根据和有根据的东西的单纯同一性;这样一来,有根据的东西就在自身内完全包含着根据,二者的关联是一种无区别的、本质上的充实性。那在有根据的东西里附加到这个单纯**本质**身上的东西,仅仅是一个非本质性的形式,一些外在的内容规定,其本身就独立于根据,是一种直接的杂多性。也就是说,那个本质性东西既不是这个非本质性东西的根据,也不是二者在有根据的东西里的相互**关联**的根据。它是一个肯定的同一性因素,寓居于有根据的东西之内,但并未因此把自己设定在任何形式区别中,毋宁说,它作为一个自身关联的内容,乃是一个漠不相关的、肯定的**根基**。**另一方面**,那在某东西之内与这个根基联系在一起的,是一个漠不相关的内容,但却是作为非本质的方面。事情的关键在于根基和非本质的杂多性的**关联**。因为相互关联的规定是一个漠不相关的内容,所以这个关联也**不是根据**;诚然,其中一方被规定为本质性内容,另一方仅仅被规定为非本质性内容或已设定的内容,但这个形式作为一个与自身相关联的内容,对二者来说都是外在的。**单一的某东西**构成了它们的关联,但它并不因此是一个形式关联,毋宁仅仅是一个外在的纽带,没有把杂多的非本质性内容作为**已设定的**内容而保留下来;因此这个东西同样仅仅是**根基**。

　　由于内容的差异性构成了根据的实在性,所以,当根据把自己规定为实在的根据,就随之分裂为一些外在的规定。两个关联,即**本质性内容**

（作为根据和有根据的东西的单纯**直接的同一性**）和**某东西**（作为区分开的内容的关联），是**两个有差异的根基**；根据的自身同一的形式使同一个东西有时候是本质性东西，有时候是已设定的东西，但这个形式已经消失了；而在这种情况下，根据关联本身已经成为**外在的**。

　　所以，现在是一个外在的根据把有差异的内容联系在一起，规定其中一个内容为根据，另一个内容是由其设定的东西；但这个规定没有包含在双方的内容自身之内。所以，实在的根据是一个**他者关联**，一方面是一个内容与另一个内容的关联，另一方面是根据关联本身（形式）与他者的关联，而这个他者是一个**直接的东西**，不是由它所设定的。 [105]

注　释

　　对于根据和有根据的东西而言，形式上的根据关联仅仅包含着**同一个内容**；这个同一性包含着它们的必然性，同时也包含着它们的同语反复。实在的根据包含着一个有差异的内容；但这样一来，根据关联就表现为偶然的和外在的东西。一方面，某个东西被看作是本质性东西，随之被看作是根据规定，但它不是其他那些与它联系在一起的规定的根据。另一方面，不能确定的是，在一个具体事物的诸多内容规定里，哪些应当被看作是本质性内容规定，哪些应当被看作是根据；这里面的选择是自由的。比如，在前一个角度下，房屋的根据是房屋的根基；根基之所以是根据，在于一种寓居于感性质料之内的**重力**，即一种在根据和有根据的东西里始终保持自身同一的东西。至于在有重量的质料那里又区分出根基和一个与之不同的变异，并因此构成一座住宅，这与重物本身是毫不相干的；对重物而言，它与目的的其他内容规定、房屋的结构等等的关联是外在的；也就是说，它虽然是根基，但不是那些内容规定的根据。重力既是房屋屹立不倒的根据，也是石头坠落的根据；石头在自身内具有这个根据（重力）；至于它还具有进一步的内容规定，从而不仅仅是一个重物，而是一块石头，这对于重力来说是外在的；再者，石头首先要离开它坠落于其 [106]

上的那个物体,这是由一个他者设定的,正如时间和空间以及它们的关联(即运动)也是一些与重力有所不同的内容,而且(如人们常说的那样)可以脱离重力而被设想,所以在本质上不是由重力设定的。——当一发炮弹构成一个与自由落体相对立的抛物线运动,也是以重力为根据。——很明显,既然许多有差异的规定都以重力为根据,那么这里还需要有一个他者,是它使重力成为这个或那个规定的根据。

当人们说"**自然界是世界的根据**",一方面,所谓的"自然界"和世界是**合为一体的**,世界无非就是自然界本身。但另一方面,它们是区分开的,因此自然界主要指一种无规定的东西,或者说仅仅指世界的自身同一的本质,即一个在普遍的区别(即规律)中已规定的东西,而为了成为世界,自然界还需要获得诸多外在的规定。但这些规定的根据并非位于严格意义上的自然界之内;毋宁说,自然界把它们当作偶然的东西,与之漠不相关。——同理,说"**上帝是自然界的根据**",也是同样的情形。上帝作为根据乃是自然界的本质,自然界在自身内包含着这个本质,和它是同一个东西;但自然界还具有一种与根据本身区分开的杂多性;杂多性作为**第三者**,把这两个有差异的东西联系在一起;那个根据既不是这种与它有差异的杂多性的根据,也不是它与自然界的联系的根据。所以,不能说自然界是来源于作为根据的上帝,因为否则的话,上帝就将仅仅是自然界的普遍本质,而不是把自然界当作已规定的本质和自然界而包含在自身之内。

鉴于根据的这种内容差异性,或真正说来,鉴于根基和那在有根据的东西里与根据相结合的东西的内容差异性,当人们给出各种实在的根据时,这既是一种形式主义,也是形式上的根据本身。在后者这里,自身同一的内容与形式漠不相关;在实在的根据里,也是同样的情形。这样一来,根据本身并不能决定,在诸多规定里面,哪些规定应当被看作是本质性规定。**某东西**是一个具有诸多规定的**具体东西**,这些规定在它那里同等地、持久地、稳定地展现出来。每一个规定都可以成为根据,即**本质性**规定,于是相比之下,其他规定仅仅是一种已设定的东西。这就和之前所述联系在一起,也就是说,即使一个规定在这种情况下被看作是另一个规定的根据,也不能由此得出,另一个规定在另一种情况下或在任何情况下都是由前一个规定所设定的。——比如,**刑罚**具有诸多规定:它首先是一种报复,然后是一个威慑性例子,既是一个用法律来进行威慑的恐怖东西,也是一个促进罪人反思和改过自新的东西。这些有差异的规定,每一个都被看作是**刑罚的根据**,因为每一个都是本质性规定,而在这种情况下,其他与之区分开的规定就仅仅被规定为偶然的东西。然而那个被当作根据的规定尚且不是整个刑罚本身;这个具体的东西也包含着那些仅仅与之联系在一起的规定,哪怕它们并不是以那个规定为自己的根据。——又比如,一个**官员**具有公务上的技能,作为个体有很多亲属,与这人或那人熟识,有一个特殊的性格,能够在各种场景和机会下表现自己等等。在这些特性里面,每一个都可以是或者被看作是他之所以拥有这一职位的根据;它们是一种有差异的内容,在一个第三者里结合在一起;至于形式,即它们中间究竟哪一个被规定为本质性东西,哪一个被规定为已设定的东西,这对于内容来说是外在的。对官员而言,这里的每一个特性都是本质性的,因为他是通过这个特性而成为他所是的那个特定个体; [108]就职位能够被看作是一个外在设定的规定而言,每一个特性都可以被规定为它的根据,但这件事情本身也可以反过来看,即这些特性是被设定的,而职位是它们的根据。至于**在现实中**,亦即在个别情况下,事情是怎样的,这是一个位于根据关联和内容本身之外的规定;这个规定是一个第三者,是它把根据或有根据的东西的形式分配给它们。

因此一般而言,每一个定在都可以具有各种根据;它的每一个内容规定作为自身同一的东西,渗透具体的整体,随之被看作是本质性东西;对那些位于事情本身**之外**的**角度**(亦即规定)而言,由于联系方式的偶然性,大门是无限敞开的。——正因如此,一个根据是否带来这个或那个**后果**,这同样是一件偶然的事情。比如,道德动机诚然是伦理本性的**本质性规定**,但与此同时,它们所带来的后果却是一种与它们有差异的外在性,既可以说是它们的后果,也可以说不是;只有通过一个第三者,后果才添

附到那些规定身上。确切地说,**如果**道德规定是根据,那么当它导致一个
后果或一个有根据的东西,这件事情**不是偶然的**,但它究竟是不是被当作
根据,这却是偶然的。关键在于,哪怕它被当作是根据,那个作为其后果
的内容在本性上也是一个外在的东西,有可能直接被另一个外在的东西
推翻。也就是说,一个道德动机可以导致,也可以不导致一个行动。反过
来,一个行动可以具有各种根据;它作为一个具体的东西,包含着诸多本
质性规定,因此其中每一个都可以拿出来作为根据。**推理**(Räsonnement)
主要在于搜寻并罗列各种根据,因此这是一种无穷无尽的周旋,并不包含

[109] 最终的规定;对于全部东西和每一个东西,人们都既可以指出一个或多个
好的根据,也可以指出相反的根据,而且很多根据有可能根本不会带来任
何后果。苏格拉底和柏拉图所说的"**诡辩**",无非就是从各种根据出发进
行推理;在柏拉图看来,与此相对立的是对理念的考察,即对自在且自为
的或在其**概念**中的事情本身的考察。根据仅仅来源于**本质性的**内容规
定、关系和角度,而每一件事情和它的反面都具有很多这样的内容规定、
关系和角度;在它们的本质性形式里,每一个规定都是有效的;但因为每
一个规定都没有包含着事情的整个范围,所以每一个都是片面的根据,而
且其他特殊方面也只是包含着特殊的根据,以至于没有一个根据能够穷
尽事情本身,即那个构成了诸规定的**联系**并将它们全部包含在自身内的
东西;没有哪一个根据是**充足的**,也就是说,没有哪一个根据是概念。

c.完整的根据

1. 在实在的根据里,根据无论是作为内容,还是作为关联,都仅仅是
根基。内容仅仅**被设定为**本质性东西或根据;关联是**某个有根据的东西**,
即一个有差异的内容的无规定的基体,或者说是这个内容的一个联系,它
不是内容自己的反映,而是一个外在的反映,随之仅仅是一个**已设定的**反
映。所以,实在的根据关联作为根据而言,其实是一个已扬弃的根据;这
样一来,它其实是构成了**有根据的东西**或**已设定的存在**这一方面。现在,
根据本身作为已设定的存在,已经返回到自己的根据中;现在它是一个有

根据的东西,具有**另一个根据**。在这种情况下,这另一个根据获得如下规定:**首先**,它与实在的根据(即一个有根据的东西)**达成同一**;按照这个规定,双方具有同一个内容;这两个内容规定及其在某东西里的联系同样立足于一个新的根据。但是,**其次**,新的根据已经在自身内扬弃了那个仅仅已设定的外在联系,它作为它们的自身内反映,乃是两个内容规定的**绝对关联**。 [110]

实在的根据本身已经返回到自己的根据之内,但在它那里,根据和有根据的东西的同一性或形式上的根据重建自身。由此产生出来的根据关联是一个**完整的**关联,它在自身内同时包含着形式上的根据和实在的根据,并且在后者那里将彼此直接的内容规定沟通起来。

2. 于是根据关联获得了如下进一步的规定。**首先**,某东西具有一个根据;它包含着**内容规定本身**(即**根据**),以及由这个根据**所设定的第二个内容规定**。但作为漠不相关的内容,前者本身并不是根据,后者本身也不是基于前者的有根据的东西,毋宁说,这个**关联**在直接的内容里是一个已扬弃的或已设定的关联,并且就其自身而言是以**另一个**关联为自己的根据。后一个关联仅仅在形式上不同于前一个关联,并且具有同样的内容(即那两个内容规定),但它是两个内容规定的**直接的**联系。尽管如此,由于联系在一起的毕竟是有差异的内容,随之是彼此漠不相关的规定,所以后一个关联不是它们的真正的绝对关联,仿佛一个规定在已设定的存在中达到了自身同一,而另一个规定仅仅是这个自身同一的东西的已设定的存在;毋宁说,有一个某东西承载着它们,构成了它们的未经反映的、纯粹直接的关联,而这个关联相对于另一个某东西之内的联系而言,仅仅是一个相对的根据。因此,**两个某东西**是内容自身产生出来的两个不同的关联。它们处在形式的同一性根本关联中;它们是同一个**完整的内容**,即两个内容规定及其关联;只有通过不同的关联方式,即在其中一方里是直接的关联,而在另一方里是已设定的关联,它们才彼此区分 [111]
开,也就是说,双方仅仅**在形式上**区分为根据和有根据的东西。——**其次**,这个根据关联不仅是形式上的,而且是实在的。正如我们看到的,形

式上的根据已经过渡到实在的根据;形式的诸环节反映回自身之内;它们
是一种独立的内容,根据关联也包含着两个独特的**内容**,一个是**根据**,另
一个是**有根据的东西**。内容首先构成形式上的根据的两个方面的**直接同
一性**,因此双方具有同一个内容。但内容本身也具有形式,因此是一种双
重的**内容**,表现为根据和有根据的东西。所以,在那两个某东西的两个内
容规定里面,其中一方不仅按照外在比较来说是二者共有的,而且是它们
的同一性基体和它们的关联的根基。它作为本质性东西,是另一个内容
规定的根据,后者因此是某东西里的已设定的内容规定,而这个某东西的
关联是一个有根据的关联。在作为根据关联的前一个某东西里,这第二
个内容规定也是直接的,并且**自在地**与第一个内容规定联系在一起。但
后一个某东西仅仅**自在地**包含着第一个内容规定,并且在其中与前一个
某东西达到同一,至于它所包含的第二个内容规定,则是已设定的内容规
定。第一个内容规定是第二个内容规定的根据,因为它在前一个某东西
里**原初地**与第二个内容规定联系在一起。

所以,在后一个某东西里,两个内容规定的**根据关联**是通过前一个某
东西的第一种自在存在着的关联而**达成中介**。这个推论就是:因为在前
一个某东西里,规定 B 与规定 A 自在地联系在一起,所以,在后一个某东
西(它仅仅直接具有规定 A)里,B 也与之联系在一起。在后一个某东西
里,不仅这第二个规定是间接的,而且"它的直接规定是根据"这件事情
也是经过中介的,亦即依赖于这个规定与前一个某东西里的 B 的原初关
[112] 联。就此而言,这个关联是根据 A 的根据,至于后一个某东西里的**整个**
根据关联,则是一个已设定的东西或有根据的东西。

3. 实在的根据表现为根据的**外在反映**;根据的完整的中介活动就是
根据的自身同一性的重建。但由于这个同一性同时已经获得实在的根据
的外在性,所以当形式上的根据关联亲自和实在的根据形成一个统一体,
就既是一个设定着自身的根据,也是一个**扬弃着自身的根据**;根据关联**通
过自己的否定**而达成自身中介。首先,根据作为**原初关联**,是那些直接的
内容规定相互之间的关联。根据关联作为本质性形式,把那些已扬弃的

内容规定或环节当作自己的不同方面。所以，根据关联作为那些**直接的**规定的形式，是一个自身同一的关联，同时也与**它的否定**相关联；因此它作为根据而言，不是自在且自为的，而是与**已扬弃的**根据关联相关联。——其次，已扬弃的关联，或者说直接的东西（它在原初关联和已设定的关联里是同一个**根基**），作为实在的根据而言，同样不是自在且自为的，而是通过那个原初联系才被设定为根据。

所以，总体意义上的根据关联在本质上是一个**进行预先设定**的反映；形式上的根据预先设定了**直接的**内容规定，后者作为实在的根据又预先设定了形式。因此根据作为形式而言，是一个直接的联系；但在这种情况下，它自己排斥自己，预先设定了一种直接性，把它当作一个他者而与之相关联。这个直接的东西就是内容规定，即单纯的**根据**；但这个根据作为根据而言，同样自己排斥自己，并把自己当作一个他者而与之相关联。——这样一来，总体意义上的根据关联已经把自己规定为**作条件的中介活动**。

C. 条件

[113]

a.相对的无条件者

1. 根据是直接的，而有根据的东西是经过中介的。根据是进行设定的反映；作为这种反映，它使自己成为已设定的存在，因此是一个进行预先设定的反映；通过这个方式，它把自己当作一个已扬弃的东西（一个直接的东西）而与之相关联，借此达到自身中介。正如我们看到的，这个中介活动，作为从直接东西到根据的推进过程，不是一个外在的反映，而是根据自己的活动，换言之，根据关联作为一个进入自身同一性的反映，在本质上同样是一个外化自身的反映。当根据把直接的东西当作其本质上的预先设定而与之相关联，这个直接的东西就是**条件**（Bedingung）；所以，实在的根据在本质上是有条件的。它所获得的规定性，是它自己的异在。

因此,**第一**,条件是一个直接的、杂多的定在。**第二**,这个定在与一个他者亦即根据相关联,但根据不是这个定在的根据,而是从另一个角度看来的根据;因为定在本身是直接的,没有根据。按照那个关联,定在是一个**已设定的东西**;直接的定在不应当是自己的条件,毋宁应当是他者的条件。但与此同时,"定在是他者的条件"这件事情本身仅仅是一个已设定的存在;定在是一个已设定的东西,这个情况已经在它的直接性中被扬弃了,因此一个**定在是否成为条件,这是漠不相关的**。**第三**,条件是这样一个直接的东西,即它构成了根据的**预先设定**。按照这个规定,条件是根据的已经返回到自身同一性中的形式关联,随之是这个形式关联的**内容**。但严格说来,内容仅仅是根据在形式里的漠不相关的统一体,——没有形式,就没有内容。根据仍然独立于形式,因为根据关联在**完整的**根据里转变为一个相对于其同一性而言的外在关联,于是内容获得了直接性。所以,只要根据关联在条件那里具有自身**同一性**,就构成了条件的内容;但因为内容与这个形式漠不相关,所以它仅仅**自在地**是形式的内容,即一个**应当**成为内容的东西,随之构成了根据的**材料**(Material)。按照第二个环节,定在一旦被设定为条件,就必须失去它的漠不相关的直接性,成为他者的一个环节。它是由于自己的直接性而与这个关联漠不相关;但当它进入这个关联,就构成了根据的**自在存在**,对根据来说是一个**无条件者**。为了成为条件,定在必须把根据当作它的预先设定,因此它本身是有条件的;但这个规定是外在于它的。

[114]

2. 某东西不是通过它的条件而存在着;它的条件不是它的根据。对根据而言,条件是"无条件的直接性"这一环节,但它本身不是运动,不是那样一个设定活动,即以否定的方式与自身相关联,并使自己成为已设定的存在。所以,条件是与**根据关联**相对立的。某东西除了有条件之外,还有一个根据。——根据是一个空洞的反映运动,因为这个运动预先设定了自身之外的一种直接性。但它是整个形式,是独立的中介活动,因为条件并不是它的根据。这个中介活动作为设定活动,与自身相关联,因此从这个方面来看,它同样是一个直接的东西和**无条件者**;它虽然预先设定了自身,但这是一种已经外化的或者说已经遭到扬弃的设定活动;另一方面,从它自己的规定来看,它又是一个自在且自为的东西。——所以,只要根据关联是一个独立的自身关联,并且本身具有反映的同一性,它就具有一个相对于条件的内容而言**独特的内容**。这个独特的内容是根据的内容,因此在本质上具有形式,反之条件的内容仅仅是一种直接的材料,这种材料不仅构成了根据的自在存在,而且与根据的关联一样,都是外在的;就此而言,它是两个内容的混合物,其中一个内容是独立的,与根据规定的内容无关,另一个内容进入到根据规定中,应当作为其材料而成为其环节。 [115]

3. 整体的两个方面,**条件和根据**,首先是彼此**漠不相关**的和**无条件的**,——前者是无关联者,即使在某个关联中成为条件,这个关联对它来说也是外在的;后者是关联或形式,对它来说,条件的已规定的定在仅仅是一种材料,一个被动的东西,其本身具有的形式是一个非本质性的形式。其次,二者也是**经过中介的**。条件是根据的**自在存在**;它是根据关联的本质性环节,甚至可以说是根据的单纯的自身同一性。但这个局面也被扬弃了;这个自在存在仅仅是一个已设定的东西;直接的定在无所谓是不是一个条件。条件是根据的**自在存在**,这件事情构成了条件的一个方面,从这个方面来看,条件是经过中介的。同理,根据关联作为独立的东西也具有一个预先设定,并且在自身之外具有其自在存在。——这样一来,双方都是漠不相关的直接性和本质性中介活动的**矛盾**,双方都处在**同一个关联**中,——换言之,这个矛盾在于,双方既是独立的持存,也被规定为仅仅是一个环节。

b.绝对的无条件者

这两个相对的无条件者,每一方首先都映现在对方之内,——条件作为直接的东西,映现在根据的形式关联之内,而形式关联则是映现在直接的定在之内,把它当作根据的已设定的存在;每一方都是他者的映象,但除此之外,每一方本身都是独立的,并且具有其独特的内容。 [116]

条件首先是一个直接的定在;它的形式有两个环节:一个是**已设定的存在**,就此而言,定在作为条件乃是根据的材料和环节,另一个是**自在存在**,就此而言,定在构成了根据的本质性或根据的单纯的自身内反映。形式的两个方面对直接的定在来说都是外在的,因为这是一个已扬弃的根据关联。——但是,**首先**,定在本身仅仅是一个必须在其直接性中扬弃自身并消灭的东西。总的说来,**存在**仅仅是一个向着本质的**转变**;它的本性就在于使自己成为已设定的东西,成为那样一种同一性,即通过自身否定而成为一个直接的东西。所以,"已设定的存在"、"自身同一的自在存在"等形式规定,还有形式本身(它使直接的定在成为条件),都不是位于存在之外,毋宁说,存在就是这个反映本身。**其次**,存在作为条件,如今也被设定为它在本质上所是的那个东西,也就是说,它既是他者的一个环节,同时也是他者的自在存在;但**自在地看来**,存在仅仅立足于自身否定,亦即立足于根据以及根据的扬弃自身、随之预先设定自身的反映;就此而言,存在的自在存在仅仅是一个已设定的东西。条件的这个自在存在有两个方面,即它一方面是条件的本质性(即根据的本质性),另一方面是条件的定在的直接性。或更确切地说,这两方面是同一回事。定在是一个直接的东西,但直接性在本质上是经过中介的,亦即以那个扬弃自身的根据为中介。定在作为这种以扬弃自身的中介活动为中介的直接性,同时是根据的自在存在,是根据的无条件者;但这个自在存在本身同样只是一个环节或一个已设定的存在,因为它是经过中介的。——所以,条件是

[117] 根据关联的整个形式;它是根据关联的预先设定的自在存在,因此本身是一个已设定的存在,而它的直接性就在于使自己成为已设定的存在,并且自己排斥自己,以至于它一方面走向消灭(走向根据),另一方面本身就是根据(这个根据使自己成为一个已设定的存在,进而成为一个有根据的东西),而这两个方面是同一回事。

同样,在有条件的根据那里,自在存在不仅仅是一个他者在它那里的映现。这个根据是设定活动的独立的、亦即与自身相关联的反映,从而是一个自身同一的东西,换言之,这个根据在自身之内就是它自己的自在存

在和它自己的内容。但与此同时，它是一个进行预先设定的反映；它以否定的方式与自身相关联，把它的自在存在当作它的他者而与之相对立，至于条件，无论从自在存在这一环节来看，还是从直接的定在这一环节来看，都是根据关系自己的环节；直接的定在在本质上仅仅基于它的根据，是它自己（作为预先设定活动）的一个环节。所以它的根据同样是整体本身。

因此一般而言，这里只有**形式**的**一个整体**，但同样只有**内容**的**一个整体**。也就是说，条件的独特内容仅仅是一个本质性内容，因为它是反映在形式里的自身同一性，换言之，这个直接的定在本身是根据关联。进而言之，只有通过根据预先设定的那个反映，直接的定在才是条件；它是根据的自身同一性，或者说是根据的内容，与根据本身相对立。就此而言，定在不是根据关联的单纯无形式的材料，毋宁说，因为它本身就具有这个形式，所以它是一个已经获得形式的质料，同时也是内容，即一个在与形式的同一性中与形式漠不相关的东西。最后，定在和根据所具有的内容是同一个内容，因为它作为形式关联里的自身同一的东西，恰恰是内容。

因此，整体的两个方面，条件和根据，是**同一个**本质性统一体，既作为内容，也作为形式。二者通过自身而过渡到对方之内，换言之，它们是一些反映，因此把自己设定为已扬弃的东西，与它们的这个否定相关联，并且**预先设定彼此**。但与此同时，这仅仅是双方的**同一个**反映，所以它们的预先设定也仅仅是同一个预先设定；或更确切地说，通过预先设定彼此，它们把它们的**同一个**同一性预先设定为它们的持存和它们的根基。这个同一性，即双方的同一个内容和形式统一体，是**真正的无条件者**，即**自在的事情本身**。——正如刚才指出的，条件仅仅是相对的无条件者。所以人们经常把它看作是一个有条件者，去追问一个新的条件，从而引入通常那个从条件到条件的**无限演进过程**。为什么要在一个条件那里追问一个新的条件呢？换言之，为什么条件被看作是一个有条件者呢？因为它是某个有限的定在。但这是条件的进一步的规定，并未包含在其概念之内。关键在于，条件本身之所以是一个有条件者，是因为它是已设定的自在存

[118]

在；也就是说，它在绝对的无条件者里被扬弃了。

绝对的无条件者把条件和根据这两个方面当作它的环节而包含在自身之内；它是它们返回到其中的那个统一体。这两个方面合在一起构成了绝对的无条件者的形式或已设定的存在。无条件的事情是二者的条件，而且是绝对的条件，也就是说，这个条件本身就是根据。——现在，它作为**根据**乃是一个否定的同一性，已经把自己排斥到那两个环节之内，——**首先**在形态上是一个已扬弃的根据关联，一种直接的、未统一的、外在于自身的杂多性，这种杂多性把根据当作它的一个他者而与之相关联，同时构成了根据的自在存在；**其次**在形态上是一个内在的、单纯的形式，这个形式就是根据，它把自身同一的直接东西当作一个他者而与之相关联，把直接东西规定为条件，也就是说，把它的这个自在体（Ansich）规定为它自己的一个环节。——这两个方面**预先**设定了总体性，而总体性又是它们的设定者。反过来，因为它们**预先**设定了总体性，所以总体性看[119]起来又是以它们为条件，仿佛事情是从它的条件和它的根据那里产生出来的。但由于这两个方面都已经表现为自身同一的东西，所以条件和根据的关系消失了；它们降格为一个**映象**；绝对的无条件者在进行设定和预先设定时，仅仅是这样一个运动，即这个**映象**在其中扬弃自身。事情的活动就在于为自身提供条件，并且把它的诸条件当作根据而与之相对立；但它的关联，作为诸条件与根据的关联，是一种**自身内**映现，而它与诸条件的关系就是**它的自身融合**。

c.事情显露到实存之内

绝对的无条件者是一个与它的条件达到绝对同一的根据，即直接的事情作为真正的本质性事情。作为**根据**，事情以否定的方式与自身相关联，使自己成为已设定的存在，但正如事情的概念已经表明的那样，这个已设定的存在在事情的各个方面都是一个完整的反映，是一个在各个方面都达到了自身同一的形式关联。所以，这个已设定的存在**首先**是已扬弃的根据，是作为无反映的直接东西那样的事情，——即条件的方面。这个方面是事情的条件的**总体性**，——它是事情本身，但已经被抛到存在的外在性里，成为存在的重建起来的范围。在条件里，本质把它的自身内反映统一体当作一个直接性释放出去，而从现在起，直接性按照其规定来说是一个**作条件的**预先设定，并且在本质上仅仅构成了本质的各个方面之一。诸条件之所以是事情的整个内容，原因在于，它们是"无形式的存在"这一形式下的无条件者。但鉴于这个形式，它们除了是事情本身之内的内容的规定之外，还具有另一个形态。它们显现为一种未统一的杂多性，与本质之外的东西和另外一些情况搅和在一起，这些情况不属于定在的范围，因为定在构成了这个**已规定的**事情的条件。——对于绝对的、不受限制的事情而言，**存在的层面本身**就是条件。当根据返回到自身之内，就把绝对的事情设定为最初的直接性，把它当作自己的无条件者而与之相关联。这个直接性作为已扬弃的反映，是存在这一要素里的**反映**，因此存在本身就把自己塑造为一个整体；形式作为存在的规定性，持续不断地生长，于是显现为一个杂多的、与反映规定有差异的、与其漠不相关的内容。存在的层面本身包含着一个非本质性东西，并且在作为条件时将其抛弃；这个东西就是直接性这一规定性，即形式统一体所沉没的地方。这个形式统一体，作为存在的关联，在存在那里首先是作为**转变**，——即从存在的一个规定性过渡到另一个规定性。进而言之，存在的转变就是转变为本质并返回到根据中。因此真正说来，当定在构成条件时，并不是被一个他者规定为条件并被当作材料来使用，而是通过它自己而成为他者的一个环节。——再者，它的转变也不是把自己当作真正的最初东西和直接东西而从自身开始，毋宁说，它的直接性仅仅是一个预先设定的东西，而它的转变运动是反映本身的一个活动。所以，定在的真理就在于成为条件；它的直接性仅仅立足于根据关联的那个反映，即根据关联亲自把自己设定为已扬弃的东西。就此而言，转变和直接性一样，仅仅是无条件者的映象，因为无条件者预先设定自身，并因此具有形式，相应地，存在的直接性在本质上仅仅是形式的一个**环节**。

　　无条件者的这个映象的另一个方面，就是根据关联本身被规定为形

[120]

[121] 式,与那些直接的条件和内容相对立。但它是绝对事情的形式,而绝对事情本身就具有它的形式与它自身的统一体,或者说具有它的**内容**;当它把内容规定为条件,就在这个设定活动中扬弃了内容的差异性,使之成为一个环节,正如反过来,当它作为这个自身同一性里的无本质的形式,就给予自身一种直接的持存。根据的反映扬弃了直接的条件,使它们与事情统一体里的诸环节相关联;但这些条件是无条件的事情本身所预先设定的东西;就此而言,根据的反映扬弃了自己的设定活动,或者说它的设定活动同样使自己直接成为一种**转变**。——所以,二者是**同一个**统一体;诸条件在其自身那里的运动本身就是一种转变,即返回到根据之内,设定根据;但根据作为已设定的(亦即已扬弃的)根据,是一个直接的东西。根据以否定的方式与自身相关联,使自己成为已设定的存在,为条件提供根据;但是,只有当直接的定在被规定为一个已设定的东西,根据才扬弃自身,才使自己成为根据。——因此这个反映是无条件的事情通过它的否定而进行的自身中介活动。或更确切地说,首先,无条件者的反映是一个预先设定,但它的这个自身扬弃直接是一个进行规定的设定活动;其次,与此同时,它直接扬弃了预先设定,是一种自身规定;这样一来,这个规定活动又是对于设定活动的扬弃,是一种自在的转变。在这里,中介活动作为通过否定而达到的自身回归,已经消失了;如今它是一个单纯的、在自身内映现着的反映,一种无根据的、绝对的转变。事情的运动就在于**一方面**通过其条件而被设定下来,另一方面通过其根据而被设定下来,但这个运动仅仅是**中介活动的映象的消失**。就此而言,事情的设定是一种**显露**(Hervortreten),即单纯地把自己**凸显到实存中**,而这是事情走向自身的一个纯粹运动。

[122] **当一件事情的全部条件都已具备**,它就进入实存。事情**在实存着之前已经**存在着;也就是说,首先,事情作为**本质**或作为无条件者存在着;其次,它具有**定在**,或者说是已规定的,而这是依赖于之前考察过的双重方式:一方面立足于事情的诸条件,另一方面立足于事情的根据。当立足于那些条件时,事情已经赋予自己"外在的、无根据的存在"这一形式,因为

它作为绝对的反映,是一个否定的自身关联,并且把自己当作自己的预先设定。因此这个预先设定的无条件者是一个无根据的直接东西,而它的存在无非意味着,它作为一个无根据的东西存在于那里。因此,当事情的全部条件都已具备,也就是说,当事情的总体性被设定为一个无根据的直接东西,这种本身支离破碎的杂多性就**深入内核**(erinnert sich)。——整个事情必须立足于它的诸条件而存在于那里,换言之,全部条件都属于事情的实存;因为**全部**条件构成了反映;也就是说,正因为定在是条件,所以它是受形式规定的,它的规定就是反映规定,而且只要设定了一个规定,其他规定就在本质上也被设定了。——诸条件的**深入内核**(Erinnerung)首先意味着直接的定在走向消灭(走向根据),转变为根据。但在这种情况下,根据是一个已设定的根据,也就是说,它既是根据,也作为根据而被扬弃了,成了一个直接的存在。因此,当事情的全部条件都已具备,它们就作为直接的定在和预先设定扬弃自身,正如根据也扬弃了自身。根据仅仅表现为一个直接消失的映象;因此这个显露是事情走向自身的一个同语反复的运动,而事情通过诸条件和根据而进行的中介活动则是二者的消失。就此而言,事情是直接显露到实存中,而且这个显露仅仅以中介活动的消失为中介。

事情从根据中显露出来。它虽然是由根据所建立或设定的,但根据并没有停留在底层,毋宁说,这个设定活动就是根据凸显出来走向自身的一个运动,是根据的单纯消失。根据通过与诸条件**联合**,获得了外在的直接性和"存在"这一环节。但根据不是把它们当作一个外在的东西,也不是通过一个外在的关联而获得它们;毋宁说,作为根据,它使自己成为一个已设定的存在,而它的单纯的本质性在已设定的存在中与自身融合,于是通过这种自身扬弃,它与它的已设定的存在的区别就消失了,而它则是成了一种单纯的、本质上的直接性。所以根据不是一个与有根据的东西始终有差异的东西,毋宁说,有根据的东西的真理在于,根据在其中与自身合为一体,于是它的他者内反映就是它的自身内反映。这样一来,事情即便是**无条件者**,也同样是一个**无根据的东西**,而且只有当根据**走向消灭**

[123]

（走向根据），不再是根据，事情才从无根据的东西（亦即它自己的本质上的否定性或纯粹形式）那里显露出来。

　　这个以根据和条件为中介、并通过扬弃中介活动而达到自身同一的直接性，就是**实存**。

第二篇　现　象

本质必须显现。

存在是绝对的抽象;这个否定性不是一个外在于存在的东西,毋宁说,它是存在,除了作为这个绝对的否定性之外,不是别的什么存在。由于这个否定性,存在无非是一个扬弃着自身的存在,是**本质**。但本质作为单纯的自身等同性,反过来同样是**存在**。存在论包含着第一个命题,"**存在是本质**"。第二个命题,"**本质是存在**",构成了本质论第一篇的内容。但本质把自己造成的这个存在是一个**本质性存在**,即**实存**;这是一个从否定性和内在性里凸显出来的存在。

这样,本质就**显现出来**了。反映是本质的**自身内映现**。反映规定被封闭在统一体之内,完全只是作为一些已设定的、已扬弃的规定;换言之,反映是在其已设定的存在中直接达到自身同一的本质。但本质是根据,于是通过其扬弃着自身或返回到自身之内的反映把自己规定为实在的东西;接下来,当根据关联的这个规定或异在在根据的反映里扬弃自身,成为实存,形式规定就在这里具有"独立的持存"这一要素。

当形式规定的**映象**达到完整,就成为**现象**。

第一,当本质性推进到直接性,就是**实存和实存者或物**,——作为本质与其直接性的未区分的统一体。诚然,物包含着反映,但反映的否定性起初已经在物的直接性里消失了;但因为物的根据在本质上是反映,所以它的直接性扬弃自身;物使自己成为一个已设定的存在。

因此,**第二**,物是**现象**。现象是自在之物所是的那个东西,或者说是 自在之物的真理。但这个单纯已设定的、反映到异在那里的实存同样在

其无限性中超越自身;与现象世界相对立的,是一个反映回自身之内、**自
在存在着的世界**。

显现着的存在和本质性存在处在绝对的相互关联中。所以,**第三**,实
存是一种本质性**对比关系**;显现者揭示出本质性东西,而本质性东西存在
于它的现象中。——对比关系是他者内反映和自身内反映的一个尚未完
满的联合;二者的完满交融是**现实性**。

第一章　实　存

根据命题的表述是："**一切存在者都具有一个根据，或者说是一个已设定的东西，一个经过中介的东西**。"既然如此，也必须提出一个实存命题，并这样表述："**一切存在者都实存着**。"存在的真理在于，它不是一个最初的直接东西，而是一个显露到直接性之内的本质。

但是，假如还要进一步说："**实存者具有一个根据，并且是有条件的**"，那么同样也必须说："**实存者没有根据，并且是无条件的**。"因为实存是这样一种直接性，它通过扬弃那个以根据和条件为环节的关联式中介活动而显露出来，并且在显露的时候恰恰扬弃了这个显露过程本身。

既然这里可以谈谈那些**关于**上帝的**实存**的证明，那么必须预先提醒的是，除了 1）直接的**存在**和 2）**实存**（一种从本质里显露出来的存在）之外，还有 3）一种从概念里显露出来的存在，即**客观性**。——证明始终是一种**经过中介的**认识。不同类型的存在要求或者说包含着各自特有的中介方式，因此无论从哪一个方式来看，证明的本性都是有差异的。**本体论证明**希望从概念出发；它把全部实在性的总括当作根据，然后把实存也归摄到实在性下面。也就是说，这个中介活动是一个推论，而这个类型的中介活动暂时还不是我们的考察对象。此前［上卷第 88 页以下］①我们已经考察并评论了康德对此的反对意见，即他把**实存**理解为**已规定的定在**，而这样一来，某种东西就进入整个经验的范围之内，亦即进入"异在"这一规定和**他者**关联之内。在这种情况下，某东西作为实存者是以他者为中介，而整个实存就是它的中介活动的一个方面。现在的问题是，康德所说的"概念"，即那个仅仅单纯地**与自身相关联**的某东西，或者说严格意

［126］

---

① 参阅［德］黑格尔：《逻辑学》I，先刚译，人民出版社 2019 年版，第 66—69 页。——译者注

义上的表象,并没有包含着它的中介活动;在抽象的自身同一性里,对立被抛弃了。原本说来,本体论证明必须表明,绝对的概念(即"上帝"概念)如何达到已规定的定在,达到中介活动,或者说单纯的本质如何以中介活动为中介。这一点是通过刚才所说的那个做法而实现的,即把实存归摄到它的普遍者(即实在性)下面,而实在性则被看作是一个中项,介于在其概念中的上帝和实存之间。——我们说过,这里不去讨论这种具有推论形式的中介活动。但迄今的阐述已经暗示出,本质的那个通过实存而进行的中介活动,其真实的情况究竟是怎样的。至于证明本身的本性,必须在认识论中加以考察。这里只需指出,什么东西与一般意义上的中介活动的本性有关。

[127] 那些关于上帝的定在的证明为这个定在提出了一个**根据**。它不应当是上帝的定在的一个客观根据,因为这个定在本身是自在且自为的。因此它仅仅是一个**对认识而言的根据**。在这种情况下,根据同时表现为这样一个东西,它在对象里**消失**了,而对象却因此首先显现为一个有根据的东西。现在,根据是取材于世界的偶然性,包含着世界向着绝对本质的回归;因为偶然的东西本身是自在的**无根据的东西**和扬弃着自身的东西。按照这个方式,绝对本质实际上是从无根据的东西里显露出来的;根据扬弃了自身;这样一来,上帝曾经获得的那个关系(即他是一个以他者为根据的东西)的映象也消失了。就此而言,这个中介活动是真正的中介活动。问题在于,那个进行证明的反映不知道自己的中介活动的这个本性;它一方面把自己当作是一个单纯的主观东西,随之把它的中介活动从上帝那里拿走,另一方面因此不知道那个进行中介的运动实际上以及如何立足于**本质自身**。反映的真正关系在于,它是同一个东西的两个方面,是严格意义上的中介活动,但同时确实是一个主观的、外在的、亦即外在于自身的**中介活动**,而这个中介活动**在其自身又扬弃了自身**。但在刚才的阐述中,实存所获得的却是一个歪曲的关系,即仅仅显现为**经过中介的东西**或已设定的东西。

因此另一方面,实存也不应当被仅仅看作是一个**直接的东西**。从直接性这一规定来看,上帝的实存被认为是某种不可证明的东西,而关于这个实存的知识也被说成是一种**纯粹**直接的意识,一种信仰。据说知识应当达到这个结果,即它所知道的是**无**,也就是说,它又**放弃了**它的**进行中介的**运动和那些出现在其中的规定本身。这一点在之前所述中也已经体现出来;只不过我们必须补充道,正因为反映以扬弃自身作为终点,所以它并没有把无当作结果,仿佛如今关于本质的肯定知识是与本质的一个**直接**关联,与那个结果**分离**,成为它自己的显露,一个仅仅从自身开始的活动;毋宁说,这个终点本身,中介活动的**消灭**,同时是**根据**,而直接的东西就是从中显露出来的。我们曾经指出,德语把"**沉沦**"(Untergang)和"**根据**"(Grund)这两层意思结合在一起;人们说,上帝的本质对有限的理性而言是"**深渊**"(根据的缺失,Abgrund)。如果理性放弃自己的有限性,放弃进行中介的运动,那么上帝的本质确实是深渊;但这个**深渊**,这个否定的根据,同时是存在者(即那个自在的直接的本质)之所以显露出来的**肯定的**根据;中介活动是一个**本质性环节**。中介活动通过根据而扬弃自身,但并没有让根据留在下方,仿佛那从中显露出来的是一个**已设定的东西**,在别的地方(亦即在根据里)具有其本质,毋宁说,这个根据作为深渊乃是一个已经消失的中介活动;反过来,只有一个已经消失的中介活动才同时是根据,而且它只有通过这个否定才是一个自身等同的、直接的东西。

所以,实存在这里不应当被看作是一个**谓词**或本质的一个**规定**,从而提出"本质实存着或**具有**实存"这样的命题,毋宁说,本质已经过渡到实存;实存是本质的绝对外化,而本质不再是位于这个外化的彼岸。因此命题应当这样表述:"本质是实存。"本质与它的实存没有区别。——本质已经**过渡**到实存,因为本质作为根据,与它自己作为有根据的东西不再有什么区别,或者说那个根据已经扬弃自身。但这个否定在本质上同样是它的肯定,或者说是它的绝对肯定的自身延续性;实存是**根据的**自身内反映,是根据在其否定中确立的自身同一性,亦即这样一个中介活动,它已经把自己设定为自身同一者,从而是直接性。

[128]

101

[129]　　现在,正因为实存在本质上是**一个自身同一的中介活动**,所以它**在自身那里就具有**中介活动的**各种规定**,但这些规定同时是一些已经反映回自身之内的规定,具有一种本质性的、直接的持存。作为一种通过扬弃而设定自身的直接性,实存是一个否定的统一体和内化存在(Insichsein) ;于是它直接把自己规定为一个**实存者**,规定为**物**。

A.　物及其特性

　　实存在本质上是一个否定的统一体,并在这个形式中被设定为一个**实存者**。这个否定的统一体起初只是一个**直接的**规定,因此是一般意义上的单一的**某东西**。但实存着的某东西有别于存在着的某东西,前者在本质上是一个通过中介活动的自身内反映而产生出来的直接性。就此而言,实存着的某东西是一个**物**。

　　物有别于它的**实存**,正如**某东西**有别于它的**存在**。物和实存者直接合为一体,是同一个东西。但因为实存不是最初的直接存在,而是本身具有中介活动的环节,所以当它被规定为物,同时又有别于物,这就不是一个过渡,毋宁其实是一个分析。严格意义上的实存在它的中介活动的环节里包含着这个区分本身,——即**自在之物**和**外在**实存的区别。

a.自在之物与实存

　　1. **自在之物**是实存者,即一个通过已扬弃的中介活动而呈现出来的**本质性的直接东西**。因此中介活动对自在之物而言同样是一个本质性东西;但这个区别在这个最初的或直接的实存中分裂为**一些漠不相关的规**

[130] **定**。其中一个方面,即物的中介活动,是它的**未经过反映的直接性**,因此是它的一般意义上的存在;这个存在因为同时被规定为中介活动,所以是一个**不同于自身的**、原本就**杂多的**和**外在的定在**。但它不仅是定在,而且与已扬弃的中介活动和本质上的直接性相关联;所以它作为定在,是一个**非本质性东西**或一个已设定的存在。——(当物有别于它的实存,就是

可能的东西，即表象或思想中的物，同时这个东西严格说来不应当存在。至于"可能性"这一规定以及物与它的实存的对立，后面再谈。）——但自在之物和它的经过中介的存在都包含在实存之内，二者本身都是实存；自在之物实存着，是本质性实存，反之经过中介的存在是物的非本质性实存。

自在之物作为实存的单纯的已经反映回自身之内的存在，不是非本质性定在的根据；它是一个不动的、无规定的统一体，因为它按照其规定而言是一个已扬弃的中介活动，所以仅仅是非本质性定在的**根基**。既然如此，反映作为一个通过他者而达到自身中介的定在，也落于**自在之物之外**。自在之物本身不应当具有任何已规定的杂多性，所以只有当它**来到一种外在的反映面前**，才获得这种杂多性，但始终与之漠不相关。（自在之物只有来到眼睛面前才具有颜色，只有来到鼻子面前才具有气味，如此等等。）它的差异性是一个他者采取的角度，是他者自行提出的与自在之物的已规定的关联，而不是自在之物自己的规定。

2. 这个他者就是反映，并且被规定为外在的东西：**首先外在于自身**，是一个已规定的杂多性，**然后外在于本质性实存者**，把这个实存者当作其绝对的**预先设定**而与之**相关联**。外在反映的这两个环节，亦即它自己的杂多性以及它与那个不同于它的自在之物的关联，是同一个东西。因为这个实存只有在把本质性同一性当作**一个他者**而与之相关联时，才是外在的。因此，杂多性不是在自在之物的彼岸具有一种自足的、独立的持存，毋宁说，它在与自在之物的必然关联中仅仅是一个与之对立的映象，即一个从自在之物那里折射回来的东西。因此，当前的差异性是一个他者与自在之物的关联；但这个他者绝不是什么自为的持存者，毋宁只是与自在之物的关联；与此同时，他者仅仅是对于自在之物的排斥；因此它是一种内在的、无休止的自身排斥。

[131]

既然自在之物是实存的本质性同一性，那么这个无本质的反映就没有出现在自在之物身上，而是位于其之外，与自身融合。反映走向消灭（走向根据），随之本身成为同一性本质性或自在之物。——这一点也可以这样来看:无本质的实存在自在之物那里具有其自身内反映;它起初是把自在之物当作它的**他者**而与之相关联;但作为一个与自在存在者相对立的他者,这个实存仅仅是一种自身扬弃,是向着自在存在的转变。这样一来,自在之物和外在实存达到了同一。

这一点在自在之物那里是这样呈现出来的:自在之物是一个**与自身相关联的**本质性实存;它之所以是一种自身同一性,原因仅仅在于,它在自身内包含着反映的否定性;所以,那显现为外在实存的东西,是自在之物自身内的一个环节。正因如此,它也是一个自己排斥自己的自在之物,即**把自己当作一个他者来对待**。但这样一来,就有**多个**自在之物,它们通过外在反映而相互关联。这个非本质性实存就是它们彼此作为他者相互之间的关系;但进而言之,它对它们来说本身是本质性的,——换言之,当这个非本质性实存与自身融合,就是自在之物,但**不同于**那个起初的自在之物,因为那个起初的自在之物是一个直接的本质性,而这个自在之物却是一个从非本质性实存中显露出来的本质性。关键在于,如今的这个自在之物仅仅是一般意义上的**另一个**自在之物,因为它作为一个自身同一的物,相比于之前的自在之物并不具有进一步的规定性;它和后者一样都是非本质性实存的一个自身内反映。所以,相互差异的自在之物的规定性取决于外在反映。

[132]

3. 从现在起,这个外在反映是两个自在之物的相互对待,是它们**作为彼此**的他者的**中介活动**。就此而言,这两个自在之物是一个推论的端项,而推论的中项构成了它们的外在实存,通过这个实存,端项彼此是对方的他者,与对方区分开。它们的这个区别仅仅取决于**它们的关联**;它们仿佛只是从自己的表面把一些规定输送到关联中,而它们本身作为一种绝对地反映回自身之内的东西,却与这个关联漠不相关。——这个关系构成了实存的总体性。自在之物与一个外在于它的反映相关联,由此获得其杂多的规定;这意味着,它把自身排斥到另一个自在之物里面。这种排斥是一种自身排斥,因为每一方都只有在从他者那里重新映现出来时,才是一个他者;它不是在自身那里,而是在他者那里具有其已设定的存在,仅仅是由他者的规定性所规定的;这个他者同样仅仅是由前者的规定性所规定的。然而这样一来,由于这**两个**自在之物不是在自身那里具有差异性,而是每一方都仅仅在他者那里具有差异性,所以它们并没有区分开;一个自在之物应当把另一个自在之物当作另一个端项来对待,因此前者是把后者当作一个与它区分开的东西来对待;外在反映本来应当构成这两个端项的中介关联,实际上却是自在之物仅仅自己对待自己,或者说在本质上是它的自身内反映;在这种情况下,外在反映就是一个自在存在着的规定性,或者说是自在之物的规定性。因此自在之物既不是在与另一个自在之物的外在关联中,也不是在另一个自在之物与它的外在关联中具有这个规定性;规定性不再仅仅是自在之物的表面,而是自在之物借助一个他者而进行的本质性自身中介活动。——这两个自在之物本来应当构成关联的端项,但它们**实际上合为一体了**;只有同一个自在之物,它在外在反映里自己对待自己,**把自己当作一个他者而与之相关联**,而这恰恰构成了它的规定性。 [133]

自在之物的这个规定性就是**物的特性**。

b.特性

质是某东西的**直接的**规定性,是否定者本身,通过它,存在是某东西。同理,物的**特性**是反映的否定性,通过它,一般意义上的实存是一个实存者,而当它作为单纯的自身同一性,则是**自在之物**。但反映的否定性,即已扬弃的中介活动,在本质上本身就是一个中介活动和关联,它不像质那样,仅仅与一般意义上的他者相关联(因为质是一种未经过反映的规定性),而是把**自己**当作一个他者而与之相关联,换言之,这个**中介活动**直接地同样是自身同一性。抽象的自在之物本身就是这样一种从他者那里返回到自身之内的关系;因此它本身是**自在地已规定的**;但它的规定性是**状况**(Beschaffenheit),而状况严格说来本身是一个**规定**,它在对待他者的时候**没有过渡**到异在,因此**免去了变化**。

一个物具有**各种特性**;首先,它们是物与**他者**的已设定的关联;特性

105

[134] 只有作为一种彼此对待的方式才存在着,因此是一个外在反映,是物的已设定的存在这一方面。但**其次**,物在这个已设定的存在里是**自在的**;它在与他者的关联中保持着自身;因此不管怎样,它仅仅是一个表面,而伴随着这个表面,实存屈从于存在的转变和变化;与此同时,特性并没有在这个过程中消失。所谓物具有特性,意思是它在他者那里造成这个或那个作用,并且以一个特有的方式在它的关联中外化自身。只有以另一个物的相应状况为条件,才能证明这个特性,但特性同时是物所**特有的**(eigentümlich),是物的自身同一的根基;正因如此,这种经过反映的质叫作**特性**(Eigenschaft)。在这里,当物过渡到一种外在性中,特性却保留下来。物通过它的各种特性而成为原因,而“原因”的意思就是作为作用而保留下来。当然,这里的物仅仅是一个静止的具有许多特性的物,尚未被规定为一个现实的原因;它仅仅是它的各种规定的自在存在着的反映,本身还没有把这些规定设定下来。

因此正如我们看到的,**自在之物**在本质上不仅是这样的自在之物,即它的各种特性是一个外在反映的已设定的存在,而且它们是它自己的规定,通过这些规定,自在之物以已规定的方式对待自己;它并没有位于它的外在实存的彼岸,不是一个无规定的根基,而是在它的各种特性里作为根据而存在着,也就是说,它在它的已设定的存在中是一种自身同一性,——但与此同时,自在之物是一个**有条件的**根据,也就是说,它的已设定的存在同样是一个外在反映;它只有在作为一个外在东西的情况下才是一个反映回自身之内的、自在的东西。——通过实存,自在之物进入外在关联,而实存则是立足于这种外在性;实存是存在的直接性,因此物服从于变化;但实存也是根据的经过反映的直接性,因此物在它的变化中是**自在的**。——这里提到根据关联,意思并不是说,一般意义上的物被规定为它的各种特性的根据;物性(Dingheit)本身严格说来就是一个根据规[135] 定,特性既没有与它的根据区分开,也没有仅仅构成已设定的存在,毋宁说,它是一个已经过渡到它的外在性中,随之真正反映回自身之内的根据;特性本身作为这样的东西就是根据,一个自在存在着的已设定的存在,换言之,根据构成了特性的自身**同一性**的形式;特性的**规定性**是根据的外在于自身的反映;整体是一个在进行排斥和规定时,在自己的外在直接性中与自身相关联的根据。——因此**自在之物**在本质上**实存着**,反过来,"自在之物实存着"的意思是,实存作为外在的直接性同时是一个**自在存在**。

注　释

此前[上卷第 129 页以下]①在定在和自在存在的环节里,我们已经提到**自在之物**,并且指出,它作为这样的东西无非是一种摆脱了全部规定性的空洞抽象。对于这个东西,人们确实**一无所知**,原因恰恰在于,它应当是一种摆脱了全部规定的抽象。——自在之物被预先设定为无规定的东西,于是全部规定就都落在它之外,落入一个对它而言陌生的反映,而它和这个反映却是漠不相关。对**先验唯心论**而言,这个外在反映就是**意识**。由于这个哲学体系把事物的全部规定性无论就形式还是就内容而言都放置在意识中,所以从这个立场来看,一切都是取决于**我**,取决于主体,也就是说,是我看到树叶不是黑的,而是绿的,太阳是圆的,不是方的,是我尝到糖是甜的,不是苦的;是我规定钟表的第一次和第二次鸣响是前后相继的,不是并列的,也是我规定第一次鸣响既不是第二次鸣响的原因,也不是其后果,如此等等。——主观唯心论的这些强硬表述直接与自由意识相矛盾,因为在后者看来,我其实知道自己是普遍者和无规定的东 [136]西,我把那些杂多的和必然的规定从我自己这里割裂出去,认为它们是一种外在于我、仅仅归属于事物的东西。——自我在它的这个自由意识中是真正的、反映回自身之内的同一性,而这种同一性本来应当属于自在之物。——我在别的地方已经指出,那种先验唯心论并没有超越自我所遭

① 参阅[德]黑格尔:《逻辑学》I,先刚译,人民出版社 2019 年版,第 102—103 页。——译者注

受到的客体的限制,总的说来没有超越有限的世界,毋宁说,限制对先验唯心论而言始终是一个绝对者,只不过它的**形式**发生了改变,因为先验唯心论只不过是把限制从客观形态转移到主观形态之内,把通常意识认为仅仅属于外在事物的杂多性和变化当作自我的规定性,然后把自我当作一个物,认为杂多性和变化就是那些规定性在自我内部显露出来的纷乱更替。——在当前的考察里,自在之物仅仅与那个起初外在于它的反映相对立;后者尚未把自己规定为意识,自在之物也尚未把自己规定为自我。从自在之物和外在反映的本性已经可以看出,这个外在东西把自己规定为自在之物,或反过来成为起初的那个自在之物自己的规定。先验唯心论的立场之所以是站不住脚的,在于它坚持认为**抽象的自在之物**是一个**终极**规定,把反映,或者说把已规定的、杂多的特性与自在之物对立起来,但实际上,由于自在之物在本质上本身就具有那个外在反映,并且把自己规定为一个具有**特有的**规定亦即特性的东西,所以物的抽象(即作为纯粹的自在之物而存在)就表明自己是一个不真实的规定。

c.物的交互作用

自在之物在本质上**实存着**;外在的直接性和规定性属于它的自在存在或它的自身内反映。在这种情况下,自在之物成为一个具有特性的物,相应地,存在着许多物,它们不是通过一个外在于它们的角度,而是通过它们自身而相互区分开。诸多有差异的物由于各自的特性而处于本质上的交互作用之中;特性是这个交互作用本身,而物离开交互作用就什么都不是;相互规定是诸自在之物的中项,而这些自在之物作为端项本来应当始终与它们的这个关联漠不相关,但相互规定本身就是一个自身同一的反映,是一个应当成为端项的自在之物。相应地,物性降格为无规定的自身同一性的形式,这个形式只有在其特性中才具有它的本质性。所以,当谈到一般意义上的不具有已规定的特性的一个物或一些物时,它们的区别仅仅是一个漠不相关的、量的区别。同一个东西既可以被看作是**一个**物,也可以被当作或看作是多个物;这是一个**外在的分离**或**联合**。——一本书是一个物,它的每一页纸也是一个物,纸的每一块也是一个物,如此以至无限。至于那使得**一个物**仅仅是**这一个物**的规定性,则是完全依赖于它的各种特性。通过这个规定性,一个物区别于其他物,因为特性是一个否定的反映,是一种区分活动;所以,物只有依赖于它的特性才在自身那里具有与其他物的区别。特性是一个反映回自身之内的区别,通过这个东西,物在它的已设定的存在中,亦即在它与他者的关联中,同时与他者、与它的关联漠不相关。正因如此,对一个不具有各种特性的物而言,就只剩下一个抽象的自在存在,一个非本质性的容器,一个外在的整合。[138]真正的自在存在是在其已设定的存在中的自在存在;而已设定的存在就是特性。这样一来,**物性已经过渡到特性**。

　　物本来应当表现为自在存在着的端项,与特性相对立,而特性应当构成相互关联的物的中项。但正是在这个关联里,物作为**一种自己排斥自己的反映**而相互接触,在其中既是区分开的,也是关联在一起的。它们的这个区别和关联是它们的**同一个**反映和**同一个**延续性。就此而言,物本身仅仅落入这个延续性(即特性)之中,并且作为持存着的端项消失了,而它们本来应当在这个特性之外具有一个实存。

　　特性本来应当构成独立的端项的**关联**,所以它就是**独立者本身**。反之物却是非本质性东西。物只有作为一个既区分自身、又与自身相关联的反映,才是一个**非本质性东西**;但区分和关联就是特性。因此特性不是物里面遭到扬弃的东西,或者说不是物的单纯环节,毋宁说,真正的物仅仅是那个非本质性的容器,后者虽然是一个否定的统一体,但就像单一的某东西那样,仅仅是一个**直接的**单一体。如果说之前物被规定为一个非本质性的容器,是因为一个外在的抽象把特性从物那里拿走,那么从现在起,这个抽象却是通过自在之物过渡到特性自身之内而发生的,但这件事情的价值正相反,也就是说,之前的那个抽象活动仍然认为一个没有特性的抽象物是本质性东西,而特性是一个外在的规定,但在这里,却是物本身就把自己规定为特性的一个漠不相关的、外在的形式。——因此从现在起,特性摆脱了无规定的、疲软的**联系**,而单一的物就是这样一个联系;[139]

特性是那个构成了物的**持存**的东西,是一个**独立的质料**。——由于它是单纯的自身延续性,所以它在自身那里起初只是具有一个作为**差异性**的形式;因此存在着**杂多的**这类独立的质料,而**物的持存就是基于这类质料**①。

B. 物的持存基于各种质料②

从特性到一个**质料**或一个独立的**质素**(Stoff)的过渡乃是化学在感性质料那里提出的一个著名的过渡,因为化学企图表明诸如颜色、气息、味道之类**特性**是光质素、颜色质素、气息质素,或酸的、苦的**质素**等等,要不然就干脆假定其他特性是类似于**热质素**或电的、磁的质料的东西,随之坚信自己掌握了真正意义上的特性。——同样流行的是另一个说法,即物的**持存**是基于不同的质料或质素。人们谨慎地不把这些**质料**或质素称作**物**,尽管他们也承认,比如色素也是一个物;但我不知道,诸如光质素、热质素或电质料等等是否也可以称作物。人们区分物及其组成部分,却没有准确地指出,这些组成部分是否或在何等程度上也是物,或仅仅是"半物"之类东西;但不管怎样,它们至少**实存着**。

特性必然过渡到质料,或者说真正的特性必然是质料;这个必然性基于一个事实,即特性是本质性东西,随之是物的真正独立者。——但与此同时,特性的自身内反映仅仅构成了整个反映的某一方面,即区别的扬弃和特性的自身延续性,而特性本来应当是对一个他者而言的实存。通过这个方式,物性作为一个否定的自身内反映,作为一个把自己从他者那里排斥开的区分活动,就降格为一个非本质性环节;但与此同时,事情有了进一步的规定。**第一**,这个否定的环节**保留下来**了,因为只有当物的区别已经**扬弃**自身,特性才转变为一个自身延续的、独立的质料;因此当特性

[140]

---

① 这句话的字面意思也可以翻译为"物就是由这类质料组成的"。——译者注
② 这个标题同样可以翻译为"物由各种质料组成"。——译者注

延续到异在之内,这个延续性本身就包含着否定者的环节,与此同时,它的独立性作为这个**否定的统一体**,是物性的得以重建的**某东西**,——这是一种否定的独立性,与质素的肯定的独立性相对立。**第二**,在这种情况下,物已经从它的无规定性扩张到完满的规定性。作为**自在之物**,它是**抽象的**同一性,一个**单纯否定的**实存,换言之,这个实存**被规定为一个无规定的东西**;再者,物是由它的各种特性所规定的,应当通过这些特性而与其他物区分开;但由于它通过特性毋宁延续到其他物那里,所以这个不完满的区别扬弃自身;通过这个方式,物已经返回到自身之内,如今被规定**为已规定的东西**;它是**自在地已规定的**,或者说是**这一个物**。

但**第三**,这个自身回归虽然是一个与自身相关联的规定,但同时是非本质性的;自身延续的**持存**构成了独立的质料,在其中,物与物的区别,即它们的自在且自为地存在着的规定性,被扬弃了,成为一个外在东西。物作为**这一个物**虽然是完满的规定性,但这是一个以非本质性为要素的规定性。

从特性的运动这一方面来看,就是这个结果。特性不仅是一个**外在的规定**,而且是一个**自在存在着的**实存。外在性和本质性的这个统一体自己排斥自己,因为它包含着自身内反映和他者内反映:一方面,它被规定为一个**单纯的**、以自身同一的方式与自身相关联的独立者,在自身内扬弃了否定的统一体(即物的单一体),另一方面,这个规定与他者相对立,或者说同样是一个反映回自身之内的、自在地已规定的单一体,——也就是说,**质料和这一个物**是自身同一的外在性或反映回自身之内的特性的两个环节。——特性曾经是一个应当把物区分开的东西,由于它已经摆脱了它的这个否定方面(即附着在一个他者身上),所以物也随之摆脱了其他物为它规定的存在,从他者关联那里返回到自身之内;但与此同时,它仅仅是一个**已经转变为他者的自在之物**,因为杂多的特性本身是独立的,于是**它们在物的单一体之内的否定关联**已经只是一个已扬弃的关联;因此,物只有在与质料的肯定的延续性**相对立**时,才是一个自身同一的否定。

[141]

因此,"**这一个**"(das Diese)构成了物的完满规定性,而这同时是一个外在的规定性。物的持存基于各种独立的质料,这些质料与它们在物里面的关联漠不相关。所以这个关联仅仅是质料的一个非本质性联系,而一个物与其他物的区别就在于,是否有诸多特殊的质料或有多少质料出现在这个物之内。它们**超越这一个物**,延续到其他物那里,它们虽然属于这一个物,但这对它们而言并不是一个限制。再者,它们也不相互限制,因为它们的否定关联仅仅是疲软无力的"**这一个**"。所以,它们不会因为在这一个物里面结合就扬弃自身;它们作为独立者对彼此而言都是不可渗透的,它们在各自的规定性里仅仅与自身相关联,是持存的一种彼此漠不相关的杂多性;它们只能具有一个量的界限。——物作为**这一个物**就是它们的这个单纯的量的关联,一个单纯的集合,即质料的"**并且**"

[142] (Auch)。物的**持存**基于某一定量的质素,**并且**基于另一定量的质素,**并且**基于其他定量的质素;唯有物才构成这种不具有联系的联系。

C. 物的瓦解

当**这一个物**把自己规定为独立质素的一个单纯的量的联系,就是一个绝对可变化的东西。它的变化在于,一个或多个质料从这个集合里清除出去或添附在这个"**并且**"上面,换言之,它们的数量关系发生了变化。**这一个物**的产生或消灭是一种外在联系的外在瓦解,换言之,这些联系在一起的质素本来就无所谓是否联系在一起。质素持续不断地出入于**这一个物**,如此循环往复;物本身是一种绝对的多孔性(Porosität),不具备自己特有的尺度或形式。

因此,物按照其绝对的规定性而言,既是**这一个物**,也是绝对可瓦解的。这种瓦解是外在地已规定的,而物的存在也是如此;但物的瓦解,还有物的外在存在,都是这种存在的本质性因素;它仅仅是"**并且**";它仅仅在这种外在性中持存着。但物也是基于其各种质料而持存着,它并不只是抽象的、严格意义上的**这一个物**,毋宁说,**整个这一个物**就是物自身的瓦解。也就是说,诚然,物被规定为独立质料的一个外在集合,但这些质料不是物,不具有否定的独立性,毋宁说,它们作为特性乃是一种独立的东西,即一种本身已经反映回自身之内的已规定的存在。所以,质料虽然是单纯的,并且仅仅与自身相关联,但**它们的内容**却是一个**规定性**;自身内反映仅仅是这个内容的**形式**,但内容本身并没有反映回自身之内,而是按照其规定性而与一个**他者**相关联。所以,物不仅是质料的"**并且**"—— [143] 即彼此漠不相关的质料的关联——,而且是它们的**否定**关联;由于自己的规 定 性,质 料 本 身 就 是 它 们 的 这 个 否 定 反 映,即 物 的 质 点 性(Punktualität)。质料按照其内容的规定性而言是相互对立的,一个质料是**什么**,另一个质料就不是**什么**;而按照它们的独立性而言,一个质料**存在着**,另一个质料就不存在着。

因此,当物基于某些质料而持存着,物就是这些质料的相互关联,于是在物里面,一个质料和另一个质料**同时持存着**,但与此同时,只要一个质料**持存着**,另一个质料就不持存着。换言之,在物里面,只要一个质料存在着,另一个质料就因此被扬弃了;但与此同时,物是"**并且**",亦即另一个质料的持存。因此在一个质料的持存里,另一个质料既**不是**持存着的,**也是**持存着的,而且所有这些有差异的质料相互之间都是如此。由于在同一个角度下,一个质料和其他质料都持存着,而且它们的**同一个**持存就是物的质点性或否定统一体,所以它们是完全相互**渗透的**;与此同时,由于物仅仅是质料的"**并且**",所以质料已经反映回它们的规定性之内,彼此漠不相关,在其相互渗透中**互不接触**。由此看来,质料在本质上是**多孔的**,因此一个质料是在**孔隙**中持存着,或者说在其他质料的非持存中持存着;但其他质料本身也是多孔的;在它们的孔隙中,或者说在它们的非持存中,一个质料和所有别的质料也持存着;它们的持存同时是它们的**已扬弃的存在**,是**其他质料**的持存,而其他质料的这个持存同样是它们的这个已扬弃的存在,是**前一个质料的持存**,而按照同样的方式,也是所有其他质料的持存。就此而言,物是独立的持存通过其对立面或否定而达到的一个自相矛盾的自身中介,或者说,物是**一个独立的质料通过另一个质**

113

[144] 料的**持存**和**非持存**而达到的一个自相矛盾的自身中介。——实存在**这一个物**里达到了自己的完整性,也就是说,它**在同一个东西那里**既是一个自在存在着的存在或**独立的持存**,也是一个**非本质性**的实存;所以,实存的真理在于,在非本质性里具有其自在存在,或在一个他者(而且是绝对的他者)里具有其持存,换言之,把**自己的虚无性**当作自己的根基。所以,实存就是**现象**。

注　　释

　　表象活动的最流行的规定之一认为,**一个物的持存是基于许多独立的质料**[一个物是由许多独立的质料组成的]。一方面,人们认为物具有各种**特性**,这些特性的**持存**就是**物**。但另一方面,他们又认为这些有差异的规定是质料,其持存并不是物,毋宁说正相反,**物的持存**是基于它们,而物本身仅仅是它们的外在联系和量的界限。二者,特性和质料,是**同样一些内容规定**,只不过在特性那里,它们是一些环节,已经返回到它们的否定统一体中,并且把后者当作一个与它们本身区分开的根基(亦即**物性**),而在质料这里,它们是一些独立的有差异的东西,其中每一个都返回到其特有的自身统一体中。接下来,这些质料把自己规定为独立的持存;但它们也聚集在一个物里面。物具有两个规定,首先是**这一个物**,其次是"**并且**"。"**并且**"是那个在外在直观里作为**空间广延**而出现的东西;但**这一个物**,作为否定统一体,是物的**质点性**。质料聚集在质点性里,它们的"**并且**"或广延在任何情况下都是这个质点性,因为"**并且**"作为物性在本质上也被规定为否定统一体。所以,只要哪里存在着这些质料之一,**在同一个点上**,也存在着别的质料;物不是在这个地方具有其颜色,在那

[145] 个地方具有其嗅素,在第三个地方具有其热素等等,而是在同一个点上是热的,并且是有颜色的、酸的、电的等等。现在,因为这些质素不是彼此外在的,而是聚集在同一个物里面,所以它们被认为是多孔的,以至于一个质料是在另一个质料的间隙中实存着。但那些置身于另一个质料的间隙

中的质料本身也是多孔的,所以反过来,另一个质料也是在它们的孔隙中实存着;而且不只这另一个质料,第三个、第十个质料等等也是在其中实存着。全部质料都是多孔的,每一个质料的间隙中都包含着所有别的质料,正如它和其他质料一样都置身于每一个质料的这些孔隙中。就此而言,它们是一些相互渗透的质料,而且那些进行渗透的质料同样也被别的质料所渗透,而这样一来,每一个质料又去渗透它自己的被渗透的存在。每一个质料都被设定为它的否定,而这个否定是另一个质料的持存;但这个持存同样也是另一个质料的否定,是前一个质料的持存。

众所周知,**表象活动**为了避免诸多质料**在同一个物里**的**独立**持存这一**矛盾**,或者说为了取消这些质料在其**相互渗透**中的**漠不相关性**,经常拿部分和孔隙的**微小性**当作遁辞。任何出现自在的区别、矛盾、否定之否定的地方,概言之,任何应当进行**概念把握**的地方,表象活动都堕落到一种外在的、**量的**区别中;每当谈到产生和消灭时,它就以"**逐渐性**"为遁辞,而在谈到存在时,又以"**微小性**"为遁辞,这样一来,正在消失的东西降格为**注意不到的东西**,矛盾降格为一种混乱局面,而真正的关系则被投射到一种无规定的表象活动中,仿佛其模糊性可以拯救一个自身扬弃的东西。

但细看之下,这种模糊性本身就表现为矛盾,一方面是表象活动的主观矛盾,另一方面是对象的客观矛盾;表象活动本身完全包含着矛盾的各个要素。简言之,表象活动所做的第一件事情就是矛盾,即它一方面企图 [146] 坚守在**知觉**上面,只盯着事物的**定在**,另一方面却把感性的定在归之于**不可知觉的**、通过反映而被规定的东西;——它认为那些微小的部分或孔隙应当同时是一种感性的定在,并且在谈论它们的时候,和谈论颜色、热量等等具有的**实在性**没有什么不同。此外,当表象活动仔细考察这团**对象式的**云雾(即孔隙和微小的部分),就会发现其中不是只有一个质料**及其**否定,仿佛**在这里**,质料**旁边**是它的否定(即孔隙),而孔隙**旁边**又是质料,毋宁说,它在**这一个物**里会发现:1)**独立的**质料;2)质料的**否定**或多孔性以及**同一个点上面的其他独立的**质料,而且质料的这种多孔性和独立的持存是**同一个物**里的相互否定和渗透之渗透。——近代物理学在阐述大气层空气里的水蒸气和各种气体的弥漫混合时,尤其明确地强调了这里得出的关于事物本性的概念的一个方面,比如,一个容积无论是充满大气层空气还是空的,都会容纳同样多的水蒸气;各种气体在弥漫混合时,每一种气体对别的气体而言都完全是一个真空,至少它们相互之间不是处于一个化学联系中,每一种气体都持续不断地通过别的气体而保持着**自身延续性**,并且在**被其他气体渗透时**仍然保持自身,与它们**漠不相关**。——但物的概念里还有更进一步的环节,即**这一个物**里既有这一个质料,也有另一个质料,渗透者在同一个点上也被渗透,或者说独立者直接是一个他者的独立性。这是矛盾的;但物无非是这个矛盾本身;因此它是现象。

[147]　　在精神世界里,当"**灵魂力**"(Seelenkräfte)或"**灵魂能力**"(Seelenvermögen)等观念涉及这些质料时,也有类似的情况。精神是深刻得多的意义上的"**这一个**",即一个否定统一体,它的各种规定在其中相互渗透。但当精神被想象为灵魂,就经常被当作一个物来对待。假若一般意义上的"**人**"的**持存**是基于灵魂和身体[由灵魂和身体组成],而且灵魂和身体分别被看作是一个独立的东西,那么灵魂的持存就是基于一些所谓的"**灵魂力**",其中每一个都具有一种自为地持存着的独立性,或者说都是一个直接的、独自按照其规定性而发挥作用的活动。在人们的想象中,知性在这里独自发挥作用,而想象力在那里独自发挥作用,他们对知性、记忆等每一种力单独进行训练,同时却把别的力放到一边,使之处于非活动状态,直到它们或许会,或许不会派上用场的时候。这些力被放置到质料式的—单纯的**灵魂物**里面,而灵魂物作为单纯的东西又应当是**非质料的**,于是在这种情况下,各种能力虽然不是被想象为特殊的质料,但它们作为**力**,和那些质料一样,被认为彼此之间是**漠不相关**的。物作为一个矛盾,瓦解自身,过渡到现象;但精神却不是这样的矛盾,毋宁说,它在其自身已经是一个返回到它的绝对统一体亦即概念之内的矛盾,在其中,各种区别不再是独立的,而是只能被思考为主体(单纯的个体性)之内的**特殊**环节。

第二章　现　象

本质已经把自身重建为存在的直接性,而这就是实存。**自在地看来,** 这种直接性是本质的自身内反映。本质已经作为实存而从它的根据中显露出来,而根据本身已经过渡到实存。就实存本身是绝对否定性而言,它 [148] 就是这种**经过反映**的直接性。从现在起,它也**被设定为**绝对否定性,因为它已经把自己规定为**现象**。

所以,现象起初是那个在其实存中的本质;本质直接出现在现象里。至于现象不是一个直接的实存,而是一个**经过反映**的实存,这个情况构成了本质在现象那里的一个环节;换言之,实存作为**本质性的**实存乃是现象。

某东西**仅仅**是现象,——这句话的意思是,严格意义上的实存仅仅是一个已设定的东西,不是一个自在且自为的存在者。这一点构成了实存的本质性,即实存本身就具有反映的否定性或本质的本性。这不是一种陌生的、外在的反映,仿佛其掌控着本质,然后通过对本质与实存进行比较而宣称实存是现象。毋宁说,正如我们看到的,实存的这个本质性(即作为现象而存在)乃是实存自己的真理。这个情况是通过反映而造成的,而反映属于实存本身。

但是,如果反过来理解“某东西**仅仅**是现象”这句话,仿佛**直接的实存**就是真理,那么不如说现象是更高的真理,因为现象是本质性的实存,反之直接的实存仍然是一种无本质的现象,因为它本身仅仅具有现象的一个环节(即直接的实存),尚未具有其否定的反映。当**现象**被称作“**无本质的**”,人们就想到它的否定性环节,仿佛直接的东西反而是肯定的和真实的东西;但这个直接的东西本身尚且不具有本质性的真理。毋宁说,当实存过渡到现象,就不再是无本质的东西。

本质起初是在它自身之内,在它的单纯同一性之内**映现**(scheint);在

117

[149]　这种情况下,它是一个抽象的反映,一个纯粹的运动,即从无出发,经过无而返回到自身之内。现在,当本质**显现出来**(erscheint),就是一个**实在的映象**,因为映象的诸环节具有实存。正如我们看到的,现象就是物,即一个否定的自身**中介活动**;物所包含着的各种区别是**独立的**质料,这些质料是一个矛盾,即一方面是一个直接的持存,另一方面只有在陌生的独立性或者说它自己的独立性的否定中具有其持存,且正因如此反过来只有在那个陌生的独立性的否定或者说它自己的否定之否定中具有其持存。映象是同一个中介活动,但它的松散的环节在现象中具有"直接的独立性"这一形态。与此相反,实存所具有的直接独立性在它自己那方面已经降格为环节。所以,现象是映象和实存的统一体。

　　现在,现象进一步规定自己。它是本质性的实存;实存的本质性与实存(作为非本质性的实存)区分开,而这两个方面是相互关联的。——所以,**第一**,现象是单纯的自身同一性,同时包含着各种内容规定,而它作为这些内容规定的关联,是一个在现象的更替中保持着自身等同的东西,——即**现象的规律**。

　　第二,这个具有差异性的单纯规律过渡到对立;现象的本质性东西与现象本身相互对立,**自在存在着的世界**与**现象世界**相互对立。

　　第三,这个对立返回到自己的根据之内;自在存在者就在现象中,反过来,显现者注定要被吸纳到它的自在存在之内;现象转变为**对比关系**。

[150]　**A. 现象的规律**

　　1. 现象是实存者,以它的**否定**为中介,而这个否定构成了它的**持存**。它的这个否定虽然是**另一个**独立者,但后者同样在本质上是一个已扬弃的东西。就此而言,实存者是通过它的否定并且通过它的这个否定之否定而达到的自身**回归**;因此它具有**本质上的独立性**;与此同时,它是一个直接地**已设定的存在**,把一个**根据**和一个**他者**当作它的持存。——所以,现象首先是实存及其本质性的统一体,是已设定的存在及其根据的统一体;但这个根据是**否定**,而另一个独立者,即前一个独立者的根据,同样只是一个已设定的存在。换言之,实存者作为显现者乃是一个他者内反映,并且把他者当作自己的根据,而他者本身同样只是一个他者内反映。实存者是一个自身回归,而且它的各个环节具有否定性,正因如此,它所获得的**本质上的独立性**是无经过无而达到的自身回归;所以,实存者的独立性仅仅是**本质上的映象**。由此看来,互为根据的实存者的联系就在于这个相互否定,即一方的持存不是另一方的持存,而是其已设定的存在,而且唯有已设定的存在的这个关联才构成了它们的持存。根据是现成的;至于真正的根据是作为第一位的东西而存在着,这仅仅是一件**预先设定的**事情。

以上情形构成了现象的**否定**方面。但这个否定的中介活动直接包含着实存者的**肯定的自身同一性**。因为实存者不是一个**与本质上的根据相对立的已设定的存在**,或者说**不是一个依附于独立者的映象**,而是一个**与已设定的存在相关联的已设定的存在**,或者说仅仅是**一个映象之内的映象**。它在它的这个否定或它的他者(这个他者本身是一个已扬弃的东西)里**与自身**相关联;因此它是一种自身同一的或肯定的本质性。——这个自身同一的东西不是严格意义上的实存所具有的那种**直接性**,毋宁只是一个非本质性东西,必须在一个他者那里具有自己的持存。确切地说,它是现象的**本质上的内容**,这个内容具有两个方面:首先,它在形式上是**已设定的存在**或外在的直接性,其次,它作为已设定的存在是一个自身同一的东西。按照前一个方面,它是一个定在,但这个定在是偶然的、非本质性的,并且作为一个直接的东西从属于过渡、产生和消灭。按照后一个方面,它是一个单纯的、与那种更替无关的内容规定,一个在更替中**常驻不变的东西**。

一般而言,这个内容是**单纯的**、转瞬即逝的东西,除此之外,它也是一个**已规定的、自身内有差异的内容**。它是现象(否定的定在)的自身内反映,因此在本质上包含着规定性。但现象是**存在着的**、繁复的差异性,这个差异性四处投射为一种非本质性的杂多性;反之,现象的经过反映的内容是它的杂多性,被还原为**单纯的区别**。更确切地说,已规定的、本质上

[151]

119

的内容并非仅仅在一般的意义上是已规定的,毋宁说,它作为现象的本质性东西乃是完整的规定性,即"**某一**"及其"**他者**"。在现象里,二者中的每一方都是在对方那里具有自己的持存,同时仅仅取决于对方的**非持存**。这个矛盾扬弃自身,而且矛盾的自身内反映就是现象的两个方面的持存的**同一性**,即**一方的已设定的存在也是另一方的已设定的存在**。它们构成了**同一个持存**,同时又是**有差异的**、彼此漠不相关的内容。因此,在现象的本质性方面,非本质性的内容的**否定因素**(即自身扬弃)返回到同一 [152] 性之内;这个内容是一个漠不相关的**持存**,后者与其说是已扬弃的存在,不如说是**他者的持存**。

这个统一体是**现象的规律**。

2. 因此规律是显现者的中介活动的**肯定因素**。现象起初作为实存乃是一个**否定**的自身中介活动,即实存者通过**它自己的非持存**,通过一个他者,然后又通过**这个他者的非持存**而达到自身中介。其中**首先**包含着二者的单纯映现和消失,即非本质性的现象,**其次**也包含着**常驻不变的东西或规律**;因为二者中的**每一个**都是通过扬弃他者而**实存着**,而它们的已设定的存在作为它们的否定性同时是二者的**同一的**、**肯定的**已设定的存在。

由此看来,现象在规律里具有的这个常驻不变的持存,如其自身规定的那样,**第一**与实存所具有的存在的**直接性**相对立。诚然,**自在地看来**,这个直接性也是经过反映的直接性,即一个已经返回到自身之内的根据,但如今在现象里,这个单纯的直接性已经有别于经过反映的直接性,虽然二者只有在物里面才开始分离。实存着的物在瓦解的时候已经转变为这个对立;这里面的**肯定因素**就是显现者作为已设定的存在在它的另一个已设定的存在里达到的自身同一性。——**第二**,这个经过反映的直接性本身被规定为**已设定的存在**,与实存的存在着的直接性相对立。从现在起,这个已设定的存在是本质性东西和真正的肯定因素。德语的"**规律**"(Gesetz)一词①同样包含

①　德语的"规律"(Gesetz)也可以译为"法则",其在字面上的意思是"已设定的东西"。——译者注

着这个规定。规律包含着区别的两个方面,而这两个方面的本质性**关联**就位于这个已设定的存在里面;它们是有差异的、对彼此而言直接的内容,而这又是因为它们是那个属于现象的、随时消失的内容的反映。作为本质上的差异性,这些有差异性的东西是一些单纯的、与自身相关联的内容规定。但与此同时,没有哪一个内容规定单独看来是直接的,毋宁说,每一个规定在本质上都是**已设定的存在**,换言之,每一个规定**只有当另一个规定存在着时才存在着**。 [153]

第三,现象和规律具有同一个内容。规律是现象在自身同一性内的**反映**;在这种情况下,现象作为虚无的**直接东西**,与**经过自身内反映的东西**相对立,而且它们是按照这个形式而区分开来。这个区别是由现象的反映造成的,但这个反映也是现象本身和它的反映的本质性同一性,而这一般说来是反映的本性;反映是已设定的存在中的自身同一者,而且与那个区别漠不相关,后者是形式或已设定的存在,——也就是说,这是一个从现象那里**延续到**规律之内的内容,即规律和现象的内容。

相应地,这个内容构成了现象的**根基**;规律就是这个根基本身,现象也是同样的内容,但包含着更多的东西,即它的直接存在的非本质性内容。形式规定把严格意义上的现象与规律区分开来,但形式规定本身也是一个**内容**,并且是与规律的内容有区别的内容。也就是说,实存作为一般意义上的直接性,同样是质料与形式的一个自身同一者,它与自己的各种形式规定漠不相关,因此是内容;它是物性连同其特性和质料。但它是这样一个内容,其独立的直接性同时仅仅是一种非持存。但内容在它的这个非持存中的自身同一性是另一个内容,即本质性内容。这个同一性(即现象的根基)构成了规律,它是它自己的一个环节;正是基于本质性这一肯定方面,实存才是现象。

所以,规律不是位于现象的彼岸,而是在现象中直接地**存在于当前**（gegenwärtig）;规律王国是实存世界或现象世界的一幅**静止的**肖像。确[154]切地说,二者是**同一个总体性**,实存世界本身就是规律王国,后者作为单纯的同一者,同时在已设定的存在或实存的自身瓦解的独立性里达到自身同一。实存既返回到规律之内,也返回到规律的根据之内;现象包含着这二者,一个是单纯的根据,另一个是现象宇宙的瓦解运动,而根据就是这个运动的本质性。

3. 因此规律是**本质性**现象;它是现象在已设定的存在里的自身内反映,是它自己和非本质性实存的**同一**内容。**第一**,规律与它的实存的这个同一性起初只是**直接的**、单纯的同一性,规律与它的实存是漠不相关的;现象的内容仍然不同于规律的内容。前一个内容诚然是非本质性的,已经返回到后一个内容之内,但它对于规律而言却是第一位的东西,不是通过规律而被设定的;所以,它作为内容是**外在地**和规律**联系在一起**。现象是一系列更具体的规定,它们属于"**这一个**"或具体东西,并且不是包含在规律之内,而是由一个他者所规定的。——**第二**,现象所包含的那个有别于规律的东西,把自己规定为一个肯定者或另一个**内容**;但这个东西在本质上是一个否定者;它是形式及其严格意义上的运动,而这个运动属于现象。规律王国是现象的**静止的**内容;现象也是同样的内容,只不过处于躁动不息的更替中,呈现为一种他者内反映。现象作为规律乃是一个否定的、绝对变化着的实存,或这样一个**运动**,即过渡到对立面、扬弃自身、返回到统一体之内。躁动不息的形式或否定性这一方面并未包含着规律;就此而言,现象是一种与规律相对立的总体性,因为它不但包含着规律,而且包含着更多的东西,即自身运动着的形式这一环节。——**第三**,这个缺陷在规律那里的表现是,规律的内容起初只是**一个有差异的**内容,随之是一个与自己漠不相关的内容,于是它的各方面的同一性起初只是一个**直接的**同一性,随之是一个**内在的**同一性,或者说还不是一个必然的同一性。在规律里,两个内容规定在本质上联系在一起(比如落体运动规律里的空间大小和时间大小;所经过的空间与已流逝的时间的平方成正比);它们在联系中**存在着**;这个关联起初只是一个直接的关联。因此它同样起初只是一个**已设定的**关联,正如在现象里,一般意义上的直接东西已经获得"已设定的存在"的意义。规律的两方面的本质性统一体应当是它们的否定性,也就是说,其中一方应当在其自身就包含着另一方;

[155]

但这个本质性统一体尚未在规律身上显露出来。(同理,"时间的平方与空间相对应"就没有包含在"落体所经过的空间"这一概念里。正因为下落是一个感性的运动,所以它是时间和空间的关联;但是,首先,按照通常的"时间"观念,时间的规定本身并没有包含着时间与空间的关联,反之亦然;据说人们能够很轻松地想象一种没有空间的时间和一种没有时间的空间;也就是说,一方以外在的方式附加到另一方上面,这个外在的关联就是运动。其次,空间和时间在运动里遵循着怎样的大小关系,这个更具体的规定是无关紧要的。相关规律是从经验中认识到的;就此而言,它仅仅**直接地存在着**;它还需要一个**证明**,即为认识提供一个中介活动,以确保规律不是仅仅**有这回事**,而是**必然的**;但规律本身并未包含着这个证明及其客观的必然性。)所以,规律仅仅是现象的**肯定的**本质性,不是其 [156]

否定的本质性,而按照这个否定的本质性,内容规定是形式的环节,它们本身就过渡到自己的他者那里,并且本身就不是自己,而是自己的他者。因此在规律里,虽然其中一方的已设定的存在就是另一方的已设定的存在,但双方的内容与这个关联是漠不相关的,而且内容本身并未包含着这个已设定的存在。简言之,规律虽然是本质性形式,但还不是一个作为内容而反映到各个方面的形式,即实在的形式。

B. 现象世界和自在存在着的世界

1. 实存世界静静地提升为规律王国;它的杂多定在的虚无内容在一个他者那里具有其持存;因此它的持存就是它的瓦解。但在这个他者里,显现者也**与自身**融合了;因此现象在其转换中也是一种常驻不变,而它的已设定的存在就是规律。规律是现象的这个单纯的自身同一性,因此是现象的根基,而非现象的根据;因为规律不是现象的否定统一体,毋宁说,它作为现象的单纯同一性乃是一个直接的—抽象的统一体,在其**旁边**,现象的另一个内容**也**有其地位。内容是"**这一个内容**",是一个内在的联系,或者说它在自身之内具有其否定的反映。内容反映到一个他者那里;

这个他者本身是现象的一个实存；显现着的物以另外一些显现着的物为自己的根据和条件。

但规律实际上也是**严格意义上的现象的他者**和现象的否定的反映（他者内反映）。现象的内容与规律的内容是有差异的，前者是一个实存者，以自己的否定性为自己的根据，或者说已经反映到自己的非存在那里。但这个**他者**［规律］也是一个**实存者**，同样已经反映到自己的非存在那里；也就是说，规律和现象是**同一个东西**，实际上显现者不是反映到一个他者那里，而是**反映到自身之内**；已设定的存在的这个自身内反映恰恰是规律。但规律作为显现者，在本质上已经**反映到自己的非存在那里**，换言之，它的同一性本身在本质上同样是它的否定性和它的他者。因此现象的自身内反映（即规律）不仅仅是现象的同一性根基，毋宁说，现象与规律相对立，而规律是它的否定统一体。

［157］

这样一来，规律的规定在规律自身那里已经发生了变化。它起初只是一个有差异的内容，是已设定的存在的形式上的自身内反映，即一方的已设定的存在是另一方的已设定的存在。但因为规律也是一个否定的自身内反映，所以它的两个方面之间就不仅仅是一种差异关系，而且是一个否定的相互关联。——换言之，如果只是单独考察规律本身，那么它的内容方面是彼此漠不相关的；但这些方面同样是通过它们的同一性而被扬弃的方面；一方的已设定的存在是**另一方**的已设定的存在；因此每一方的持存也是**它自身的非持存**。一方在另一方中的已设定的存在是它的否定统一体，而且每一方**不仅是它自身的已设定的存在，而且是另一方的已设定的存在**，或者说每一方本身就是这个否定统一体。它们在严格意义上的规律里具有的肯定同一性起初只是它们的**内在的**统一体，这个否定统一体需要**证明**和**中介活动**，因为它尚未在它们那里被设定下来。但是，由于规律的不同方面被规定为一些在其否定统一体中有差异的东西，或者说这样一些东西，其中每一方在其自身就包含着它的他者，同时作为独立的东西把它的这个异在从自身那里排斥出去，所以从现在起，规律的同一性也是一个**已设定的**和**实在的**同一性。

在这种情况下,规律同样获得了它的两个方面的否定形式这一欠缺
的环节,即那个曾经属于现象的环节;相应地,实存已经完全返回到自身 [158]
之内,并且反映到它的绝对的、自在且自为地存在着的异在那里。那曾经
是规律的东西,不再仅仅是整体的**某一个**方面(另一个方面是严格意义
上的现象),毋宁说本身就是整体。实存是现象的本质上的总体性,因此
现在也包含着"非本质性"这一环节(这个环节以前属于现象),但这是一
种经过反映的、自在存在着的非本质性,即**本质上的否定性**。——规律作
为直接的内容,总是**已规定的**,与另一些规律区分开,而且这些规律是数
不胜数的。但现在,由于规律本身具有本质上的否定性,所以它不再包含
着这样一个纯粹漠不相关的、偶然的内容规定;毋宁说,它的内容是全部
规定性,并且处于一个本质上的、把自己当作总体性的关联中。现在,这
个反映回自身的现象就是一个**世界**,它作为一个**自在且自为地存在着的
世界**,显露于现象世界之上。

规律王国仅仅包含着实存世界的单纯的、无转化的、但有差异的内
容。但是,由于规律王国是实存世界的总体反映,所以也包含着后者的无
本质的杂多性这一环节。"可变化性"和"变化"作为一个反映回自身的、
本质性的环节,是绝对否定性或真正严格意义上的形式,但后者的各个环
节却是在自在且自为地存在着的世界里具有一个实在的、独立的、但经过
反映的实存;反过来,这个经过反映的独立性如今本身也具有形式,在这
种情况下,它的内容不再仅仅是杂多的内容,而是一个在本质上与自身相
关联的内容。

这个自在且自为地存在着的世界也叫作**超感性世界**,相应地,实存世
界被规定为**感性世界**,即一个为着意识的直接举动(即直观)而存在着的
世界。——超感性世界同样具有直接性和实存,但这是一个经过反映的、 [159]
本质性的实存。**本质**尚且不具有定在;但它**存在着**,而且具有比存在更深
刻的意义;**物**是经过反映的实存的开端;它是一个直接性,但这个直接性
尚未**被设定为**本质上的或经过反映的直接性;真正说来,它不是一个**存在
着的**直接东西。只有当物首先被设定为真正的实存,其次被设定为与存

在者相对立的真相,才是另一个世界亦即超感性世界里的物;——人们承认它们那里有一种与直接的存在区分开的存在,即真正的实存。一方面,在这个规定里,感性表象被克服了,因为它只承认感觉到和直观到的直接存在具有实存;但另一方面,无意识的反思也被克服了,因为它虽然也具有"**物**"、"**力**"、"**内在东西**"等等的表象,却不知道这样一些规定不是感性的或存在着的直接东西,而是经过反映的实存。

2. 自在且自为地存在着的世界是实存的总体性;这个世界之外没有任何东西。但由于它本身是绝对否定性或形式,所以它的自身内反映是一个**否定的**自身关联。它包含着对立,自己排斥自己,分裂为本质世界和异在世界或现象世界。之所以如此,就是因为它既是总体性,也仅仅是总体性的**其中一个方面**,并在这个规定里构成了一个与现象世界有差异的独立性。现象世界在本质世界中具有自己的否定统一体,在其中消灭,并把本质世界当作它的根据而返回到其中。进而言之,本质世界也是现象世界的进行设定的根据;因为本质世界在其本质性中包含着绝对形式,它的自身同一性扬弃自身,使自己成为已设定的存在,并且作为这个已设定的直接性就是现象世界。

[160]   再者,本质世界不仅是现象世界的一般意义上的根据,而且是其**已规定的**根据。本质世界作为规律王国已经是杂多的**内容**,亦即现象世界的本质性内容,而作为内容丰富的根据,它是**另一个世界**的**已规定的**根据,但仅仅就内容而言是如此;也就是说,现象世界的内容曾经不同于规律王国的内容,因为它仍然具有一个独特的否定环节。但是,由于规律王国本身同样具有这个环节,所以它是现象世界的内容的总体性,是现象世界的全部杂多性的根据。与此同时,本质世界是现象世界的否定者,因此是一个与后者**相对立**的世界。——简言之,在两个世界的同一性里,其中一个就形式而言被规定为本质世界,另一个虽然是同一个世界,但被规定为已设定的、非本质性的世界。在这种情况下,虽然**根据关联**得以重建,但与此同时,这是**现象的根据关联**,也就是说,这既不是同一个内容的关联,也不是单纯有差异的内容的关联(如同规律那样),而是一个总体的关联,

或者说是**相互对立的内容**的否定同一性和**本质性关联**。——规律王国不仅意味着一个内容的已设定的存在是一个他者的已设定的存在,而且正如我们看到的,这个同一性在本质上也是一个否定统一体;在规律的两方面的否定统一体里,每一方**在其自身**都是**它的另一个**内容;所以,他者不是一个笼统地未规定的他者,而是**其中一方**的他者,换言之,一方同样包含着另一方的内容规定;在这种情况下,两方面是相互对立的。现在,由于规律本身具有这个否定环节和对立,随之作为总体性自己排斥自己,分裂为一个自在且自为地存在着的世界和一个现象世界,所以双方的同一性是**相互对立者的本质性关联**。——严格意义上的根据关联是一个在其矛盾中已经消灭的对立,而实存则是一个**与自身**融合的根据。但实存转变为现象;根据在实存里被扬弃了;根据作为现象的自身回归,重建自身;但与此同时,它是一个已扬弃的根据,即相互对立的规定的根据关联;这些规定的同一性在本质上是转变和过渡,不再是严格意义上的根据关联。 [161]

因此,自在且自为地存在着的世界本身是这样一个世界,它通过自身之内的区别转变为杂多内容的总体性;它是现象世界或已设定的世界的根据,就此而言和后者是同一的;但与此同时,它们的同一性联系被规定为相互对立,因为现象世界的形式就是现象世界进入它的异在的反映,于是现象世界一方面与自在且自为地存在着的世界相对立,另一方面已经在后者那里真正返回到自身之内。因此,关联被规定为这样一个关联,即自在且自为地存在着的世界是现象世界的**颠倒**。

C. 现象的瓦解

自在且自为地存在着的世界是现象世界的**已规定的**根据,而之所以如此,只是因为它在其自身就是一个否定的环节,从而是内容规定及其变化的总体性,这个总体性与现象世界吻合,同时又构成了现象世界的绝对对立面。因此,两个世界的关系是这样的:那在现象世界里是肯定的东西,在自在且作为地存在着的世界里是否定的,反过来,前者里面的否定者在后者里面是肯定的。现象世界里的北极**自在且自为地看来**是南极，反之亦然；正电**自在地看来**是负电，如此等等。现象世界里的恶和不幸等等**自在且自为地看来**是善和幸运①。

[162]   实际上，恰恰在两个世界的这个对立里，**它们的区别消失了**，那个应当是自在且自为地存在着的世界的东西，本身是现象世界，反过来，现象世界在其自身就是本质世界。——**现象世界**起初被规定为一个进入异在的反映，即它的各种规定和实存是在一个他者那里具有自己的根据和持存；但由于这个他者同样是一个**反映到他者之内**的东西，所以那些规定和实存在这里仅仅与一个扬弃着自身的他者相关联，随之**与自身**相关联；由此看来，现象世界**在其自身**就是一个自身等同的规律。——反过来，自在且自为地存在着的世界起初是一个自身同一的内容，与异在和更替无关；但因为这个内容是现象世界完整的自身内反映，或者说，因为它的差异性是一个反映回自身之内的绝对区别，所以它包含着否定的环节以及一个以自身为异在的自身关联；通过这个方式，它转变为一个自相对立的、自身颠倒的、无本质的内容。再者，自在且自为地存在着的世界的这个内容也因此获得了"**直接的实存**"这一形式。也就是说，它起初是现象世界的根据；但由于它本身是自相对立的，所以它同样是一个已扬弃的根据和直接的实存。

由此看来，现象世界和本质世界每一方在其自身都是总体性，其中既有自身同一的反映，也有他者内反映，或者说既有自在且自为的存在，也有显现活动。两个世界都是实存的独立整体；但每一方都在另一方那里**延续**自身，因此本身就是这两个环节的同一性。如今呈现出来的就是这个总体性，它自己排斥自己，分裂为两个总体性，一个是**经过反映的**总体性，另一个是**直接的**总体性。二者起初都是独立的，但它们只有作为总体性才是独立的，而为了做到这一点，每一方都必须在本质上把另一方当作
[163]

①   参阅《精神现象学》第 2 版，第 121 页以下。——原编者注。此处相关的中文原文参阅[德]黑格尔：《精神现象学》，先刚译，人民出版社 2013 年版，第 101—102 页。——译者注

自己的环节。现在,当双方分别被规定为**直接的**总体性和**经过反映的**总体性,它们的区分开的独立性就被设定下来,即每一方都在本质上完全与另一方相关联,而且只有在**双方的这个统一体**中才具有它的独立性。

之前的出发点是**现象的规律**;这个规律是一个有差异的内容与另一个内容的同一性,因此前者的已设定的存在就是后者的已设定的存在。规律仍然包含着这个区别,也就是说,它的两个方面的同一性起初只是一个内在的同一性,而且这些方面本身尚且不具有这个同一性;在这种情况下,一方面,那个同一性还没有实在化;规律的内容不是同一的内容,而是一个漠不相关的、有差异的内容;——另一方面,这个内容仅仅是**自在地**已规定的,以至于一方的已设定的存在就是另一方的已设定的存在;这个已设定的存在尚未出现在内容那里。但从现在起,**规律已经实在化了**;它的内在的同一性同时是定在着的同一性,而反过来,规律的内容已经提升为理念性(Idealität);也就是说,内容在其自身就是一个已扬弃的、反映回自身之内的内容,因为每一方本身就具有另一方,从而真正达到了与另一方和与自身的同一。

这样一来,规律就是**本质性对比关系**。非本质世界的真理起初是一个**与它不同的**、自在且自为地存在着的世界;但后一个世界是总体性,因为它既是它自己,也是前一个世界;就此而言,二者都是直接的实存,从而既是一个进入异在的反映,也恰恰因此是一个真正的自身内反映。一般而言,"**世界**"(Welt)一词所表达出的是杂多性的无形式的总体性;当杂多性不再是一个单纯有差异的杂多性,这个世界,无论是作为本质世界还是作为现象世界,就消灭了;这时它仍然是总体性或宇宙,但却是作为**本质性对比关系**。在现象里,内容的两个总体性产生出来;它们起初被规定为彼此漠不相关的独立者,虽然每一方本身都具有形式,但彼此之间却不具有形式;但形式已经表明自己是它们的关联,而本质性对比关系就是它们的形式统一体的完成。 [164]

129

第三章　本质性对比关系

现象的真理是**本质性对比关系**。这个对比关系的内容具有直接的独立性，而且这是**存在着的**直接性和**经过反映的**直接性，或者说自身同一的反映。与此同时，这个独立的内容是相对而言的，完全只是表现为一个他者内反映，或者说表现为它与它的他者的关联统一体。在这个统一体里，独立的内容是一个已设定的、已扬弃的东西；但这个统一体恰恰构成了内容的本质性和独立性；这个他者内反映就是自身内反映。对比关系具有两个方面，因为它是一个他者内反映；也就是说，它本身包含着一个自身区别，而区别的两方面都是独立的持存，因为它们在其彼此漠不相关的差异性中折射回自身之内，以至于每一方的持存都只有在与另一方的关联中或在它们的否定统一体里才具有其意义。

所以，本质性对比关系虽然还不是**本质**和**实存**之后的真正**第三者**，但已经包含着二者的已规定的联合。本质在这个对比关系里实在化了，亦即把一些独立的实存者当作自己的持存；这些实存者已经从它们的漠不相关性那里返回到它们的本质性统一体之内，因此仅仅把这个统一体当作自己的持存。"肯定者"和"否定者"等反映规定同样是一些反映回自身之内的规定，只不过反映回自身之内就是反映到它们的对立面那里，而且它们除了它们的这个否定统一体之外，不具有任何别的规定；反之本质性对比关系却是把两个被设定为独立总体性的规定当作自己的两个方面。这和肯定者与否定者的相互对立是同一个对立，但同时作为一个颠倒的世界。本质性对比关系这一方面是一个总体性，但它在本质上是一个对立面，具有自己的**彼岸**；它仅仅是现象；它的实存与其说是它自己的实存，不如说是它的他者的实存。所以，它是一个折射回自身之内的东西；但它的已扬弃的存在是持存着的，因为它是它自己和它的他者的统一体，亦即是一个整体，而正因如此，它具有独立的实存，并且是一个本质上的自身内反映。

以上就是对比关系的**概念**。但对比关系起初包含的同一性仍然是不完满的;相对的每一方在其自身都是总体性,但暂时只是一个内核;对比关系这一方面起初是在否定统一体的两个规定**之一**里面被设定下来的;恰恰是每一方自己特有的独立性构成了对比关系的形式。所以,对比关系的同一性仅仅是一个**关联**,每一方的独立性落于这个关联之外,亦即落在每一方之内;那个同一性和两个独立实存的经过反映的统一体还没有呈现出来,尚且不是**实体**。——所以,虽然对比关系的概念已经表明自己是经过反映的独立性和直接的独立性的统一体,但**第一**,这个**概念**本身仍然是**直接的**,因此其各个环节也是直接地相互对立的,至于它们的统一体,则是一个本质性关联,后者只有实在化之后,亦即通过它的运动而把自己**设定**为那个统一体之后,才是真正的、与概念吻合的统一体。

所以,本质性对比关系直接地是**整体**与**部分**的对比关系,——即经过反映的独立性与直接的独立性的关联,也就是说,二者只有作为互为条件和互相预先设定的东西才同时存在着。

在这个对比关系里,每一方都尚未被设定为另一方的环节,因此它们的同一性本身是一个方面;换言之,这个同一性不是它们的否定统一体。因此,**第二**,对比关系过渡到这种情况,即在双方那里,其中一方是另一方的环节,并且把另一方当作自己的根据,当作真正的独立者,——这就是**力及其外化**的对比关系。 [166]

第三,这个仍然不平等的关联扬弃自身,因此最终的对比关系就是**内核与外观**的对比关系。——在这个已经完全形式化的区别里,对比关系本身消灭了,而**实体**或**现实的东西**却是作为直接的实存和经过反映的实存的**绝对统一体**而显露出来。

A. 整体和部分的对比关系

1. **第一**,本质性对比关系包含着实存的**反映回自身之内**的独立性;

131

因此它是单纯的**形式**,其两个规定虽然也是实存,但同时是已设定的实存,亦即两个在统一体中保留下来的环节。这个反映回自身之内的独立性同时反映到它的对立面亦即**直接的**独立性那里;它们的持存在本质上既是其自己的独立性,也是与它的他者的这个同一性。——**第二**,正因如此,另一个方面也直接被设定下来;直接的独立性被规定为**他者**,是一个内在的丰富的杂多性,但与此同时,这个杂多性在本质上**并且**与另一方相关联,本身具有经过反映的独立性这一统一体。前一个方面,**整体**,即独立性,曾经构成了自在且自为地存在着的世界;后一个方面,**部分**,即直接的实存,曾经是现象世界。在整体与部分的对比关系里,双方都是独立性,但每一方都是对方在它那里的映现,同时仅仅是双方的这个同一性。现在,正因为本质性对比关系暂时只是最初的、直接的对比关系,所以否定的统一体与肯定的独立性通过"并且"联系在一起;双方虽然被设定为**环节**,但同样也被设定为实存着的**独立性**。——所以,"二者被设定为环节"这件事情可以这样划分:**整体**或经过反映的独立性首先被确立为实存者,另一方(直接的独立性)则是其中的一个环节;——在这里,**整体**构成了双方的统一体,亦即**根基**,而直接的实存**相当于已设定的存在**。——反过来,在另一方亦即**部分**这一方,直接的、内在杂多的实存是独立的根基;相比之下,经过反映的统一体(亦即整体)仅仅是外在的关联。

[167]

2. 因此,这个对比关系既包含着双方的独立性,也包含着双方的已扬弃的存在,而且两个情况完全处于**同一个**关联中。整体是独立者,部分仅仅是这个统一体的环节;但部分同样也是独立者,而它们的经过反映的统一体仅仅是一个环节;每一方作为**独立者**都完全是另一方的**相对者**。所以,这个对比关系在其自身就是一个直接的矛盾,并且扬弃了自己。

进而言之,**整体**是一个经过反映的统一体,独自具有一个独立的持存;但它的这个持存同样被它排斥出去了;整体作为否定统一体乃是一个否定的自身关联;这样它就外化自身;它在它的对立面亦即杂多的直接性或**部分**那里具有自己的持存。**因此整体是基于部分而持存着**[整体是由部分组成的];也就是说,如果没有部分,整体就不是某东西。因此整体是完整的对比关系和独立的总体性;但正是基于同样的理由,它仅仅是一个相对者,因为其实是它的**他者**亦即部分使它成为总体性;它不是在自身那里,而是在它的他者那里具有自己的持存。

　　因此部分同样是完整的对比关系。它们是直接的独立性,与经过反 [168] 映的独立性**相对立**,而且它们不是基于整体而持存着,而是自为地存在着。再者,它们本身就具有这个整体,把它当作它们的一个环节;整体构成了它们的关联;如果没有整体,也就没有部分。但因为它们是独立者,所以这个关联仅仅是一个外在的环节,而它们则是作为自在且自为的存在者与之漠不相关。但与此同时,部分作为杂多的实存又与自身融合在一起,因为这个实存是一个无反映的存在;它们的独立性仅仅基于经过反映的统一体,后者既是这个统一体,也是实存着的杂多性;也就是说,它们的独立性仅仅**基于整体**,但整体同时是一个**不同于部分**的独立性。

　　所以,整体和部分是**互为条件**的;但与此同时,这里考察的对比关系高于此前已经加以规定的**有条件者**与**条件**的相互关联。那个关联在这里**实在化了**;也就是说,现在已经**设定**这个情况,即条件是有条件者的本质上的独立性,因此前者是由后者所**预先设定的**。严格意义上的条件仅仅是**直接的东西**,仅仅是**自在地被预先设定的**。整体虽然是部分的条件,但与此同时,这件事情本身就意味着,只有当它预先设定了部分,它才存在着。既然对比关系的双方被设定为互为条件的,那么每一方在其自身都是一个直接的独立性,但它的独立性同样是经过中介的,或者说是由另一方所设定的。基于这个交互性,**完整的对比关系**就是条件活动的自身回归,即一个非相对的、**无条件的东西**。

　　现在,由于对比关系的每一方的独立性都不是基于自身,而是基于另一方,所以这里只有双方的**同一个**同一性,双方都仅仅是其中的环节;但由于每一方在其自身就是独立的,所以它们是两个独立的实存,彼此之间漠不相关。

　　从前一个角度亦即双方的本质上的同一性来看,**整体等同于部分,部** [169] **分也等同于整体**。整体中没有任何东西不是在部分之内,部分中也没有任何东西不是在整体之内。整体不是一个抽象的统一体,而是**有差异的杂多性**的统一体;**杂多东西**在这个统一体中相互关联,而统一体则是把它们**规定为**部分。因此对比关系具有一个不可分割的同一性,并且仅仅具有**同一个**独立性。

　　进而言之,整体等同于部分,只不过这里所说的"**部分**"没有被当作部分来看;整体是经过反映的统一体,但部分构成了一个已规定的环节(即统一体的**异在**),并且是有差异的杂多东西。当整体等同于部分时,不是把后者当作这个有差异的独立东西,而是与它们**汇集**。但它们的这个**汇集**无非是它们的统一体,即严格意义上的整体。因此整体在部分那里仅仅等同于它自己,至于它和部分的等同,仅仅表达出一个同语反复,即**整体作为整体**不是等同于部分,而是**等同于整体**。

　　反过来,部分等同于整体;但因为它们本身就是"异在"这一环节,所以当它们与整体等同时,不是把后者当作统一体,而是让整体的杂多规定**之一**来到部分这里,或者说**把整体当作杂多东西**而与之等同;也就是说,它们把整体当作**已分割的整体**亦即**部分**而与之等同。因此这里出现了同一个同语反复,即**部分作为部分**不是等同于**严格意义上的整体**,而是在整体之内等同于**它们自己**(即**部分**)。

　　通过这个方式,整体和部分分裂为彼此漠不相关的东西,其中每一方都仅仅与自身相关联。但作为分裂的东西,它们就自己摧毁了自己。那与部分漠不相关的整体是**抽象的**、在自身内未区分的**同一性**;这个同一性要成为整体,唯一的办法是**在自身内进行区分**,而且是这样区分自身,即这些杂多规定反映回自身之内,并且具有直接的独立性。反映的同一性已经通过其运动表明,它的真理就在于这种**他者内反映**。——同理,那些与整体的统一体漠不相关的部分仅仅是无关联的杂多东西,一个**内在的他者**,它严格说来是它自己的他者,是一个单纯扬弃着自身的东西。——每一方的自身关联都是各自的独立性;但每一方**独自**具有的这种独立性其实是它们的自身否定。所以,每一方都不是在其自身那里,而是在另一方那里具有自己的独立性,并且预先设定另一方为一个直接的东西,因为

[170]

后者构成了持存,**应当**是第一位的东西和自己的开端;但每一方的这个第一位的东西根本就不是第一位的东西,而是把他者当作自己的开端。

由此看来,对比关系的真理**立足于中介活动**;它的本质是否定的统一体,在其中,无论是经过反映的直接性还是存在着的直接性都被扬弃了。对比关系是一个矛盾,这个矛盾返回到自己的根据(即统一体)之内,后者作为回归的东西乃是一个经过反映的统一体;但由于它同样把自己设定为已扬弃的统一体,所以它以否定的方式与自身相关联,扬弃自身,使自己成为存在着的直接性。但是,它的这个否定关联作为第一位的东西和直接的东西,仅仅以它的他者为中介,同样是一个已设定的东西。这个他者,存在着的直接性,同样仅仅是已扬弃的直接性;它的独立性作为第一位的东西是注定要消失的,而它所具有的定在是已设定的和经过中介的。

按照这个规定,对比关系不再是**整体**和**部分**的对比关系;双方曾经具有的直接性已经过渡到已设定的存在和中介活动;每一方作为直接的东西,被设定为扬弃自身并过渡到另一方,而每一方本身作为否定的关联, [171] 被设定为同时以另一方即它自己的肯定者为条件;相应地,它们的直接过渡也是一个经过中介的东西,即一种由另一方所设定的扬弃活动。——在这种情况下,整体和部分的对比关系已经过渡到**力及其外化**的对比关系。

注　释

此前(上卷第 216 页)①在谈到量的概念时,我们已经考察过**质料的无限可分性的二律背反**。量是延续性和区间性的统一体;它在一个**独立的单一体**里包含着这个单一体与其他单一体的**汇集存在**,同时在这个不间断地**延续着的自身同一性**里又是**同一性的否定**。由于量的这些环节的直接关联表现为整体和部分的本质性对比关系(量的**单一体**相当于**部**

---

① TWA5,216。参阅[德]黑格尔:《逻辑学》I,先刚译,人民出版社 2019 年版,第 177 页。——译者注

分,单一体的**延续性**相当于一个由部分组合而成的**整体**),所以二律背反是立足于一个在整体和部分的对比关系那里已经出现和瓦解的矛盾。——也就是说,整体和部分既在本质上相互关联,仅仅构成**同一个同一性**,也是彼此漠不相关的,具有独立的持存。所以,对比关系是这样一个二律背反,即**同一个**环节在摆脱另一个环节的同时又直接牵连出另一个环节。

实存者既然被规定为整体,就具有部分,这些部分构成了它的持存;整体的统一体仅仅是一个已设定的关联,一个外在的**组合**,这个组合与独立的实存者毫无关系。现在,就实存者是部分而言,它就不是整体,不是组合而成的东西,而是**单纯的东西**。由于它和整体的关联是外在的,所以 [172] 这个关联和它毫无关系;因此自在地看来,独立者也不是部分,因为它只有通过那个关联才是部分。现在,它既然不是部分,那么就是整体,因为这里只有整体和部分的对比关系;独立者是二者之一。但作为整体,它又是组合而成的;它的持存仍然是基于部分[由部分组成],**如此以至无限**。——这个无限性无非是立足于对比关系的两个规定的恒久更替,在每一个规定中,另一个规定都直接产生出来,以至于每一方的已设定的存在都是其自身的消失。当质料被规定为整体,就是由部分组成的,在这些部分里,整体转变为一个非本质性关联,并且消失了。但部分单独看来也不是部分,而是整体。——真正说来,这个二律背反的精炼表述是这样的:因为整体不是独立者,所以部分是独立者;但因为部分只有在**脱离整体**的情况下才是独立的,所以它**不是**作为部分,而是**作为整体**才是独立的。由此产生出一个无限的演进过程,它没有能力把这个中介活动所包含的两个思想整合在一起,即在上述两个规定里,每一方都是通过自己的独立性以及与另一方的分离而过渡到非独立性,过渡到另一方。

B. 力及其外化的对比关系

整体和部分的矛盾已经瓦解为一个否定的统一体,即**力**,它是最初那个对比关系的真理。整体和部分是一个无思想的对比关系,而这是表象最初所处的关系;换言之,客观地看来,这是一个僵死的、机械的堆积,它虽然具有一些形式规定,使它的独立质料的杂多性在一个统一体中关联起来,但这个统一体对杂多性来说是外在的。——**力**的对比关系是一个更高层次上的自身回归,在其中,整体的统一体(它曾经构成了独立异在的关联)对这个杂多性而言不再是一个外在的和漠不相关的东西。[173]

按照本质性对比关系如今获得的规定,直接的独立性和经过反映的独立性就被设定为已扬弃的独立性,或者说被设定为环节,而这些环节在之前的对比关系里曾经是独自持存着的方面或端项。这里包含着三点:**第一**,经过反映的统一体及其直接的定在,作为最初的和直接的东西,在其自身就扬弃自己,过渡到自己的他者;前者,**力**,过渡到**它的外化**,而外在东西是随时消失的东西,它把力当作它们的根据而返回到其中,并且仅仅作为由力所承载和设定的东西而存在着。**第二**,这个过渡并非单纯的转变和消灭,而是一个否定的自身关联,换言之,**那个改变着它的规定的东西**同时已经反映回自身之内,并且保留下来;力的运动不是一个**过渡**,毋宁说,它**转移**(übersetzt)自身,并在这个由它自己所设定的变化中保持为它所是的东西。——**第三**,这个**经过反映的**、与自身相关联的统一体本身也被扬弃了,也是一个环节;它以它的他者为中介,以之为**条件**;它的否定的自身关联是第一位的东西,是它的**从自身出发**的过渡运动的开端,但这个自身关联同样预先设定了一个**诱导着**它的他者,并且以这个预先设定为开端。

a.力的有条件存在

通过考察力的进一步的规定,可以看出,**第一**,力在其自身就具有"存在着的直接性"这一环节,反之它自己则是被规定为否定的统一体。这个统一体按照其规定而言是一个直接的存在,即一个**实存着的某东西**。因为这个某东西作为直接东西是否定的统一体,所以显现为第一位的东西,与此相反,因为力是经过反映的东西,所以显现为已设定的存在,随之[174]

属于实存着的物或一个质料。这并不意味着力是这个物的**形式**并且规定着物;毋宁说,物作为直接的东西,与力是漠不相关的。——按照这个规定,物没有理由具有一个力;反之力作为已设定的存在这一方,在本质上就预先设定了物。所以,如果有人问"物或质料如何能够**具有**一个力",那么力看上去就是作为外的在东西而与物联系在一起,并且通过一个陌生的暴力被**按压**到物里面。

作为这个直接的持存,力是一般意义上的**物的静止规定性**;它不是一个自身外化出来的东西,毋宁直接是一个外在的东西。于是力也被标记为质料,而且人们不是假定有磁力、电力等等,而是假定有磁的质料或电的质料等等,或者说不是假定有那个著名的**引力**,而是假定有一个精细的、把全部东西汇集在一起的**以太**。——物的静止的、无力的否定统一体瓦解在这些质料中,而这些恰恰是我们此前考察过的质料。

但力包含着直接的实存这一环节,后者虽然是条件,但发生过渡并扬弃自身,从而不是一个实存着的物。再者,力不是作为规定性的那种否定,而是一个否定的、反映回自身之内的统一体。力本来应当依附于物,但在这种情况下,物不再有任何意义;毋宁说,力本身就设定了一种显现为实存的外在性。因此力也并非仅仅是一个已规定的质料;这种意义上的独立性早就已经过渡到已设定的存在,过渡到现象。

第二,力是经过反映的持存和直接的持存的统一体,或者说是形式统一体和外在独立性的统一体。力是合为一体的二者;它是两个东西的接触(一个东西只有在另一个东西不存在的情况下才存在着),是自身同一的肯定反映和遭到否定的反映。因此力是一个自己排斥自己的矛盾;它**是活动的**,换言之,它是一个与自身相关联的否定统一体,在其中,经过反映的直接性,或者说本质性的内化存在(Insichsein),按照其设定来说,只能作为已扬弃的东西或环节而存在着,于是一方面区别于直接的实存,另一方面过渡到这个实存。因此,当力被规定为整体的经过反映的统一体,按照其设定来说,就必须**从自身出发**,转变为实存着的外在杂多性。

第三,力起初只是一个**自在存在着的**、直接的活动;它作为经过反映的统一体,在本质上同样是**这个统一体的否定**;它和这个否定是有差异的,但只有作为它自身和它的否定的同一性才是有差异的,而在这种情况下,它把否定当作一个外在于它的直接性,在本质上与之相关联,并且把否定当作**预先设定**和**条件**。

现在,这个预先设定不是一个与力相对立的物;这个漠不相关的独立性在力里面已经被扬弃了;物作为力的条件乃是**一个不同于力的独立者**。但因为在这里,不是物,而是独立的直接性同时把自己规定为一个与自身相关联的否定统一体,**所以物本身就是力**。——所谓力的活动以它自己为条件,就是以它的他者为条件,以一个力为条件。

在这种情况下,力是一个对比关系,其中的双方是同一个东西。存在着一些处于对比关系中,并且在本质上就相互关联的力。——再者,它们起初只是一般意义上的有差异的力,而它们的对比关系的统一体起初只是一个内在的、**自在存在着的**统一体。因此**自在地看来**,当力以另一个力为条件时,这个有条件存在其实是力自身的行动;换言之,这时的力仍然是一个进行**预先**设定、仅仅以否定的方式**与自身**相关联的行动;另一个力仍然位于它的**设定活动**(即那个在进行规定时直接**回归自身**的反映)的**彼岸**。

b.力的诱导

[176]

力是有条件的,因为它所包含的"直接实存"这一环节仅仅是一个已**设定的东西**,——但同时也是因为该环节是一个直接的东西,一个**被预先设定的东西**,而力在其中自己否定自己。所以,力面临着的外在性是**它自己的进行预先设定的活动**本身,而这个活动起初被设定为**另一个力**。

进而言之,这个**预先设定**是相互的。在两个力里,每一个力所包含的反映回自身之内的统一体都是已扬弃的东西,因此进行着预先设定;它把自己设定为外在的;外在性这一环节是**它自己的**环节;但它同样是一个反映回自身之内的统一体,正因如此,它同时**并未在自身之内设定它的这个外在性**,而是将其设定为另一个力。

但严格意义上的外在东西是一个扬弃着自身的东西;再者,反映回自身之内的活动在本质上就与那个外在东西相关联,既把后者当作它的他者,也把后者当作一个**自在的虚无东西**和一个**与活动同一的东西**。进行设定的活动同样是一个自身内反映,因此它扬弃了它的那个否定,将其设定为它自己,或者说设定为**它**的外在东西。在这种情况下,力作为互为条件的东西,对另一个力而言就是一个**阻碍**(Anstoß),而力的活动就是针对这个阻碍。力和力之间不是被动的被规定关系,仿佛别的东西借此进入到它们之内;毋宁说,阻碍仅仅**诱导着**它们。力在其自身就是它自己的否定性;它的自身排斥是它自己作出的设定。因此力的行动就在于扬弃"那个阻碍是一个外在东西"这件事情;它使外在东西成为一个单纯的阻碍,并且将其设定为它自己的自身排斥,设定为**它自己的外化**。

[177] 因此,自身外化的力和起初那个仅仅进行预先设定的活动是同一个东西,也就是说,它使自己成为外在的东西;但自身外化的力同时是这样一个活动,它否定着外在性,将其**设定为**它自己的东西。就此而言,在当前的这个考察里,究竟是把力——它是它自身的否定统一体,随之是一个进行预先设定的反映——当作开端,还是在力的外化里把那个进行诱导的阻碍当作开端,这是同一回事。所以,**按照力的概念**,力首先被规定为一个扬弃着自身的同一性,而**按照力的实在性**,两个力中的一个是进行诱导的力,另一个是被诱导的力。一般而言,力的概念是进行设定的反映和进行预先设定的反映的同一性,或者说是经过反映的统一体和直接的统一体的同一性,其中每一个规定都仅仅是统一体里的环节,从而是以另一个规定为中介。但在这两个交互关联的力那里,同样没有明确规定哪一个是进行诱导的,哪一个是被诱导的,毋宁说每一个力都以同样的方式具有两个形式规定。但这个同一性并非仅仅是一个基于比较的外在同一性,而是二者的本质上的统一体。

也就是说,其中一个力起初被规定为**进行诱导的**,另一个力被规定为**被诱导的**;通过这个方式,这些形式规定显现为两个力的直接的、自在地呈现出来的区别。但它们在本质上是经过中介的。其中一个力被诱导；这个阻碍是一个从**外面**设定到它之内的规定。但力本身进行着预先设定；它在本质上反映回自身之内，扬弃了"阻碍是一个外在东西"这个情况。所以，它之被诱导其实是它自己的活动，换言之，是它自己规定，另一个力是一般意义上的另一个力，即进行诱导的力。进行诱导的力以否定的方式与它的另一个力相关联，借此扬弃了后者的外在性，因此在这个意义上，它是进行设定的；但它只有通过预先设定另一个与它对立的力才能做到这一点；也就是说，只有当它本身具有一个外在性，随之只有当它被诱导，它才是一个进行诱导的力。换言之，只有当它被诱导着去进行诱导，它才是一个进行诱导的力。反过来，只有当前一个力本身就诱导着另一个力去诱导它（前一个力），它才是被诱导的。因此在两个力里，每一方都在另一方那里遭到阻碍；每一方之所以主动造成阻碍，是因为每一方都在对方那里遭到阻碍；每一方所遭到的阻碍都是一个被它自己诱导的东西。就此而言，造成的阻碍和遭到的阻碍，或者说主动的外化和被动的外在性，二者都不是一个直接的东西，而是经过中介的，而且在这种情况下，两个力里的每一方本身都是另一方针对它而具有的规定性，都以另一方为中介，而这个进行着中介活动的他者又是它自己的进行规定的设定活动。

所以，所谓力的自身回归，就是一个力在另一个力那里遭到阻碍，于是表现为**被动的**，反过来又从这个被动性过渡到主动性。力外化**自身**。外化是力作出的这样一种反应，即把外在性设定为它自己的环节，从而扬弃了"它是被另一个力所诱导的"这一情况。所以，"力的外化"和"力在这个外在性里的无限的自身回归"这两个情况是同一回事；在前一个情况下，力通过它的否定活动而给予自己一个为着他者的定在（Dasein-für-Anderes），反之在后一个情况下，力仅仅与自身相关联。有条件存在和阻碍属于进行预先设定的反映，后者直接也是一个回归自身的反映，而活动在本质上是一个**对自身**作出反应的活动。设定阻碍或外在东西，本身就是扬弃这类东西，反过来，扬弃阻碍就是设定外在性。

[178]

[179]　　**c.力的无限性**

　　就力的诸环节仍然具有直接性这一形式而言,力是**有限的**;按照这个规定,力的进行预先设定的反映及其与自身相关联的反映是区分开的;前者显现为一个自为持存着的外在的力,后者在与它的关联中显现为被动的。因此力从形式来看是有条件的,从内容来看同样是受限制的;也就是说,规定性从形式来看也包含着内容的限制。但力的活动在于**外化自身**,亦即如我们看到的,扬弃外在性,并且将其规定为一个它在其中达到自身同一的东西。因此真正说来,力的外化是这样一个情况,即它的他者关联就是它的自身关联,而且它的被动性是立足于它自己的主动性。它被阻碍诱导着去活动,但阻碍就是它自己的诱导行动;它所获得的外在性不是一个直接的东西,而是一个以它为中介的东西;同理,它自己的本质上的自身同一性也不是直接的,而是以它的否定为中介;换言之,力的外化是这样一个情况,即**它的外在性与它的内在性是同一的**。

C. 外观和内核的对比关系

　　1. 整体和部分的对比关系是直接的对比关系;因此在其中,无论是经过反映的直接性,还是存在着的直接性,每一方都具有自己的独立性;但由于它们处于本质性对比关系中,所以它们的独立性仅仅是它们的否定统一体。这个情况在力的外化中被设定下来;经过反映的统一体在本质上就转变为他者,亦即把自己转移到外在性之内;但外在性同样直接被

[180]　收回到统一体中;独立的力的区别扬弃自身;力的外化仅仅是经过反映的统一体的一个自身中介活动。这里只有一个空洞透明的区别,即映象,但这个映象是一个中介活动,而中介活动就是独立的持存本身。因此这里并非只有两个相互对立的、自己就扬弃自己的规定,它们的运动也并非只是一个过渡,毋宁说,一方面,直接性作为向着异在过渡的开端,本身仅仅是已设定的直接性,另一方面,在这种情况下,每一个规定作为直接的东

西,已经与另一个规定形成统一体,因此过渡同样完全是通过设定自身而回归自身。

　　内核(das Innere)被规定为**经过反映的直接性**或本质的形式,**外观**(das Äußere)被规定为**存在**的形式,二者是相互对立的,但仅仅是**同一个同一性**。——**第一**,这个同一性是二者的充实的统一体,表现为内容丰富的根基或**绝对事情**,在它那里,两个规定是漠不相关的、外在的环节。就此而言,同一性是内容和总体性,后者是内核,而内核同样是外在的,但它在这种情况下不是一个已经发生转变或过渡的东西,而是与自身等同。按照这个规定,外观不仅从内容来看**等同于**内核,而且二者仅仅是**同一个事情**。——但这个事情作为**单纯的自身同一性**有别于**它的形式规定**,或者说这些形式规定对它而言是外在的;就此而言,它本身是一个与它的外在性有差异的内核。这个外在性之所以存在着,是由两个规定(内核和外观)造成的。事情本身无非是二者的统一体,因此双方从内容来看仍然是同一个东西。在事情里,它们表现为一个渗透自身的同一性,一个内容丰富的根基,但在外在性里,它们表现为事情的形式,与那个同一性漠不相关,随之彼此之间也漠不相关。

　　2. 通过这个方式,它们是有差异的形式规定,这些规定不是在自身那里,而是在一个他者那里具有一个同一性根基,——这是一些自为地存在着的反映规定,内核表现为自身内反映或本质性的形式,而外观则是表现为反映到他者那里的直接性或非本质性的形式。但对比关系的本性已经表明,这些规定完全只构成同一个同一性。力在其外化中是这样一个情况,即进行预先设定的规定活动和返回到自身之内的规定活动是同一个东西。所以,当内核和外观被看作是形式规定时,**首先**,它们只是单纯的形式本身,**其次**,因为它们同时被规定为相互对立的,所以它们的统一体是纯粹的、**抽象的中介活动**,在其中,一个规定直接是另一个规定,而这是**因为**前者就是它自己。所以,内核直接地仅仅是外观,正因为它是内核,所以它是**外在性**这一**规定性**;反过来,外观**仅仅**是内核,因为它**仅仅**是外观。——也就是说,由于这些形式规定包含着两个相互对立的规定,所以

[181]

143

它们的同一性仅仅是这样一个过渡,而且在过渡中仅仅是两个规定的**他者**,而不是它们的**内容丰富的**同一性。换言之,这种对于形式的坚持一般说来就是**规定性**这一方面。那按照规定性而设定的东西,不是整体的实在的总体性,而是仅仅处于形式的**规定性**中的总体性或事情本身;正因为总体性是两个相互对立的规定绝对地联系起来的统一体,所以当一个规定——至于是哪一个规定,这是无关紧要的——首先被假定为根基或事情的规定,我们就必须说,它**因此**同样在本质上处于另一个规定性中,但同样**仅仅**处于另一个规定性中,正如我们以前说它**仅仅**处于前一个规定性中。

　　所以,某东西正因为起初**仅仅**是一个**内核**,所以仅仅是一个外观。或者反过来说,某东西正因为**仅仅**是一个外观,所以**仅仅**是一个内核。换言

[182] 之,当内核被规定为**本质**,外观被规定为**存在**,那么一个事情就其仅仅位于自己的**本质**中而言,恰恰因此仅仅是一个直接的**存在**;换句话说,一个仅仅**存在着**的事情恰恰因此仍然只是位于自己的**本质**中。——外观和内核被设定为规定性,这意味着,首先,这两个规定中的每一方都预先设定了另一方,把后者当作自己的真理而过渡到其中,其次,每一方作为另一方的真理,始终是**已设定的规定性**,并且指向二者的总体性。——就此而言,**内核**是**本质**从形式来看的完成。当本质被规定为内核,就意味着它是有缺陷的,并且只能与它的他者(外观)相关联;但外观同样不是单纯的存在或实存,而是与本质或内核相关联。但这不只是二者的相互关联,而且是绝对形式的已规定的关联,即每一方都直接是它的反面,因此这里呈现出来的,是它们**与它们的第三者**或更确切地说**与它们的统一体**的共同关联。但它们的中介活动仍然缺少这个把它们二者包含在其中的同一性根基;所以,它们的关联就是一方直接颠转为另一方,而这个把它们维系在一起的否定统一体则是一个单纯的、无内容的点。

注　　释

　　一般而言,本质的运动就是**向着概念的转变**。在内核和外观的对比

关系里,概念的本质性环节显露出来了,也就是说,它的诸规定被设定为存在于否定的统一体中,以至于每一个规定不仅直接地作为它的另一个规定,而且作为整体的总体性。在严格意义上的概念里,这个总体性是**普遍者**,——即一个在内核和外观的对比关系里尚未出现的根基。——内核和外观的否定同一性导致其中一个规定**直接颠转为**另一个规定,这里面也缺乏一个根基,即此前所说的**事情**。

　　无中介的**形式同一性**,正如它在这里尚未借助事情本身的内容丰富的运动就设定下来的那样,是极为值得注意的。它出现在事情的**开端**那里。在这种情况下,**纯粹存在**直接就是**无**。一般而言,全部实在的东西在其开端都是这样一个单纯直接的同一性;因为在它的开端那里,它所具有的那些环节尚且不是相互对立的和展开的,一方面,它尚未从外在性出发**深入内核**,另一方面,它还没有从内在性出发,通过它的活动而**外化出来**和显露出来;所以,它仅仅**被规定为**与外观相对立的内核,仅仅**被规定为**与内核相对立的外观。而这样一来,它一方面**仅仅**是一个直接的存在,另一方面,就它同样是一种应当成为发展活动的否定性而言,它本身在本质上起初**仅仅**是一个内核。——总的说来,在全部自然的、科学的和精神性的发展过程里,都会出现上述情况,而一切的关键在于认识到,正因为某东西起初只是**内在的**或位于它的**概念**中,所以最初出现的仅仅是它的直接的、被动的定在。所以,——我们不妨举一个最切近的例子——,这里考察的**本质性对比关系**在尚未经历中介活动(即力的对比关系)和实在化之前,仅仅是**自在的**对比关系,仅仅是它的概念,或者说起初只是**内在的**。但正因如此,它**仅仅**是一个**外在的**、直接的对比关系,即**整体**与**部分**的对比关系,在其中,双方都具有一个彼此漠不相关的持存。双方的同一性尚未出现在它们自身那里;这个同一性起初只是**内在的**,因此双方分道扬镳,具有一个直接的、外在的持存。——同理,**存在的层面**起初仍然只是一个绝对的**内核**,因此它是存在着的直接性或外在性的层面。——**本质**起初只是**内核**;因此它也被认为是一个完全**外在的**、无体系的共同者;

[183]

[184]　人们常说**"学校本质"**（Schulwesen）、**"报刊本质"**（Zeitungswesen）①等等，对于这些东西，他们所理解的是一个通过实存着的对象的外在整合而得到的共同者，因为这些对象没有任何本质性的联系，不具有一个有机组织。——或者以具体对象为例，植物的种子或小孩起初只是**内在的**植物或**内在的**人。但正因如此，植物或人作为种子而言乃是一个直接的、外在的东西，尚未给予自己一个否定的自身关联，或者说是**一个被动的东西**，一个**委身于**异在的东西。——同理，**上帝**在其**直接的**概念里也不是精神；精神不是直接的、与中介活动相对立的东西，而是一个永恒地设定着自己的直接性，并且永恒地从直接性那里返回到自身之内的本质。所以，**直接的上帝仅仅**是自然界。换言之，自然界**仅仅**是内在的上帝，不是作为精神的现实的上帝，从而不是真正的上帝。——换言之，上帝在思维（作为**起初的思维**）里仅仅是纯粹存在，或者说仅仅是本质或抽象的绝对者，但不是作为绝对精神的上帝，因为唯有作为绝对精神，才是上帝的真正本性。

　　3. 以上考察了内核和外观的两种同一性。**第一种**是一个把这些规定的区别当作外在形式而与之漠不相关的根基——或者说**相当于内容**。**第二种**是它们的区别的无中介的同一性（每一方直接颠转为相反的一方）——或者说**相当于纯粹形式**。但这两种同一性仅仅是**同一个总体性的两个方面**；换言之，总体性本身仅仅意味着一种同一性颠转为另一种同一性。形式的进行预先设定的反映扬弃了它们的区别，把自己设定为一种漠不相关的同一性，设定为一个与区别相对立的经过反映的统一体，惟其如此，总体性作为根基和内容才是这个反映回自身之内的直接性。换言之，内容就是形式本身，因为形式把自己规定为差异性，针对差异性的一个方面表现为外在性，针对另一个方面则是表现为经过反映的直接性或内容。

[185]　　于是反过来可以说，形式的区别，即内核和外观，每一方在其自身都

---

　　①　"学校本质"和"报刊本质"是严格按照字面的翻译，其在日常生活中的意思为"学校事业"和"报刊事业"。——译者注

被设定为它自己和它的他者的总体性；**内核**作为单纯的、反映回自身之内的同一性是一个直接的东西，因此作为本质而言，同样是存在和外在性；外观作为杂多的、已规定的存在，仅仅是外在的东西，也就是说，它被设定为非本质性东西，已经返回到它的根据之内，于是被设定为内核。二者的这个相互过渡，作为根基而言，乃是它们的直接同一性；但这也是它们的经过中介的同一性；因为每一方恰恰通过它的他者（即它自在地所是的那个东西）而是对比关系的总体性。或者反过来说，由于每一方本身就是总体性，所以每一方的规定性都是以另一个规定性为中介；因此总体性是通过形式或规定性而达到自身中介，而规定性则是通过它的单纯的自身同一性而达到自身中介。

所以，无论某东西是什么，它都完全处于它的外在性中；它的外在性是它的总体性，而总体性同样是它的反映回自身之内的统一体。它的现象不仅是他者内反映，而且是自身内反映，所以它的外在性是那个自在存在着的东西的外化；在这种情况下，由于它的内容和它的形式是绝对同一的，所以自在且自为的东西**无非是这个自身外化**。它是它的本质的启示，而且这个本质恰恰只是在于作为启示自身者而存在。

在现象与内核或本质的这个同一性里，本质性对比关系已经把自己规定为**现实性**。

第三篇　现实性

现实性是**本质和实存的统一体**；在其中，**无形态的**本质和**无支撑的**现象，或者说无规定的持存和无持存的杂多性，具有它们的真理。**实存**虽然是从根据中显露出来的直接性，但它尚未在自身那里设定形式；当它规定自身并赋予自身以形式，它就是**现象**；而当这个仅仅被规定为他者内反映的持存继续塑造自身，它就转变为**两个世界**或**两个内容总体性**，其中一个被规定为**反映回自身之内的**总体性，另一个被规定为**反映到他者那里的**总体性。本质性对比关系呈现出它们的**形式关联**，而内核和外观的对比**关系**就是这个关联的完成，于是二者的**内容**仅仅是**同一个同一性根基**，同样也仅仅是**同一个形式同一性**。——只要这个同一性在形式上也体现出来，它们的差异性的形式规定就被扬弃了，而"它们是**同一个绝对总体性**"这件事情也**被设定下来**。

内核和外观的这个统一体是**绝对的现实性**。但是，**第一**，这个现实性是严格意义上的**绝对者**，——因为它被设定为统一体，在其中，形式扬弃自身，转变为外观和内核的**空洞的**或外在的区别。相比这个绝对者，反映是**外在的**反映，它仅仅考察着绝对者，殊不知它是绝对者自己的运动。但由于反映在本质上就是这样的东西，所以它相当于绝对者的否定的自身回归。

第二：真正意义上的**现实性**。**现实性**、**可能性**和**必然性**构成了绝对者的**形式化环节**，或者说构成了绝对者的反映。

第三：绝对者及其反映的统一体是**绝对的**对比关系，或更确切地说，是那个作为自身对比关系的绝对者，——**实体**。

第一章 绝对者

绝对者的单纯而充实的同一性是无规定的,或更确切地说,在这个同一性里,无论是**本质**还是**实存**,或无论是一般意义上的**存在**还是**反映**,其全部规定性都瓦解了。就此而言,**无论把绝对者规定为什么东西**,其结果都是否定的,绝对者本身仅仅显现为全部谓词的否定,显现为虚空。但绝对者同样必须被宣称为全部谓词的肯定,因此它显现为一个最为形式化的矛盾。既然那个否定和这个设定都属于**外在的反映**,那么这里就有一个形式化的、不成体系的辩证法,它轻轻松松地在这里或那里抓住某些规定,又同样轻轻松松地一方面指明它们的有限性和单纯相对性,另一方面,由于它把绝对者想象为总体性,于是也宣称全部规定寓居在其中,——总之就是没有能力把这些肯定和那些否定提升为一个真正的统一体。——我们应当呈现出绝对者是什么东西;但这个呈现既不可能是去进行规定,也不可能是外在的反映(否则绝对者就会具有某些规定),毋宁说,这是一个**展示**(Auslegung),即绝对者**自己的**展示,而且仅仅**揭示出绝对者是什么东西**。

A. 绝对者的展示

绝对者既非单纯的**存在**,**也非单纯的本质**。前者是最初的未经过反映的直接性,后者是经过反映的直接性;再者,无论是存在还是本质,在其自身都是总体性,但却是一个已规定的总体性。在本质那里,存在作为**实存**显露出来,而且存在和本质的关联一直都在塑造自身,直到成为**内核**和 [188]
外观的对比关系。**内核**是**本质**,但相当于**总体性**,后者在本质上具有一个规定,即必须**与存在相关联**,并且直接是**存在**。**外观**是**存在**,但具有一个本质性规定,即必须**与反映相关联**,并且同样直接是一个与本质没有对比

149

关系的同一性。绝对者本身是二者的绝对统一体;总的说来,正是它构成了本质性对比关系的**根据**,只不过这个对比关系尚未返回到它的这个同一性之内,而且它的根据也尚未**被设定下来**。

由此可知,绝对者的规定在于**成为绝对的形式**,但与此同时,它不是那样的同一性,其环节仅仅是一些单纯的规定性,——而是这样的同一性,其每一个环节在其自身都是**总体性**,与形式漠不相关,从而是整体的完整**内容**。但反过来,绝对者同样是绝对的内容,后者作为严格意义上的内容,是一个漠不相关的杂多性,并且本身具有一个否定的形式关联,而在这种情况下,它的杂多性仅仅是**同一个充实的杂多性**。

因此,绝对者的同一性之所以是绝对同一性,乃是因为绝对者的每一个部分本身就是整体或每一个规定性都是总体性,也就是说,一般意义上的规定性已经转变为一个绝对透明的映象,一个**在其已设定的存在中已经消失的区别**。**本质**、**实存**、**自在存在着的世界**、**整体**、**部分**、**力**,——这些经过反映的规定在表象活动看来是一个自在且自为地有效的、真实的存在;反之绝对者却是它们沉没在其中的那个根据。——因为如今在绝对者那里,形式仅仅是一个单纯的自身同一性,所以绝对者并未**规定**自己;因为规定是一个形式区别,起初只是作为严格意义上的区别而发挥效用。但因为绝对者同时包含着全部一般意义上的区别和形式规定,换言之,因为绝对者本身就是绝对的形式和反映,所以**内容的差异性**也必须在它那里显露出来。但绝对者本身是**绝对同一性**;这是它的**规定**,因为在它那里,自在存在着的世界和现象世界或者说内在总体性和外在总体性的全部杂多性都被扬弃了。——绝对者自身之内没有**转变**,因为它既不是存在,也不是一个**反映着**自身的规定活动;它不是一个仅仅在自身内规定着自身的本质;它也不是**一个外化活动**,因为它相当于内核和外观的同一性。——如此一来,反映运动就与绝对者的绝对同一性**相对立**;前者在后者那里被扬弃了,因此它仅仅是后者的**更内核的东西**;但相应地,它对于后者而言是**外在的**。——所以,反映运动起初只是必须在绝对者那里扬弃自己的行动。它是杂多的区别和规定及其运动的彼岸,而这个彼岸**位**

[189]

于绝对者的**背后**;所以,反映运动虽然是它们的接纳,但同时也是它们的消亡;就此而言,它就是刚才所说的绝对者的**否定的展示**。——作为真实的呈现,这个展示是**存在和本质**层面的逻辑运动的迄今为止的整体,其内容不是作为给定的和偶然的东西而从外面摘取过来的,也没有通过一个外在于它的反映已然沉没在绝对者的深渊里,毋宁说,这个内容本身已经通过它的内在必然性来规定自己,它作为存在自己的**转变**,作为本质的**反映**,把绝对者当作它的根据而返回到其中。

　　但这个展示本身同时具有一个**肯定的**方面;也就是说,当有限者走向消灭,这恰恰证明它的本性在于与绝对者相关联,或者说它在其自身就包含着绝对者。但这个方面与其说是绝对者本身的肯定的展示,不如说是**规定**的展示,即它们既把绝对者当作自己的深渊,也把它当作自己的**根据**,换言之,恰恰是**绝对者**本身赋予规定(即映象)以一个持存。——映象不是**无**,而是一个反映,即与绝对者的**关联**;换言之,它之所以**是**映象,乃是因为**绝对者在它之内映现**。所以,这个肯定的展示仍然维护着有限者,不让其消失,并且把它看作是绝对者的一个表现和肖像。但由于有限者仅仅通过自身而让绝对者透露出来,所以它的透明性终结于一种全然的消失;因为在有限者那里,没有任何东西能够让它保持着与绝对者的区别;它是一个媒介,被那个通过它而映现的东西吸收了。 [190]

　　所以,绝对者的这个肯定的展示本身只是一个映现;至于真正的肯定者,即那个包含在展示和所展示的内容里的东西,是绝对者本身。那为着进一步的规定而出现的东西,即绝对者映现在其中的形式,是展示**从外面**接纳过来的一个虚无的东西,而且**展示**在它那里获得了自己的行动的**一个开端**。这样一个规定不是把绝对者当作它的开端,而是仅仅将其当作**它的终点**。诚然,这个展示活动与绝对者**相关联**,并且**返回**到绝对者,因此是一个绝对的行动,但这不是就其**出发点**而言,因为这个出发点是一个外在于绝对者的规定。

　　但实际上,绝对者的展示活动就是它**自己的**行动,它**在自身那里开始**,又**回到自身**。绝对者,单纯作为绝对同一性而言,是**已规定的**,亦即相

151

当于**同一性东西**;它通过反映而**被设定为以这种方式**与对立和杂多性相对立;换言之,绝对者仅仅是反映和一般意义上的规定活动的**否定者**。——所以,不仅绝对者的那个展示活动是不完满的,而且这个仅仅作为**终点**的绝对者本身也是不完满的。换言之,那个仅仅相当于**绝对同一性**的绝对者仅仅是**一个外在反映的绝对者**。因此它不是绝对的绝对者,而是处在一个规定性中的绝对者,或者说它是**属性**。

[191]　　　但属性不仅仅是属性,因为它是外在反映的**对象**,从而是一个由外在反映所规定的东西。——换言之,反映对属性而言不仅仅是**外在的**;毋宁说,正因为反映对属性而言是**外在的**,所以它**直接地**对属性而言是**内在的**。绝对者仅仅是绝对者,因为它不是抽象的同一性,而是存在和本质的同一性,或者说是内核和外观的同一性。因此它本身是绝对的形式,后者使绝对者在自身内映现,将其规定为属性。

B. 绝对的属性

　　刚才使用的"**绝对的绝对者**"(das Absolut-Absolute)这个说法所指的是一个在它的**形式**里已经**返回自身**的绝对者,换言之,这个绝对者的形式等同于它的内容。属性是单纯**相对的绝对者**,它作为一个联系,无非意味着处在一个**形式规定**中的绝对者。也就是说,形式在完满展示出来之前,起初**仅仅是内在的**,或者换个同样意思的说法,**仅仅是外在的**,总的说来,起初是一个**已规定的**形式或一般意义上的否定。但因为它同时是绝对者的形式,所以属性是绝对者的整个内容;这个总体性以前显现为一个**世界**,亦即**本质性对比关系的两个方面**之一,其中每一个方面都是整体。但在现象世界和自在且自为地存在着的世界这两个世界里,每一个世界按照其本质而言都应当是相互**对立**的。诚然,本质性对比关系的一方等同于另一方,整体和部分一样多,力的外化和力本身是同一个内容,而且总的说来外观和内核是同一个东西。但与此同时,每一方都本来应当具有自己的**直接的**持存,其中一方相当于存在着的直接性,另一方相当于经过反映的直接性。反之在绝对者里,这两个区分开的直接性已经降格为映象,而**总体性**作为属性则是**被设定为绝对者的真正的和唯一的持存**；至于 ［192］绝对者处于其中的那个**规定**,则是被设定为**非本质性东西**。

　　绝对者之所以是属性,乃是因为它作为单纯的绝对同一性处于同一性的规定中；现在,一般意义上的规定可以与另外一些规定联系在一起,以至于存在着**诸多**属性。但绝对同一性仅仅意味着,不但全部规定被扬弃了,而且绝对同一性也是一个已经扬弃自身的反映；正因如此,在绝对同一性那里,全部规定都**被设定为已扬弃的规定**。换言之,总体性被设定为绝对的总体性,也可以说属性把绝对者当作自己的内容和持存；所以,那使得属性之为属性的形式规定也被直接设定为单纯的映象,——作为否定者的否定者。展示把受限制的有限者不是看作自在且自为的存在者,而是把它的持存瓦解在绝对者里面,将其扩展为属性,而通过这个方式,展示就借助属性而给予自己一个肯定的映象,但这个映象使属性本身不再是属性；展示使属性和它自己的区分行动沉没在**单纯的绝对者**里。

　　与此同时,由于反映在上述情况下从它的区分行动那里仅仅返回到绝对者的**同一性**,所以它并未脱离它的外在性而走向真正的绝对者。它仅仅达到了一个无规定的、抽象的同一性,即那个处在同一性的**规定性**中的同一性。——换言之,由于反映是作为**内在的**形式而把绝对者规定为属性,这个规定活动就仍然是一个与外在性有差异的东西；内在的规定并未渗透绝对者；它的外化在于作为一个单纯已设定的东西在绝对者那里消失。

　　绝对者是通过形式而成为属性,而形式无论是被看作外在的还是内在的,都同时被设定为一个在其自身的虚无东西,一个外在的映象,或者说单纯的**样式和方式**。

C. 绝对者的样式 ［193］

　　首先,属性是作为单纯的自身**同一性**的绝对者。其次,它是**否定**,这个否定**作为**否定乃是一个形式化的自身内反映。这两个方面起初构成了属性的两个**端项**,而属性本身则是它们的**中项**,因为它既是绝对者,也是规定性。——第二个端项是作为**否定者**的否定者,即一个**外在于**绝对者的反映。——换言之,既然它被当作绝对者的**内核**,而且它**自己的**规定就在于把自己设定为样式,所以样式是绝对者的"**自身外存在**"(Außersichsein),它表明绝对者迷失在存在的可变化性和偶然性里,已经过渡到对立面,却**没有回归**自身;它就是形式和内容规定的缺乏总体性的杂多性。

但样式,作为绝对者的**外在性**,不仅是上述情况,而且是一个**被设定为外在性的外在性**,一个单纯的**样式和方式**,从而是作为映象的映象或**形式的自身内反映**,——从而是**绝对者所是的那个自身同一性**。因此在样式那里,绝对者实际上起初是被设定为绝对同一性;绝对者仅仅是它所**是**的那个东西,即自身同一性,作为一个与自身相关联的否定性,作为**被设定为映现的映现**。

所以,当绝对者的**展示**从它的绝对同一性出发并过渡到属性,然后从属性过渡到样式,这就已经完整地经历了它自己的各个环节。但第一,展示并非仅仅以否定的方式对待这些规定,毋宁说,**它的这个行动就是反映运动本身**,而且**只有**作为这个运动,**绝对者才真正是绝对同一性**。——第二,展示在这个过程中并非仅仅与**外在的东西**打交道,样式也不仅仅是最外在的外在性,毋宁说,因为样式是作为映象的映象,所以它是一个自身回归,一个瓦解着自身的反映,而作为这个反映,绝对者是绝对的存在。——**第三**,进行展示的反映看上去是从它自己的规定和外在东西出发,把属性的各种样式乃至规定当作绝对者之外的**现成已有的东西**而接纳下来,至于它自己的行动,似乎只是为了把这些样式和规定带回到无差别的同一性中。但实际上,反映在绝对者自身那里具有一个规定性,并且以这个规定性为开端。也就是说,绝对者作为**最初的无差别的同一性**,本身仅仅是**已规定的绝对者**,或者说是属性,因为它是一个不动的、尚未经过反映的绝对者。这个**规定性**正因为是规定性,所以属于反映运动;只有

[194]

通过这个运动,绝对者才被规定为**最初的同一性东西**,同样,只有通过这个运动,它才具有绝对的形式,不是**作为自身等同者而存在**,而是**把自己设定为自身等同者**。

所以,样式的真正意义在于,它是绝对者自己的反映运动;它**进行规定**,但不是把绝对者规定为一个**他者**,而是仅仅规定绝对者已经所**是**的那个东西;它是透明的外在性,而这是一种**自身揭示**;它是一个**脱离**自身的运动,但与此同时,这个"外出的存在"(Sein-nach-Außen)同样是内在性本身;因此它同样是一个设定活动,这个设定活动不是单纯的已设定的存在,而是绝对的存在。

所以,当人们追问展示的**内容**,即绝对者究竟揭示出**什么东西**时,形式和内容的区别在绝对者里就立即瓦解了。换言之,这个展现自身的活动(sich zu manifestieren)就是绝对者的内容。绝对者是绝对的形式,后者作为自身分裂是绝对地自身同一的,是**作为**否定者的否定者或一个与自身融合的东西,而且只有当它同样**与它的区别漠不相关**,或者说是绝对的内容,它才是绝对的自身同一性;所以内容仅仅是这个展示本身。

绝对者作为这个自己承载着自己的展示运动,作为**样式和方式**(即绝对者的绝对的自身同一性),就是外化;这不是一个内核的外化,不是相对于一个他者的外化,毋宁仅仅是一个绝对的、独自为着自己的展现活动;而这就是**现实性**。 ［195］

注　释

正如这里已经呈现出来的,与绝对者以及反映和绝对者的对比关系相吻合的是**斯宾诺莎的"实体"概念**。**斯宾诺莎主义**之所以是一种有缺陷的哲学,在于反映及其杂多的规定是**一个外在的思维**。——这个体系的实体是**同一个实体**,同一个不可分的总体性;没有哪个规定性不是包含并瓦解在这个绝对者之内;在那个必然的概念里,全部作为独立者而显现和浮现在自然的表象活动或进行规定的知性面前的东西,都完全降格为一个单纯的**已设定的存在**,这一点是足够重要的。——"规定性即否定"是斯宾诺莎哲学的绝对原则;这个单纯的真知灼见给实体的绝对统一体奠定了基础。然而斯宾诺莎始终局限于那个作为**规定性**或质的否定;他没有进一步认识到否定是绝对的、亦即**否定着自身的否定**;这样一来,**他的实体本身并没有包含着绝对的形式**,而对于实体的认识也不是一种内在的认识。诚然,实体是**思维**和存在或广延的绝对统一体,因此包含着思维本身,但思维仅仅处在它与广延的**统一体**中,也就是说,它并没有与广延**分离**,从而根本不是一个规定活动和赋形活动,而且它也不是一个回归自身并从自身出发的运动。一方面,在这种情况下,斯宾诺莎哲学缺失了**人格性**原则——这是斯宾诺莎体系主要让人反感的一个缺陷——,另一方面,认识活动是外在的反映,它不是从实体出发来理解把握和推导那些

[196]   显现为有限者的东西(即属性的规定性以及样式)和它自己,而是作为一个外在的知性去活动,把各种规定当作**给定的东西**而接纳下来,把它们**回溯到**绝对者,而不是把绝对者当作它们的开端。

斯宾诺莎为实体给出的概念是"自因"概念:首先,自因是这样一个东西,**其本质在自身内就包含着实存**;其次,绝对者的概念**无需一个他者的概念**,不必借助后者才得以形成;这些概念虽然是如此之深刻和正确,但这是一些从一开始就在科学里面**直接**采纳的**定义**。数学和其他从属科学必须以一个**预先设定的东西**为开端,后者构成了它们的要素和肯定的根基。但绝对者不可能是最初的直接东西,毋宁说,绝对者在本质上是**它的结果**。

在斯宾诺莎那里,继绝对者的定义之后,**属性的定义也冒了出来**,而且属性被规定为**知性对于绝对者的本质所理解把握的东西**。除此之外,由于**知性**就其本性而言被认为位于属性之后——因为斯宾诺莎把它也规定为**样式**——,这就使得属性或规定(作为绝对者的规定)**依赖于一个他者**,即知性,后者作为一个与实体相对立的东西,是外在地直接冒出来的。

斯宾诺莎进而把属性规定为**无限的**,而且"无限"在这里的意思是指"**无限的多样性**"。诚然,后面仅仅出现了**两个**属性,即**思维**和**广延**,但斯

宾诺莎并没有指出，为什么无限的多样性必然只是归结为对立，而且是这个已规定的对立，即思维和广延的对立。——所以这两个属性是**从经验中**得来的。思维和存在代表着处在一个规定中的绝对者；绝对者本身是它们的绝对统一体，以至于它们仅仅是一些非本质性的形式；事物的秩序和观念或思想的秩序是同一个秩序，**同一个**绝对者仅仅借助外在的反映 [197]（一个样式）在那两个规定之下得到考察，时而被看作是观念的总体性，时而被看作是事物及其变化的总体性。既然是这个外在的反映造成了那个区别，那么也是它把区别回溯到绝对同一性，使之沉没在其中。但这整个运动都是在绝对者之外发生的。诚然，绝对者本身也是**思维**，就此而言，这个运动仅仅位于绝对者之内；但正如已经指出的，它在绝对者之内只是作为它与广延的统一体，从而不是作为一个在本质上也是对立环节的运动。——斯宾诺莎对思维提出了一个崇高的要求：把一切东西**放在永恒的形态下**（sub specie aeterni）来考察，亦即放在绝对者之内去观察。然而在那个仅仅作为不动的同一性的绝对者里，属性和样式一样仅仅是**随时消失的东西**，不是**转变着的东西**，而在这种情况下，那个消失也是仅仅从外面获得其肯定的开端。

在斯宾诺莎那里，**第三个东西，样式**，是实体的**情状**（Affektion），即已**规定的规定性**，而这是**在一个他者那里并通过这个他者**而被认识的东西。真正说来，属性与其规定之间只有一个无规定的差异性；每一个属性都**应当**表现出实体的总体性，并由自身出发得到理解把握；但它既然是已规定的绝对者，就包含着异在，不可能仅仅**从自身出发**而得到理解把握。所以真正说来，样式里面起初设定的是属性的规定。再者，这个第三者始终是单纯的样式；一方面，它是直接**给定的东西**，另一方面，人们并没有认识到它的虚无性是一个自身内反映。——斯宾诺莎从绝对者出发，接着提出属性，最后终结于样式，就此而言，他对于绝对者的展示确实是**完整的**；但这三个东西仅仅是**一个接一个**地罗列出来，缺乏内在的发展顺序，而且第三个东西不是**作为**否定的否定，不是一个以否定的方式与自身相关联的 [198]否定，而假若这样的话，它将会**在其自身**就回归到最初的同一性，这个同一性也将会是真实的同一性了。所以，这里缺失了从绝对者推进到非本质性的必然性，同样缺失了非本质性本身如何自在且自为地瓦解在同一性中；换言之，既欠缺同一性的转变，也欠缺同一性的诸规定的转变。

按照同样的方式，在**东方**的"**流溢**"（Emanation）观念里，绝对者是一道自己照亮自己的光明。关键在于，它不但照亮自己，而且从自身那里**溢出**。它的**溢出物**逐渐**远离**它的清晰明朗性；后续的派生物是从先行事物里面产生出来的，相比之下更不完满。溢出只是被假定为一个**事件**，转变只是被假定为一个持续的损失。于是存在变得愈来愈晦暗，而黑夜作为否定者乃是这条线的末端，它不能返回到最初的光明中。

斯宾诺莎对于绝对者的展示，和流溢说一样，本身就欠缺**自身内反映**，而这个欠缺在**莱布尼茨**的"**单子**"概念里得到弥补。——通常说来，一个哲学原则的片面性总是导致一个与之对立的片面性，后者和在任何地方一样，至少是一个作为现成的**分散的完整性**的总体性。——单子是一个**单一体**，一个反映回自身之内的否定者；它是世界内容的总体性；在其中，各种杂多东西不仅已经消失了，而且以否定的方式**保存下来**：斯宾诺莎的实体是全部内容的统一体；但这个杂多的世界内容作为内容而言，并未**存在于**实体之内，而是存在于那个外在于实体的反映之内。所以，单子在本质上**表象着**[代表着]实体；尽管单子确实是一个有限的单子，但它并不具有**被动性**，毋宁说在它里面，各种变化和规定都是它的自身内展现。单子是**隐德莱希**；启示活动是它自己的行动。——在这里，单子也是**已规定的东西**，区别于别的单子；规定性落入特殊的内容以及展现的样式和方式。所以，说单子是总体性，这是**自在地**或就它的**实体**而言，**不是就它的展现而言**。单子遭受的这个**限制**必然不是落入那个**设定着自身**或**表象着自身**的单子，而是落入它的异在，换言之，这是一个绝对的**界限**，一个**前定的命运**，而这是由它之外的另一个本质所设定的。再者，由于受限者只有在与另一些受限者相关联的时候才存在着，但单子同时是一个封闭在自身之内的绝对者，所以这些限制的**和谐**（即单子的相互关联）就落到单子之外，而且同样是由另一个本质所预先设定的，换言之，**自在地看来**，

[199]

这是一个前定和谐。

由此可见，正是**自身内反映原则**构成了单子的基本规定，按照这个原则，全部异在和外部作用都被清除了，因此单子的变化是它自己的设定活动，——但另一方面，他者带来的被动性仅仅转化为一个绝对的限制，即**自在存在**所遭受的一个限制。莱布尼茨宣称单子具有**某种**自身内圆满，具有**某种**独立性；它们是**被创造的**本质。——如果我们仔细考察它们的限制，那么以上阐述已经表明，单子的自身展现就是**形式的总体性**。这是一个极为重要的概念，即单子的变化被设想为一些与被动性无关的活动，即它们的**自身展现**，而且自身内反映原则或**个体化**原则作为本质性东西显露出来。再者，必须承认有限性就在于内容或**实体与形式区分开**，然后实体受到限制，而形式却是无限的。现在的关键是，在**绝对单子**的概念里，不但要找到形式和内容的那个绝对统一体，而且要找到反映的本性，〔200〕即作为一个与自身相关联的否定性自己排斥自己，随之进行着设定和创造。诚然，莱布尼茨的体系里同样有进一步的说明，即**上帝是单子的实存和本质的源泉**，也就是说，那些位于单子的自在存在之内的绝对限制并非自在且自为地存在着，而是在绝对者里消失了。但这些规定所体现的不过是通常的观念，缺乏哲学的发展过程，没有提升为思辨的概念。就此而言，个体化原则也没有得到更深入的探究；关于各种有限的单子的区分以及它们与绝对者的关系等等的论述都不是起源于这个本质本身，或者说不是以绝对的方式进行的，而是属于一种推理式的、独断的反思，所以也没有达成内在的融会贯通。

第二章 现实性

绝对者作为**最初的**、**自在存在着的**统一体乃是内核和外观的统一体。**展示**显现为**外在的**反映，它在自己那方面把直接的东西当作现成已有的东西，同时又是这个东西的运动及其与绝对者的关联；作为这样的运动和关联，反映把直接的东西带回到绝对者，将其规定为单纯的**样式和方式**。但这个样式和方式是绝对者本身的规定，即它的**最初的同一性**或它的**单纯自在存在着的统一体**。也就是说，这个反映不仅把那个最初的自在存在设定为无本质的规定，而且因为它是一个否定的自身关联，所以只有它才造成了那个样式。这个反映在它的规定中扬弃着自身，总的说来是一个回归自身的运动，也只有它才是真正的绝对同一性；与此同时，它是绝对者的规定，或者说是绝对者的样态。所以，样式是绝对者的外在性，但同样仅仅是绝对者的自身内反映；——换言之，样式是绝对者**自己的展现**，因此这个外化是绝对者的自身内反映，随之是它的自在且自为的存在。

[201]

绝对者既然作为**展现**，就不是别的什么东西，而且它所具有的内容无非是它的自身展现活动，在这种情况下，它是**绝对的形式**。**现实性**必须被看作是这个经过反映的绝对性。**存在**尚且不是现实的：它是最初的直接性；所以，它的反映就是转变**并过渡到他者**；换言之，它的直接性不是自在且自为的存在。现实性的地位高于**实存**。实存是一个从根据和条件那里，或者说从本质及其反映那里显露出来的直接性。因此**自在地看来**，实存和现实性是同一个东西，即**实在的反映**，但它尚且不是反映和直接性的**已设定的统一体**。所以，当实存把它包含着的反映予以展开，就过渡到**现象**。实存是已经消灭的（已经走向根据的）根据；它的规定是根据的重建；这样它就转变为本质性对比关系，而且它的最终反映就是，它的直接性被设定为自身内反映，反之亦然；现在，这个统一体就是**现实性**，在其中,实存或直接性和自在存在,根据或经过反映的东西,都完全是一些环节。正因如此,现实的东西就是**展现**;它并没有由于它的外在性而被拉扯到**变化**的层面,它也不是它**在一个他者之内的映现**,而是展现着自身,也就是说,它在它的外在性里是**它自己**,而且唯有在**它的外在性**里,即唯有作为一个自己区分着自己并规定着自己的运动,它才是**它自己**。

如今在这个作为绝对形式的现实性里,各个环节仅仅是已扬弃的、形式化的环节,尚未实在化;就此而言,它们的差异性起初只是属于外在的反映,并没有被规定为内容。

现实性本身作为内核和外观的**直接的**形式统一体,处在**直接性**这一 ［202］
规定中,与自身内反映这一规定相对立;换言之,它是一个**与可能性相对立的现实性**。二者的相互**关联**是一个**第三者**,它把现实的东西规定为一个反映回自身之内的存在,同时又把这个反映回自身之内的存在规定为一个直接实存着的存在。这个第三者就是**必然性**。

但**第一**,由于现实的东西和可能的东西是**形式化的区别**,所以它们的关联同样只是**形式化的**,而且仅仅立足于这一点,即双方都是一个**已设定的存在**,或者说处于**偶然性**中;

现在,既然现实的东西和可能的东西在偶然性中都是**已设定的存在**,那么它们在其自身就得到了规定;在这种情况下,**第二**,**实在的现实性**显露出来,而**实在的可能性**和**相对的必然性**同样也随之显露出来。

第三,相对的必然性的自身内反映给出了**绝对的必然性**,后者是绝对的**可能性**和**现实性**。

A. 偶然性、或形式化的现实性、可能性和必然性

1. 现实性是形式化的,这时它作为最初的现实性,仅仅是**直接的、未经过反映的现实性**,随之仅仅处于这个规定中,而不是作为形式的总体性。进而言之,这时的它无非是一般意义上的**存在或实存**。但因为它在**本质上**不仅是直接的实存,而且是自在存在(即内在性)和外在性的形式

161

统一体,所以它直接包含着**自在存在**或**可能性**。**凡是现实的,也是可能的**。

  2. 这个可能性是一个反映回自身之内的现实性。但这个最初的**经过反映的存在**同样是形式化的东西,因此总的说来仅仅是**自身同一性**或一般意义上的自在存在的规定。

  但在这里,因为规定是**形式的总体性**,所以这个自在存在被规定为**已扬弃的东西**,或者说被规定为一个在本质上仅仅与现实性相关联的东西,它作为现实性的否定者,**被设定**为否定者。正因如此,可能性包含着两个环节:**首先是肯定的环节**,即它是一个反映回自身之内的存在;但由于它在绝对的形式里被降格为一个环节,所以这个反映回自身之内的存在不再被看作是**本质**。**其次是否定的环节**,它意味着可能性是一个有缺陷的东西,这个东西指向一个他者(亦即现实性),并且在现实性那里得到弥补。

  就前一个单纯肯定的方面来看,可能性是**自身同一性**的单纯的形式规定,或者说是本质性的形式。这时它是一个无对比关系的、无规定的容器,可以容纳一切东西。——在这个形式化的可能性的意义上,**一切不自相矛盾的东西都是可能的**;因此可能性王国是一个无边无际的杂多性。但每一个杂多东西都被规定为在自身之内与他者相对立,而且本身就具有否定;总的说来,漠不相关的**差异性**过渡到**相互对立**;但相互对立就是矛盾。就此而言,**一切东西**同样是一个矛盾的东西,随之是**不可能的东西**。

  所以,"**某东西是可能的**"这一单纯形式化的陈述和矛盾命题及其任何内容一样,都是肤浅而空洞的。说"A 是可能的"和说"A 是 A"是同样的意思。只要人们不去关注内容的展开,内容就具有**单纯性**这一形式;只有当内容瓦解在自己的各个规定中,它那里才会显露出**区别**。只要人们坚守那个单纯的形式,内容就始终是一个自身同一的东西,随之是一个可能的东西。但在这种情况下,它和形式化的同一性命题一样,**没有说出任何东西**。

[203]

　　尽管如此,相比单纯的同一性命题,可能的东西毕竟包含着更多的内容。可能的东西是**经过反映的反映回自身之内的存在**,或者说它是同一 ［204］的东西,但完全作为总体性的**环节**,从而也被规定为一个并非**自在存在着**的东西;所以,它有两个规定:第一,它**仅仅是一个可能的东西**;第二,它**应当**是形式的总体性。假若没有这个应当,可能性就是严格意义上的**现实性**;但绝对的形式意味着,本质本身仅仅是一个环节,假若没有存在,它就不具有真理。可能性是**这样设定**的单纯的现实性,即它仅仅是一个环节,并不符合绝对的形式。它是自在存在,但按照其规定而言仅仅是一个**已设定的东西**,或者说**不是一个自在存在着的东西**。——因此,可能性在其自身也是一个矛盾,或者说它是**不可能**。

　　以上情况首先可以这样表述:可能性作为**通过扬弃而设定的形式规定**,在其自身就具有一个一般意义上的**内容**。内容作为可能的东西乃是一个自在存在,后者同时是一个已扬弃的东西,或者说是一个**异在**。因为它仅仅是一个可能的内容,所以**另一个内容及其反面同样是可能的**。A是A;同样可以说,非A是非A。在这两个命题里,每一个都表达出它的内容规定的可能性。但它们作为同一性命题,是彼此漠不相关的;**设定**其中一个命题**并不**意味着要增添另一个命题。可能性是二者的比较关联;它作为总体性的一个反映,在其规定中也包含着一点,即它的反面是可能的。所以它是这样一个关联式的**根据:因为 A = A,所以非 A = 非 A**;可能的 A 也包含着可能的非 A,恰恰是这个关联本身把二者规定为可能的。

　　但这个关联(一个可能的东西也包含着它的他者)是一个扬弃着自身的矛盾。它就其规定而言是一个经过反映的东西,而且如我们看到的,是一个扬弃着自身的经过反映的东西。既然如此,它也是直接的东西,随之转变为**现实性**。

　　3. 这个现实性不是最初的现实性,而是经过反映的现实性,**被设定** ［205］为它自己和可能性的**统一体**。严格意义上的现实的东西是可能的,并且与可能性达到了直接的、肯定的同一性;但可能性已经把自己规定为**纯粹的可能性**;这样一来,现实的东西也被规定为**一个纯粹可能的东西**。正因为可能性**直接**包含在现实性里面,所以它直接地是已扬弃的可能性或**纯粹的**可能性。反过来,那个与可能性形成统一体的现实性仅仅是已扬弃的直接性;换言之,正因为形式化的现实性仅仅是**直接的**、最初的现实性,所以它仅仅是一个环节,仅仅是已扬弃的现实性,或者说仅仅是**可能性**。

这里同时更确切地表达出那个规定,即在什么意义上,**可能性就是现实性**。也就是说,可能性尚且不是**全部**现实性——这里还没谈到实在的现实性和绝对的现实性——它只是最初出现的那个可能性,即形式化的可能性,它规定自己**仅仅**是可能性,因此这是形式化的现实性,即单纯的一般意义上的**存在**或**实存**。所以总的说来,全部可能的东西都具有一个**存在**或一个**实存**。

可能性和现实性的这个统一体是**偶然性**。——偶然的东西是一个现实的东西,同时仅仅被规定为可能的,而它的他者或反面同样也是如此。所以,这个现实性是单纯的存在或实存,但按照其真正的设定而言,则是等价于一个已设定的存在或可能性。反过来,可能性作为**自身内反映**或**自在存在**,被设定为已设定的存在;就现实性的这个意义而言,一切可能的东西都是一个现实的东西;它仅仅和偶然的现实性具有同等价值;它本身是一个偶然的东西。

于是偶然的东西呈现出两个方面:**第一**,就它在其自身**直接**具有可能性而言,或者换个同样意思的说法,就可能性在它之内已经被扬弃而言,它既**不是已设定的存在**,也不是经过中介的,而是**直接的**现实性;它**没有根据**。——正因为可能的东西也具有这个直接的现实性,所以它既被规定为现实的东西,也被规定为偶然的,而且同样是一个**无根据的东西**。

[206]

但**第二**,偶然的东西作为一个**纯粹**可能的东西或一个**已设定的存在**,也是现实的东西;因此,可能的东西作为形式化的自在存在,也仅仅是一个已设定的存在。这样一来,二者本身都不是自在且自为的,而是在一个他者那里具有它的真正的自身内反映,**或者说它有一个根据**。

因此,偶然的东西正因为是偶然的,所以没有根据;同样,它正因为是偶然的,所以有一个根据。

　　偶然的东西是内核（或者说反映回自身之内的存在）和外观（或者说存在）的**已设定的**、未经中介的**相互转化**，——之所以是"已设定的"，原因在于，可能性和现实性作为绝对形式的环节，每一方在其自身都具有这个规定。——因此，当现实性和可能性形成一个**直接的**统一体，就仅仅是实存，并且被规定为无根据的东西，后者**仅仅是一个已设定的东西**，或者说**仅仅**是一个可能的东西；——换言之，当现实性作为经过反映的和已规定的东西与可能性**相对立**，就与可能性或反映回自身之内的存在分离了，从而同样直接地也**仅仅**是一个可能的东西。——同理，可能性作为**单纯的**自在存在乃是一个直接的东西，**仅仅**是一般意义上的存在者，——换言之，当可能性与现实性**相对立**，那么这个无现实性的自在存在同样**仅仅**是一个可能的东西，但恰恰因此仍然只是一般意义上的一个未反映回自身之内的实存。

　　这两个规定的**转变的绝对躁动**就是**偶然性**。但是，正因为每一方都直接转化为对方，所以每一方同样在对方那里达到绝对的**自身融合**，而它们的这个同一性，即一方在另一方那里达到的同一性，就是**必然性**。

　　必然的东西是一个**现实的东西**；因此它是作为直接的、**无根据的东西**；但它同样**通过一个他者**或者说在它的根据里具有它的现实性，同时是这个根据的已设定的存在，是这个根据的自身内反映；必然的东西的可能性是一个已扬弃的可能性。偶然的东西是必然的，一个原因在于，现实的东西被规定为可能的东西，从而其直接性被扬弃了，被排斥到**根据**（即**自在存在**）和有根据的东西里面，另一个原因在于，偶然的东西的这个**可能性，根据关联**，已经完全被扬弃，并且被设定为存在。必然的东西**存在着**，这个存在者**本身是必然的东西**。与此同时，它是**自在的**；这个自身内反映是一个**他者**，相当于存在的那个直接性，而这和存在者的必然性是**同一个他者**。因此，存在者本身又不是必然的东西；但这个自在存在本身仅仅是一个已设定的存在，它已经被扬弃了，本身是直接的。在这种情况下，现实性在那个与它区分开的东西亦即可能性里，达到了自身同一性。它作为这个同一性，就是必然性。

[207]

B. 相对的必然性，或实在的现实性、可能性和必然性

1. 由此得出的必然性是**形式化**的必然性，因为它的环节是一些形式化的、亦即单纯的规定，它们只有作为直接的统一体，或者说只有作为双方直接的相互转化，才是总体性，从而不具有独立性的形态。——因此在这个形式化的必然性里，统一体起初是单纯的，与它的那些区别漠不相关。这个必然性作为形式规定的**直接**的统一体，就是现实性，但这个现实性——因为从现在起，它的统一体**被规定**为与诸形式规定（即现实性和可能性）的**区别漠不相关**——具有一个**内容**。内容作为漠不相关的同一性，其包含的形式也是一些漠不相关的、亦即单纯**有差异**的规定，因此它是一般意义上的**杂多**内容。

[208]

这个现实性是**实在的现实性**。

严格意义上的实在的现实性起初是一个具有诸多特性的物，即实存着的世界；但它不是那个瓦解在现象中的实存，毋宁说，它作为现实性，同时是自在存在和自身内反映；它在单纯实存的杂多性中保留下来；它的外在性仅仅是一个内在的**自身**对比关系。凡是现实的东西，都**能够发挥作用**（wirken）[①]；它的现实性是**通过它所产生的东西**而透露出来的。它与他者的对比关系就是它的**自身**展现：这既不是一个过渡（如同一个存在着的某东西与他者相关联那样），也不是一个显现（如同物仅仅处于与他者的对比关系之中那样）；毋宁说，它是一个独立的东西，同时在另一个独立的东西那里具有它的自身内反映或它的已规定的本质性。

现在，实在的现实性同样直接**在其自身**就具有**可能性**。它包含着"自在存在"这一环节；但只有作为**直接**的统一体，它才处于形式的两个规定**之一**中，随之作为存在者而区别于自在存在或可能性。

2. 这个可能性作为**实在的**现实性的自在存在，本身是**实在的可能**

[①] 德语的"现实性"（Wirklichkeit）和"发挥作用"（wirken）、"作用"（Wirkung）等词语具有同样的词根。——译者注

性,且首先是一个**内容丰富的**自在存在。——形式化的可能性只有作为抽象的同一性(即某东西并非自相矛盾)才是自身内反映。但是,只要人们去深入探究一件事情的规定、背景、条件等等,以便从中认识到它的可能性,他们就不再停留于形式化的可能性,而是考察其实在的可能性。

这个实在的可能性之所以本身就是**直接的实存**,不再是因为严格意义上的可能性作为形式化的环节直接是它的反面,即一个未经过反映的现实性;毋宁说,正因为它是**实在的**可能性,于是立即在其自身就具有这个规定。所以一件事情的实在的可能性就是相互关联的背景的定在着的杂多性。 [209]

诚然,定在的这个杂多性既是可能性,也是现实性,但它们的同一性起初只是一个与这些形式规定漠不相关的**内容**;就此而言,形式规定构成了**已规定的形式**,使之与它们的同一性相对立。——换言之,正因为**直接的实在的现实性**是直接的,所以被规定为与它的可能性相对立;作为这个已规定的、从而经过反映的现实性,它是**实在的可能性**。这个可能性虽然是形式的已设定的**整体**,但形式是已规定的,也就是说,现实性被规定为一种形式化的或直接的现实性,而可能性则被规定为抽象的自在存在。所以,当这个现实性构成一件事情的可能性,就不是这件事情**自己的可能性**,而是**另一个**现实的东西的自在存在;它本身是一个应当被扬弃的现实性,即一个作为**纯粹**可能性的可能性。——这样一来,实在的可能性就构成了**条件的整体**,一个并未反映回自身之内、分散的、但却是已规定的现实性,或者说自在存在,这个自在存在应当是一个他者的自在存在,并且回归自身。

[**第一**],一个实在可能的东西就其**自在存在**而言乃是一个形式化的同一性东西,它按照其单纯的内容规定而言,不是自相矛盾的;但即使按照它的已经展开和区分开的背景和一切与它有联系的东西而言,它作为自身同一的东西,也不应当自相矛盾。但**第二**,因为它是内在杂多的,并且与别的东西处于杂多的联系之中,而差异性本身自在地就过渡到相互对立,所以它是一个矛盾的东西。当谈到一个可能性并且应当指明其矛

盾时,人们只需专注于可能性所包含的杂多性(相当于可能性的内容或它的有条件的实存),就很容易发现其中的矛盾。——但这不是一个通过比较而得出的矛盾,毋宁说,杂多的实存**自在地看来**就是一个必须扬弃自身并走向消灭的矛盾,而且在本质上本身就注定**仅仅是一个可能的东西**。——当一件事情的全部条件完整具备,它就进入现实性;——条件的完整性是指内容的总体性,而且**事情本身**就是这个内容,它作为一个现实的东西,同样被规定为可能的东西。在有条件的根据的层面里,诸条件在**自身之外**具有形式,这个形式就是根据或自为存在着的反映,它使诸条件相互关联,成为事情的环节,然后**在它们那里**产生出实存。反之在这里,直接的现实性并不是由一个进行预先设定的反映规定为条件,而是本身就被设定为可能性。

在扬弃着自身的实在的可能性里,如今有一个已扬弃的双重东西;换言之,可能性本身就是双重的东西,既是现实性,也是可能性。1)现实性是形式化的现实性或这样一个实存,它曾经显现为独立的、直接的实存,然后通过扬弃自身而转变为经过反映的存在,转变为一个他者的环节,随之在自身那里获得**自在存在**;2)那个实存也曾经被规定为**可能性**,或者说被规定为**自在存在**,但这是一个他者的自在存在。因此,当它扬弃自身,这个自在存在也被扬弃了,过渡到**现实性**。——也就是说,扬弃着自身的实在的可能性的这个运动产生出**同样一些现成已有的环节**,只不过每一个环节都是由另一个环节转变而来的;所以它在这个否定里也不是一个**过渡**,而是一个**自身融合**。——按照形式化的可能性,正因为某东西是可能的,所以并非它自己,毋宁它的他者是可能的。实在的可能性不再与**这样一个他者**相对立,因为就它本身也是现实性而言,它是实在的。因此,当这个可能性的**直接实存**,条件的圆圈,扬弃自身,它就使自己成为**自在存在**,而它本身已经是这个东西,亦即作为一个他者的**自在存在**。反过来,当它的自在存在这一环节因此同时扬弃自身,它就转变为现实性,而这同样是它已经所是的一个环节。——这样一来,当初的那个情况就消失了,即现实性被规定为可能性或一个**他者**的自在存在,反之可能性却被规定为一个现实性,而它并不是**这个现实性**的可能性。

3. 由此看来,实在的可能性的**否定**就是**它的自身同一性**;由于它在扬弃自身时就是这个扬弃的自身排斥,所以它是**实在的必然性**。

必然的东西**不可能**是**别的东西**;但一般而言,**可能的**东西却可能是别的东西;因为可能性是自在存在,后者仅仅是已设定的存在,所以在本质上是异在。形式化的可能性作为同一性而言,意味着完全过渡到他者;与此相反,实在的可能性因为本身就包含着另一个环节(现实性),所以已经是必然性。就此而言,实在可能的东西不再可能是别的东西;只要这些条件和背景给定了,就不会得出任何别的东西。因此实在的可能性和必然性只是**看起来**区分开而已;必然性是这样一个**同一性**,它不是后来才形成的,而是已经**被预先设定**,相当于根据。因此实在的可能性是一个**内容丰富的**关联;因为内容就是那个自在存在着的、与诸形式规定漠不相关的同一性。

但这个必然性同时是**相对的**。——也就是说,它有一个**预先设定**,以之为开端,并且把**偶然的东西**当作它的**出发点**。本身说来,实在的现实东西就是**已规定的**现实东西,并且起初**被规定为直接的存在**,因为它是实存着的背景的杂多性;但这个直接的存在作为规定性,也是它自己的**否定者**,是自在存在或可能性;这样它就是实在的可能性。作为两个环节的这 [212] 个统一体,它是形式的总体性,一个**仍然外在于自身**的总体性;实在的可能性是可能性和现实性的统一体,而这意味着,1)杂多的实存**直接地**或**肯定地**是可能性,——可能的东西正因为是现实的东西,所以是一般意义上的自身同一者;2)就实存的这个可能性被设定下来而言,它被规定为**纯粹**可能性,被规定为现实性向着它的反面的直接转化——或者说被规定为**偶然性**。这个现实性作为条件,本身就具有直接的现实性,因此它仅仅是自在存在,即一个**他者**的可能性。正如已经指出的,当这个异在扬弃自身,当这个已设定的存在本身被设定下来,实在的可能性就转变为必然性,但在这种情况下,必然性是以可能的东西和现实的东西的那个尚未反映回自身之内的统一体为开端;——这个**预先设定**和这个**回归自身的运**

动仍然是分离的——换言之，**必然性尚未从自身出发把自己规定为偶然性**。

在**内容**那里，实在的必然性的相对性是这样呈现出来的，即内容起初只是一个与形式漠不相关的同一性，因此有别于形式，并且是一般意义上的**已规定的内容**。也就是说，实在的必然性是某一个受限制的现实性，由于这个限制的缘故，它在另一个角度看来也仅仅是一个**偶然的东西**。

因此**自在地看来**，**实在的必然性**实际上也是**偶然性**。——这一点首先是这样显现出来的，即实在必然的东西虽然**从形式来看**是一个必然的东西，但从内容来看却是一个受限制的东西，并且由于这个内容而具有它的偶然性。但是，哪怕在实在的必然性的形式里，也包含着偶然性；因为正如已经指出的，实在的可能性仅仅**自在地**是必然的东西，但被设定为现实性和可能性相互之间的**异在**。就此而言，实在的必然性包含着偶然性；

[213] 它是一个自身回归，即从现实性和可能性相互之间的那个躁动不安的**异在**出发回归自身，但不是从自身出发回归自身。

也就是说，**自在地看来**，这里已经出现必然性和偶然性的统一体；这个统一体必须被称作**绝对的现实性**。

C. 绝对的必然性

实在的必然性是**已规定的**必然性；形式化的必然性本身仍然不具有内容和规定性。必然性的**规定性**在于，它本身具有它的否定，即偶然性。它就是这样得出来的。

但这个规定性按照**其最初的单纯性**而言是现实性；这样一来，**已规定的必然性**直接是**现实的必然性**。这个现实性**本身严格说来就是必然的**，因为当它把必然性当作它的**自在存在**而包含在自身内，它就是**绝对的现实性**——这个现实性不再可能是别的东西，因为它的**自在存在**不是可能性，而是必然性本身。

但这样一来，这个现实性——因为它被设定为**绝对的**现实性，亦即**本**

身是它自己和可能性的统一体——仅仅是一个**空洞的**规定,或者说它是**偶然性**。它的这个空洞的规定成为一个**单纯的可能性**,成为这样一个东西,既能够被规定为可能的东西,也能够是**别的东西**。但这个可能性本身是**绝对的**可能性,因为它恰恰是这样一个可能性,即既能够被规定为可能性,也能够被规定为现实性。它是这个与自身漠不相关的东西,在这种情况下,它被设定为**空洞的**、偶然的规定。

　　就此而言,实在的必然性不仅**自在地**包含着偶然性,而且偶然性在它那里也会发生**转变**;但这个**转变**作为外在性,本身仅仅是外在性的**自在存在**,因为它仅仅是一个**直接的已规定的存在**。但它不仅是这个东西,而且是**它自己的转变**;——换言之,它所具有的**预先设定**是它自己的设定活动。因为作为实在的必然性,它是现实性在可能性中的已扬弃的存在,反之亦然;既然它是这两个环节的直接的相互转化,那么它也就是它们的单纯的**肯定的**统一体,因为正如我们看到的,每一方在另一方那里都仅仅与**自身融合**。但在这种情况下,实在的必然性就是**现实性**,只不过这个现实性仅仅相当于形式的单纯的自身融合。因此,当它以否定的方式设定那些环节,这本身就是**进行预先设定**,即把它自己设定为**已扬弃的必然性**,或者说把它自己设定为**直接性**。 [214]

　　但恰恰在这个过程中,这个现实性被规定为否定者;它是一种从现实性(即实在的可能性)出发而达到的自身融合;也就是说,这个新的现实性仅仅是从它的异在亦即**它的自身否定**那里转变而来的。——于是它同时直接地被规定为**可能性**,被规定为一个以它的否定为**中介**的东西。但这个直接的可能性无非是一个**中介活动**,在其中,自在存在(即可能性本身)和直接性二者同样都是**已设定的存在**。——而这就是必然性,它同样扬弃了这个已设定的存在,或者说同样设定了**直接性**和**自在存在**,并因此恰恰把这个扬弃活动**规定为已设定的存在**。所以,恰恰是**必然性**本身把自己规定为**偶然性**,——它在它的存在中自己排斥自己,在这个排斥中仅仅返回到自身之内,而在这个回归(相当于它的存在)中已经自己排斥自己。

所以，**形式**在它的实在化过程中已经渗透了自己的全部区别，使自己成为透明的东西，而作为**绝对的必然性**，它仅仅是**存在在其否定中**（或者说在**本质**中）的这个单纯的**自身同一性**。——它与**内容**以及形式的区别本身同样已经消失了；因为可能性在现实性中（反之亦然）的那个统一体

[215] 是一个在其规定性或已设定的存在中与自身漠不相关的**形式**，即一个**内容丰富的事情**，在它那里，必然性的形式作为外在的东西已经消散了。就此而言，它是两个规定的**经过反映**的同一性，与它们漠不相关，从而是**自在存在**的形式规定，与**已设定的存在**相对立，而且这个可能性构成了实在的必然性曾经具有的内容的受限状态。但这个区别的瓦解就是绝对的必然性，后者的内容就是这个在必然性中渗透自身的区别。

因此，绝对的必然性是一个真理，而全部现实性和可能性乃至形式化的和实在的必然性都返回到其中。——正如我们看到的，这个真理是存在，后者在其否定中，在本质中，与自身相关联，并且是存在。这个真理同样是单纯的直接性或**纯粹的存在**，作为单纯的自身内反映或**纯粹的本质**；它意味着这二者是同一个东西。——绝对必然的东西**存在着**，只是因为它存在着；此外没有别的条件或根据。——但它同样是纯粹的**本质**；它的**存在**是单纯的自身内反映；它存在着，**因为**它存在着。作为反映，它有根据和条件，但它仅仅把自己当作根据和条件。它是自在存在，但它的自在存在就是它的直接性，而它的可能性就是它的现实性。——**它之所以存在着，因为它存在着**；作为存在的**自身融合**，它是本质；但因为这个单纯的东西同样是直接的单纯性，所以它是**存在**。

换言之，绝对的必然性是**绝对者的反映或形式**；它是存在和本质的统一体，单纯的直接性，而这是绝对的否定性。**一方面**，它那里的区别不是反映规定，而是**存在着的杂多性**或区分开的现实性，并且在形态上是一些相互独立的他者。**另一方面**，既然它的关联是绝对同一性，那么它就是一种**绝对的颠转**，也就是说，它的现实性完全颠转为它的可能性，它的可能

[216] 性也完全颠转为现实性。——在这个意义上，绝对的必然性是**盲目的**。一方面，那些区分开的、分别被规定为现实性和可能性的东西，在形态上

是**自身内反映**或**存在**;所以它们二者都是**自由的现实性**,其中任何一方都**没有在另一方那里映现**,每一方都不愿意在自身那里透露出它与另一方相关联的痕迹;每一方都以自己为内在的根据,因此本身就是必然的东西。必然性作为**本质**,被封闭在这个**存在**里面;因此,这些现实性的相互接触显现为一个空洞的外在性;**一方在另一方那里**的现实性是**纯粹**可能性,即**偶然性**。也就是说,存在被设定为绝对必然的东西,被设定为自身中介(即对于他者中介的绝对否定),或者说被设定为一个仅仅与存在达到自身同一的存在;相应地,这个在**存在**那里具有现实性的**他者**被规定为绝对**纯粹可能**的东西,即一个空洞的已设定的存在。

　　但是,这个**偶然性**毋宁说是绝对的必然性;它是那些自由的、自在必然的现实性的**本质**。这个本质是**畏光的**,因为在这些现实性里,既没有**映现**,也没有反射,因为它们完全是以自己为内在的根据,独自发生形态分化,仅仅自己展现**自己**,——因为它们仅仅是**存在**。——但它们的**本质**将会在它们那里绽放出来,并启示出**本质**是什么,**它们**是什么。它们的存在或它们的依赖于自身的**单纯性**是绝对的否定性,是它们的无映象的直接性的**自由**。这个否定者在它们那里绽放出来,因为存在由于它的这个本质而是一个自相矛盾,——也就是说,它反对这个位于存在的形式里的存在,因此它相当于那些现实性(它们与它们的存在是**绝对有差异的**)的**否定**,相当于它们的无,同样也相当于一个与它们相对立的**自由的异在**,而这其实是它们的存在。——无论如何,这个异在在它们那里是不容忽视的。它们在其基于自身的形态分化中与形式漠不相关,是一个**内容**,随之是一些**区分开**的现实性和一个**已规定的**内容;这个内容是必然性给这些现实性打上的一个烙印——因为必然性按照其规定而言是一个绝对的自身回归,它把这些现实性当作绝对现实的东西而加以释放,给予它们自由——,以此证明它对于它们的权利,而它们则是在这个烙印的掌控下走向消灭。这是真正意义上的**规定性**亦即否定的自身关联的展现,而这个展现就是在异在中**盲目地**消灭;那个绽放出来的**映现**或**反映**在**存在者**那里相当于**转变**,或者说从存在到无的**过渡**。但**存在**反过来同样是**本质**,而

[217]

173

转变就是**反映**或**映现**。所以,外在性是它们的内在性,它们的关联是绝对同一性,而从现实的东西到可能的东西或从存在到无的**过渡**乃是一种**自身融合**;偶然性是绝对的必然性;它本身就等于预先设定了最初那些绝对的现实性。

　　存在在它的否定中达到的这个**自身同一性**,如今就是**实体**。实体是这个**处于其否定**或**处于偶然性中**的统一体;在这种情况下,它是**作为自身对比关系的实体**。必然性的盲目过渡其实是绝对者**自己作出的展示**,是绝对者的自身内运动,而更确切地说,绝对者是在它的外化中揭示自身。

第三章　绝对的对比关系

绝对的必然性不是**必然的东西本身**,更不是**一个必然的东西**,而是**必然性**,——即存在完全作为反映。这个必然性是对比关系,因为它进行区分,而它的各个环节本身就是它的完整的总体性,因此它们绝对地**持存着**,而且这仅仅是**同一个**持存,至于区别,仅仅是展示的**映象**,而映象就是绝对者本身。——严格意义上的本质是反映或映现;但本质作为绝对的对比关系,却是**被设定为映象的映象**,这个映象作为这样的自身关联活动,是**绝对的现实性**。——绝对者最初是通过**外在的反映**而展示出来的,如今它作为绝对的形式,或者说作为必然性,自己展示自己;它的这个自身展示是它的自身设定,而且它仅仅作为这个自身设定而**存在着**。——自然界里面的**光**不是某东西,不是物,毋宁说,光的存在仅仅是光的映现;同理,展现是一个自身等同的、绝对的现实性。[218]

就此而言,绝对的对比关系的双方不是**属性**。在属性里,绝对者仅仅映现在它的某一个环节中,后者作为一个**被预先设定的**环节,被外在的反映接纳下来。但绝对者的**展示者**是**绝对的必然性**,一个自身同一的、自己规定着自己的东西。必然性是被设定为映象的映现,既然如此,这个对比关系的双方就都是**总体性**,因为它们都是作为映象;而作为映象,区分开的东西就是它们自己和它们的对立面,或者说它们是整体;反过来,正因为它们是总体性,所以它们是映象。在这种情况下,绝对者的这个区分活动或映现仅仅在于把它自己设定为一个同一性东西。

这个对比关系就其直接的概念而言,是**实体**和**偶性**的对比关系,即绝对的映象在自身内的直接消失和转变。当实体把自己规定为**自为存在**,与一个**他者**相对立,换言之,当绝对的对比关系作为实在的对比关系,就是**因果性对比关系**。最后,随着因果性对比关系作为一个与自身相关联的东西过渡到**交互作用**,绝对的对比关系也按照它所包含的那些规定而被设定下来;这些规定**被设定为整体本身**,随之同样**被设定为规定**,而在这种情况下,绝对的对比关系在其**规定**中的这个**已设定**的统一体就是**概念**。

[219]　　**A. 实体性对比关系**

　　绝对的必然性是绝对的对比关系,因为它不是严格意义上的**存在**,而是那个**因为**存在着,所以存在着的**存在**,即那个作为绝对的自身中介活动的存在。这个存在就是**实体**;作为本质和存在的最终统一体,它是**全部存在**中的存在,——既不是未经反映的直接的东西,也不是一个抽象的、站在实存和现象后面的东西,而是直接的现实性本身,而这个现实性是一个绝对的、反映回自身之内的存在,一个自在且自为地存在着的**持存**。——实体作为存在和反映的这个统一体,在本质上是它自身的**映现和已设定的存在**。映现是一个**与自身相关联**的映现,并以这种方式**存在着**;这个存在是严格意义上的实体。反过来,这个存在仅仅是一个自身同一的**已设定的存在**,这时它是**映现着的总体性**,是**偶附性**(Akzidentalität)。

　　这个映现作为同一性而言,是形式的同一性,——即可能性和现实性的统一体。这个同一性最初是**转变**或偶然性,相当于产生和消灭的层面;因为按照**直接性**的规定,可能性和现实性的关联意味着它们作为**存在者**,**直接地相互转化**,即每一方都直接转化为那个对它而言仅仅是**他者**的东西。——但因为存在是映象,所以可能性和现实性作为同一的、彼此映现的东西,它们的关联就是反映。正因如此,偶附性的运动在自己的每一个环节那里都呈现出存在的**范畴**和本质的**反映规定**的交互映现。——直接的**某东西**具有一个**内容**;它的直接性同时是一种经过反映的漠不相关性,与形式无关。这个内容是已规定的,而且由于这是存在的规定性,所以某东西**过渡**到一个他者。但质也是反映的规定性,因此是一个漠不相关的[220]**差异性**。差异性活跃起来,成为**相互对立**,并返回到根据中,后者是**无**,但也是**自身内反映**。这个自身内反映扬弃自身;但它本身是一个经过反映的自在存在,因此是可能性,而这个自在存在在其过渡中(这个过渡同样是自身内反映)是**必然的现实东西**。

偶附性的这个运动是实体的**活动性**(Aktuosität),相当于实体的**安静的自身显露**。实体的活动不是**针对某东西**,而是仅仅针对作为一个单纯的、无抵抗的要素的自己。——对于**预先设定的东西**的扬弃是一个随时消失的映象;只有在那个**扬弃着**直接的东西的行动里,这个直接的东西才成为它自己,或者说才是那个映现;只有设定这个由之开始的"自身"[自主体],才谈得上从"自身"开始。

实体作为映现的这个同一性,是整体的总体性,它把偶附性包揽在自身之内,而偶附性是整个实体本身。通过它们的映象的一个形式,它们被区分为**存在的单纯的同一性和偶性的更替**。**前者**是**表象活动**心目中的无形式的**实体**。表象活动不知道映象已经把自己规定为映象,却坚持认为绝对者是一个无规定的同一性,但这个同一性并不具有真理,毋宁仅仅是**直接的**现实性的规定性,同样也可以说是**自在存在**或可能性的规定性,——总之都是一些落入偶附性的形式规定。

另一个规定,**偶性的更替**,是偶附性的绝对的**形式统一体**,是那个作为**绝对权力**的实体。——偶性的消灭意味着它作为现实性返回到自身(亦即它的自在存在)之内,或者说返回到可能性之内;但它的这个自在存在本身只是一个已设定的存在,因此它也是现实性,又因为这些形式规定同样是内容规定,所以这个可能性从内容来看也是另一个已规定的现实的东西。当实体通过现实性及其内容展现自身,把可能的东西转移到现实性之内,这时它是**创造的**权力,而当它通过可能性展现自身,把现实的东西带回到可能性之内,这时它是**摧毁的**权力。但二者是同一的,创造 [221] 就是摧毁,摧毁就是创造;因为在实体式的必然性里,否定者和肯定者,或者说可能性和现实性,是绝对地结合在一起的。

严格意义上的**偶性**——存在着**诸多**偶性,因为多样性是存在的众多规定之一——**不具有**凌驾于彼此之上的**权力**。它们是存在着的或自为存在着的某东西,是一些具有杂多特性的实存着的物,或者说是一些基于部分而持存着的［由部分组成的］整体,这些独立的部分,力,需要彼此的诱导,并且以诱导为条件。诚然,某个偶附的东西似乎体现出一个凌驾于其他偶附的东西之上的权力,但实际上这是实体的权力,它把二者包揽在自身之内,并且作为否定性而设定了一个不平等的价值,规定一个是消灭的东西,另一个是带着别的内容而产生的东西,或者说规定前者过渡到自己的可能性,后者过渡到自己的现实性,——它永恒地分裂为这样区分开的形式和内容,同时永恒地清除了自己的这个片面性,但在这个清除中本身又回落到规定和分裂之中。——因此,一个偶性之所以驱逐另一个偶性,原因仅仅在于,它们自己的**持存**(Subsistieren)就是形式和内容的这个总体性本身,在其中,它和其他偶性一样都消灭了。

基于实体在偶性中的这个**直接同一性**和临在(Gegenwart),还没有出现什么**实在的**区别。在这个**最初的**规定里,实体尚未按照其整个概念展现出来。当实体作为一个自身同一的、**自在且自为的存在**区分自身作为**偶性**的总体性,它就是一个**进行着中介活动的权力**。这个权力是**必然性**,是偶性在自己的否定性中达到的一种肯定的**常驻不变**(Beharren),以及偶性在自己的持存中达到的一个单纯的**已设定的存在**;就此而言,这个**中项**是实体性和偶附性的统一体本身,而它的两个**端项**并不具有什么独特[222]的持存。所以,实体性仅仅是一个对比关系,一个直接地随时消灭的东西,它不是**作为否定者**而与自身相关联,毋宁说,它作为权力的直接的自身统一体,仅仅位于它的**同一性形式**里,而不是位于它的**否定本质形式**里;只有其中一个环节(即否定者或区别)是绝对地随时消失的东西,而另一个环节(即同一性东西)则并非如此。——以上情况也可以这样来观察:**自在地看来**,映象或偶附性确实是通过权力而成为实体,但它并没有因此**被设定为**这个自身同一的映象;也就是说,实体仅仅把偶附性而非把它自己当作自己的形态或已设定的存在,不是**作为**实体的实体。因此实体性对比关系起初只是这种意义上的实体,即它作为一个**形式化的权力启示出来**,而且其区别不是实体上的区别;实际上,实体仅仅相当于偶性的**内核**,而偶性仅仅**依附于实体**。换言之,这个对比关系仅仅是一个映现着的总体性,相当于**转变**;但总体性同样是反映;正因如此,偶附性不但**自在地**是实体,而且**被设定为**实体;在这种情况下,它**被规定为**一个与自身相关联的**否定性**,与自身对立,——**被规定为一个与自身相关联的、单纯的自身同一性**,并且是**自为存在着的、有权力的实体**。这样一来,实体性对比关系就过渡到**因果性对比关系**。

B. 因果性对比关系

实体是权力,这个权力**已经反映回自身之内**,并非单纯发生过渡,而是设定**各种规定**并**区分自己**。实体在进行规定时与自身相关联,因此**它本身**就是它所设定为否定者的那个东西,或者说是它所造成的**已设定的存在**。因此一般而言,这个东西是已扬弃的实体性或单纯地已设定的东西,亦即**作用**;但自为存在着的实体却是**原因**。

这个因果性对比关系起初仅仅是**原因和作用的对比关系**;因此这是**一个形式化的因果性对比关系**。

a.形式化的因果性

[223]

1. 原因是相对于作用而言的**原初东西**。——实体作为权力,**是映现活动**,或者说**具有偶附性**。但作为权力,实体同样是在其映象中的自身内反映;通过这个方式,它展示自己的过渡,**而这个映现活动被规定为映象**,换言之,偶性仅仅**被设定为**一个已设定的东西。——但实体在进行规定时,并不是从偶附性出发,仿佛偶附性**预先**已经是一个他者,然后才被设定为规定性似的;毋宁说,二者是**同一个**活动性。实体作为权力,**自己规定自己**;但这个规定活动本身直接扬弃了规定活动,是一个回归。**实体自己规定自己**,——就此而言,**它**,进行规定者,是**直接的东西**,而这个东西本身已经是一个已规定的东西;——当实体规定**自己**,就把这个已经**被规定的东西**设定为**已规定的**,于是它已经扬弃已设定的存在,返回到自身之内。——反过来,正因为这个回归是实体的**否定的**自身关联,所以它本身是一个**规定活动**,一个自己排斥自己的活动;已规定的东西是通过这个回归而**转变形成**的;实体似乎是以这个东西为开端,后者作为现成的已规定的东西,现在似乎也被设定为严格意义上的已规定的东西。——就此而言,绝对的活动性是**原因**,而实体的权力**真正说来**相当于展现,并且在偶性的转变中直接展示那个**自在**存在着的东西,即偶性,而偶性是已设定的存在;它把偶性**设定为已设定的存在**,——即作用。——因此,**首先**,作用就是实体性对比关系中的偶附性,二者是同一个东西,它虽然是实体,但相当于**已设定的存在**;**其次**,严格意义上的偶性只有通过自己的消失,作为过渡着的东西,才是一个实体性东西;但作为作用,它是一个自身同一的已设定的存在;原因在作用里面展现为整个实体,而这意味着在严格意义上的已设定的存在那里反映回自身之内。

2. 这个反映回自身之内的**已设定的存在**,这个作为规定活动的规定活动,与实体(作为一个**未设定的**原初东西)相对立。正因为实体作为绝对权力是一个自身回归,而这个回归本身又是一个**规定活动**,所以实体不再仅仅是它的偶性的**自在体**(Ansich),而是也**被设定为**这个自在存在。所以,实体起初是作为原因而具有**现实性**。但这个现实性是**作用**,因为它的**自在存在**,它的位于实体性对比关系中的规定性,如今**被设定为规定性**;换言之,实体作为原因,**只有在其作用中**才具有现实性。——作用是那个作为原因的**必然性**。——它是**现实的**实体,因为实体作为权力,自己规定自己;但它同时是原因,因为它展示这个规定性,或者说将其设定为已设定的存在;这样一来,它就把它的现实性设定为已设定的存在,或者说设定为作用。作用是原因的他者,一个与原初东西相对立的已设定的存在,并且以原初东西为**中介**。但原因作为必然性,同样扬弃了它的这个中介活动,并且在自己**规定**自己的时候,作为原初的与自身相关联的东西而回归自身,与经过中介的东西**相对立**;已设定的存在**被规定为**已设定的存在,因此达到了自身同一;所以,原因只有在其作用中才是真正现实的东西和自身同一的东西。——作用之所以是**必然的**,恰恰是因为它是原因的展现,或者说是这个作为原因的必然性。——只有作为这个必然性,

[224]

原因才是自己推动自己,从自身开始的,才是**自身显露的独立源泉**,而不是受到一个他者的诱导;——它必须**发挥作用**;它的原初性在于,它的自身内反映是一个进行规定的设定活动,反过来,二者又是同一个统一体。

因此一般说来,没有什么包含在作用中的东西不是包含在原因之内。反过来,没有什么包含在原因中的东西不是包含在作用之内。原因只有在制造出一个作用的时候才是原因;**原因无非是这样一个规定,即"具有一个作用"**,而**"作用"的意思无非是"具有一个原因"**。严格意义上的原 [225] 因本身就包含着它的作用,作用本身就包含着原因;假若原因压根就没有发挥作用,或者说,假若原因不再发挥作用,那么它就不是原因,——反过来,假若作用的原因消失了,那么作用也就不再是作用,而是一个漠不相关的现实性。

3. 在原因和作用的这个**同一性**里,那个把同一性区分为"自在存在者"和"已设定的存在"的形式如今也被扬弃了。原因在它的作用中**消融**了;相应地,作用也消融了,因为它仅仅是原因的规定性。就此而言,这个消融在作用之中的因果性是一个**直接性**,后者与原因和作用的对比关系漠不相关,并且把它当作是一个外在的对比关系。

b.已规定的因果性对比关系

1. 原因在其作用中的自身**同一性**意味着扬弃它自己的权力和否定性,因此是一个与形式区别漠不相关的统一体,即**内容**。——所以,内容仅仅**自在地**与形式(这里即因果性)相关联。在这种情况下,二者被设定为**有差异的**,而当形式与内容相对立,本身仅仅是一个直接现实的因果性,一个**偶然的**因果性。

再者,内容作为已规定的东西,本身就是一个有差异的内容;而原因从它的内容来看是已规定的,随之同样是一个作用。——由于经过反映的存在在这里也是直接的现实性,所以内容虽然是**现实的**实体,但却是**有限的实体**。

现在这个情况就是**在其实在性和有限性中的因果性对比关系**。它作为形式化的东西,是绝对权力的无限对比关系,其内容则是纯粹的展现或必然性。反之,作为有限的因果性,它具有一个**给定的**内容,并且作为一个外在的区别在这个同一性东西身上将自身耗尽,后者在其各种规定中是同一个实体。

[226]　　基于**内容的同一性**,这个因果性是一个**分析命题**。**同一个事情**有时候呈现为原因,有时候呈现为作用,在那里呈现为独特的持存,在这里呈现为一个他者身上的已设定的存在或规定。既然这些形式规定是**外在的反映**,那么从事情来看,这其实是一个**主观知性的同语反复的考察**,即把一个现象规定为作用,然后由之出发攀升到它的原因,以便理解它和解释它;只有同一个内容在重重复复;人们在原因里并不比在作用里找到更多的东西。——比如,雨水是潮湿的原因,潮湿是雨水的作用;——"雨水造成潮湿",这是一个分析命题;那是雨水的水,也是潮湿;作为雨水,这个水仅仅位于一个独自的事情的形式中,反之作为水性或潮湿,它是一个形容词,一个已设定的东西,这个东西不再应当本身就具有自己的持存;对水而言,一个规定和另一个规定一样,都是外在的。——同理,**这一个**颜色的原因是一个着色的东西,一种**颜料**,后者作为同一个现实性,有时候位于一个活动者的外在于它的形式中,亦即与一个与它有差异的活动者外在地结合在一起,有时候却是位于一个作用的同样外在于它的规定中。——**行为**的原因是一个活动主体的内在意念,但行为作为这个意念通过行动而获得的外在定在,是同一个内容和价值。当一个物体的**运动**被看作是作用,运动的原因就是一个**推力**;但在推动之前和之后,运动的定量是同一的,进行推动的物体所包含的实存也是同一的,并且被传递给被推动的物体;前者传递了多少,本身就失去了多少。

　　诚然,原因(比如画家或进行推动的物体)还具有**其他内容**;前者所具有的,不止是颜色以及一个把颜色结合为画面的形式,后者所具有的,[227]　不止是一个有着特定强度和方向的运动。只不过,这些别的内容是一个偶然的附带物,与原因毫不相干;不管画家此外还具有什么品质,这些都和他是这幅画的作者没有任何关系,——这些品质不会出现在这幅画里面;在他的各种特性里,只有那个在**作用**中呈现出来的东西,才在他那里**作为原因**而存在着,而从余下的那些特性来看,他并不是原因。同理,无论进行推动的物体是石头还是木头,是绿色的还是黄色的等等,这些都没有出现在它的推动里面;它不是由于这些情况才成为原因。

考虑到因果性对比关系的**这个同语反复**,必须指出,如果人们为一个作用给出的不是最近的原因,而是**遥远的原因**,那么这个关系看起来就没有包含着同语反复。位于根基处的事情在经历诸多中间环节的时候发生了形式上的变化,这个变化掩盖了事情同时保持着的那个同一性。在事情和最终的作用之间出现了许多原因,与此同时,事情把这些原因与其他事物和背景联系在一起,因此不是那个最初被宣称为原因的东西,毋宁只有作为这些原因的**集合**,才包含着完整的作用。——所以,假若一个人之所以获得一些有利于他的天赋发展的情景,是由于他的父亲在战场上被一颗子弹射中身亡,那么可以说,这个射击(或者进而回溯到战争乃至战胜的原因,如此以至无限)是那个人的才能的原因。但很显然,真正的原因并不是那个射击本身,毋宁只是射击和其他一些发挥作用的规定的联系。或更确切地说,射击根本不是原因,毋宁只是一个隶属于**各种可能情景**的个别**环节**。

尤其值得注意的是另外一个做法,即把因果性对比关系**不合法地应用到自然的一有机的生命和精神性生命的对比关系上面**。正如这里表明的,那被称作原因的东西,当然具有一个不同于作用的内容,但**这是因为**,那个作用于生命的东西,是由生命独立地规定、改变并转化的,**因为生命不容许原因来到它的结果中**,也就是说,生命把原因作为原因扬弃了。同理,我们不能说营养是血液的**原因**,也不能说这顿饭、寒冷和潮湿是发烧的**原因**等等;我们不能宣称爱奥尼亚的气候是荷马史诗的**原因**,或恺撒的野心是罗马共和制毁灭的原因。在**历史**里面,全部精神性群体和个体都处于交互作用和交互规定之中;但精神的本性比一般意义上的生命特性还具有高得多的意义,因为精神不是**把另一个原初东西接纳到自身之内**,或者说精神不允许一个原因延续到它之内,而是使原因发生中断和转

[228]

化。——当然,这些情况属于**理念**,要到了理念那里再来考察。——但这里还可以指出的是,即使容许那种非本真意义上的原因和作用的对比关系,但不管怎样,作用都不能**大于**原因,因为作用无非是原因的展现。历史里面有一个常见的笑话,即让**伟大的作用产生自一些微小的原因**,并且**把奇闻轶事**引述为一个全面而深刻的事件的第一原因。但这种所谓的原因只能被看作是一个**机缘**或**外在激励**,殊不知事件的**内在精神**根本不需要这个机缘,或者说它本来能够使用无数的机缘,以便从现象中的它们开始,发展自身并展现自身。反过来毋宁说,某些东西正因为**已经被精神规定为**它的机缘,所以本身就是渺小的和偶然的。历史的那种**阿拉伯式绘** [229] **画**就是用一根细长的茎秆勾勒出一个巨大的形态,这确实是一个机智的、但极为肤浅的手法。虽然总的说来,这种由小生大的情况是精神在针对外在的东西时采用的一个颠倒,但正因如此,这个外在的东西不是**精神里面的原因**,换言之,这个颠倒本身就扬弃了因果性对比关系。

2. 但因果性对比关系的这个**规定性**——内容和形式是有差异的漠不相关的——还会延伸;**形式规定**也是**内容规定**;因此对比关系的双方(即原因和作用)也是**另一个内容**。换言之,正因为内容仅仅是一个形式的内容,所以它本身就具有内容和形式的区别,并且在本质上就是有差异的。但由于它的形式是因果性对比关系,即一个在原因和作用中保持同一的内容,所以有差异的**内容**一方面**外在地与原因**结合,另一方面**外在地与作用**结合;这样一来,它本身**并未出现在作用活动和对比关系里面**。

因此这个外在的内容是和对比关系无关的,——**一个直接的实存**;换言之,正因为它作为内容而言,是原因和作用的**自在存在着的**同一性,所以它也是**直接的、存在着的**同一性。这个内容是**某一个物**,具有它的定在的杂多规定,而在**别的情况下**,它也是物的规定,即从**某一个角度来看**,既是原因,也是作用。原因和作用之类形式规定把物本身当作它们的**基体**,亦即当作它们的本质性持存,而每一个形式规定都是特殊的持存,——因为它们的同一性是它们的持存;——与此同时,物是它们的直接的持存,但不是它们作为形式统一体或对比关系的那种持存。

但这个物不仅是基体,而且是实体,因为它只有**作为对比关系的持存**,才是一个同一的持存。再者,这个实体是**有限的**实体,因为它被规定为与直接的实体,与它的原因性(Ursächlichkeit)**相对立**。但与此同时,它具有因果性,因为它同样只有作为这个对比关系,才是一个同一的东西。——现在,作为原因,这个基体是一个否定的**自身**关联。但**第一**,它 [230] 与之相关联的"自身"是一个已设定的存在,因为它被规定为**直接现实的**东西;这个已设定的存在作为内容而言,是一般意义上的某一个规定。——**第二**,对基体而言,**因果性是外在的;因此因果性本身就构成了基体的已设定的存在**。现在,既然它是原因性实体,那么它的因果性就在于以否定的方式与自身相关联,亦即与它的已设定的存在和外在因果性相关联。所以,这个实体的作用活动就是从一个外在的东西出发,然后摆脱这个外在的规定,而它的自身回归就是保留它的直接的实存,扬弃它的已设定的实存,随之扬弃它的一般意义上的因果性。

所以,一块自己推动自己的石头是原因;它的运动是它所具有的一个规定,但除此之外它还包含着另外许多规定,比如颜色、形态等等,这些规定并没有出现在它的原因性里面。正因为它的直接的实存脱离了它的形式关联(即因果性),所以因果性是一个**外在的东西**;它的运动以及它在运动中获得的因果性对它来说仅仅是一个**已设定的存在**。——但因果性也是**它自己的因果性**;其体现是,它的实体式实存是它的同一的自身关联;但这个自身关联如今被规定为已设定的存在,因此同时是一个**否定的自身关联**。——它的因果性指向自身,把自身当作已设定的存在或一个外在的东西,因此这个因果性在于扬弃外在的东西并通过**远离外在的东西**而返回自身,从而**不是在其已设定的存在中**达到自身同一,而是仅仅重建**它的抽象的原初性**。——换言之,雨水是潮湿的原因,后者和前者是同一个水。这个水之所以被规定为雨水和原因,在于这个规定是由水之内的一个他者所设定的;另一个力,或者不管它是什么东西,把水提到空中并聚集到一定数量,于是它们的重力使水落下来。它和地面的距离对于 [231] 它的原初的自身同一性(亦即重力)而言是一个陌生的规定;它的原因性在于清除这个规定并重建那个同一性,随之必须也扬弃它的因果性。

现在考察的因果性的**第二个规定性**与**形式**有关;这个对比关系相当于一个**外在于自身的因果性**,或者说相当于这样一个**原初性**,它在其自身同样是**已设定的存在**或**作用**。相互对立的规定在**存在着的基体里的这个联合**构成了原因和作用的**无限回溯过程**。——作用被当作开端;作为作用,它有一个原因,这个原因又有一个原因,如此以往。为什么原因又有一个原因? 也就是说,既然某一方之前已经被规定为原因,为什么**同样是这一方**,现在又被规定为**作用**,随之要追问一个新的原因呢? ——就是因为原因是一般意义上的一个**有限的**、**已规定的东西**;它被规定为形式的**某一个环节**,与作用相对立;因此它是在自身之外具有它的规定性或否定;但恰恰在这种情况下,它本身是**有限的**,**本身就具有自己的规定性**,从而是**已设定的存在**或**作用**。原因的这个同一性也是被设定的,但这是一个**第三者**,一个直接的基体;因果性之所以是外在于自身的,就是因为在这里,它的**原初性**是一个**直接性**。所以,形式区别仅仅是最初的**规定性**,尚且不是**被设定为规定性的规定性**,而是一个**存在着的异在**。一方面,有限的反映止步于这个直接的东西,同时清除了它的形式统一体,让它在**一个角度**下是原因,在**另一个角度**下是作用;另一方面,这个反映把形式统一体放置到无限者里面,然后通过恒久的推进表明自己没有能力达到和掌握形式统一体。

[232]

至于**作用**,直接也是同样的情况,或更确切地说,**从作用到作用的无限演进过程**和**从原因到原因的回溯过程**完完全全是同一回事。在这个回溯过程中,**原因转变为作用**,后者又有**另一个原因**;反之也是如此,**作用转变为原因**,后者又有**另一个作用**。——上述已规定的原因以一个外在性为开端,而且它在它的作用中不是**作为原因**而返回到自身之内,毋宁说,因果性在这个过程中已经消失了。但反过来,作用到达一个基体,后者是实体,或者说是一个原初地与自身相关联的持存;因此在基体那里,这个**已设定的存在转变为已设定的存在**;也就是说,当实体里面设定一个作用,实体就表现为原因。第一个作用,即那个**外在地**与实体接触的已设定的存在,相比于第二个从实体产生出来的作用而言,是一个他者;也就是说,第二个作用被规定为实体的自身内反映,而第一个作用则是被规定为实体那里的外在性。——但在这里,因为因果性是一个外在于自身的原因性,所以它在它的作用中同样没有返回到自身之内,而是在其中转变为外在的东西,——它的作用再度转变为基体(作为另一个实体)那里的已设定的存在,但实体同样使已设定的存在成为已设定的存在,或者说展现自身为原因,再度把它的作用从自己那里排斥出去,如此以往,直至恶劣的无限者。

3. 现在需要看看,通过已规定的因果性对比关系的运动,已经形成了什么东西。——形式化的因果性在作用里消融了;这样一来,就已经形成了这两个环节的同一的东西;但它仅仅自在地是原因和作用的统一体,而形式关联对它来说是外在的。——在这种情况下,这个同一的东西直接地按照直接性的两个规定来说,第一相当于自在存在,即一个内容(因果性在那里以外在的方式消散了),第二相当于一个实存着的基体,而原因和作用是作为区分开的规定而附着在它身上。自在地看来,原因和作用在基体中是合为一体的,但由于这个自在存在或形式的外在性的缘故,每一方都是位于自身之外,从而在它与对方的统一体中也被规定为对方的他者。就此而言,虽然原因具有一个作用,同时本身就是作用,作用不仅具有一个原因,而且本身也是原因,但具有原因的作用和是原因的作用还是有差异的,——同理,具有作用的原因和是作用的原因也是有差异的。

[233]

但通过已规定的因果性对比关系的运动,出现了这个情况,即原因不仅在作用中消融了,随之作用也消融了,如同在形式化的因果性里那样,而且原因在消融的同时又在作用中形成了;作用在原因里消失了,但同样又在原因中形成了。这两个规定里的每一方都在进行设定时扬弃自身,并且在进行扬弃时设定自身;这里呈现出的不是因果性从一个基体到另一个基体的外在过渡,毋宁说,因果性之转变为他者同时是它自己的设定活动。也就是说,因果性预先设定自身,为自身提供条件。之前仅仅自在存在着的同一性,基体,如今**被规定为一个预先设定**,或者说**被设定为**与发挥作用的因果性**相对立**,至于之前那个仅仅**外在于**同一的东西的**反映**,如今也和这个东西处于**对比关系**之中。

c.作用和反作用

因果性是一个**进行预先设定**的行动。原因是**有条件的**;它是否定的自身关联,把自己当作预先设定的东西或外在的他者,这个他者**自在地看来**(而且只有**自在地看来**)是因果性本身。正如我们已经看到的,形式化的因果性过渡到**实体式同一性**,后者如今把自己规定为前者的否定者并**与之相对立**。换言之,这个否定者和因果性对比关系的实体是同一个东西,但这个实体又与偶附性的权力(作为**实体性活动**本身)相对立。——

[234]   这是一个**被动的**实体。——直接的东西,或者说那些虽然自在地存在着,但并非**自为地**存在着的东西,是**被动的**,换言之,纯粹的存在或那个仅仅位于**抽象的自身同一性**这一规定性中的本质是被动的。——与被动的实体相对立的,是那个以否定的方式与自身相关联的实体,即**发挥着作用**的实体。这个实体是原因,因为它在已规定的因果性里已经通过其自身否定而从作用里重建自身,成为一个他者,并且在它的异在里或者说作为直接的东西在本质上表现为**设定者**,并且通过它的否定而达到自身中介。因此在这里,因果性不再具有它曾经**附着**其上的**基体**,它也不再是一个与这个同一性相对立的形式规定,毋宁本身就是实体,换言之,原初东西仅仅是因果性。——**基体**是因果性为自己预先设定的一个被动的实体。

这个原因**发挥着作用**;因为它是一个**针对自身**的否定权力;与此同时,它是它自己所**预先设定的东西**;在这种情况下,它把自己当作一个**他者**(亦即当作**被动的实体**),对其发挥作用。——第一,它扬弃了被动实体的**异在**,并且在被动实体中返回到自身之内;**第二**,它**规定着**被动实体,把"扬弃它的异在"或"自身回归"设定为一个**规定性**。因为这个已设定的存在同时是原因的自身回归,所以它首先是**原因的作用**。但反过来,因为原因在预先设定自身的时候把自己规定为一个他者,所以它是在**另一**

个实体亦即被动实体里面设定作用。——换言之,正因为被动实体本身
是一个**双重的东西**(既是一个独立的他者,也是一个**预先设定的**、并且自
在地已经与发挥着作用的原因达到同一的东西),所以它所发挥的作用
本身也是一个双重的东西;这个东西是两个情况的合一体:一方面,原因
扬弃了它的**已规定的存在**,亦即扬弃了它的条件,或者说扬弃了被动实体
的独立性,——另一方面,原因扬弃了它与被动实体的同一性,随之**预先
设定了**自身,或者说把自己设定为一个**他者**。——通过后面这个环节,被
动实体得以**保留**;在这种情况下,起初那个对于被动实体的扬弃看上去是
这样的,即在被动实体那里,只有某些规定被扬弃,而且被动实体与原因 ［235］
在作用中达到的同一性是外在地发生的。

　　就此而言,原因遭受着**暴力**(Gewalt)。——暴力是**权力的现象**,或者
说是那个**作为外在的东西的权力**。但是,只有当原因性实体在发挥作用
(亦即设定自身)的同时进行预先设定(亦即把自身设定为已扬弃的东
西),外在的东西才是权力。因此反过来同样可以说,暴力的活动就是权
力的活动。暴力原因仅仅对它自己所预先设定的一个他者发挥着作用;
它的这个作用是一个否定的**自身关联**,或者说是**它自身**的展现。如果独
立者仅仅是一个**已设定的东西**,一个在自身内中断的东西,那么它就是被
动的,——是这样一个现实性,它是条件,而且是真正意义上的条件,也就
是说,这个现实性仅仅是一个可能性;或者反过来说,如果一个**自在存在**
仅仅**被规定为自在存在**,那么它就是被动的。就此而言,那个遭受暴力的
东西不仅可能遭受暴力,而且**必定**遭受暴力;一个东西之所以能够对他者
施加暴力,仅仅因为这是它的权力,这个权力**展现着**自己和他者。被动实
体通过暴力只不过是**被设定为**它真正所是的东西,也就是说,正因为它是
单纯的肯定者或直接的实体,所以它只能是一个**已设定的东西**;作为条
件,它是一个"**预先**"(Voraus),但这个直接性的映象被发挥着作用的因
果性从它那里剥离掉了。

　　所以,当被动实体遭受另一个暴力的影响,这完全是正当的。它所**失
去**的是那个**直接性**,那个**对它而言陌生**的实体性。它所**获得的陌生规定**

（亦即成为一个**已设定的存在**）是它自己的规定。——现在，由于它是在它的已设定的存在或**它自己的规定**中被设定的，所以在这种情况下，它不但没有被扬弃，反而**与自身融合**，亦即**在受到规定的同时成为原初性**。——因此，一方面，被动实体通过主动实体而**被保留**或**被设定**，——也就是说，主动实体使自己成为已扬弃的实体——，另一方面，**被动者本身的活动**恰恰在于与自身融合，随之使自己成为原初东西，成为**原因**。"通过一个他者而**被设定**"和"**自己发生转变**"是同一回事。

现在，当被动实体本身颠倒为原因，**第一**，作用就在其中被扬弃了；它的一般意义上的**反作用**就是基于这一点。**自在地看来**，它是已设定的存在，相当于被动实体；也就是说，已设定的存在也已经通过被动实体之内的另一个实体而被**设定**下来，因为被动实体本身也受到了另一个实体的作用。因此被动实体的反作用同样包含着一个双重性：首先，被动实体**自在地**是什么东西，就**被设定**为什么东西；其次，不管它**被设定**为什么东西，这个东西都呈现为它的**自在存在**；它**自在地**是已设定的存在，因此本身受到另一个实体的作用；但反过来，这个已设定的存在是**它自己的**自在存在，因此这是它自己的作用，而它本身则是呈现为原因。

第二，反作用所针对的是**第一个发挥着作用的原因**。也就是说，此前被动实体在自身之内扬弃的那个作用，恰恰是第一个原因的作用。但原因只有在其作用中才具有自己的实体式现实性；只要作用被扬弃，那么它的原因性实体性也就被扬弃了。首先，这件事情是**自在地通过自身**而发生的，因为原因把自己改造为作用，于是在这个同一性里，它的否定的规定消失了，它转变为被动的东西。其次，这件事情是**通过那个此前被动的**、现在却回头发挥作用的实体而发生的，因为它扬弃了原因的作用。——在**已规定的因果性**里，受到作用的实体虽然重新转变为原因，随之针对"它自身之内被设定了一个**作用**"这件事情而发挥作用，但它并不是回头针对那个原因而发挥作用，而是把它的作用重新设定在**另一个实体**中，而在这种情况下，就浮现出各种作用的无限演进过程，——在这里，正因为原因在其作用中起初只是**自在地**与自身同一，所以它一方面在一个**直接的**同一性中作为**静止的东西**消失了,另一方面在**另一个**实体中重新唤醒自己。——反之,在有条件的因果性里,原因在作用中是**与自身相关联的**,因为它是它自己的他者,只不过是作为条件或一个**预先设定的东西**,而这样一来,它之发挥作用就是**转变**,即设定他者和**扬弃他者**。

再者,原因在这种情况下表现为被动实体;但正如我们看到的,被动实体是通过原因性实体对它的作用而**产生出来**的。那个最初的原因首先发挥作用,在自身之内重新获得它的作为反作用的作用,从而重新作为原因而显露出来,而在这种情况下,那个在有限的因果性里流变为恶劣的无限演进过程的作用活动就**弯折回来**,转变为一个回归自身的或无限的**交互作用活动**。

C. 交互作用

有限的因果性里面有许多交互发挥作用的实体。**机械论**就是立足于因果性的这种**外在性**,即原因在其作用中的**自身内反映**同时是一个排斥性的**存在**,或者说,原因性实体在其作用中具有**自身同一性**,因此它始终直接地**外在于自身**,而作用已经过渡到另一个实体。现在,这个机械论在交互作用中被扬弃了,因为交互作用意味着:第一,**直接的**实体性**不再是**一个原初的**常驻不变**,第二,原因产生出来,因此原初性是通过它的否定而达到自身中介。

交互作用首先呈现为一些**预先设定的**、**互为条件的实体**的交互的因果性;每一个相对于另一个而言都**同时**是一个主动的和被动的**实体**。相应地,由于二者既是被动的也是主动的,所以它们的每一个区别都已经扬弃自身;区别是一个完全透明的映象;只有当它们是主动者和被动者的同一性时,它们才是实体。所以,交互作用本身仍然只是一个**空洞的样式和方式**,它仍然需要以外在的方式去统摄那些既是**自在的**,也是**被设定的东**西。首先,那些处于相互关联中的东西不再是**基体**,而是实体;在有条件的因果性的运动里,其余**预先设定的直接性**已经扬弃自身,只剩下**内在作**

[238]

用(Einwirkung)或自己的被动性给原因性主动性**提供条件**。其次,这个内在作用不是来自于**另一个**原初实体,而是恰恰来自于一个以内在作用为条件或**中介**的原因性。所以,这个起初附着于原因并构成其被动性方面的**外在东西**,是以**原因本身**为中介;它是通过原因自己的主动性而产生出来的,从而是一个**由原因自己的主动性所设定的被动性**。——因果性既是有条件的,也提供条件;**提供条件者**是**被动的**,但有条件者同样是**被动的**。这个提供条件的活动或被动性是原因的自身**否定**,因为原因在本质上把自己改造为**作用**,并恰恰因此是原因。换言之,**交互作用**仅仅是因果性本身;原因不仅**具有**一个作用,而且它在作用中是**作为原因**而与自身相关联。

这样一来,因果性已经返回到**它的绝对的概念**,同时来到**概念本身**。它起初是实在的必然性或绝对的自身**同一性**,而这意味着,必然性的区别和那些在因果性里面相互关联的规定(即实体)是一些彼此而言**自由的现实性**。在这种情况下,**必然性是内在的同一性**;因果性是这个同一性的展现,与此同时,它的那个映象,亦即**实体式异在**,已经扬弃自身,而必然性也已经提升为**自由**。——在交互作用里,原初的因果性既呈现为从它的否定或被动性那里的**产生**,也呈现为在它的否定或被动性中的**消灭**,亦即呈现为一个**转变**;但与此同时,这个转变同样只是**映现**;过渡到他者意味着自身内反映;原因的根据是**否定**,而否定是原因的**肯定的自身融合**。

这样一来,必然性和因果性已经在交互作用中消失了;它们包含着两个东西:一个是**直接的同一性**(作为**联系**和**关联**),另一个是**有区别的东西的绝对的实体性**,即这些东西的绝对的**偶然性**,——它们是实体式差异性的原初的**统一体**,因而包含着绝对的矛盾。必然性是那个**因为**存在着,所以存在着的**存在**,——它是存在的自身统一体,把自己当作**根据**;但反过来,正因为它有一个根据,所以它不是存在,毋宁完全只是**映象**、**关联**或**中介活动**。因果性是这个**已设定的过渡**,即从原初的存在(**原因**)过渡到映象或单纯的**已设定的存在**,反过来又从已设定的存在过渡到原初性;但存在和映象的**同一性本身**仍然是**内在的必然性**。这个**内在性**或这个自在存在扬弃了因果性的运动；相应地，处于对比关系中的各方的实体性也消失了，而必然性揭开自己的面纱。必然性之所以转变为**自由**，不是因为必然性消失了，而是因为只有它的**内在的同一性**展现出来，——这个展现是有区别的东西的内在的同一个运动，是严格意义上的映象的自身内反映。——与此同时，**偶然性**也转变为**自由**，因为从现在起，必然性的各个方面（它们在形态上是一些自由的、并未映现在彼此之内的现实性）被设定为同一性，而这意味着，自身内反映的这些总体性在其区别中也**映现为同一的**，或者说仅仅被设定为同一个反映。 [240]

就此而言，当绝对的实体作为绝对的形式自己区分自己，就不再把自己当作必然性而从自己那里排斥出去，它也不会作为偶然性而分裂为一些漠不相关的、彼此外在的实体，而是把自己**区分为两个方面**或两个总体性：一个是此前的被动实体，它是原初的东西，从规定性那里反映回自身之内，成为单纯的整体，而这个整体在自身内包含着它的**已设定的存在**，并且**被设定为一个在其中保持自身同一的东西**：这就是**普遍者**，——另一个是此前的原因性实体，它同样从规定性那里反映回自身之内，成为一个否定的规定性，后者作为**自身同一的规定性**，同样是整体，但被设定为**自身同一的否定性**：这就是**个别东西**。但直接地看来，只有当普遍者把**规定性**当作**已扬弃的规定性**而包含在自身之内时，换言之，只有当普遍者是作为否定者的否定者时，它才是自身同一的，正因如此，它和**个别性**是**同一个否定性**；——个别性同样是受到双重规定的东西，是作为否定者的否定者，正因如此，它直接地和**普遍性**是**同一个同一性**。它的这个单纯的同一性就是**特殊性**，后者在一个直接的统一体中包含着个别东西那里的"**规定性**"环节和普遍者那里的"**自身内反映**"环节。所以，这三个总体性是同一个反映，这个反映作为**否定的自身关联**把自己区分为前面两个总体性，同时把这当作是一个**完全透明的区别**，即已规定的单纯性或单纯的规定性，而这是它们的同一个同一性。——这就是**概念**，即**主观性**王国或**自由**王国。

逻辑学 II

第二部分　主观逻辑

第三卷　概念论

前　言

段落

[243]

　　逻辑的这个部分包含着**概念论**并构成了整体的第三部分①。为了照顾这门科学的某些朋友——相比前两个部分已经讨论过的其他逻辑对象,他们一向对于这里讨论的属于通常所谓的"逻辑"的素材具有更大的兴趣——,这部分也使用了**"主观逻辑的体系"**这一特殊的标题。——对于前两个部分,因为很少有前人的工作能够为我提供支持、素材和推进线索,所以我可以请求公正的评判者的谅解。至于当前的这个部分,我倒是可以出于一个相反的理由请求谅解,因为对于**概念**的逻辑而言,我们所面临的是一些完全现成的、牢固的、甚至可以说僵化的素材,而我们任务在于让它们流动起来,并且在这类僵死的材料里面重新点燃活生生的概念;如果说在一片荒野里建造一座新的城市是困难的,那么,当我们打算重新规划一座古老的、坚实建造的、通过持续的占有和居住而保存下来的城市时,即使建筑材料是足够的,我们也会遭遇更多其他类型的阻碍;在某些情况下,我们也必须毅然弃用许多在别的地方备受珍视的储备。

　　关键在于,对象本身的伟大可以让人谅解这个不完满的论述。因为,[244] 对于认识而言,还有什么对象比**真理**本身更为崇高呢? ——至于这个对象是否存在着,是否需要一个谅解等等,这些怀疑却是不能回避的,尤其

---

　　① 逻辑的这个部分作为《逻辑科学》(大逻辑)之"第二部"出版于1816年。因为第一部已经包含前两卷,所以黑格尔在这里可以指出这是"整体的第三部分"。——原编者注

当人们回忆起**彼拉多**①是在什么意义上提出"真理是什么呢?"这一问题——如诗人描述的那样:

> 他摆出宫廷侍臣的脸色,
>
> 鼠目寸光,却微笑着诅咒严肃的事情。②

　　那个提问所包含的意思可以被看作是一个彬彬有礼的因素,同时提醒大家:以认识真理为目标的做法是某种公认被放弃的、早就被解决的东西,甚至职业的哲学家和逻辑学家都承认真理是不可触及的!——但是,既然在我们这个时代,**宗教**对于事物、识见和行动等等的价值的追问(这个追问和刚才的那个提问从内容来说是同样的意思)重新要求更多的权利,那么哲学必定也会期待,当她首先在她的直接领域里重新确立自己的真正目标,而且哪怕堕落到其他科学的样式和方式及其对于真理的无欲无求之后,也仍然会努力提升自己重新走向那个目标,人们不要对此感到大惊小怪。这个尝试本身根本不需要请求谁的谅解;但考虑到这个尝试的具体实施,我还是可以请求一个谅解,因为这门科学需要并且值得一种完整而专注的努力,但我的公务关系和另外一些个人情况却使我在这里只能从事一些零零碎碎的工作。

纽伦堡,1816 年 7 月 21 日

---

　　① 彼拉多(Pontius Pilatus)是罗马帝国的犹太总督,逮捕并处死耶稣。据《新约·约翰福音》(18,37)记载,他问耶稣是否为王,耶稣回答说:"你说我是王,我为此而生,也为此来到世间,特为给真理作见证;凡属真理的人就听我的话。"而彼拉多的回应是:"真理是什么呢?"——译者注

　　② 参阅克洛普斯托克《弥赛亚》,《赞歌集》第七篇,第 254 行以下。——原编者注

概念通论

我们不可能直接指出什么是**概念的本性**,正如我们同样不可能直接提出任何一个别的对象的概念。大致说来,为了指出一个对象的概念,必须预先设定逻辑性(das Logische),于是后者既不应当再度预先设定别的什么东西,也不应当是一个推导出的东西,好比几何学里面的逻辑命题,它们从一开始就具有**公理**的形式,作为**非推导出的和不可推导出的**认识规定在这门科学里得到使用,并被应用到大小上面。现在,概念既应当被看作是一个主观的预先设定,也应当被看作是**绝对的根基**,但除非它已经把自己**改造**为根基,否则它不可能是这样的根基。抽象的直接东西确实是**最初的东西**;但它作为这个抽象的东西,毋宁是一个经过中介的东西,如果这个东西应当在其真理中得到理解把握,我们就必须首先在它那里寻找它的根基。所以,这个根基虽然必定是一个直接的东西,但事实上,它是通过扬弃中介活动而把自己改造为直接的东西。

从这个方面来看,总的说来,**概念**必须首先被看作是**存在和本质**或**直接的东西和反映**之后的**第三者**。就此而言,存在和本质是概念的**转变**的环节,而概念是它们的**根基和真理**,是它们沉没并包含在其中的**同一性**。因为概念是它们的**结果**,所以它们包含在概念之内,但不再作为**存在和本质**;只有当它们尚未返回到它们的这个统一体之内,才具有这些规定。

由此看来,那个以**存在**和**本质**为考察对象的**客观逻辑**真正构成了**概念的谱系学展示**(genetische Exposition)。确切地说,**实体**已经是**实在的本质**,或者说是那个与**存在**结合并进入现实性的**本质**。所以,概念把实体当作它的直接的预先设定,实体**自在地**是什么东西,概念就**展现**为什么东西。因此**实体**贯穿因果性和交互作用的**辩证运动**是一部直接的**概念谱系学**,通过这部谱系学,概念的**转变**呈现出来。但概念的**转变**和任何地方的转变一样,具有这样的意义:首先,这是一个反映,即过渡到它的**根据**;其次,之前的东西过渡到一个起初貌似是**他者**的东西,后者构成了前者的**真理**。就此而言,概念是实体的**真理**,而由于实体的已规定的对比关系方式是**必然性**,所以**自由**表明自己是**必然性的真理**,是概念的对比关系方式。

实体自己的、必然的形式规定在于**设定那自在且自为地存在着的东西**;概念如今是**存在**和**反映**的绝对统一体,而这意味着,只有当**自在且自为的存在**同样是**反映**,它才是自在且自为的存在,或者说只有当**已设定的存在**同样是**自在且自为的存在**,它才是已设定的存在。——这个抽象的结果是通过它的具体谱系学的呈现而得以澄清的;这部谱系学包含着概念的本性,因此它必须先行于对概念的讨论。相关展示在客观逻辑的第二卷里已经有详细讨论,但这里不妨简要概述其主要环节:

实体是**绝对者**,是自在且自为地存在着的现实东西,——"自在"意味着,实体是可能性和现实性的单纯同一性,即一个绝对的、在**自身**之内包含着全部现实性和可能性的本质,——"自为"意味着,这个同一性是绝对的**权力**,或者说一个完全与自身相关联的**否定性**。——以上环节设定了实体性的运动,而这个运动在于,

1. 实体作为绝对的权力或一个与自身相关联的**否定性**,把自己区分
[247] 为一个对比关系,在其中,那些起初完全单纯的环节相当于**实体**和原初的**预先设定**。——它们的已规定的对比关系是**被动**实体和**主动**实体的对比关系,其中前者是单纯的**自在存在**的原初性,这个自在存在是无权力的,并不设定自身,毋宁只是原初的**已设定的存在**,后者是一个**与自身相关联**的否定性,它作为这样的否定性,把自己设定为一个他者,并且**与这个他者**相关联。但这个他者恰恰是被动实体,而主动实体在其原初的权力中把它**预先设定**为自己的条件。——这个预先设定可以这样理解:首先,实体本身的运动最初是处于它的概念的一个环节(亦即**自在存在**)的形式之下,其次,那些处于对比关系中的**实体**的规定性也是这个**对比关系本身**

的规定性。

2. 另一个环节是**自为存在**,换言之,权力把**自己**设定为一个**自己与自己**相关联的否定性,并通过这个方式重新扬弃了**预先设定的东西**。——主动实体是**原因**;它**发挥着作用**,也就是说,它之前是进行预先设定,如今是进行设定,于是 a)权力同时获得了权力的**映象**,已设定的存在同时获得了已设定的存在的**映象**。那个预先设定的**原初东西**在因果性里通过**与他者的关联**转变为它自在地所是的东西;原因带来作用,而且是在另一个实体那里带来作用;现在,它是一个**与他者相关联**的权力,于是**显现为**原因,但它只有通过这个**显现才是**原因。——b)被动实体受到作用,于是它现在也显现为**已设定的存在**,但它只有在这个显现里才是被动实体。

3. 但这里**显现出来**的,除了上述情况之外,还有更多情况,亦即:a)原因作用于被动实体,**改变**了后者的规定;但被动实体是已设定的存在,它那里本身就没有什么可以改变的东西;但它所获得的另一个规定是原因性;于是被动实体转变为原因、权力和活动。b)被动实体受到的作用是由原因所**设定**的,但原因所设定的东西就是那个在发挥作用时保持自身同一的原因本身;恰恰是原因自己取代了被动实体。——就主动实体而言,同样也是如此:a)所谓原因发挥作用,就是指原因转移到作用中,后者是它的**他者**,一个已设定的存在;b)原因在作用中表现为它所是的那个东西;作用和原因是同一的,不是一个他者;因此原因在发挥作用的时候表明,已设定的存在是它在本质上所是的那个东西。——因此无论是从同一性关联来看,还是从**一方与另一方的否定的关联**来看,每一方都转变为自己的**反面**;所谓每一方转变为自己的反面,意思是,另一方,因此也可以说每一方,始终是**自身同一的**。——但这两个关联,同一性关联和否定的关联,是同一个关联;实体只有在它的反面中才是自身同一的,而这一点构成了两个已设定的实体的绝对同一性。通过发挥作用,也就是说,通过把自己设定为自己的反面(这同时是对于**预先设定的异在**亦即被动实体的扬弃),主动实体展现为原因或原初的实体性。反过来,当受

[248]

到作用时,已设定的存在就**展现为**已设定的存在,否定者**展现为**否定者,随之被动实体展现为一个**与自身相关联的否定性**,而原因在它的这个他者里面完全只是与自身融合。因此通过这个设定活动,**预先设定的或自在存在着的**原初性就转变为**自为的**原初性;关键在于,只有当设定活动同时**扬弃**了预先设定的东西,才会有这个自在且自为的存在,换言之,只有**出于它的已设定的存在,并且在它的已设定的存在中**,绝对的实体才已经返回自身,才是绝对的。就此而言,这个交互作用是一个再度扬弃自身的现象,是因果性映象的启示,在其中,原因**展现为映象之所以是映象**的原因。这个无限的自身内反映——自在且自为的存在只有作为已设定的存在才是自在且自为的存在——是**实体的完成**。但这个完成不再是**实体**本身,而是一个更高的东西,即**概念**或**主体**。实体性对比关系的过渡是通过它自己的内在必然性而发生的,无非是这个必然性的自身展现,也就是说,概念是这个展现的真理,而自由是必然性的真理。

[249]

之前在客观逻辑第二卷第 195 页①的注释里,我们已经指出,那种立足于并坚持**实体**立场的哲学是**斯宾诺莎的体系**。那里同时也指明了这个体系在形式以及内容方面的**缺陷**。但要**反驳**这个体系,这又是另一回事了。关于反驳一个哲学体系,我们在另一处地方同样已经一般地指出,必须破除一个扭曲的观念,即企图表明一个体系是完全**错误的**,仿佛**真实的**体系与错误的体系**只是相互对立的关系**。当斯宾诺莎的体系出现在当前的语境下,本身就显露出它的真实立场,以及它究竟是真实的抑或错误的这一问题。实体性对比关系是通过**本质**的本性产生出来的;因此这个对比关系及其在一个体系里拓展为一个整体的阐述是绝对者立足于其上的**一个必然的立场**。就此而言,我们不能认为这个立场仅仅是个人的意见或主观的、随意的表象方式和思维方式,仅仅是思辨的紊乱;毋宁说,思辨必然会走上这条道路,而在这个意义上,体系是完全真实的。——但它**不是最高的立场**。但即便如此,体系也不应当被看作是**错误的**或一个需要

———————————

① TWA6,195。——译者注

并且能够被**反驳**的东西;只有当它被当作最高的立场,才必须被看作是**错误的**。所以,**真实的**体系与它之间不可能只是**相互对立**的关系,因为否则 [250] 的话,与之对立的东西本身就是片面的。毋宁说,它作为更高的东西必须把从属的东西包含在自身之内。

再者,反驳必须不是来自于外部,也就是说,不是来自于一些位于体系之外,与体系并不符合的假设。我们根本不必承认那些假设;只有当一个人把某些基于缺陷的需要和要求当作出发点,**缺陷**才是缺陷。在这种情况下,人们曾经说过,如果一个人没有坚决地把具有自我意识的主体的自为的自由和独立性当作前提,那么对他而言斯宾诺莎主义就是不可反驳的。无论如何,像实体性对比关系这般如此崇高的、在自身内已经如此**丰富的**立场并没有忽视那些假设,而是也包含着它们;斯宾诺莎的实体的诸属性之一是**思维**。实际上,斯宾诺莎懂得如何瓦解并吸纳这些假设借以和他展开争论的各种规定,因此他让它们**在思维中**显现,但却是在一些适合于思维的样态中显现。外在反驳的唯一要害在于片面而固执地认为,那些假设的相反形式,比如思维着的个体的绝对的独立持存,既是与思维的形式相对立的,又在绝对的实体里被设定为与广延同一。真正的反驳必须承受对方的打击,在对方的火力范围之内与之较量;至于在对方外面攻击对方,在对方不在的地方主张权利,这些都不是事情本身所要求的。因此,对斯宾诺莎主义的唯一反驳就在于首先承认其立场是本质性的和必然的,然后让这个立场**从自身出发**,攀升到更高的立场。纯粹**自在且自为地看来**,实体性对比关系本身就会走向它的反面,即**概念**。所以, [251] 前一卷所含的实体的展示既然已走向**概念**,就是对斯宾诺莎主义的唯一真实的反驳。这个展示是实体的**剥露**(Enthüllung),而这个剥露就是**概念的谱系学**(Genesis des Begriffs),其主要关节已经在前面加以综述。——实体的**统一体**是它的**必然性**对比关系;但在这种情况下,它仅仅是**内在的必然性**;当它通过绝对的否定性这一环节**设定自身**,就转变为**已展现的**或**已设定的同一性**,随之转变为**自由**,亦即概念的同一性。概念,这个从交互作用中作为其结果而得出的总体性,乃是交互作用的**两个实**

体的统一体,于是从现在起,它们属于自由,因为它们所具有的同一性不再是一个盲目的,亦即**内在的东西**,毋宁说,它们在本质上已经被规定为**映象**或反映的环节,而在这种情况下,每一方都同样直接地与它的他者或它的已设定的存在相融合,并且每一方都**在自身之内**包含着它的已设定的存在,从而在它的他者那里完全只是被设定为自身同一。

因此在**概念**里,**自由**王国打开了。概念是自由的,因为那个**自在且自为地存在着的同一性**(它构成了实体的必然性)同时已经被扬弃,或者说同时是**已设定的存在**,而这个已设定的存在作为一个与自身相关联的东西,恰恰是那个同一性。那些处于因果性对比关系中的实体对彼此而言的晦暗性已经消失了,因为它们的原初的独立持存已经过渡到已设定的存在,从而转变为一种本身透明的**清澈性**;原初的事情只有作为**自因**而言才是这样的东西,而这就是一个**已获得自由并转变为概念的实体**。

由此立即得出概念的如下更具体的规定。正因为自在且自为的存在直接地是**已设定的存在**,所以概念在其单纯的自身关联中是一个绝对的**规定性**,然而这个规定性作为仅仅与自身相关联的东西,同样直接地是单[252] 纯的同一性。但规定性的这个**自身关联**,作为规定性的**自身融合**,同样是**规定性的否定**,而概念作为这个自身等同性,就是**普遍者**。但这个同一性同样具有否定性这一规定;它是一个与自身相关联的否定或规定性;这样一来,概念就是**个别东西**。二者都是总体性,每一方都在自身内包含着他者的规定,因此这两个总体性同样完全只是**同一个**总体性,正如这个统一体意味着它们自身分裂为二元性的自由映象——这种二元性通过**个别东西和普遍者**的区别而显现为完满的对立,但这个对立同样是一个**映象**,因此每当一方得到概念把握并被陈述出来,另一方就同时直接得到概念把握并被陈述出来。

以上所述必须被看作是**概念的概念**。既然这种意义上的概念看起来与人们通常所理解的"概念"有所偏差,我们就必须指明,为什么同一个东西既在这里体现为概念,也包含在别的观念或解释里面。一方面,无论如何,这绝不可能是一件基于常识的**权威**而得到证实的事情,因为在概念的科学里,概念的内容和规定只能通过一个**内在的演绎**而获得保证,这个演绎包含着概念的谱系学,已经是我们讨论过的。另一方面,自在地看来,我们必须在那个呈现为概念的概念的东西里认识到这里演绎出来的概念。问题在于,要搜寻出别人关于概念的本性所说的东西,这是很不容易的。因为在绝大多数情况下,他们根本不关心这个搜寻,并且假定,每一个人在谈到概念的时候都自明地理解概念是什么意思。最近以来,人们尤其觉得可以免除围绕着概念的操劳,正如曾经有一段时间,人们先是针对想象力,然后针对记忆,说尽一切可能的坏话,而在哲学里面,长久以来已经成为一个习惯(而且从某些方面看来现在也是如此),即把一切恶毒的责骂堆积在**概念**身上,一方面蔑视概念,惘然不知它是思维的最高者,另一方面却把**不可概念把握的东西**[不可理解的东西]和**非概念把握** [不理解]看作是科学领域和道德领域的巅峰。 [253]

　　我在这里仅仅提出一个注解,它能够帮助人们理解把握这里阐释的概念并更轻松地坚持这个立场。就概念生长为一个本身自由的**实存**而言,它无非是**自我**或纯粹的自我意识。自我确实**具有**某些概念,某些已规定的概念;但自我是纯粹的概念本身,后者作为概念已经来到**定在**。所以,当人们回想起那些构成自我的本性的基本规定,就可以假定,他们所回想起的是某种熟知的东西,即某种常见于观念的东西。**第一**,**自我**就是这个纯粹的、与自身相关联的统一体,但自我并非直接地就是如此,而是当它抽离全部规定性和内容,并返回到自由的、不受限制的自身等同性之后,才是如此。这时它是**普遍性**或这样一个统一体,后者只有通过那个显现为抽离活动的**否定的**表现才是一个自身统一体,随之把全部已规定的存在当作已瓦解的东西而包含在自身内。**第二**,自我作为一个与自身相关联的否定性,同样直接地是**个别性**,**绝对的已规定的存在**,这个东西与他者相对立,并且把他者排斥出去;这就是**个体的人格性**。那个绝对的**普遍性**同样直接地是绝对的**个别化**,并且是一个自在且自为的存在,但它又完全是已设定的存在,并且只有当它与**已设定的存在**形成统一体,才是**自在为自为的存在**,因此它同样构成了作为**概念**的**自我**的本性;如果不是同

207

时在其抽离活动和完满的统一体中理解把握上述两个环节,那么无论前一个环节还是后一个环节都不能得到概念把握。

[254]　　当人们按照通常的方式去谈论**自我所具有的知性**时,他们所理解的"知性"是一个**能力**或**特性**,它处于与自我的对比关系中,如同物的特性处于与**物本身**的对比关系中,——这里的"物"指一个无规定的基体,它并不是物的特性的真正根据和规定者。按照这个观念,我**具有**某些概念,而且我具有概念和我也具有上衣、颜色和其他外在特性没有什么区别。——康德已经超越了知性(作为概念的能力)和概念本身的这个外在的对比关系,走向自我。《纯粹理性批判》所包含的最深刻和最正确的洞见之一,就是认识到**那个构成了概念的本质的统一体**是统觉的原初的—综合的统一体,即"**我思**"或自我意识的统一体。——这个命题构成了所谓的对于范畴的**先验演绎**;它至今仍然被认为是康德哲学最困难的部分之一,——而这无非是因为,它要求人们超越那个单纯的**表象**(即以为**自我**和**知性**或概念与物及其特性或偶性是处在对比关系中),走向**思想**。——康德在《纯粹理性批判》第二版第 137 页说道:"**客体**是这样一个东西,在其**概念**中,**杂多东西**与一个给定的直观相结合。但表象的任何结合都要求表象的**综合**中的**意识统一体**。因此,唯有这个**意识统一体**才构成了表象与对象的关联,随之构成了表象的**客观有效性**……而**知性的可能性**本身也是立足于这一点。"在这里,康德区分出意识的**主观统一体**或表象的统一体,也就是说,我所意识到的一个杂多东西究竟是**同时的**抑

[255]　或**前后相继的**,这依赖于经验条件。反之他认为,表象的**客观规定**的原则只能从**统觉的先验统一体**原理中推导出来。这些客观规定(即范畴)规定着给定的杂多表象,使它们达到**意识统一体**。——按照这个阐述,正是由于概念的统一体,某东西才不是单纯的**感觉规定**、**直观**或单纯的**表象**,而是**客体**,而这个客观的统一体是自我的自身统一体。——对一个对象进行**概念把握**,无非是指自我把对象**据为己有**,渗透对象,并且使对象获得**其自己的形式**,亦即获得一个直接地是**规定性**的普遍性,或者说一个直接地是**普遍性**的规定性。无论是直观中的还是表象中的对象,都仍然是

一个**外在的**、**陌生的**东西。通过概念把握,对象在直观活动和表象活动中所具有的**自在且自为的存在**转化为一个**已设定的存在**;自我**在思维中**渗透了对象。只有在思维中,对象才是**自在且自为的**;而当对象处于直观或表象中,就是**现象**;思维扬弃了对象起初出现在我们面前时的**直接性**,随之把它改造为一个**已设定的存在**;但对象的这个已设定的存在就是**它的自在且自为的存在**,或者说是它的**客观性**。就此而言,对象是在**概念**中具有这个客观性,而概念是**自我意识的统一体**,已经把对象吸纳进来;因此,对象的客观性或概念本身无非是自我意识的本性,它仅仅把自我本身当作它的环节或概念,此外无他。

这样一来,"要认识到什么是**概念**,就得回想自我的本性"这一说法也通过康德哲学的一个主要命题而得到辩护。但反过来必须补充道,应当如前面叙述的那样去理解把握自我的**概念**。如果人们止步于自我的单纯**表象**,就像它浮现于我们通常的意识中那样,那么自我仅仅是一个单纯的**物**,这个物也被称作**灵魂**,而概念则是作为它所占有的东西或特性**附着** [256] 在它上面。这个表象封堵了对于自我和概念的理解,因此无助于更轻松或更确切地对概念进行概念把握。

刚才康德的那个阐述还包含着两个方面,它们与概念有关,必须加以进一步的解释。首先,**感觉的层次和直观的层次**被放在**知性的层次**之前,而康德的先验哲学的一个根本重要的命题是,**概念没有直观就是空洞的**,而且概念唯有作为通过直观而给定的**杂多东西的关联**才具有有效性。其次,概念被宣称为认识的**客观因素**,从而被宣称为**真理**。但另一方面,康德又认为概念是某种**纯粹主观的东西**,从中不可能**刨出**①(herausklauben)**实在性**,而他所理解的"实在性"是一种与主观性相对立的客观性;总的说来,他认为概念和逻辑性是某种单纯**形式化的东西**,这种东西因为抽离了内容,所以不包含真理。

---

① 黑格尔多次借用康德的这个术语对其加以讽刺,比如康德认为本体论论证就是从上帝的概念中"刨出"上帝的实存。参阅[德]黑格尔:《逻辑学》I,先刚译,人民出版社 2019 年版,第 69 页。——译者注

现在,**第一**,就**知性或概念**与那些在它之前预先设定的**层次**的关系而言,关键在于,究竟哪一种科学能够规定那些层次的**形式**。在我们的科学亦即纯粹**逻辑**中,这些层次是**存在**和**本质**。在**心理学**里,首先是**感觉和直观**,然后是一般意义上的**表象**被放置到知性之前。在作为意识理论的**精神现象学**里,是经过**感性意识**和**知觉活动**的层次才攀升到知性。而康德仅仅把感觉和直观放置到知性之前。这个层次阶梯是如此地**不完整**,连他自己都认识到了,所以他为先验逻辑或知性学说加了一个**附录**,即一篇关于**反映概念**的**论述**,——这是介于**直观**和**知性**或**存在**和**概念**之间的一个层面。

[257]

关于事情本身,**首先**需要指出的是,诸如**直观**、**表象**之类形态都是隶属于**具有自我意识的精神**,后者严格说来并未在逻辑科学中得到考察。诚然,存在、本质、概念等纯粹规定也构成了精神形式的根基和内在的单纯架构;精神在直接的存在这一规定性里**进行着直观**,相当于**感性意识**,而当精神**进行着表象活动**,就相当于**知觉意识**,这时它已经从存在的层次提升到本质或反映的层次。但这些具体形态和逻辑规定在自然界里采纳的具体形式一样,都和逻辑科学毫不相干,否则那些具体形式就会成为**空间和时间**,而那种作为**无机自然界**的自身充实的空间和时间也将会成为**有机自然界**了。同理,概念在这里也不应当被看作是具有自我意识的知性的活动,不应当被看作是**主观的知性**,毋宁说,它是自在且自为的概念,既构成了**自然界的一个层次**,也构成了**精神的一个层次**。生命或有机自然界是自然界的这样一个层次,概念在其中显露出来,但却是作为一个盲目的、未把握自身的、亦即未思考着的概念;只有精神才具有思考着的概念。但概念的逻辑形式既不依赖于概念的非精神性形态,也不依赖于概念的精神性形态;关于这一点,本书的**导论**已经作出必要的提醒;这个意义不能到了**逻辑**的内部才加以辩护,而是必须在逻辑**之前**就得到澄清。

[258]　　**第二**,不管那些先行于概念的形式会发生怎样的形态分化,关键在于我们如何**思考概念与这些形式的关系**。无论是通常的心理学观念还是康德的先验哲学,都假定这个关系是这样的,即经验的**材料**(直观和表象的

杂多东西)起初**独自存在着**,然后知性**凑过来**,把材料改造为**统一体**,并通过**抽象**而把材料提升到**普遍性**的形式。就此而言,知性是一个本身空洞的**形式**,它一方面通过那个**给定的**材料而获得实在性,另一方面又**抽离**了材料,亦即把材料当作某种对于概念毫无用处的东西**抛弃掉**。概念在这两个活动中都不是独立的东西,不是那个在先的材料的本质性东西和真相,毋宁说材料才是自在且自为的实在性,而这种实在性据说是不可能从概念中"刨出"的。

无论如何,我们必须承认,**严格意义上的概念**(Begriff als solcher)仍然不是完整的,而是必须被提升到**理念**,也只有理念才是概念和实在性的统一体;这是在探寻概念的本性时**本身**必然**得出**的结果。因为,概念赋予自身的实在性不可以作为一个外在东西而接纳下来,而是必须按照科学的要求从概念自身之内推导出来。真正说来,这种实在性不是那个通过直观和表象而给定的材料,哪怕后者相对于概念而言可以被当作**实在的东西**。人们经常说:"**这仅仅是一个概念。**"这时他们不仅把理念,而且把感性的、在空间和时间上触手可及的定在当作某种比概念更优越的东西而拿出来与之相对立。人们之所以认为**抽象东西**不如具体东西,据说是因为前者那里丢掉了如此之多的材料。在这个意见看来,抽离活动意味着,我们只是**出于主观的需要**才从具体东西那里提取出**这个或那个特征**,与此同时,哪怕对象的如此之多的其他**特性和状况**遭到抛弃,它们的**价值**和**尊严**也不应当有丝毫损失,毋宁说,它们作为**实实在在的东西**,只不过被放到另一边去,但始终是完全有效的,反倒是只有知性的**无能**才导致它不能接纳这样的财富,并且不得不满足于贫乏的抽象。现在,假若直观的给定的材料和表象的杂多东西被认为是一种与思想和概念相对立的实实在在的东西,那么我们必须摒弃这个观点,因为这不仅是哲学思考的条件,而且已经是宗教的前提;假若感性东西和个别东西的飘忽不定的、肤浅的现象仍然被当作是真相,怎么可能有宗教的需要和意义呢?关于感性存在的实在性究竟是什么意思,哲学提供了一个**经过概念把握**的洞见,她把感性意识的那些层次(感觉和直观等等)放置到知性的前面,把它们

[259]

当作知性的形成过程的条件,但这只不过意味着概念从**它们的辩证法和虚无性中**作为它们的**根据**显露出来,而不是意味着概念以它们的**实在性**为条件。所以,抽象思维并不是仅仅把感性材料放到一边去,仿佛后者的实在性不会因此有丝毫损失,毋宁说,它把感性材料作为单纯的**现象**而加以扬弃,并将其还原到那个仅仅在**概念**中展现自身的**本质性东西**。当然,假如那个取材于具体现象而纳入概念的东西只是用作**特征**或**符号**,那么它确实可以是概念的某个纯粹感性的、个别的规定,这个规定是基于某个外在的兴趣而从其他规定中选取出来的,而且和其余的规定具有同样的方式和本性。

[260]　　当前流行着一个根本的误解:既然**自然原则**或**开端**是**自然**的发展过程或个体的教化**历史**的出发点,那么它大概就是**真相**和**概念里的第一位的东西**。诚然,直观或存在从本性来说是第一位的东西或概念的条件,但它们并不因此是自在且自为的无条件者;毋宁说,在概念里面,它们的实在性扬弃自身,相应地,它们曾经具有的那个映象(即那个提供条件的实实在在的东西)也扬弃自身。假若事情的关键不在于**真理**,而是仅仅在于表象活动和显现着的思维所了解的**历史知识**,那么人们确实可以满足于如下叙述,即我们是以感觉和直观为开端,然后知性从杂多的感觉和直观里面提炼出一个普遍性或抽象东西;不言而喻,为了做到这一点,知性需要那个根基,而在表象活动看来,根基即便经历了这个抽离活动,也仍然具有其最初表现出来的整个实在性。但哲学不应当叙述那些发生的事件,而是应当认识其中的**真相**,进而从真相出发,对那些在叙述中显现为单纯事件的东西进行概念把握。

在关于"什么是概念"的肤浅观念里,全部杂多性都位于**概念之外**,而且概念仅仅具有抽象的普遍性或空洞的反映同一性的形式。针对这一点,首先已经可以提醒,哪怕是提出一个概念或**种**的定义——严格说来,种并不是纯粹抽象的普遍性——,也明确需要**属的规定性**。只要人们稍作反思,在思维中考察这句话的意思,就会很自然地把**区分活动**也看作是概念的一个同样根本重要的环节。康德已经通过"存在着**先天综合判**

断"这一至为重要的思想开启了这个考察。对于思辨的发展过程来说，统觉的这个原初综合是最深刻的原则之一；它包含着真正理解把握概念 [261] 本性的开端，并且与那种空洞的同一性或抽象的普遍性完全对立，因为后者在自身内根本不是一个综合。——尽管如此，这个开端缺失了相应的进一步的具体展开。单是"综合"这个说法就很容易使人们重新想到某些**自在且自为的分裂东西**的外在统一体和**单纯结合**。这样一来，康德哲学就仅仅止步于概念的心理反映，并且重新回到"概念始终以直观的杂多东西为条件"这一主张。康德之所以宣称知性认识和经验是一个**现象意义上的**内容，不是因为概念本身仅仅是有限的，而是出于一种心理学唯心主义的理由，即它们**仅仅**是一些来自于自我意识的规定。与此相联系的是，他宣称概念如果没有直观的杂多东西就是**无内容的**或**空洞的**，哪怕概念先天地就是一个**综合**，而在这种情况下，它其实本身就具有规定性和区别。既然综合是概念的规定性，随之是**绝对的规定性**，即**个别性**，那么概念就是全部有限的规定性和杂多性的根据和源泉。

概念作为知性而保留的形式化地位，在康德关于什么是**理性**的阐述中完成了。在思维的最高层次亦即理性里，人们本来应当期待，概念将丢弃它在知性的层次上仍然显现出来的有条件性，达到完满的真理。但这个期待落空了。康德把理性和范畴的关系规定为纯粹**辩证的**，甚至把这个辩证法的结果完全理解为**无限的无**，在这种情况下，理性的无限统一体也就失去了综合，随之失去了一个思辨的、真正无限的概念的上述开端；这个统一体变成了众所周知的、完全形式化的东西，即**系统的知性运用**的 [262] 单纯的**范导性统一体**。康德宣称，逻辑只应当是**评判的法规**，因此如果把它当作产生**客观知识**的**工具**，这就是一个滥用。再者，虽然人们一定会揣测理性概念具有一种更高的力量和更深刻的内容，但它们并不像范畴那样具有**建构意义**；它们是**单纯的理念**；人们当然**完全有权利**使用它们，但这些本应在自身之内揭示出全部**真理**的理知事物无非是一些**假设**，假若承认它们具有一个自在且自为的真理，这将是一件完全随意的和肆意妄为的事情，——因为它们**不可能出现在任何经验中**。——但人们真应该好好想想,难道这些理知事物只是因为缺失了空间和时间上的感性材料,哲学就可以剥夺它们的真理吗?

　　以上所述与另一个视角直接有关。它是人们考察概念和一般而言的逻辑规定的角度,并且在康德哲学里也像通常的那样被采纳:这就是**概念**以及**概念科学与真理的关系**。此前谈到康德的范畴演绎时,我们已经指出,按照这个演绎,**客体**作为直观的杂多东西的**联合**只有通过**自我意识的统一体**才是这样一个统一体。因此思维的客观性在这里被明确宣称为概念和物的同一性,而这就是**真理**。按照同样的方式,通常人们也承认,当思维把一个给定的对象据为己有,这个对象就因此发生了变化,从感性的对象转变为思维的对象,但这个变化不仅丝毫没有改变它的本质性,而且对象只有在其概念中才是在其**真理**中,反之在它的给定的直接性中,它仅仅是**现象和偶然性**,于是那个通过概念把握而获得的对于对象的认识就是对于**自在且作为的**对象的认识,而概念则是对象的客观性本身。但另一方面,康德又主张,**我们不可能认识事物自在且自为的样子**,**真理**对于**进行认识的理性**而言是**不可触及的**;那个立足于客体和概念的统一体的真理只不过是现象,而其理由仍然在于,因为内容仅仅是直观的杂多东西。关于这一点,我们已经提醒读者,即恰恰在概念里,就这个杂多性属于一个与概念相对立的直观而言,已经被扬弃了,而对象则是通过概念而返回到它的非偶然的本质性之内;这个本质性出现在现象中,正因如此,现象并非仅仅是单纯的无本质的东西,而是本质的展现。然而本质的已然完全自由的展现就是概念。——这里予以强调的命题不是什么独断的主张,因为它们来自于**本质**的整个发展过程,是一些自行显露出来的结果。当前的立场,作为这个发展过程的结果,就在于坚持**绝对者**的那个高于存在和本质的形式是**概念**。从这个方面来看,由于概念已经**统摄**存在和本质——这里也包括另外一些出发点那里的感觉和直观,它们曾经显现为概念的先行条件——,并且表明自己是**它们的无条件的根据**,所以现在就剩下**第二个方面**,而这是本书第三卷将要论述的内容,亦即呈现出概念如何在自身之内和之外重塑那个已经消失在它那里的实在性。我们当

[263]

然承认,如果认识仅仅止步于纯粹的、严格意义上的概念,那么它是不完整的,仅仅达到**抽象的真理**。但它的不完整不是在于它缺失了那种在感 [264] 觉和直观中给定的想当然的实在性,而是在于概念尚未给予自己**它自己的**从它自身那里制造出来的实在性。概念的绝对性是相对于经验材料而言的,并且在经验材料那里得到证实,或更确切地说,在概念的范畴和反映规定那里得到证实;这个绝对性在于,那个显现在概念**之外和之前**的概念并不具有**真理**,毋宁说,只有当概念处在它的理念性或它和概念的同一性中,才具有真理。从概念里**引申**出实实在在的东西(如果人们愿意把这叫作"引申"的话),这件事情在本质上首先在于,概念在其形式化的抽象中表明自己是不完满的,并且通过那个发源于它自身内的辩证法过渡到实在性,而在这种情况下,它虽然是从自身那里制造出实在性,但并没有重新堕落为它所面对的现成已有的实在性,甚至把某种非本质性的现象当作避难所,仿佛当它环顾四周找不到更好的东西时,就只能出此下策。——有一件事情始终是令人震惊的,即康德哲学一方面止步于思维和感性定在的关系,认识到这仅仅是单纯现象的纯粹相对的关系,并且非常爽快地承认并宣称二者的更高的统一体位于全部**理念**(比如一个进行直观的知性的理念)之内,另一方面又固守着那个相对的关系,坚持认为概念是、并且永远是和实在性完全分离的,——这样一来,那被康德哲学已经宣判为有限认识的东西,被当作**真理**,反之那曾经被它认识到是**真理**,并为其提出明确概念的东西,却被宣称为僭越的、不容许的东西,被宣称为思想物。

由于这里谈论的是**逻辑**和真理的关系,而不是一般意义上的科学和真理的关系,所以我们必须进而承认,前者作为**形式化的科学**,不可能、也不应当包含着那种作为哲学的下属部门(**自然哲学和精神哲学**)的内容 [265] 的实在性。相比于逻辑,这些具体的科学当然凸显为理念的更为实在的形式,但与此同时,它们并没有重新转向那个已经超越自己的现象并提升到科学的意识所抛弃了的实在性,也没有转而去使用范畴和反映规定之类形式(因为逻辑已经呈现出这些形式的有限性和非真实性)。毋宁说,逻辑表明**理念**已经提升到这样一个层次,从这里出发,理念成为自然界的创造者,过渡到一种**具体的直接性**的形式,但这种直接性的概念又打破了这个形态,以便作为**具体的精神**转变为它自己。但这些具体的科学具有并且保留着逻辑性或概念,把它当作它们的内在塑造者(innerer Bildner),正如以前是把它当作它们的先行塑造者(Vorbildner)。相比之下,逻辑本身确实是**形式化的**科学,但这是一门以**绝对形式**为对象的科学,它在自身之内是一个总体性,并且包含着**真理的纯粹理念本身**。这个绝对的形式在其自身就具有它的内容或实在性;就概念不是那种平庸的、空洞的同一性而言,它的否定性或绝对的规定活动这一环节本身就包含着各种区分开的规定;一般而言,内容无非是绝对形式的这样一些规定,——它是由绝对形式本身所设定、因而与绝对形式相契合的内容。——因此,绝对形式在本性上完全不同于通常的逻辑形式。它**本身自为地**已经是**真理**,因为这个内容与自己的形式相契合,或者说这个实在性与自己的概念相契合;它是**纯粹的真理**,因为内容的诸规定尚且不具有绝对的异在或绝对的直

[266] 接性这一形式。——当康德在《纯粹理性批判》第二版第 83 页针对逻辑而谈到"**什么是真理**"这一古老而著名的问题时,他首先**馈赠**给我们一个平庸无奇的名词解释,一个具有重大的、甚至最伟大的价值的定义,即"真理是认识与其对象一致"。但只要人们回想一下先验唯心论的那些基本主张,比如**理性认识**没有能力把握**自在之物**,**实在性绝对地**位于**概念**之外等等,就会立即发现,这种**没有能力**让自己与它的对象(自在之物)达到一致的**理性**,这种不能与理性概念达到一致的**自在之物**,这种不能与实在性达到一种的概念,这种不能与概念达到一致的实在性等等,全都是**不真实的观念**。假若康德能够坚持把那个真理定义应用到一个**进行直观的知性**的理念上面,他就不至于把这个表达出上述一致性的理念当作思想物,而是会当作真理来对待。

康德进而宣称:"人们所要求知道的,是**一个对任何认识而言都普遍而可靠的标准**;这个标准应当对全部认识而言都是有效的,**不管认识的对象有什么区别**;但既然人们在这个标准那里抽离了**认识的全部内容**(亦

即认识**与它的客体的关联**），而**真理**恰恰与这个内容有关，那么去追问认识的**这个内容的真理**特征就是完全不可能和不合理的。"——这里非常明确地表达出了常人对于逻辑的形式化功能的看法，而且上述推理看起来是相当清楚的。但首先需要指出的是，这种形式化推理已经习惯性地在言谈中遗忘了它当作根基而谈论的那个事情。它认为，去追问认识的**内容的真理**标准乃是不合理的；——但从定义来看，那构成真理的东西， [267] 不是**内容**，而是内容与概念的**一致**。如果一个内容如这里谈论的那样**缺乏概念**，那么它就是一个无概念和无本质的东西；人们当然不可能去追问这样一个内容的真理标准，但理由正好相反，即这是因为内容作为一个无概念的东西并不是我们**所要求的那种一致**，毋宁只能是一个依赖于不真实的意见的东西。——我们不妨暂时把这个造成混乱的内容放到一边——形式主义总是陷入这个混乱，每每在进行澄清时说出它之前想要证明的东西的反面——，并且止步于"逻辑性仅仅是形式化的，并且抽离了全部内容"这一抽象的观点，这时我们就获得一个不应当包含任何对象的片面认识，一个空洞的、无规定的形式，它既不是什么**一致**——因为一致在本质上需要**两个东西**——，也不是什么真理。——在概念的先天**综合**那里，康德曾经提出一个更高的原则，借此帮助人们认识到一中之二，随之认识到真理所要求的那个东西；遗憾的是，感性材料或直观的杂多东西对的他影响太强大了，导致他不能从那里脱身，转而考察**自在且自为**的概念和范畴并达到一种思辨的哲学思考。

既然逻辑是一门以绝对的形式为对象的科学，那么这个形式化的东西**为了成为真相**，必须在其自身就具有一个与它的形式相契合的**内容**，尤其因为逻辑的形式化东西是纯粹的形式，所以逻辑的真相更必须是**纯粹的真理**本身。因此我们必须认为，这个形式化的东西在自身内具有无比丰富的规定和内容，同时对具体东西具有无比强大的影响，这些都远远超出了人们通常的想象。逻辑规律本身（这里完全排除了那些异质的东西， [268] 比如应用逻辑和其余的心理学—人类学材料），除了矛盾命题之外，通常被限定在一些涉及判断换位和推论形式的枯燥命题上面。这里出现的各种形式及其进一步的规定,仿佛只是从历史上继承下来的,至于它们是否自在且自为地是真相,却没有经受批判。比如,肯定判断的形式被当作某种自在地完全正确的东西,于是这样一个判断是否为真,就完全取决于内容。至于这个形式是否**自在且自为地**是真理的形式,其陈述的"个别东西是普遍者"这一命题是否内在地是辩证的等等,人们根本就没想到去研究。他们不由分说地断定,这个判断本身就能够包含着真理,而且每一个肯定判断所陈述的命题都是真的,哪怕我们一眼就看出,它缺失了真理的定义所要求的那个东西,即概念与其对象的一致;如果把这里的谓词(普遍者)当作概念,把主词(个别东西)当作对象,那么双方并不是一致的。如果**抽象的普遍者**作为谓词尚未构成一个概念,因为后者还需要更多的东西——正如这样的主词也不比一个语法上的主词更丰富——,那么,当一个判断的概念和对象并不一致,或者说,当一个判断既缺乏概念,也缺乏对象,它怎么可能包含着真理呢?——毋宁说,企图通过肯定判断乃至任何判断之类形式去把握真理,这才是**不可能**和**不合理**的事情。

[269] 同理,康德哲学并没有考察自在且自为的范畴,而是仅仅出于一个偏颇的理由——因为它们是自我意识的主观形式——就宣称它们是一些不可能包含着真相的有限规定,而在这种情况下,它更没有让概念的各种形式(即普通逻辑的内容)经受批判,而是把其中的一部分亦即判断的功能当作范畴的规定而接纳下来,把它们确立为有效的前提。假若康德在逻辑形式里看到的无非是思维的形式化功能,那么他当然应当去考察,这些形式在何种意义上本身就与**真理**相契合。如果一种逻辑做不到这一点,那么它的价值顶多在于对思维的既有现象进行自然史的描述。亚里士多德第一个进行了这种描述,这是他的一件无与伦比的功绩,因此我们必须对这位强大的精神致以崇高的敬意。但我们必须继续前进,一方面要认识到系统的关联,另一方面也要认识到各种形式的价值。

划　　分

　　经过以上考察，概念表现为**存在**和**本质**的统一体。本质是存在的**第一个否定**，存在因此转变为**映象**；概念是**第二个否定**，或者说是第一个否定的否定，因此是重建的存在，但却是表现为存在自身之内的无限中介活动和否定性。——因此在概念里面，存在和本质不再被规定为**存在**和**本质**，也不是仅仅处于这样一个统一体中，以至于每一方都在对方那里**映现**。既然如此，概念也不把自己区分为这两个规定。它是实体性对比关系的真理，存在和本质在其中达到了它们的充实的独立性和交互规定。**实体式同一性**表明自己是实体性的真理，但它同样并且仅仅是**已设定的存在**。已设定的存在是**定在**和**区分活动**；自在且自为的存在已经在概念里面达到一个与自身相契合的、真实的定在，因为那个已设定的存在就是自在为自为的存在本身。这个已设定的存在构成了概念自身之内的区别；因为已设定的存在直接地就是自在且自为的存在，所以概念的那些**区别**本身都是**整个概念**，——它们在其规定性中是普遍的概念，并且与它们的否定是同一的。 [270]

　　以上就是概念的概念本身。但这个情况**仅仅起初**是它的概念；——换言之，概念本身也**仅仅**是概念。概念是自在且自为的存在，但后者又是已设定的存在，换言之，概念是绝对实体，后者把区分开的诸实体的**必然性**启示为**同一性**，正因如此，这个同一性必须亲自设定它所是的那个东西。概念是经历了实体性对比关系的运动的各个环节而**形成**的，这些环节和那个随之呈现出来的实在性仅仅处于向着概念的过渡中；实在性尚且不是**概念自己的**实在性，不是一个从概念那里显露出来的规定；实在性

219

属于必然性的层面,而概念的实在性只能是它自己的**自由的**规定,即一个使概念在其中达到自身同一的定在,这个定在的诸环节也是概念,而且是由概念本身所**设定**的。

因此,**第一**,概念仅仅**自在地**是真理;正因为它**仅仅**是一个**内核**,所以它同样**仅仅**是一个**外观**。总的说来,它首先是一个**直接的东西**,而它的各个环节在这个形态里就形式而言是一些**直接的、固定的规定**。它显现为**已规定的概念**,显现为单纯**知性**的层面。——因为直接性这一形式仍然是一个不适合概念的本性的定在,而概念又是一个仅仅与自身相关联的**自由东西**,所以直接性是一个**外在的**形式,在这个形式里,概念不是表现为自在且自为的存在者,而是表现为**单纯已设定的东西**或一个**主观东**

[271] **西**。——"**直接的概念**"这一形态构成了一个立场,在这个立场看来,概念是一个主观的思维,一个位于**事情**之外的反映。因此这个层次构成了**主观性**或形式化的概念。这个概念的外在性体现为它的各个**规定**的固定**的存在**,于是每一个规定都独自作为孤立的、质的东西显露出来,仅仅与它的他者处于外在的关联中。但概念的**同一性**恰恰是那些规定的**内在的或主观的本质**,它把诸规定设定在一个辩证的运动中,于是它们的个别化扬弃自身,随之扬弃了概念和事情的分离,而**总体性**(亦即**客观概念**)则是作为它们的真理而显露出来。

第二,概念在其**客观性**中是**自在且自为地存在着的事情本身**。形式化的概念出于其必然的持续规定转变为事情,并通过这个方式失去了主观性和与之对立的外在性的对比关系。或者反过来说,客观性是一个**实实在在的概念**,它从自己的内在性那里显露出来,并且已经过渡到定在。——因此在与事情的同一性中,这个概念具有**它自己的和自由的**定在。但这仍然只是一个**直接的**自由,尚且不是**否定的**自由。当这个概念与事情合为一体,就**沉没**在事情中;它的各种区别是一些客观的实存,而它本身在这些实存中又成为**内核**。它作为客观定在的灵魂,必须给予自己以**主观性**的形式,而作为**形式化的**概念,它曾经**直接**具有这个形式;这样一来,它就在自由东西的**形式**里(它在客观性里尚未具有这个形式)与客观性相对立,并且在其中把它与客观性的同一性——**它自在且自为地作为客观概念就是与客观性同一的**——改造为一个同样**已设定的同一性**。

当这个概念达到完成,也就是说,当它在它的客观性中同样具有自由的形式,**充足的概念**就是**理念**。**理性**作为理念的层面乃是一个自行**剥露出来的真理**,在其中,概念具有一种完全与自身相契合的实在化,而当概念在它的主观性中认识到它的这个客观世界,并且在后者中认识到前者,它就是自由的。

第一篇　主观性

概念首先是**形式化的**概念,即处于**开端**的概念或**直接的**概念。——**第一**,在直接的统一体里,它的区别或已设定的存在本身起初是单纯的,仅仅是**一个映象**,而在这种情况下,区别的各个环节直接地是概念的总体性,并且仅仅是**严格意义上的概念**。

第二,因为概念是绝对的否定性,所以它发生分裂,把自己设定为它自身的**否定者**或**他者**;也就是说,正因为它起初只是**直接的**概念,所以这个设定活动或区分活动具有一个规定,即诸环节应当是**彼此漠不相关的**,每一个环节都应当独自存在着;概念的统一体在这个**分割**中仍然只是一个外在的**关联**。因此,当概念与自身作为**独立的**、被设定为**漠不相关**的环节相关联,就是**判断**。

第三,虽然判断包含着那个迷失在其独立环节中的概念的统一体,但这个统一体不是**被设定的**。为了成为已设定的统一体,需要经过判断的辩证运动,而判断在这个过程中已经转变为**推论**,成为一个完整地已设定的概念,因为在推论里,判断的各个环节被设定为**独立的**端项,而它们的**进行着中介活动的统一体**也被设定下来。

但由于这个**统一体**本身(作为发挥联合作用的**中项**)和**各个环节**(作为**独立的端项**)起初是**直接**相互对立的,所以这个出现在**形式推论**里的自相矛盾的对比关系扬弃自身,于是概念的**完整性**过渡到**总体性**的统一体,概念的**主观性**过渡到它的**客观性**。

第一章　概　念

通常人们把一般概念的能力表述为**知性**；就此而言，它有别于**判断力** [273] 和推论的能力（即形式化的**理性**）。但人们主要是把知性和**理性**对立起来，而在这种情况下，知性不是意味着一般概念的能力，而是意味着**已规定**的概念的能力，其中占据支配地位的是这样一个观念，即以为概念**仅仅**是一个已规定的东西。如果知性是在这个意义上有别于形式化的判断力和形式化的理性，那么它就必须被看作是**个别的**已规定的概念的能力。也就是说，判断、推论或理性本身作为形式的东西仅仅是一个**知性东西**，因为它们从属于抽象的概念规定性这一形式。但在这里，概念根本不是什么单纯抽象的已规定的东西；所以知性和理性的唯一区别在于，前者仅仅是一般概念的能力。

这个普遍的概念是当前的考察对象，它包含着三个环节：**普遍性**、**特殊性**和**个别性**。它在区分活动中给予自己的区别和规定构成了之前所说的**已设定的存在**这一方面。既然已设定的存在在概念里和自在且自为的存在是同一的，那么上述三个环节中的每一个都既是**整个概念**，也是**已规定的概念**，并且是概念的**一个规定**。

第一，它是**纯粹的概念**或"普遍性"这一规定。但纯粹的或普遍的概念同样只是一个**已规定的**或**特殊的**概念，一个与其他概念并列的概念。因为概念是总体性，也就是说，因为概念在它的普遍性或纯粹同一的自身关联中在本质上是规定活动和区分活动，所以它在自身之内具有一个尺度，通过这个尺度，它的自身同一性形式不但在自身之内渗透并且把握全 [274] 部环节，而且同样直接规定自己**仅仅**是一个与环节的区分性相对立的**普遍者**。

第二，通过这个方式，概念被设定为这一个**特殊的**或**已规定的**概念，与其他概念区分开。

第三, **个别性**是一个从区别那里反映回绝对否定性的概念。这同时是那样一个环节, 在其中, 概念从它的同一性过渡到它的异在, 转变为**判断**。

A. 普遍的概念

纯粹的概念是绝对意义上的无限者、无条件者和自由东西。在这里, 在这篇以概念为**内容**的论述开始的地方, 我们必须再一次回顾概念的谱系学。**本质**是从**存在转变**而来的, 而概念是从本质转变而来的, 因此也是从存在转变而来的。但这个转变意味着概念的自身**排斥**, 即**转变而来的东西**反而是**无条件者**和**原初的东西**。存在在过渡到本质时转变为一个**映象**或已设定的存在, 而这个向着**他者**的**转变活动**或过渡则是转变为一个**设定活动**, 反过来, **设定活动**或本质的反映已经扬弃自身, 把自己改造为一个**非设定的东西**, 一个**原初的**存在。概念渗透着这些环节, 也就是说, 质的东西和原初存在者仅仅是设定活动, 仅仅是自身回归, 而这个纯粹的自身内反映完全是一个**向着他者的转变**或规定性, 因此后者同样是一个无限的、与自身相关联的**规定性**。

所以, 概念只有作为否定之否定, 或者说作为否定性的无限的自身统一体, 才首先是一个**绝对的**自身同一性。概念的这个**纯粹的自身关联**(这个关联在于通过否定性而设定自身)就是概念的**普遍性**。

[275]

普遍性既然是一个极为**单纯的**规定, 看起来就不能加以任何解释, 因为任何解释都必须深入探讨各种规定和区别, 并对它的对象进行谓述, 但这样一来, 单纯的东西与其说被解释了, 不如说被改变了。普遍者的本性恰恰在于作为这样一个单纯的东西而存在, 它通过绝对的否定性而**在自身内**包含着最高的区别和规定性。**存在**作为**直接的**存在, 是单纯的; 所以它仅仅是一个**意谓中的东西**, 人们不可能说出它是什么; 于是它和它的他者(即**非存在**)直接合为一体。但存在的概念恰恰意味着, 它是一个在其反面中直接消失的单纯东西; 这个概念是**转变活动**。反之普遍者既是**单**

纯的东西，也是**内在的最丰富的东西**，因为它是概念。

　　所以，**第一**，普遍者是一个单纯的自身关联；它仅仅在**自身之内**。但**第二**，这个同一性在自身之内是一个绝对的**中介活动**，而不是一个**经过中介的东西**。至于那个经过中介的普遍者，即那个**抽象的**、与特殊东西和个别东西相对立的普遍者，只有到了已规定的概念那里才会谈到。——但哪怕是**抽象的东西**，也已经意味着，为了得到这个东西，必须抛弃具体东西的其他规定。这些规定（Bestimmungen）作为一般意义上的规定（Determinationen），就是**否定**；进而言之，**抛弃**这些规定也是一种**否定**。于是在抽象的东西那里同样出现了否定之否定。但在人们的想象中，这个双重的否定仿佛是位于抽象东西**之外**，不但具体东西的其他被抛弃的特性有别于那个保留下来的特性（它是抽象东西的内容），而且"抛弃其余特性"和"保留一个特性"等操作都是在特性之外进行的。问题在于，普遍者尚 [276] 未针对那个运动而把自己规定为这样一个**外在性**；它本身在自身之内仍然是绝对的中介活动，而这个中介活动恰恰是否定之否定或绝对的否定性。

　　从这个原初的统一体来看，首先，最初的否定者或**规定**并不是对于普遍者的限制，毋宁说，普遍者**在其中保持自身**，是一个肯定的自身同一者。在这之前，存在的诸范畴作为概念，在本质上是这些规定在其限制或异在中的自身同一性；但这个同一性仅仅**自在地**是概念；它还没有展现出来。所以，严格意义上的质的规定在它的另一个规定中走向消灭，把一个与它**有差异的**规定当作它的真理。反之，虽然普遍者也把自己设定在一个规定中，但它**始终**是它所是的东西。它是具体东西的**灵魂**，寓居于具体东西之内，后者的杂多性和差异性丝毫无损于它的自身等同性。它没有和具体东西一起卷入**转变活动**中，而是透过转变而波澜不惊地**延续着自身**，并且具有一种永恒不变的、不朽的自我保存的力量。

　　但与此同时，它也不像反映规定那样仅仅**映现**在它的他者那里。反映规定作为一个**相对的东西**，不是仅仅与自身相关联，而是一个**对比关系**。它在它的他者那里**显露出来**，但仅仅在他者那里**映现**，而每一方在他者那里的映现或它们的相互规定虽然是独立的,但在形式上却是一个外在的行动。——与此相反,**普遍者**被设定为它的规定的**本质**,即规定**自己的肯定的本性**。因为,那个构成了普遍者的否定者的规定在概念里完全只是一个**已设定的存在**,或者说在本质上同时只是作为否定者的否定者,而且规定完全就是否定者的自身同一性,而这个同一性就是普遍者。就此而言,普遍者也是它的规定的**实体**,但在这种情况下,那对于严格意义上的实体而言曾经是**偶然的**东西,如今却是概念自己的自身**中介活动**,是概念自己的**内在反映**。但这个首先把偶然的东西提升为**必然性**的中介活动是一个**展现出来的关联**;概念既不是无形式的实体之类深渊,也不是那样一种必然性,即彼此有差异的和彼此限制的事物或状况的**内在的**同一性,而是作为绝对的否定性而进行塑造和创造,又因为规定不是作为限制,而是完全作为已扬弃的限制,作为已设定的存在,所以映象是那样一种现象,即**同一的东西**的现象。

[277]

因此普遍者是一个**自由的**权力;它是它本身,同时吞并它的他者;但不是作为一个**粗暴的东西**,毋宁说,它在它的他者那里安静地停留于自身。既然它被称作自由的权力,那么它也可以被称作**自由的爱和无限制的极乐**,因为它对待**区分开的东西**完全就像对待**它自己**一样;它在区分开的东西那里已经回归自身。

刚才已经提到了**规定性**,哪怕概念起初仅仅是普遍者和单纯的**自身同一者**,尚未推进到规定性。但如果脱离了**规定性**(确切地说即特殊性和个别性),就不能谈论什么普遍者;因为自在且自为地看来,普遍者在它的绝对否定性里就包含着规定性;因此在谈到普遍者的规定性时,这个规定性不是从外面添加进来的。作为一般意义上的否定性,或者说按照**最初的**、**直接的**否定,普遍者本身就具有一般意义上的规定性,亦即**特殊性**;作为**第二位的东西**,作为否定之否定,它是**绝对的规定性**,亦即**个别性和具体化**。——就此而言,普遍者是概念的总体性,它是具体的东西,不是一个空洞的东西,而是通过它的概念而具有**内容**——它不仅在这个内容中保持着自身,而且将其当作它自己的和内在的内容。诚然,内容是可

以抽离的；但人们在这种情况下得到的不是概念的普遍者，而是一个**抽象** [278]
东西，这个东西是概念的一个孤立的、不完满的环节，并不具有真理。

进而言之，普遍者是以如下方式体现为这个总体性。它在自身内具
有规定性，就此而言，规定性不仅是**第一个**否定，而且是这个否定的自身
内反映。单独从 那第一个否定来看，普遍者是**特殊东西**，这是接下来将
会考察的；但从本质上看，它在这个规定性里仍然是普遍者；这个方面必
须在这里得到理解把握。——也就是说，这个规定性作为概念中的总体
式反映，乃是一个**双重映象**，一方面是向外的映象，即他者内反映，另一方
面是**向内的**映象，即自身内反映。前面那个外在的映现构成了一个与**他
者**相对立的区别；通过这个区别，普遍者具有一个**特殊性**，后者瓦解在一
个更高的普遍者里。现在，哪怕它仅仅是一个相对的普遍者，它也没有因
此失去自己的普遍者特性；它在它的规定性中保持着自身，这不是仅仅指
它与规定性结合，但始终与之漠不相关——假若是这样，它就仅仅是与规
定性**组合起来**——，而是指它就是刚才所说的那个**向外映现**。规定性作
为已规定的**概念**，已经从**外在性**那里**弯转回自身**；它是一个固有的、内在
的**特性**，后者是一个本质性东西，因为它被吸纳到普遍性里面，并且被其
渗透，与之是同一的，并且具有相同的范围，但同样也渗透了普遍性；这个
特性属于**种**（Gattung），表现为一个与普遍性形影不离的规定性。就此而
言，它不是一个向外的**限制**，而是一个**肯定的**东西，因为它通过普遍性而
处于一个自由的自身关联中。因此，就连已规定的概念在自身内也始终
是一个无限自由的概念。

但从另一个方面来看，种是由它的已规定的特性所限定的，而我们已
经指出，它作为较低的种，瓦解在一个更高的普遍者里。这个更高的普遍 [279]
者也可以是种，但作为一个更抽象的种，它同样始终仅仅属于已规定的概
念的那个向外的方面。真正更高的普遍者是一个把向外的方面重新收回
自身内的东西，因此它是第二个否定，在其中，规定性完全只是**作为已设
定的东西**或**作为**映象而存在着。生命、自我、有限精神不是仅仅作为更高
的种那样的普遍者，而是**具体的东西**，其各种规定性也不仅仅是一些属

(Arten)或较低的种,毋宁说,它们在其实在性中完全只是在自身之内,并为自身所充实。当然,生命、自我、有限精神同样只是已规定的概念,因此绝对地瓦解在那样一个普遍者里,后者必须被理解为真正绝对的概念,即无限精神的理念;无限精神的**已设定的存在**是无限的、透明的实在性,它在其中直观它的**创造**,并在这个创造中直观它自己。

真正的、无限的普遍者在自身内直接地同样是作为个别性的特殊性,但现在我们暂时只把它当作**特殊性**来仔细考察。它自由地规定自身;它的有限化不是那种仅仅发生在存在层面的过渡;它作为一个与自身相关联的绝对否定性,乃是**创造的权力**。作为这种权力,它在自身内进行区分,而这是一个**规定活动**,因为区分活动和普遍性是合为一体的。就此而言,它把各种区别设定为普遍的、与自身相关联的区别。通过这个方式,它们成为一些**固定下来的**、孤立的区别。有限者的孤立**持存**曾经被规定为它的自为存在,也被规定为物性、实体,但真正说来,这种持存就是普遍性,而无限概念则是给它的各种区别披上普遍性形式的外衣,——但这个形式恰恰是无限概念的各种区别之一。这是概念的**创造活动**的关键之所在,而这个创造活动只能在概念本身的这个最内在的核心里得到概念把握。

[280]   **B. 特殊的概念**

严格意义上的**规定性**属于存在,属于质的东西;作为概念的规定性,它是**特殊性**。它不是一个**界限**,仿佛把一个**他者**当作**彼岸**来对待,毋宁说,正如我们刚才看到的,它是普遍者自己的内在的环节;所以普遍者在特殊性里不是停留于一个他者,而是完全停留于自身。

特殊东西包含着普遍性,后者构成了前者的实体;种在自己的属里面是**不变的**;各个属不是与普遍者有差异,而是**相互之间**有差异。特殊东西和它所对待的**其他**特殊东西具有同一个普遍性。与此同时,基于属和普遍者的同一性,属的差异性**本身而言**是普遍的;这个差异性是**总体**

性。——因此特殊东西不仅**包含着**普遍者，而且**通过它的规定性**而呈现出普遍者；在这种情况下，普遍者构成了特殊东西必须予以穷尽的一个**层面**。当特殊东西的规定性被当作单纯的**差异性**，这个总体性就显现为**完整性**。从这个角度来看，只要**没有更多的属**，那么属就是完整的。对属而言，不存在什么内在的尺度或**本原**，因为**差异性**恰恰是一个未统一的区别，而普遍性虽然单独看来是绝对的统一体，但在这个区别里面却仅仅是一个外在的映射和一个不受限制的、偶然的完整性。差异性过渡到**相互对立**，过渡到有差异者的一个**内在的关联**。但特殊性作为自在且自为地看来的普遍性，并不是通过过渡才成为这样一个内在的关联；它本身就是总体性和**单纯的**规定性，在本质上是**本原**。特殊性所具有的**唯一**规定性在于，它是由普遍者本身所设定的，并且通过如下方式从普遍者那里得出。

特殊东西是普遍者本身，但它是普遍者的区别或与一个**他者**的关联，是普遍者的**向外映现**；但这里除了普遍者本身之外，没有什么可以与特殊东西区分开的他者。——普遍者自己规定**自己**，因此它本身就是特殊东西；规定性是**它的**区别；它仅仅与它自身区分开。所以它的属仅仅是 a)普遍者本身和 b)特殊东西。普遍者作为概念，既是它自身，也是它的反面，后者仍然是它自身，相当于它的已设定的规定性；普遍者吞并了这个反面，在它那里停留于自身。因此，普遍者是它的差异性的总体性和本原，而差异性完全是由它本身所规定的。 ［281］

相应地，唯一真正的划分就是概念把自己放到**直接的**、无规定的普遍性这一方；这个无规定的东西恰恰构成了概念的规定性，或者说使概念成为一个**特殊东西**。二者都是**特殊东西**，因此是**地位平等**的。二者作为特殊东西，也是与普遍者**相对立的已规定的东西**；也就是说，二者都从属于普遍者。特殊东西被规定为与普遍者**相对立**，就此而言，这个普遍者本身恰恰也**仅仅**是对立双方**之一**。只要我们谈到**两个相互对立的东西**，我们就必须进而指出，它们二者构成了特殊东西，但这不是指它们仅仅对外在的反映而言**一起**或**同样**成为特殊东西，而是指它们**相互之间的**规定性在本质上同时只是**同一个**规定性,亦即否定性,而这个否定性在普遍者里是**单纯的**。

区别正如这里所表明的那样,是位于它的概念中,从而是位于它的真理中。之前所说的全部区别都具有概念里的这个统一体。在存在里,它是直接的区别,相当于一个**他者**的**界限**;而在反映里,它是一个相对的区别,被设定为在本质上与它的他者相关联;由此看来,概念的统一体是从
[282] 这里开始**被设定**的;但它起初只是一个他者那里的**映象**。——至于这些规定的过渡和瓦解,其真正的意义仅仅在于它们达到了它们的概念,达到了它们的真理;单独看来,诸如存在、定在、某东西或整体和部分等等,还有实体和偶性、原因和作用等等,都是一些思想规定;只有当每一个思想规定在与别的或相反的思想规定的统一体中被认识到,才被理解把握为已规定的**概念**。——比如,整体和部分、原因和作用等等还不能说是有差异的,仿佛它们相互之间已经被规定为**特殊东西**,因为它们虽然**自在地**构成了**同一个**概念,但它们的统一体尚未达到**普遍性**的形式;同理,这些对比关系中的区别也还不具有形式,毋宁只是**同一个**规定性。比如,原因和作用并不是两个有差异的概念,毋宁只是**同一个**已规定的概念,而因果性和任何概念一样,都是一个**单纯的**概念。

至于完整性,我们已经知道,特殊性的已规定的方面在**普遍者**和**特殊东西**的区别中是**完整的**,而且只有这二者才构成了各个特殊的属。诚然,在**自然界**里,一个种包含着两个以上的属,而且这些属相互之间也未必就是我们揭示出的那种对比关系。但这恰恰是自然界的无能的表现,即它不能坚持和呈现出概念的严格性,从而消散在这种无概念的、盲目的杂多性里。对于自然界的杂多的种和属,对于它的形态分化的无限差异性,我们尽可以发出**赞叹**,因为赞叹**不需要**概念,其对象是无理性的东西。正因为自然界是概念的自身外存在,所以它可以自由地出入于这种差异性,同理,精神尽管是在概念的形态里具有概念,但仍然可以投身于表象活动,围绕着表象活动的无限杂多性而疲于奔命。我们必须知道,繁复的自然
[283] 种属并不是什么比精神在其表象中的胡思乱想更高级的东西。二者虽然

展现出概念的无处不在的痕迹和征兆,但并没有用一幅忠实的肖像将其呈现出来,因为它们是自由的自身外存在这一方面;概念之所以是绝对的权力,原因恰恰在于,它能够放任自己的区别去自由地获得"独立的差异性"、"外在的必然性"、"偶然性"、"任意性"、"意谓"等形态,而这些形态本身却必须被看作无非是一个抽象的方面,即**虚无性**。

正如我们已经看到的,特殊东西的规定性作为**本原**而言,是**单纯的**,但它作为总体性的环节,作为与**另一个**规定性相对立的规定性,同样是单纯的。当概念自己规定自己或区分自身,就以否定的方式指向它的统一体,并且让自己在形式上表现为它的**存在**的观念性环节之一;作为已规定的概念,它具有一般意义上的**定在**。但这个存在不再意味着单纯的**直接性**,而是意味着普遍性,一个通过绝对的中介活动而与自身等同的直接性,而这个直接性同样包含着另一个环节,即本质或自身内反映。这个普遍性是**抽象的**普遍性,是进行规定者披着的外衣。特殊东西在自身之内具有普遍性,以之为它的本质;但就区别的规定性是**被设定的**并且因此具有存在而言,它是区别的**形式**,而严格意义上的规定性是**内容**。当区别成为本质性东西,普遍性就转变为形式,反过来,当区别在纯粹的普遍者里仅仅表现为绝对的否定性,它就**不是表现为**区别,也就是说,没有**被设定**为区别。

现在,虽然规定性是与**另一个**规定性相对立的**抽象东西**,但另一个规定性仅仅是普遍性本身;就此而言,普遍性也是**抽象的**普遍性,而概念的规定性或特殊性仍然无非是已规定的普遍性。在这个普遍性里,概念位于**自身之外**;就概念是**一个位于自身之外的东西**而言,抽象的普遍者包含着概念的全部环节;它是 a)普遍性,b)规定性,c)二者的**单纯的**统一体;但这个统一体是**直接的**统一体,因此特殊性不是作为总体性。**自在地看来**,特殊性也是这个**总体性**和**中介活动**;它在本质上是以排他的方式与**他者**相关联,或者说扬弃了否定,亦即扬弃了**另一个**规定性——但这里所说的**另一个**规定性仅仅作为意谓浮现出来,因为它直接消失,表明自己和那个**相反的**规定性是同一个东西。以上情况使这个普遍性成为抽象的普遍

[284]

性,而这意味着,中介活动仅仅是**条件**,或者说没有**在其自身**那里**被设定下来**。因为它没有**被设定下来**,所以抽象东西的统一体具有直接性形式,而内容在形式上是一个与它的普遍性漠不相关的东西,因为内容不是表现为那种意义上的总体性,即绝对否定性的普遍性。就此而言,抽象的普遍者虽然是**概念**,但相当于**无概念的东西**,相当于一个没有被设定为概念的概念。

通常说来,当谈到**已规定的概念**时,人们所意谓的完全只是这样一个**抽象的普遍者**。绝大多数人所理解的一般**概念**同样仅仅是这个**无概念的**概念,而**知性**指代着这样一些概念的能力。这种知性很喜欢进行**证明**,即沿着**概念**前进,也就是说,仅仅沿着**规定**前进。就此而言,这种沿着概念前进的做法并没有超越有限性和必然性;它的最高成就是一个否定的无限者或一个抽象的最高本质,而这个最高本质本身是**无规定性**这一规定性。绝对实体虽然不是这种空洞的抽象(它就内容而言毋宁是总体性),但它同样是抽象的,因为它缺乏绝对的形式;它的最内在的真理不是由概念构成的;尽管绝对实体是普遍性和特殊性的同一性或思维和彼此外在性的同一性,但这个同一性并不是概念的**规定性**;毋宁说,绝对实体**之外**有一个偶然的——而这恰恰是因为位于绝对实体之外——知性,在这个知性里,并且对这个知性而言,绝对实体分化为各种属性和样式。

[285] 除此之外,抽象并非如常人所说的那样是**空洞的**;它是**已规定的**概念;它把某一个规定性当作内容;我们也指出,哪怕是那个最高本质或纯粹抽象,也具有无规定性这一规定性;但如果一个规定性应当与已规定的东西**相对立**,那么它就是无规定性。当人们说出这个规定性是什么时,本身就扬弃了它的本来所是;它被当作与规定性合为一体的东西说出来,而通过这个方式,就从抽象中得出概念和它的真理。——但在这种情况下,每一个已规定的概念无论如何都是**空洞的**,因为它不是包含着总体性,而是仅仅包含着一个片面的规定性。哪怕它具有诸如人、国家、动物之类具体内容,也仍然是一个空洞的概念,因为它的规定性不是它的各种区别的**本原**;本原包含着概念的发展过程和实在化过程的开端和本质;至于概念

的任何一个别的规定性，都是徒劳无果的。人们之所以总是责骂概念为空洞的，就是因为没有认识到概念的那个绝对的规定性，不知道这个规定性是一个概念区别（Begriffsunterschied），是概念要素中的唯一真实的内容。

　　这里有必要提到一个情况，近代以来，知性就是由于这个情况而遭到蔑视，被认为远远不如理性；这就是知性赋予各种规定性，进而赋予各种有限者的那种**僵化**。这种僵化就在于之前考察的抽象普遍性形式，它使规定性成为**不变的**东西。因为质的规定性和那些反映规定一样，在本质上都是**受到限定的**，并通过它们的限制而与它们的**他者**相关联，从而**必然**会过渡和消失。但它们在知性那里具有的普遍性却给予它们以自身内反映的形式，于是它们失去了与他者的关联，转变为**永恒的**东西。现在，在纯粹概念那里，假若这个永恒性属于它的本性，那么它的抽象规定就只有从**它们的形式**来看是一些永恒的本质存在；但它们的内容并不符合这个 [286] 形式；因此它们既不是真理，也不是永恒的东西。它们的内容之所以不符合形式，原因在于，内容虽然是规定性本身，但不是普遍的，亦即不是表现为概念区别的总体性，或者说本身不是整个形式；正因如此，受到限制的知性形式本身就是一个不完满的、亦即**抽象的**普遍性。——进而言之，我们必须重视知性的那个无限的力量，即把具体东西分割为抽象的规定性，并且理解把握区别的深刻性，与此同时，唯有这个力量是那个造成过渡的权力。**直观**中的具体东西**是总体性**，但却是**感性的**总体性，——即一个在空间和时间中漠不相关地**外在于彼此**而持存着的实在材料；具体东西在杂多东西的这种未统一状态中是直观的内容，但对具体东西而言，这种未统一状态不应当被看作是什么贡献，仿佛比可理解的东西更优越似的。具体东西在直观中展现出来的可变化性已经暗示着一个普遍者；那被直观到的仅仅是**另一个**同样可变化的东西，亦即同样的具体东西；普遍者并没有取代它的位置而显现出来。有些科学（比如几何学和算术）的材料是由**直观的东西**自然地带来的，但我们绝对不应当认为这种东西对科学有什么贡献，进而设想科学的各种命题因此有了根据。毋宁说，这些科学的材料因此具有较低级的本性;对于形状和数的直观无助于它们的科学;只有对形状和数的**思维**才能够产生出这样一门科学。——但是,只要人们不是仅仅把直观理解为感性东西,而是理解为**客观的总体性**,那么这就是一个**理智直观**,也就是说,它不是把处于外在实存中的定在当作对象,而是把定在中的永恒的实在性和真理当作对象,——这种实在性只有当在本质上位于概念中并且由概念**规定**时,才是**理念**,而其更详细的本性将会在后面体现出来。至于严格意义上的直观所预先设定的那种先于概念的东西,则是外在的实在性,一个无概念的东西,一个只有通过概念才获得价值的东西。

[287]

所以,当知性呈现出那个无限的力量,即去规定普遍者或反过来通过普遍性形式而赋予自在且自为地无支撑的规定性以一种僵化的持存,如果到此为止的话,那么这并不是知性的过错。[毋宁说,]这是**理性**的一种主观上的**无能**,即任凭这些规定性如此摇摇晃晃,却不能够通过那个与抽象的普遍性相对立的辩证力量,亦即通过这些规定性的独特本性,通过它们的概念,把它们带回到一个统一体。诚然,知性通过抽象普遍性的形式赋予它们以一个所谓的**坚硬的**存在,而这是它们在质的层面和反映的层面不曾具有的,但通过这个单纯化,它同时赋予它们以**精神**,并且如此磨砺它们,让它们在这个尖锋获得一个能力,亦即能够瓦解自身并过渡到它们的对立面。无论什么东西,它所能够达到的最高成熟状态和层次就是它开始走向没落的时候。知性看起来在规定性那里撞得头破血流,这些规定性的坚实方面,或者说永恒东西的形式,是一个与自身相关联的普遍性的形式。这个形式是概念独有的,因此在这个形式里面,有限者的**瓦解**表现出来,并且无限地触手可及。这个普遍性直接地与有限者的规定性**争辩**,**表现出**有限者与它的不契合。——或更确切地说,有限者的不契合已经是明摆着的;抽象的已规定的东西被设定为与普遍性合为一体,——但正因如此,它不是被设定为一个仿佛独自存在着的已规定的东西,而是仅仅被设定为它自己和普遍者的统一体,亦即被设定为概念。

因此从任何角度来看,通常的那种割裂知性和理性的做法都是应当

谴责的。假如概念被看作是无理性的东西,那么这必须被认为是理性的　[288]
一种无能,即没有能力在概念中认识到自己。已规定的和抽象的概念是
理性的条件,或更确切地说,是**理性的本质性环节**;概念是一个精神化的
形式,在其中,有限者通过普遍性而与自身相关联,在自身内点燃自己,被
设定为辩证的东西,从而是理性现象的**开端**。

通过迄今所述,已规定的概念已经在其真理中呈现出来,既然如此,
余下来只需要表明它在这种情况下已经被设定为什么东西。——区别作
为概念的本质性环节,在纯粹的普遍者里尚未被设定为区别,如今在已规
定的概念里获得了它的权利。普遍性形式里的规定性与普遍性结合为一
个单纯的东西;这个已规定的普遍者是一个与自身相关联的规定性;已规
定的规定性或绝对的否定性被单独设定下来。但这个与自身相关联的规
定性是**个别性**。就此而言,普遍性本身直接地、自在且自为地已经是特殊
性,同样,特殊性自在且自为地也是**个别性**,当后者坚持与前面二者**相对
立**,可以首先被看作是概念的第三个环节,但也可以被看作是概念的绝对
的自身回归,同时被看作是概念的已设定的自身丧失。

注　　释

按照迄今所述,可以说**普遍性、特殊性**和**个别性**是三个已规定的概
念,如果人们愿意对它们**计数**的话。我们早先已经指出,数对于理解把握
各种概念规定而言是一个不合适的形式,而对于概念本身的诸规定而言
更是最不合适的;因为数是以单一体为本原,所以它使那些被计数的东西
成为一种完全孤立的、彼此之间完全漠不相关的东西。但迄今所述已经
表明,各种已规定的概念毋宁完全只是**同一个**概念,而不是分散在数　[289]
里面。

通常的逻辑学著述里面经常出现概念的**分类**。但人们立即就会发
现,诸如"从量、质等等来看,**有**如下概念"这样的分类是自相抵牾的。
"有"(es gibt)这个说法所表达出的唯一道理,就是人们**碰巧发现**这样一

些类型,而且它们是按照**经验**而表现出来的。通过这个方式,人们获得了**一种经验逻辑**,——这是一门特殊的科学,是一种对于**理性东西的非理性**认识。就此而言,逻辑在遵循自己的学说时给出了一个极为恶劣的例子,因为它容许自己违背它所颁布的那条规则,即概念应当是推导出来的,而科学的命题(包括"有如此这些类型的概念"之类命题)也应当得到证明。——在这件事情上,康德哲学陷入了一种更严重的自相抵牾:它从主观逻辑那里**借来**一些以经验方式获得的所谓的"根本概念",将其当作**先验逻辑**的范畴。既然康德哲学承认这一点,我们就难以理解为什么先验逻辑决定从主观逻辑那里借取内容,而不是干脆自己求助于经验。

这里不妨列举几个例子,比如概念主要是按照它们的**清晰性**来划分的,亦即划分为**清晰的**和**晦涩的**、**明白的**和**不明白的**、**充分的**和**不充分的**概念等等。这里也可以假设**完整的**、**冗余的**概念以及诸如此类的废话。——如果是按照**清晰性**来划分,那么很显然,这个视角以及那些与之相关联的区别都是取材于**心理学**的规定,而不是取材于**逻辑**的规定。所

[290] 谓的"**清晰的**"(klarer)概念应当足以把一个对象和另一个对象区分开;但这样的东西还不能叫作概念,它无非是一个**主观的表象**。据说,"**晦涩的**"(dunkler)概念必须永远保持原状,否则它就不是晦涩的概念,而将是一个明白的概念了。——"**明白的**"(deutlicher)概念应当是一个能够为其列举出一些**特征**的概念。就此而言,它其实是**已规定的概念**。如果人们正确理解把握了特征,那么特征无非是概念的**规定性**,或者说当概念区别于普遍性形式时,其单纯的**内容**。但**特征**起初恰恰不具有这个更确切的含义,而是一般说来只是一个规定,被某个**第三者**拿来标记对象或概念;因此它有可能是一个非常偶然的状况。总的说来,特征并未表达出规定的内在性和本质性,而是表达出规定与一个**外在的**知性的关联。如果这个知性确实是知性,那么它就面对着概念,并且只能借助**包含在概念里的东西**来标记概念。但是,倘若特征与概念是有区别的,那么它就是一个**符号**或别的什么规定,属于事情的**表象**,而不是属于事情的概念。——至于"**不明白的**"概念之类画蛇添足的东西,这里可以忽略不谈。

但"**充分的**"(adäquater)概念是一个更高的东西;这里真正浮现出来的,是概念与实在性的一致,而这就不是严格意义上的概念,而是**理念**。

假若明白的概念的**特征**确实是概念规定本身,那么逻辑在面对那种按照另一种划分法而与复合的概念相对立的**单纯的**概念时,就会束手无策。因为,如果要为单纯的概念列举出一个真正的、亦即内在的特征,那么人们就不再把它看作是一个单纯的概念;但如果不能为它列举出任何特征,它就不再是明白的概念。好在这件事情可以求助于**清晰的**概念。统一体、实在性以及诸如此类的规定应当是**单纯的**概念,而其理由仅仅在 [291] 于,逻辑学家没有办法找出这些概念的规定,因此只好满足于一个单纯**清晰**的概念,也就是说,根本不具有一个概念。一般而言,为了**定义**或说明一个概念,需要指出种和属差。因此定义不是把概念当作某种单纯的东西,而是将其分割为**两个数得出来的组成部分**。但这样一个概念不应当因此就是**一个复合的东西**。——关于单纯的概念,人们想到的似乎是一个抽象的单纯性,即这样一个统一体,它既未在自身内包含着区别和规定性,也不是附着在概念上面。就对象存在于表象中,尤其是存在于记忆中而言,或者说,就对象也是一个抽象的思想规定而言,它能够是完全单纯的。哪怕是那些在自身内最丰富的概念,比如精神、自然界、世界,甚至上帝,如果人们完全脱离概念,仅仅把它们理解为"精神"、"自然界"、"世界"、"上帝"之类单纯表述的同样单纯的表象,——那么它们当然是某种单纯的东西,意识也可以止步于此,无需强调什么真正的规定或特征;但意识的对象不应当始终是这些单纯的概念、表象或抽象的思想规定,而是应当得到**概念把握**,也就是说,这些对象的单纯性应当由它们的内在区别来规定。——至于**复合的**概念,无非是"木质的铁"[之类荒谬的东西]。诚然,对于某种复合的东西,人们能够具有一个概念,但"复合的概念"却是某种比**唯物主义**更糟糕的东西,后者仅仅假设**灵魂实体**是一个复合的东西,同时却认为**思维**是**单纯的**。粗俗的反思总是看到复合,把它当作是完全**外在的**关联,而这是用来考察事物的最恶劣的形式;因为哪怕是最低级的自然事物也必然是一个**内在的**统一体。最令人料想不到的是,有些 [292]

人竟然把这个最不真实的定在形式套用到自我和概念身上,而这必须被看作是一种笨拙的和粗鄙的做法。

此外,概念主要划分为**相反的**(konträre)概念和**矛盾的**(kontradiktorische)概念。——假若人们研究概念的目的只是在于指出有哪些**已规定的**概念,那就必须列举全部可能的规定了——因为**全部**规定都是概念,随之是已规定的概念,——而且**存在**的全部范畴和**本质**的全部规定都必须按照概念的类型列举出来。同样,很多逻辑研究也是指出有**肯定的、否定的、同一的、有条件的、必然的**概念等等,只不过它们根据各自的喜好,有的叙述得**多些**,有的叙述得**少些**。由于这样一些规定已经落在**概念本身的本性**后面,所以当它们在概念那里被列举出来,而不是出现在它们的真正的位置,就只会导致各种肤浅的词语解释,并且显现为毫无趣味的东西。——**相反的**概念和**矛盾的**概念——这里主要考察的是这个区别——把**差异性**和**相互对立**等反映规定当作根据。它们被看作是两个特殊的**属**,也就是说,每一个概念本身都是坚如磐石的,与别的概念漠不相关,毫不理睬这些区别的辩证法和内在的虚无性,仿佛**相反的**东西并非必须被规定为**矛盾的**似的。关于它们所表达出的反映形式的本性和本质性过渡,已经在相应的地方考察过了。在概念里,同一性演变为普遍性,区别演变为特殊性,那个返回到根据中的相互对立演变为个别性。差异性和相互对立等反映规定既在这些形式里,也在它们的概念里。普遍者已经表明自己不仅是同一的东西,而且同时是有差异的东西,或者说与特殊东西和个别东西**相反的**东西,进而也是与它们相互对立或**矛盾的**东西;但在这个相互对立里,普遍者与它们是同一的,并且是它们的真实根据,让它们在其中被扬弃。同样的情况也适用于特殊性和个别性,它们同样是反映规定的总体性。

[293]

概念进而划分为**从属的**(subordinierte)概念和**并列的**(koordinierte)概念,——这个区别(亦即普遍性与特殊性的对比关系)与概念规定的关系更为密切,而我们此前也已经顺带提到那两个术语。通常说来,它们同样被看作是完全固定的对比关系,并据此提出许多关于它们的毫无用处的命题。这方面最冗长的论述又涉及相反性和矛盾性与从属和并列的关联。由于**判断是一些已规定的概念的关联**，所以只有在判断那里才会得出真正的对比关系。人们对这些规定进行**比较**，却没有想到它们的辩证法及其规定的持续的改变，或更确切地说，只想到相互对立的规定在它们那里明摆着的结合，而这个方法使整个考察——即去考察什么东西在它们那里是**一致的**抑或不是一致的，仿佛这种一致或不一致是某种孤立的和常驻的东西——变得毫无成果和空洞无物。——伟大的、在理解和整合代数大小的更深层次的比例关系方面无比卓越和敏锐的**欧拉**①，尤其是枯燥知性式的**兰伯特**②和另外一些人，都已经尝试过用线条、形状和诸如此类的东西来**标示**概念规定的这类比例关系；总的说来，人们的意图是把逻辑的关联方式**提升**为（而实际上是贬低为）一种**计算**。只要人们把符号和其标示的东西放在一起，比较一下它们的本性，就会立即发现标示的尝试是一个自在且自为的虚无东西。诚然，普遍性、特殊性和个别性之类概念规定是**有差异的**，就和线条或代数的字母一样；——此外它们也是**相互对立的**，并在这个意义上也容许**加号和减号**。——但这些概念规定本身，尤其是它们的关联——哪怕只是限于**蕴含**和**附属**——相比于字母和线条及其规定、大小的等同或差异性、**加和减**、线条相互重叠的位置乃至它们与它们包含着的角度和空间位置的联系等等，都在本质上具有完全不同的本性。相比概念规定，这类对象的独特之处在于，它们是彼此**外在的**，具有一个**固定的**规定。现在，假如概念和这些符号是对应的，那么在这种情况下，它们就不再是概念。概念的规定不像数和线条（它们的关联不属于它们自身）那样是一种僵死的东西；它们是活生生的运动；这个方面的区分开的规定性直接地也位于那个方面之内；那在数和线条那里全然是矛盾的东西，对于概念的本性而言是本质性的。——高等数学也推进到了无限者，并且容许矛盾，但它不再能够用它以前的各种符号来

[294]

---

① 欧拉（Leonhard Euler，1707—1783），瑞士数学家。——译者注

② 约翰·兰伯特（Johann Heinrich Lambert，1728—1777），德国数学家、物理学家和启蒙运动主义者。他在科学史上的最大成就在于证明了圆周率是一个无理数。——译者注

呈现概念的规定；为了标示两条纵座标线的**无限接近**这一跟概念风马牛不相及的表象，或者说，为了让一条无限长的曲线等同于一些无限小的直线，高等数学所做的无非是画出两条**彼此外在的**直线，把直线拉成一条曲线，但又让前者**有别于**后者；至于作为关键之所在的无限者，它却诉诸**表象活动**。

[295]　　追根溯源，人们之所以被误导着去从事那个尝试，主要是以为**普遍性**、**特殊性**和**个别性**处于**量的**比例关系中；普遍者比特殊东西和个别东西**更广泛**，而特殊东西又比个别东西**更广泛**。概念是**具体的和最丰富的东西**，因为它是此前那些规定（存在的范畴和［本质的］反映规定）的根据和**总体性**；所以，这些规定确实也会在概念那里显露出来。但与此同时，如果人们坚持在抽象的意义上理解概念身上的那些规定，并且以为普遍者的**更广泛的范围**意味着它是一个比特殊东西和个别东西**更多的东西**或更大的**定量**，这就完全误解了概念的本性。作为绝对的根据，概念既是**量的可能性**，也是**质的可能性**，也就是说，它的各种规定同样在质上是区分开的；因此如果只是把这些规定放置到量的形式下面，这就已经是在违背它们的真理的情况下考察它们。再者，反映规定是一个**相对的东西**，其反面也在其中映现；它不像定量那样处于一个外在的比例关系中。但概念比所有这一切都更丰富；它的各种规定是已规定的**概念**，在本质上本身就是全部规定的**总体性**。所以，企图借助数和空间的比例关系来理解把握这种内在的总体性，乃是一种完全不合适的做法，因为在那些比例关系里，全部规定都是外在于彼此的；毋宁说，这是人们所能够使用的最末位的、最恶劣的手段。相比之下，自然界里面的比例关系，比如磁性、颜色的比例关系等等，都可以说是一些无限更高和更真实的象征。人类所掌握的语言就是理性独有的标示手段，既然如此，再去搜寻一个不太完满的呈现方式，并为此饱受煎熬，这简直是一个闲得发慌的臆想。严格意义上的概念在本质上只能借助精神来理解把握，而概念不仅是精神的所有物，而且是精神的纯粹的自主体。企图借助于空间形状和代数符号，以便通过**外**

[296]　**在的眼睛**和一种**无概念的**、**机械的处理方式**或**计算**来把握概念，这是徒劳

的。除此之外,任何别的可以用作象征的东西也至多能够像上帝的象征那样激起概念的憧憬和回响;但如果企图通过它们来严肃地表达和认识概念,那么全部象征的**外在本性**对此都是不合适的。毋宁说,真正的关系是反过来的,即:那在象征里是一个更高规定的回响的东西,只有通过概念才被认识到,而且唯有通过**抽离**那个本应表达出概念的感性附属物,才能接近概念。

C. 个别东西

　　如前所述,**个别性**已经是由特殊性所设定的;特殊性是**已规定的普遍性**,亦即与自身相关联的规定性,或者说**已规定的已规定的东西**(das bestimmte Bestimmte)。

　　1. 所以个别性首先显现为概念从它的规定性而来的**自身内反映**。它是概念的**自身中介活动**,因为概念的**异在**重新转变为一个**他者**,于是概念作为自身等同者被制造出来,但却是处于**绝对的否定性**的规定中。——普遍者由于自身那里的否定者而成为一个**特殊东西**,这个否定者此前曾经被规定为双重映象;通过向内映现,特殊东西始终是一个普遍者;通过向外映现,特殊东西是一个**已规定的东西**;后一方面作为向着普遍者的回归,乃是一个双重的回归:要么通过**抽象**(即丢弃特殊东西,攀升到**更高的**和**最高的**种)而回归,要么通过**个别性**(普遍者本身在规定性之内下降到这里)而回归。——但在这里,抽象误入歧途,偏离了概念的 [297] 道路,离开了真理。抽象把自己提升到更高的和最高的普遍者,但这个普遍者只不过是一个变得越来越空无内容的表面;它所蔑视的个别性是一种深厚的东西,在其中,概念自己把握自己,并且被设定为概念。

　　一方面,**普遍性**和**特殊性**显现为个别性的**转变形成**的环节。但我们已经指出,前二者本身就是总体式的概念,因此在**个别性**里面不是过渡到一个**他者**,而是仅仅被设定为它们自在且自为的样子。普遍者是自为的,因为它本身是一个绝对的中介活动,仅仅把自己当作绝对的否定性而与之相关联。如果这个扬弃活动是一个**外在的**行动,随之**丢弃**了规定性,那么它就是一个**抽象的**普遍者。就此而言,这个否定性确实属于抽象的东西,但它始终**外在于**这个东西,仅仅是其单纯的**条件**;它是抽象本身,始终与它的普遍者**相对立**,因此普遍者并未在自身内具有个别性,毋宁始终是一个无概念的东西。——抽象之所以没有能力理解把握生命、精神、上帝等纯粹的概念,就是因为它把个别性——这是个体性和人格性的本原——和它的产物割裂开来,于是只能得出一些无生命和无精神的、无颜色和无内涵的普遍性。

但概念的统一体是如此地不可分割,以至于即便抽象的这些产物应当抛弃掉个别性,但仍然是**个别的东西**。当抽象把具体东西提升到普遍性,又把普遍者仅仅理解为已规定的普遍性,这恰恰就是个别性,而且是作为一个与自身相关联的规定性而体现出来。因此抽象意味着具体东西的**分离**及其各种规定的**个别化**;通过抽象,这些规定仅仅被看作是**个别的**
[298]　特性或环节,因为抽象的产物必须包含着抽象本身所是的东西。但抽象的产物的个别性和概念的个别性的区别在于,在那些产物里,个别东西(作为**内容**)和普遍者(作为**形式**)是彼此有差异的,——因为那个内容恰恰不是绝对的形式,不是概念本身,而这个形式也不是形式的总体性。——但这个更详细的考察表明,抽象的东西本身是个别内容和抽象普遍性的统一体,从而是**具体的东西**,即它希望所是的东西的反面。

特殊东西仅仅是已规定的普遍者,基于同样的理由,它也是**个别东西**,反过来,因为个别东西是已规定的普遍者,所以它同样是一个特殊东西。如果人们坚持这个抽象的规定性,那么概念就具有三个特殊的规定:普遍者、特殊东西和个别东西;而在这之前,我们仅仅指出普遍和特殊东西是特殊东西的两个属。由于个别性是概念(作为否定者)的自身回归,所以这个回归本身可以被抽象(它在这个过程中其实已经被扬弃了)当作一个漠不相关的环节而与其他环节**并列**,并且进行计数。

如果说个别性是众多**特殊的**概念规定之一,那么特殊性就是一个把全部概念规定都包揽在自身之内的**总体性**;作为这个总体性,特殊性恰恰是这些概念规定的具体表现,或者说是个别性本身。但从之前指出的那个方面来看,特殊性只有作为**已规定的普遍性**才是具体的东西;在这个意义上,特殊性是一个**直接的**统一体,在其中,没有哪一个环节是区分开的或被设定为进行规定者,而在这个形式下,特殊性将构成**形式推论的中项**。

很显然,通过迄今对于概念的展示而得出的每一个规定都直接瓦解了,消失在它的其他规定之内。每一个区分都消融在那个应当将其孤立出来并加以坚持的考察中。区分是为了表象而把抽离活动孤立出来,而只有单纯的**表象**才能够坚持区分普遍者、特殊东西和个别东西;在这种情况下,它们是可计数的,而为了作出进一步的区别,表象执着于**存在的那个完全外在的区别**,即**量**,殊不知没有什么东西比量与这里更加风马牛不相及的了。——在个别性里,那个真实的对比关系,即诸概念规定的**不可分割性**,被设定下来;因为作为否定之否定,它既包含着这些概念规定的对立,也包含着在其根据里的对立或统一体,即所有概念的融合在一起的存在。因为普遍性自在且自为地位于这个反映之内,所以它在本质上是诸概念规定的否定性,但这不是指它仅仅是一个与它们有差异的第三者,而是指"**已设定的存在**是**自在且自为的存在**"或"每一个属于区别的规定本身都是**总体性**"这件事情**被设定下来**。已规定的概念回归自身,而这意味着它具有一个规定,即**在它的规定性中**作为**整个概念**而存在。

2. 但个别性不仅是概念的自身回归,而且直接地是概念的丧失。通过个别性,概念既是**在自身之内**,也来到**自身之外**,进入现实性。**抽象**作为个别性的**灵魂**乃是否定者与否定者的关联,而如我们看到的,它不是什么位于普遍者和特殊东西之外的东西,而是内在于它们,而它们则是通过它而成为具体的东西、内容、个别东西。但个别性作为这个否定性,乃是已规定的规定性,是严格意义上的**区分活动**;通过它的这个自身内反映,区别转变为一个固定的区别;只有个别性才能够去规定特殊东西,因为**个别性**就是抽象,而从现在起,这个抽象作为个别性,恰恰是**已设定的抽象**。

因此,个别东西作为一个与自身相关联的否定性,是否定者的直接的

[299]

[300]

自身同一性;它是**自为存在者**。换言之,个别东西是这样一个抽象,它按照概念的**存在**的观念性环节,把概念规定为一个**直接的东西**。——在这种情况下,个别东西是一个质的**单一体**或"**这一个**"。基于这个质,**第一**,个别东西是一个**自身排斥**,于是预先设定了**其他许多单一体**;**第二**,它和这些预先设定的**他者**之间是一个否定的关联,并在这个意义上排斥着个别东西。当普遍性把这些个别东西当作漠不相关的单一体而与之相关联——它必须与它们相关联,因为它是个别性概念的一个环节——,就仅仅是它们的**共同者**。如果人们把普遍者理解为诸多个别东西**共有的**东西,那么这就是从这些个别东西的**漠不相关的**持存出发,把**存在**的直接性和概念规定混淆在一起。人们关于"普遍者"所能够具有的最低级的表象,就是让普遍者与个别东西相关联,并让前者作为一个单纯**共有的**东西而与后者处于这个外在的对比关系中。

个别东西在实存的反映层面相当于"**这一个**",它与其他具有质的自为存在的单一体之间不是一个**排他的**关联。单独看来,"**这一个**"作为一个**反映回自身之内的**单一体,并不进行排斥;换言之,排斥在这个反映里已经与抽象合为一体,是一个反映着的**中介活动**,这个中介活动属于"这一个",使之成为一个**已设定的**、由一个外在东西**展现出的**直接性。"**这一个**"存在着;它是**直接的**;但它只有在**被展现出来**时才是"**这一个**"。"展现"(Monstrieren)是一个反映运动,它在自身内统摄自身,设定直接性,但却是将其设定为一个外在于自身的东西。——诚然,个别东西如今作为一个通过中介活动而制造出来的直接的东西,也是"这一个",但它不是在自身之外具有这个中介活动,——它本身是一个排斥着的切割,**已设定的抽象**,但在进行切割的时候又是一个肯定的关联。

[301]　　首先,个别东西的这个抽离活动作为区别的自身内反映,把那些区分出的东西设定为**独立的**、反映回自身之内的东西。它们直接地**存在着**;但其次,这个分割是一般意义上的反映,即**一方在另一方那里的映现**;因此它们处于本质性关联之中。再者,它们不是彼此对立的单纯**存在着的**个别东西;这样的多样性属于存在;**个别性**把自己设定为已规定的东西,但

它不是在一个外在的东西那里设定自己,而是在概念区别中设定自己;因此它本身就排斥**普遍者**;但普遍者是个别性本身的一个环节,于是在本质上同样与个别性相关联。

概念作为它的各种**独立的**规定的关联,已经消失了;因为在这种情况下,它不再是这些规定的**已设定的统一体**,而这些规定也不再是它的**环节**,不再是它的**映象**,而是自在且自为地持存着。——作为个别性,概念在规定性里回归自身;这样一来,已规定的东西本身已经转变为总体性。因此概念的自身回归是一个绝对的、原初的**自身分割**,换言之,概念作为个别性被设定为**原初分割**或**判断**(Urteil)。

第二章 判 断

判断是在**概念**自身那里所**设定的**概念**规定性**。各种概念规定或已规定的概念(我们已经表明二者是同一个东西)已经单独得到考察;但这个考察更像是一个主观的反映或主观的抽象。但概念本身就是这个抽离活动;它自己的规定活动就在于把它的各种规定对立起来。所谓**判断**,就是这样通过概念本身去设定已规定的概念。

[302]

因此,相比于概念把握活动,判断活动是**另一个**功能,或更确切地说,相比于概念的**自身规定活动**,判断是概念的**另一个**功能,而判断之所以继续推进到判断的差异性,这也是概念的持续规定。**存在着**哪些已规定的概念? 概念的这些规定如何必然出现? 这些问题必须在判断中展现出来。

就实在性标示着进入**定在**(作为一般意义上的**已规定的**存在)而言,判断可以被称作概念的最初的**实在化**。确切地说,这个实在化的本性已经这样体现出来:**一方面**,概念的诸环节通过概念的自身内反映或它的个别性而成为一些独立的总体性,**另一方面**,概念的统一体是它们的**关联**。这些已经反映回自身之内的规定是**已规定的总体性**,既通过交互的中介活动而相互结合,也在本质上处于一种漠不相关的、无概念的持存中。规定活动本身仅仅是总体性,因为它包含着上述总体性及其关联。这个总体性是判断。——也就是说,它首先包含着两个独立的东西,分别叫作**主词**和**谓词**。严格说来,我们还不能指出二者究竟是什么东西;它们尚且是无规定的,因为它们只有通过判断才得到规定。由于判断作为概念而言是已规定的概念,所以二者相互之间暂时只有一个普遍的区别,即判断包含着一个与仍然**无规定的**概念相对立的**已规定的**概念。因此主词和谓词的对立首先可以被看作是个别东西和普遍者的对立,或者也可以说是特殊东西和普遍者的对立,或个别东西和特殊东西的对立,因为总的说来,它们仅仅是作为较具体的东西和较普遍的东西而相互对立。

因此,[第一,]当我们赋予判断规定以"**主词**"和"**谓词**"这两个**名称**,这既是合适的,也是必要的;作为名称,它们是某种无规定的东西,后来才应当获得各自的规定;换言之,它们仅仅是一些名称,此外什么都不是。一方面,基于这个理由,概念规定本身不应当被当作判断的两个方面 [303] 来使用,但另一方面,更重要的原因在于,概念规定的本性表明它们不是一种抽象的和固定的东西,而是在自身之内具有它们的对立面,并且自在地将其设定下来;由于判断的两个方面本身是概念,亦即是概念的诸规定的总体性,所以它们必须贯穿所有这些规定,并展现出后者自在的样子,无论是用抽象的形式还是用具体的形式。但在它们的规定已经发生变化的情况下,为了按照一个普遍的方式坚持判断的两个方面,那些保持不变的名称是最有用处的。——但名称与事情或概念相对立;这个区分出现在严格意义上的判断本身那里;但由于一般意义上的主词是已规定的东西,随之更像是直接的**存在者**,而谓词表达出的是**普遍者**、本质或概念,所以严格意义上的主词起初仅仅是一类**名称**;因为只有谓词才表达出**是其所是**(was es ist),即概念意义上的**存在**所包含的东西。这是什么东西?或者说,这是一株什么样的植物? ——人们经常将这里所追问的"**存在**"或"**是**"理解为一个单纯的**名称**,而当他们了解了这个名称,就得到满足,并且知道事情**是**什么。这就是主词意义上的**存在**。但只有概念,或在最低限度上说,只有本质或一般意义上的普遍者,才给出谓词,而人们所追问的就是判断意义上的谓词。——所以,上帝、精神、自然界,或不管什么东西,作为一个判断的主词而言,起初都仅仅是一个名称;至于这样一个主词就概念而言**是**什么,只能由主词来说明。假若人们想知道,这样一个主词具有怎样一个谓词,那么这个评判必定已经以一个**概念**为根据;但只有谓词才说出这个概念。正因如此,其实是单纯的**表象**构成了主词所预先设定的意义,并促使人们进行名称解释,而在这种情况下,究竟应当怎样理解一个名称,这只不过是一个偶然的历史事实。就此而言,那些关于某个主词是否具有某个谓词的铺天盖地的争吵无非是词语之争,因为它 [304]

们都是以那个形式为出发点;"载体"(das Zugrundeliegende, subjectum, ὑποκείμενον)①无非是一个名称。

第二,现在需要更详细地考察,主词和谓词在判断中的**关联**是怎样的,以及它们本身如何恰恰因此首先得到规定。判断总是把总体性当作它的两个方面,后者作为本质性东西,起初是独立的。因此概念的统一体起初只是两个独立的东西的**关联**,尚且不是一个**具体的**、从这个实在性那里回归自身、**得到充实的**统一体,毋宁说,它们在这个统一体**之外**作为**并未在其中被扬弃的端项**持存着。——现在,对于判断的考察可以要么从概念的统一体出发,要么从端项的独立性出发。判断是概念的自身分裂;因此**这个统一体**是一个根据,从它出发,我们可以按照其真正的**客观性**来考察判断。在这个意义上,判断是原初的"某一"的**原初分割**;这样一来,"**判断**"这个词语就与它自在且自为地所是的那个东西相关联。至于概念的诸环节在判断里获得了独立性,随之概念在**判断**中相当于**现象**,——这个**外在性**方面毋宁是**表象**所坚持的东西。

因此,按照这个**主观的**考察,主词和谓词各自都被看作是无需对方而现成存在着的东西:主词被看作是这样一个对象,它哪怕不具有这个谓词,也存在着;谓词被看作是这样一个普遍的规定,它哪怕不依附于这个主词,同样也存在着。就此而言,判断活动是与一个反思结合在一起的,也就是说,这个或那个位于**头脑**中的谓词究竟是否能够和应当**添附**到一个**在外面**自为存在着的对象身上? 判断活动本身意味着,只有通过它,一个谓词才与一个主词**结合**,但与此同时,哪怕没有发生这个结合,主词和[305] 谓词本身仍然始终是各自所是的东西,前者是一个实存着的对象,后者是头脑中的一个表象。——但那个添附到主词身上的谓词也应当**归属于**主词,也就是说,谓词应当自在且自为地与主词是同一的。就"**添附**"意味着"**归属于**"而言,判断活动的**主观**意义以及主词和谓词的漠不相关的、

---

① 括号里的三个外文词分别是"主体"("实体")或"主词"的德语、拉丁语和古希腊语原文。——译者注

外在的持存又被扬弃了:这个行动**是**善的;这个系词表明,谓词属于主词的**存在**,而不是仅仅外在地与之结合在一起。在**语法**的意义上,那个主观的对比关系,即那个以主词和谓词的漠不相关的外在性为出发点的考察,具有其完整的有效性;因为这里只有一些**词语**外在地结合在一起。——借这个机会,我们也可以顺带指出,**命题**虽然在语法的意义上具有主词和谓词,但并不因此就一定是**判断**。判断意味着,谓词和主词的对比关系所遵循的是概念规定的对比关系,即一个普遍者与一个特殊东西或个别东西的对比关系。如果关于个别主词的谓述本身仅仅表达出某个个别东西,那么这就是一个单纯的命题。比如"亚里士多德在他 73 岁亦即第 115 届奥林匹克运动会的第 4 年去世"就是一个单纯的命题,不是判断。除非有人对这位哲学家的去世时间或年龄感到怀疑,但出于某个理由又主张那几个数字,如此才可以说这是一个判断。因为在这种情况下,人们假定这些数字是某个普遍者,即一个哪怕没有"亚里士多德去世"这一已规定的内容,也仍然持存着的、由别的东西所充实的、或干脆空洞的时间。同理,"我的朋友 N 去世了"也是一个命题,除非有人质疑他是真的死了抑或只是装死,如此这才是一个判断。

如果像通常所说的那样,判断是**两个概念的结合**,那么人们确实可以用"**结合**"这一无规定的表述去替代外在的系词,再者,那些相结合的东西至少**应当**是概念。但除此之外,这个解释是极为肤浅的,且不说比如在选言判断里就有**两个**以上的概念结合在一起,更何况这个解释简直是避实就虚;因为它意谓中的东西根本就不是概念,不是概念规定,毋宁仅仅是**表象规定**;在谈到一般意义上的概念和已规定的概念时,我们已经指出,人们通常如此称谓的东西根本就配不上概念这一名称,既然如此,判断里的概念又是从哪里冒出来的呢?——关键在于,这个解释忽略了判断的本质性东西,即它的各种规定的区别,更没有考虑到判断和概念的对比关系。

至于主词和谓词的进一步的规定,刚才已经指出,它们真正说来只有在判断中才获得它们的规定。但就判断是概念的已设定的规定性而言, [306]

主词和谓词是以**直接的、抽象的**方式具有上述区别,即分别作为**个别性**和**普遍性**。——而就判断总的说来是概念的**定在**或**异在**而言(这时概念尚未把自己重建为统一体,随之成为**作为概念**的概念),那个无概念的规定性,即**存在**和**反映**或**自在存在**的对立,也显露出来。但由于概念构成了判断的本质性**根据**,所以那些规定至少是彼此漠不相关的,也就是说,当其中一个规定归属于主词,另一个规定归属于谓词,这个对比关系反过来同样也会发生。**主词作为个别东西**,按照个别东西的已规定的规定性,首先显现为**存在者**或**自为存在者**,显现为一个现实的对象,哪怕这仅仅是表象的对象——比如勇敢、法、和谐一致等等——,然后人们对它作出判断;反之**谓词作为普遍者**则是显现为一个关于对象的**反映**,或更确切地说,显现为对象的自身内反映(这个反映超越了那个直接性,把各种规定性当作单纯存在着的规定性而予以扬弃),——显现为**对象的自在存在**。如果说个别东西作为最初的、直接的东西从自身出发,并通过判断而被**提升到普遍性**,那么反过来,那个仅仅**自在地**存在于个别东西之内的普遍者则是下降到定在,或者说转变为一个**自为存在者**。

[307]

判断的这个意义,作为判断的**客观**意义,同时必须被看作是早先那些过渡形式的真正意义。存在者发生**转变**和**变化**,有限者在无限者里**没落**;实存者从它的**根据**那里**显露**到现象中,并且**消灭**(走向根据);偶性同时**展现**实体的**丰富性**和**权力**;存在里面有向着他者的**过渡**,而本质里面有在一个他者那里的映现,于是**必然**的关联启示自身。现在,这个过渡和映现已经过渡到**概念的原初分割**,而当概念把个别东西重新带回到它的普遍性的**自在存在**之内,就同样把普遍者规定为**现实的东西**。"个别性被设定到它的自身内反映中"和"普遍者被设定为已规定的东西"这两个情况是同一回事。

这个客观的意义同样意味着,当上述规定在概念的规定性里重新显露出来,同时仅仅被设定为显现者,在这种情况下,它们不是什么僵化的东西,而是既归属于这一个概念规定,也归属于另一个概念规定。因此,主词同样必须被看作是**自在存在**,反之谓词必须被看作是**定在**。**没有谓**

词的主词相当于现象里的**没有特性的物**,即**自在之物**,而这是一个空洞的、无规定的根据;在这种情况下,它是**内在于自身的概念**,只有通过谓词才获得一个区分和规定性;就此而言,谓词构成了主词的**定在**这一方面。 [308] 通过这个已规定的普遍性,主词与外在的东西相关联,接受其他事物的影响,并因此对它们展开行动。**实存者**走出自己的**内化存在**,进入联系和对比关系的**普遍**要素,进入各种否定的关联和现实性的交互作用,而这个交互作用是个别东西到其他东西的**延续**,因此是普遍性。

尽管如此,以上揭示出的同一性(即主词的规定也归属于谓词,反之亦然)并不是仅仅落入我们的考察;它不仅**自在地**被设定下来,而且也在判断中被设定下来,因为判断是主词和谓词的关联;系词表明**主词就是谓词**。主词是已规定的规定性,而谓词是主词的这一个**已设定的**规定性;主词只有在它的谓词里才是已规定的,或者说它只有在谓词里才是主词;它在谓词那里回归自身,成为普遍者。——现在,就主词是独立的东西而言,刚才所说的那个同一性具有这样一个对比关系,即谓词并非本身就具有一个独立的持存,而是仅仅在主词里具有它的持存;它**附着于**主词。接下来,就谓词与主词区分开而言,它仅仅是主词的一个**个别化的**规定性,仅仅是主词的诸多特性**之一**;主词本身是**具体的东西**,是诸多规定性的总体性,而谓词仅仅包含着**一个**规定性;主词是普遍者。——但另一方面,谓词也是独立的普遍性,反之主词仅仅是谓词的一个规定;就此而言,谓词**归摄**着主词;个别性和特殊性不是自为的,而是在普遍者里具有它们的本质和实体。谓词表达出那个在自己的概念中的主词;个别东西和特殊东西是主词身上的偶然规定;主词是它们的绝对的可能性。如果人们一方面把**归摄**(subsumieren)理解为主词和谓词的一个外在关联,另一方面 [309] 把主词想象为一个独立的东西,那么归摄就涉及刚才提到的那种以**二者**的独立性为出发点的主观判断活动。就此而言,归摄只不过是把普遍者**应用到**一个特殊东西或个别东西上面,亦即按照一个无规定的表象,把特殊东西或个别东西设定为一种具有较少的量的东西,并将其置于普遍者之下。

如果人们这样看待主词和谓词的同一性,即**一方面**,前者获得某一个概念规定,后者获得另一个概念规定,**另一方面**,反过来同样也是如此,那么同一性在这种情况下就始终只是一个**自在存在着的**同一性;鉴于判断的两个方面的独立的差异性,它们的**已设定的**关联也具有这两个方面,起初作为有差异的方面。真正说来,这个**无区别的同一性**构成了主词和谓词的**真实的**关联。概念规定在本质上本身就是**关联**,因为它是一个**普遍者**;这样一来,主词和谓词所具有的规定同样也是它们的关联本身所具有的规定。概念规定是**普遍的**,因为它是二者(主词和谓词)的肯定的同一性;但它也是**已规定的**,因为谓词的规定性是主词的规定性;再者,概念规定也是**个别的**,因为独立的端项把它当作它们的否定的统一体,在其中被扬弃了。——但在判断里,这个同一性还没有被设定下来;系词相当于一般意义上的**存在**这一仍然无规定的关联,即"**A 是 B**";因为在判断里,概念的规定性(或者说端项)的独立性是概念通过判断而具有的**实在性**。假若系词"**是**"已经**被设定**为主词和谓词的那个已规定的和得到充实的**统一体**,被设定为它们的**概念**,那么它就已经是**推论**了。

判断**运动**的目标,就是重新制造出,或更确切地说,重新**设定**概念的这个**同一性**。那在判断中已经**现成地存在着**的东西,一方面是独立性(而这也是主词和谓词彼此之间的规定性),另一方面却是它们的**抽象的**关联。判断首先陈述出一个事实,即"**主词是谓词**";但由于谓词**不应当**是主词所是的那个东西,所以这里有一个**矛盾**,而这个矛盾必须**瓦解**,并**过渡**到一个结果。但真正说来,由于主词和谓词**自在且自为地**就是总体性,而且由于判断就是概念的实在性,所以判断的持续推进仅仅是一个**发展过程**;那在判断中显露出来的东西,已经现成地存在于其中,而在这个意义上,**证明**(Demonstration)仅仅是一个**展现**(Monstration),一个反映,即把那在判断的端项中已经**现成地**存在着的东西**设定下来**;但这个设定活动本身同样已经现成地存在着;它是端项的**关联**。

第一,判断,按照其**直接地**所是的样子,是**定在判断**;它的主词直接地是一个**抽象的、存在着的个别东西**;谓词是主词的一个**直接的规定性**或特性,一个抽象的普遍者。

当主词和谓词的这个质扬弃自身,其中一方的规定首先**映现**在另一方那里;**第二**,判断现在是**反映**判断。

但这个主要偏于外在的整合过渡到实体式的、**必然的联系**,亦即**本质上的同一性**;在这种情况下,**第三**,它是**必然性**判断。

第四,由于在这个本质上的同一性里,主词和谓词的区别已经转变为一个**形式**,所以判断成为**主观的**;它包含着**概念**和它的**实在性**的对立,以及二者的**比较**或**一致化**;它是**概念判断**。

概念的这个显露活动奠定了**从判断到推论的过渡**。

A. 定在判断 [311]

在主观的判断里,人们将会看到**同一个对象**的**双面性**,它时而处于它的个别的现实性里,时而处于它的本质上的同一性或它的概念里:个别东西提升到它的普遍性中,或者同样的意思也可以说,普遍者个别化到它的现实性中。通过这个方式,判断成为**真理**;因为它是概念和实在性的一致。但判断**起初**并不是这样的;因为它**起初**是一个**直接的东西**,在它那里还没有出现各种规定的反映和运动。这个**直接性**使起初的判断成为**定在判断**,后者也可以称作**质的判断**,而这仅仅是因为,**质**不仅归属于**存在**的规定性,而且其中也包含着一个抽象的普遍性,这个普遍性由于其单纯性的缘故,同样具有**直接性**形式。

定在判断也是**依附性**的判断;因为直接性是它的规定,而在主词和谓词的区别里,主词是直接的东西,随之在这个判断里是第一位的东西和本质性东西,所以谓词具有非独立者的形式,并且把主词当作它的根基。

a.肯定判断

1. 正如此前指出的,主词和谓词首先是一些名称,只有通过判断的演变才获得它们的现实规定。判断是**已设定的**和已规定的概念,而主词和谓词作为判断的两个方面,被规定为判断的环节,而由于直接性的缘故,它们仍然是完全**单纯的**环节,一方面并没有通过中介活动而变得更加丰富,另一方面则是首先按照抽象的对立而被规定为**抽象的个别性和抽象的普遍性**。——首先可以说,谓词是**抽象的普遍者**;但由于抽象的东西是以扬弃个别东西或特殊东西这一中介活动为条件,所以中介活动在这种情况下仅仅是一个**预先设定**。在概念的层面里,只可能有一个**直接性**,即那个**自在且自为地**包含着中介活动,并且只有通过扬弃中介活动才产生出来的直接性,亦即**普遍的直接性**。就此而言,**质的存在本身在其概念中**是一个普遍者;但在这种情况下,直接性尚未**被设定为存在**;只有作为**普遍性**,直接性才是一个概念规定,并且本身就包含着一个**设定**,即"否定性在本质上属于直接性"。这个关联在判断中是现成已有的,这时直接性是一个主词的谓词。——但主词同样是一个**抽象的**个别东西,或者说一个应当**作为直接的东西**的直接的东西;因此,它作为个别东西,应当是一般意义上的**某东西**。就此而言,主词构成了判断的抽象方面,从这个方面来看,概念在判断里已经过渡到**外在性**。——既然主词和谓词这两个概念规定是已规定的,那么判断就是它们的关联,即系词"**是**";与此同时,这个关联同样只能意味着一个直接的、抽象的**存在**。如果这个关联尚未包含着中介活动或否定性,判断就叫作**肯定判断**。

2. 因此肯定判断的最贴切的纯粹表述是"**个别东西是普遍的**"这一命题。

这个表述不应当被理解为"A 是 B";因为 A 和 B 是两个完全无形式的,随之无意义的名称;但全部判断(定在判断当然也不例外)都是把概念规定当作自己的端项。"A 是 B"既可以代表一个**判断**,也可以代表任何一个单纯的**命题**。在每一个判断(包括那些就其形式而言具有丰富规定的判断)里,命题都是主张"**个别东西是普遍的**"这一已规定的内容,而在这个意义上,每一个判断都可以说是抽象的判断。至于那种在这个意义上同样属于这个表述的否定判断,马上就会谈到。——诚然,很多人并不知道每一个判断(至少是肯定判断)都主张"个别东西是一个普遍者",

而究其原因,一个是因为他们忽视了那个把主词和谓词区分开的**已规定的形式**——据说判断无非是**两个概念的关联**——,另一个是因为"卡乌斯是博学的"或"玫瑰是红的"之类判断的寻常**内容**浮现在他们的意识里,而意识只关心"卡乌斯"等等的表象,却没有对形式进行反思,——哪怕那个经常被用作例子的**逻辑上的卡乌斯**是一个非常平淡无奇的内容,但逻辑之所以要挑选这样平淡无奇的内容,恰恰是为了防止人们把注意力放在内容而不是形式上面。

此前我们已经顺带指出,从客观的意义来看,"**个别东西是普遍的**"这一命题一方面标示着个别事物的变动不居,另一方面也标示着它们在全部概念里的肯定的持存。概念本身是不朽的,但那些在概念的分割中从概念那里显露出来的东西却是屈从于变化,并且必须回到概念的**普遍本性**中。反过来,普遍者也给予自己一个**定在**。正如本质在它的规定中走向**映象**,根据走向实存的**现象**,实体走向启示,走向它的偶性,普遍者也**决心**走向个别东西;判断是它的这个**揭示**,是它自在地已经所是的那个否定性的**发展过程**。——后面这一点是通过相反的命题"**普遍者是个别的**"而表达出来的,这个命题在肯定判断中同样已经陈述出来。主词起初是**直接的个别东西**,在判断中本身就与它的**他者**(即普遍者)相关联;于是它被设定为**具体的东西**,——从存在来看,是一个**具有许多质的某东西**,而从反映来看,则是**一个具有诸多特性的物**,一个**具有诸多可能性的现实东西**,一个具有诸多偶性的实体。在这些地方,因为这个杂多性属于 [314] 判断的主词,所以某东西或物等等在它的质、特性或偶性里面反映回自身之内,或通过这些东西而**延续**自身,既在它们之内维系着自身,也在自身之内维系着它们。已设定的存在或规定性属于自在且自为的存在。因此主词在其自身就是**普遍者**。——反之,谓词作为这个非实在的或非具体的普遍性,作为**抽象的普遍性**,相对于主词而言,就是**规定性**,并且仅仅包含着主词的总体性的**一个环节**,同时把其他环节揭示出来。由于这个否定性(它同时作为判断的端项而与自身相关联)的缘故,谓词是一个**抽象的个别东西**。——比如在"玫瑰是芬芳的"这一命题里,谓词仅仅表达出玫瑰的**诸多特性之一**;这个特性在主词里和其他特性本来是交融在一起的,而谓词把它个别化了,正如当物瓦解时,那些依附于它的诸多特性由于转变为独立的**质料**,也**个别化**了。因此从这个方面来看,判断的命题意味着**普遍者是个别的**。

当我们把主词和谓词在判断里的这个**交互规定**放在一起,就得出如下双重的方面:1)主词直接地是存在者或个别东西,谓词直接地是普遍者。但因为判断是二者的**关联**,而主词被谓词规定为普遍者,所以主词是普遍者;2)谓词是在主词里被规定的,因为它不是**一般意义上的**规定,而是**主词的**规定;玫瑰是芬芳的;这个芬芳不是某个无规定的芬芳,而是玫瑰的芬芳;因此谓词是**一个个别东西**。——现在,因为主词和谓词处于判断的对比关系中,所以它们按照概念规定而言应当始终是相互对立的;正如在因果性的**交互作用**中,在原因和作用达到它们的真理之前,哪怕双方具有相同的规定,也仍然应当始终是独立的和相互对立的。因此,如果主词被规定为普遍者,对于谓词就不能也采纳其普遍性规定——否则这就不是什么判断了——,而是只能采纳其个别性规定;反过来,如果主词被规定为个别东西,那么就必须把谓词当作普遍者。——只要我们反思一下那个单纯的同一性,就会发现如下两个同一性命题:

[315]

个别东西是个别的;

普遍者是普遍的。

在这里,判断规定完全四散分离,只有它们的自身关联被表达出来,而它们的相互关联却瓦解了,以至于判断也被扬弃了。——在最初的那两个命题里,前一个命题"普遍者是个别的"所表达的是一个就其**内容**而言的判断,这个内容在谓词里是一个个别化的规定,而在主词里却是一个规定的总体性;后一个命题"个别东西是普遍的"所表达的是一个通过内容本身而直接给定的**形式**。——在直接的肯定判断里,端项仍然是单纯的;因此形式和内容仍然是联合在一起的。换言之,这个判断不是由两个命题组成的;这里面体现出来的一个双重关联直接构成了**同一个**肯定判断。也就是说,1)它的端项是独立的、抽象的判断规定,2)每一方都借助那个把它们关联在一起的系词而受到另一方的规定。但正因如此,判断**自在地**就包含着形式区别和内容区别,这是显而易见的;确切地说,"个别东西是普遍的"这一命题所包含的东西属于形式,因为这个命题所表达出的是判断的**直接规定性**。与此相反,"普遍者是个别的"这一命题(其中主词被规定为普遍者,反之谓词被规定为特殊东西或个别东西)所表达出的对比关系却涉及**内容**,因为它的各种规定只有通过自身内反映才凸显出来,而在这种情况下,直接的规定性被扬弃了,相应地,形式转变为一个返回到自身之内、并与形式区别相对立的同一性。 ［316］

3. 现在,这是两个分别涉及形式和内容的命题:

　　　（主词）　　　（谓词）
　　　个别东西是普遍的;
　　　普遍者是个别的。

假若它们因为包含在**同一个**肯定判断之内,所以联合在一起,以至于主词和谓词二者都被规定为个别性和普遍性的统一体,那么二者都将会是**特殊东西**了,而且人们必须承认,这个东西**自在地**是它们的内在规定。但这是不可能的。一方面,这意味着这个结合只是通过一个外在的反映而确立下来的,另一方面,作为其结果的"特殊东西是特殊东西"这一命题也不再是一个判断,而是一个空洞的同一性命题,就和出现在其中的"个别东西是个别的"、"普遍者是普遍的"等命题一样。——个别性和普遍性不可能联合为特殊性,因为它们在肯定判断里面仍然被设定为**直接的东西**。——换言之,我们仍然必须从形式和内容两方面对判断进行区分,因为主词和谓词恰恰区分为直接性和经过中介的东西,或者说因为判断就其关联而言是这样两个东西:既是相互关联者的独立性,也是它们的交互规定或中介活动。

　　因此,**第一**,判断就其**形式**来看意味着"个别东西是普遍的"。但实际上,这样一个**直接的**个别东西**并不是**普遍的;它的谓词具有更大的范围,因此个别东西与它并不符合。主词是一个**直接的自为存在者**,因此是那个抽象的东西(即那个通过中介活动而设定的、本应去谓述主词的普遍性)的**反面**。

[317] **第二**,判断就其**内容**来看,或者说作为"普遍者是个别的"这一命题而言,意味着主词是一个具有许多质的普遍者,一个具体的东西,并且被规定为无限的,而由于它的规定性起初只是质、特性或偶性等等,所以它的总体性是这些东西的**绝对无限的多样性**。因此这样一个主词实际上不是它的谓词所谓述出的那样一个**个别的**特性。因此两个命题必须**合为一体**,而肯定判断必须反而被设定为**否定**判断。

b.否定判断

1. 前面已经谈到一个惯常的表象,即以为判断之是否为真仅仅取决于判断的内容,因为逻辑真理仅仅涉及形式,并且唯一要求的是那个内容不要自相矛盾。至于判断的形式本身,人们唯一想到的就是**两个概念**的关联。但很显然,这两个概念并非仅仅具有**数目**这一无对比关系的规定,而是作为**个别东西**和**普遍者**而相互对待。这些规定构成了真正的逻辑**内容**,确切地说,在这个抽象中构成了肯定判断的内容;至于判断里面出现的**其他内容**(比如"太阳是圆的","西塞罗是罗马的一位伟大的演说家","现在是白天"等等),跟严格意义上的判断毫不相干;判断仅仅陈述出这一点,即"**主词是谓词**",又因为这些仅仅是名称,所以确切地说,其陈述出的是:"**个别东西是普遍的,反之亦然。**"——由于这个**纯粹逻辑内容**的缘故,肯定判断**并不是真的**,而是在否定判断中具有它的真理。——人们要求内容在判断中不应当自相矛盾;但正如我们看到的,它在肯定判断中恰恰是自相矛盾的。——尽管如此,究竟是否把那个逻辑内容也称作形式,并且把内容仅仅理解为寻常的经验内涵,这是完全无关紧要的,因为

[318] 形式并非仅仅包含着一个空洞的、把内容规定排斥在外的同一性。就此而言,肯定判断由于它的肯定判断的**形式**,就不具有真理;有些人已经把一个**直观**或**知觉**的**正确性**,把**表象**和对象的一致称作"**真理**",于是再也找不到别的什么表述来称呼哲学的对象和目的了。人们至少必须把后者称作"理性真理",同时承认诸如"西塞罗是一位伟大的演说家"、"现在是

白天"之类判断算不上理性真理。但它们之所以不是理性真理,不是因为它们仿佛偶然地具有一个经验内容,而是因为它们仅仅是一些肯定判断,其唯一的对象是一个直接的个别东西,并且能够和应当把一个抽象的规定性当作内容。

肯定判断首先在否定判断中具有它的真理:**个别东西不是抽象普遍的,——毋宁说**,正因为个别东西的谓词是这样一个谓词,或者在不考虑其与主词的关联的情况下,正因为这个谓词是**抽象的**普遍者,所以它本身是一个已规定的东西;因此**个别东西首先**是一个**特殊东西**。再者,按照肯定判断所包含的另一个命题,否定判断的意思是:**普遍者不是抽象个别的,毋宁说**,正因为这个谓词是谓词,或正因为它与一个普遍的主词相关联,所以它是一个比单纯的个别性更广泛的东西,于是**主词**同样**首先**是一个**特殊东西**。——这个普遍者作为主词,本身就处于个别性这一判断规定中,既然如此,这两个命题就归结为同一个命题:"**个别东西是一个特殊东西**。"

需要指出的是:a)**特殊性**在这里体现为谓词,而前面已经谈到这种特殊性;只不过在这里,特殊性不是由一个外在的反映所设定的,而是借助于那个在判断里揭示出来的否定关联而产生出来的。b)这个规定在这里仅仅体现为特殊性。在**直接的**判断亦即定在判断里,主词是一个充 [319] 当根据的东西;因此**规定**起初看起来在**谓词**那里**消失了**。但实际上,这个最初的否定仍然不可能是一个规定,或更确切地说,不可能是**个别东西的设定活动**,因为只有第二个东西亦即否定之否定才能够做到这一点。

"个别东西是一个特殊东西"是否定判断的**肯定**表述。就此而言,这个表述不是肯定判断本身,因为肯定判断由于其直接性的缘故,仅仅把抽象东西当作它的端项,而特殊东西恰恰是通过去设定判断的关联而体现为第一个**经过中介的**规定。——但这个规定不仅应当被看作是"**端项**"这一环节,而且应当被看作是它起初真正所是的东西,即"**关联**"这一规定;换言之,判断也必须被看作是**否定判断**。

这个过渡是基于全部判断里面的端项和其关联之间的对比关系。肯定判断是**直接的**个别东西和**直接的**普遍者的关联,也就是说,在个别东西和普遍者里,一方**并非**同时是另一方;因此关联在本质上同样是**分裂**,或者说是**否定的**;相应地,肯定判断必须被设定为否定判断。正因如此,逻辑学家们从来都不反对把否定判断中的"**不**"和**系词**联系在一起。在判断里面,那被规定为端项的东西,同样是**已规定的关联**。判断规定或端项既不是**直接的**存在的纯粹质的规定(这个规定只能与一个**外在于存在**的**他者**相对立),也不是反映的规定(这个规定按照其普遍的形式,表现为肯定的规定和否定的规定,其中每一方都被设定为排他性的,仅仅**自在地**与对方是同一的)。判断规定作为概念规定,本身就是一个普遍者,但被设定为一个将自身**延续**到其他规定那里的东西。反过来,判断的**关联**和

[320] 端项所具有的是同一个规定,因为这个关联恰恰是端项的普遍性和彼此之内的延续;但就端项是区分开的而言,关联本身也具有否定性。

前面指出的从**关联**的形式到**规定**的形式的过渡造成了一个**直接的**后果,即系词的"**不**"同样必须被改造为谓词,并且这个谓词必须被规定为**非普遍者**。但非普遍者通过一个同样直接的后果,就是**特殊东西**。——如果人们坚持按照"**直接的非存在**"这一完全抽象的规定来理解**否定者**,那么谓词就仅仅是一个**完全无规定的**非普遍者。通常的逻辑是在处理那些**矛盾概念**时讨论这个规定,并且特别强调指出,当涉及一个概念的**否定者**时,只应当关注否定者本身,并且把它看作是肯定概念的**他者**这一纯粹**无规定**的范围。比如,单纯的**非白**既可以是黑,也可以是红、黄、蓝等等。但严格意义上的**白**是直观的一个**无概念**的规定;这样一来,白的"**非**"同样是一个无概念的**非存在**,而我们在逻辑的开端已经充分考察过这个抽象东西,并且认识到它的接下来的真理是**转变**。如果人们在考察这些判断规定的时候,把这种来自于直观和表象的无概念的内容当作例子,并且把**存在**的诸规定和**反映**的诸规定当作判断规定,那么这同样是一种**非批判**的做法,不啻于康德所说的把知性概念应用到无限的理性理念或所谓的**自在之物**上面;**判断**从**概念**出发,也属于概念,而概念是真正的**自在之物**或**理性东西**;但那些规定却是属于**存在**或**本质**,尚且不是推进到样式和

方式的形式,而它们只有在它们的真理里,在**概念**里,才是这样的形式。——如果人们止步于白、红之类**感性**表象,并且像通常的那样把某种仅仅是表象规定的东西称作概念,那么非白、非红当然不是什么肯定的东西,正如非三角更是一种完全无规定的东西,因为这个基于一般意义上的数和定量的规定在本质上是一个**漠不相关的、无概念的**规定。但无论是**非存在**本身,还是那样的感性内容,都应当得到**概念把握**,并且抛弃它们在盲目的、静止不动的表象里具有的那种漠不相关性和抽象的直接性。哪怕是在定在里,无思想的无都已经转变为**界限**,使某东西与一个外在于它的**他者相关联**。但在反映里,是**否定者**在本质上与一个**肯定者相关联**,从而是**已规定的**;否定者已经不再是那个**无规定的非存在**;当它与肯定者相对立,就被设定为单纯的存在者;第三者是它们的**根据**;这样一来,否定者就被固定在一个封闭的层面里,在其中,一方所**不是**的东西,是某个**已规定的东西**。——而在概念及其规定的绝对流动的延续性中,"**非**"更加直接地是一个肯定者,**否定**不仅是规定性,而且被纳入普遍性,被设定为与普遍性是同一的。因此,非普遍者直接地是**特殊东西**。

2. 由于否定涉及判断的关联,而**否定判断**仍然被看作是这样的判断,所以它**首先仍然是一个判断**;于是这里呈现出主词和谓词、或个别性和普遍性的对比关系和关联,即**判断的形式**。主词作为充当根据的直接的东西,是否定所永远不能触及的,因此它保留着它的规定(即具有一个谓词)或它与普遍性的关联。那遭到否定的东西,不是谓词里的一般意义上的普遍性,而是谓词的抽象或那个针对普遍性而显现为**内容**的规定性。——也就是说,否定判断并不是总体上的否定;谓词所包含着的那个普遍的层面始终持存着;因此主词和谓词的关联在本质上仍然是**肯定的**;谓词的那个保留下来的规定同样是**关联**。——比如,当人们说"玫瑰不是红的",这只是否定了谓词的**规定性**,并把它从谓词同样具有的普遍性那里分割出去;至于普遍的层面,**颜色**,仍然保留下来;当人们说"玫瑰不是红的",这就假定它具有一个颜色,而且是别的颜色;从这个普遍的层面来看,判断仍然是肯定的。

"**个别东西是一个特殊东西**"——否定判断的这个肯定形式直接表达出这一点；特殊东西包含着普遍性。除此之外，它也表明，谓词不仅是一个普遍者，而且仍然是一个已规定的东西。否定形式包含着同样的情况；比如，虽然玫瑰不是红的，但它不仅应当保留颜色这一普遍的层面作为谓词，而且应当具有**另外某个已规定的颜色**；因此只不过是玫瑰的**个别**规定性被扬弃了，与此同时，不仅普遍的层面保留下来，而且规定性也保留下来，但转变为一个**无规定的**或普遍的规定性，随之转变为特殊性。

3. 当**特殊性**体现为否定判断的肯定规定，就是一个在个别性和普遍性之间进行中介的东西；因此现在总的说来，否定判断是一个进行中介的东西，它来到了第三步，即**定在判断的自身内反映**。否定判断就其客观意义而言，仅仅是偶性的变化这一环节，或者说在定在里，是具体东西的个别化了的特性这一环节。通过这个变化，谓词的完整规定性或已设定的**具体的东西**显露出来。

[323] 根据否定判断的肯定表述，**个别东西是特殊东西**。但个别东西也**不是特殊东西**；因为特殊性比个别性具有更广泛的范围；因此特殊性是一个与主词不符合的谓词，而主词在特殊性那里也仍然不具有它的真理。**个别东西仅仅是个别东西**，是一个不与他者相关联（不管它是肯定的抑或否定的），毋宁仅仅与自身相关联的否定性。——玫瑰不是**任意一个**有颜色的东西，毋宁说，它仅仅具有一个已规定的颜色，即玫瑰色。个别东西不是一个无规定的已规定的东西，而是已规定的已规定的东西。

从否定判断的这个肯定形式出发，判断的否定仅仅再度显现为**第一个否定**。实则并非如此。毋宁说，否定判断自在且自为地已经是第二个否定或否定之否定，而这个自在且自为的东西必须被设定下来。也就是说，**它所否定的**是肯定判断的谓词的**规定性**，而肯定判断的**抽象的**普遍性，或者说作为内容来看，乃是它通过主词而包含着的个别的质。但规定性的否定已经是第二个否定，即个别性的无限的自身回归。这样一来，就**制造出**主词的具体的总体性，或更确切地说，主词直到现在才**被设定为**个别东西，因为它已经通过否定和否定的扬弃而达到了自身中介。相应地，谓词本身已经从最初的普遍性过渡到绝对的规定性,并且使自己等同于主词。就此而言,判断叫做:"**个别东西是个别的。**"——从另一方面来看,首先,由于主词同样被假定为**普遍的**主词,而在否定判断里,那个针对主词的规定而表现为个别东西的谓词**扩展为特殊性**,其次,由于这个**规定性**的否定同样是谓词所包含的普遍性的**清除**,所以这个判断叫做:"**普遍者是普遍者**。"

在上述两个通过外在的反映而得出的判断里,谓词已经在其肯定性 [324] 中表达出来。但否定判断本身的否定首先必须在一个否定判断的形式中显现出来。我们曾经指出,在否定判断中,主词和谓词的**肯定关联**以及后者的**普遍层面**仍然有保留下来。因此从这个方面来看,相比起肯定判断,谓词所包含的普遍性受到更大的限制,因此更应当遭到作为个别东西的主词的否定。通过这个方式,谓词的**整个范围**都被否定了,在它和主词之间不再有肯定的关联。这就是无限判断。

c.无限判断

否定判断和肯定判断一样,都不是一个真实的判断。否定判断的真理应当是无限判断,而无限判断就其否定的表述而言是一个**否定的无限者**,在这个判断里,判断的形式被扬弃了。——但这是一个**荒谬的判断**。它应当是一个**判断**,从而包含着主词和谓词的关联;但这样一个关联**同时不**应当存在于其中。——通常的逻辑虽然经常提到"无限判断"这个名称,但从来没有清楚地解释它究竟是怎么一回事。——关于否定的—无限判断,可以轻松举出很多例子,即以否定的方式把两个规定拿来跟主词和谓词结合,其中一个规定不仅不改变另一个规定的规定性,而且不包含着后者的普遍层面;比如精神不是红的、黄的等等,不是酸性的、盐性的等等,玫瑰不是大象,知性不是桌子,如此之类。——如果人们愿意,也可以说这些判断是**正确的**或**真的**,但如果不考虑这类"真理",它们毋宁是荒谬的和无聊的。——或更确切地说,它们根本就**不是判断**。——无限判断的一个比较实在的例子是**恶的**行为。在**民法争讼**中,人们仅仅否认某 [325]

东西是对方的所有物,与此同时,假若对方对这个东西具有权利,那么就必须承认这是对方的所有物,总之一切都是诉诸法或权利的名义;因此在这个否定判断里,法或权利这一普遍的层面得到承认和保留。但**犯罪**却是这样一个**无限判断**,它不仅否定了**特殊的法**,而且同时否定了**法本身**。诚然,说犯罪是一个现实的行为,这是**正确的**,但因为它完全以否定的方式与伦理(它构成了这个行为的普遍层面)相关联,所以是悖理的。

无限判断或否定之否定的**肯定因素**是**个别性的自身内反映**,唯有通过这个东西,个别性才被设定为**已规定的规定性**。按照这个反映,无限判断就被表述为:"个别东西是个别的。"在定在判断里,主词是**直接的**个别东西,因此无非是一般意义上的**某东西**。只有通过否定判断和无限判断的中介活动,主词才**被设定为**个别东西。

在这种情况下,个别东西**被设定为**一个将自身**延续**到它的谓词的东西,而且谓词和它是同一的;同理,普遍性也不再是**直接的**普遍性,而是区分开的东西的一个**总括**。肯定的——无限判断同样叫作"普遍者是普遍的",因此它同样被设定为一个自身回归。

现在,通过判断规定的这个自身内反映,判断已经扬弃自身;在否定的——无限判断里,可以说区别实在是**太大了**,以至于它不再是一个判断;主词和谓词之间根本没有什么肯定的关联;反之,在肯定的无限者里,只有同一性,而它由于完全缺乏区别,也不再是一个判断。

[326]　　确切地说,那扬弃自身的,是**定在判断**;在这种情况下,判断的**系词**所包含的那个情况被**设定下来**,即质的端项在它们的这个同一性中被扬弃了。但由于这个统一体是概念,所以同一性同样直接分裂为它的两个端项,成为这样一个判断,其规定不再是直接的规定,而是反映回自身之内的规定。**定在判断**已经过渡到**反映判断**。

B. 反映判断

在如今产生出来的判断里,主词是严格意义上的个别东西,而普遍者也不再是**抽象的普遍性**或**个别的特性**，而是被设定为这样一个普遍者，它通过区分开的东西的关联，把自身统摄为单一体，或者从全部有差异的规定的内容来看，它是诸多特性和实存的**自身融合**。——如果要列举出反映判断的谓词的例子，那么它们必定完全不同于定在判断的谓词。在反映判断里，真正说来只有一个**已规定的内容**，亦即一般意义上的内容，因为内容是一个反映到同一性中的形式规定，并且不同于那个作为区分开的规定性的形式（后者仍然是一个判断）。在定在判断里，内容仅仅是一个直接的或抽象的、无规定的内容。——因此，"人是**有死的**"、"事物是**随时消逝的**"、"这个物是**有益的或有害的**"等等可以作为反映判断的例子；物体的**硬度**和**弹性**、**幸福**等等就是这类独特的谓词。它们表达出一个本质性，但这个本质性是**对比关系**里的一个规定，或者说是一个**总括式的**普遍性。这个**普遍性**将会在反映判断的运动里进一步规定自己，它仍然有别于严格意义上的**概念普遍性**；它虽然不再是质的判断的抽象的普遍 [327] 性，但仍然与它由之而来的那个直接的东西相关联，并且把后者当作是它的否定性的根据。——概念首先把定在规定为**对比关系的规定**，规定为这些规定在实存的各种杂多性中的自身延续性，——在这种情况下，真正的普遍者诚然是它们的内在本质，但却**处于现象中**，而这个**相对的**本性或者说**它们的特征**尚且不是它们的自在且自为的存在者。

乍看起来，反映判断可以被规定为**量的判断**，正如定在判断也被规定为**质的判断**。但是，正如**直接性**在质的判断里不仅是**存在着的**直接性，而且在本质上也是经过中介的和**抽象的**直接性，所以在这里，那个已扬弃的直接性并非仅仅是已扬弃的质，亦即并非仅仅是**量**；毋宁说，量和质一样，都是最为外在的直接性，从而是一个**最为外在的**、属于中介活动的**规定**。

关于那个看起来在反映判断里运动着的**规定**，此外需要指出的是，在定在判断里，规定的**运动**是在**谓词**那里体现出来的，因为这个判断处于直接性规定中，于是主词显现为载体。出于同样的理由，在反映判断里，规定活动的持续运动是**在主词那里**体现出来的，因为这个判断把**经过反映的自在存在**当作它的规定。因此在这里，本质性东西是**普遍者**或谓词；它构成了**载体**,并用这个东西来衡量主词,对主词作出相应的规定。——尽管如此,谓词也通过主词形式的进一步的塑造而获得了一个进一步的规定,虽然是以**间接的**方式;反之,出于上述理由,主词形式的那个塑造则是体现为**直接的**持续规定。

[328] 　　至于判断的客观意义,可以说个别东西是通过它的普遍性而进入定在,但这里的定在是指一个本质上的对比关系规定,是一个经历现象的杂多性而保留下来的本质性;主词**应当**是自在且自为地已规定的东西;主词在它的谓词那里具有这个规定性。另一方面,个别东西反映到它的这个谓词那里,而谓词是它的普遍的本质;就此而言,主词是实存者和显现者。在这个判断里,谓词不再**依附于**主词;毋宁说,它是**自在存在者**,而那个个别东西则是作为偶性东西而被**归摄**到它下面。如果说定在判断可以被规定为**依附性判断**,那么更可以说,反映判断就是**归摄判断**。

a.单称判断

　　现在,直接的反映判断仍然是:"个别东西是普遍的。"但主词和谓词已经具有刚才所说的那些意义;所以确切地说,这个判断可以这样表述:"'这一个'是一个本质上的普遍者。"

　　但"这一个"**并不**是一个本质上的普遍者。总的说来,那个就其普遍形式而言的**肯定**判断必须被认为是否定的。但是,由于反映判断并非仅仅是一个肯定者,所以否定不是直接针对那个非依附的,而是**自在存在者**的谓词。毋宁说,主词才是可变化的、有待规定的东西。因此在这里,必须这样理解否定判断:**并非**"**这一个**"是反映的普遍者;这样一个**自在体**,相比仅仅在"这一个"里,具有一个更普遍的实存。因此,单称判断在**特称判断**中具有其最切近的真理。

[329] 　　### b.特称判断

　　主词的"非个别性"——它在最初的反映判断里必须取代主词的单个性——就是**特殊性**。但个别性在反映判断中被规定为**本质上的个别**

性;因此特殊性不可能是一个**单纯的**、**抽象的**规定,仿佛把个别东西扬弃了,让实存者消灭了,毋宁说,它只能是个别东西在外在反映中的拓展;在这种情况下,主词是"某些这一个"或"特殊数量的个别东西"。

"某些个别东西是反映的一个普遍者"这一判断乍看起来是一个肯定判断,但同样也是否定的,因为"**某些**"包含着普遍性;就"**某些**"是普遍性而言,它可以被看作是**全包式的**;但就它是特殊性而言,它同样也是不符合普遍性的。正如前面指出的,主词通过单称判断而获得的**否定**规定也是关联(亦即系词)的规定。——"**某些**人是幸福的"这一判断包含着一个**直接的**结论:"**某些**人**不**是幸福的。"正因为**某些**物是有用的,所以**某些**物**不**是有用的。肯定判断和否定判断不再落于彼此之外,毋宁说,特称判断直接同时包含着二者,而这恰恰因为它是一个反映判断。——但既然如此,特称判断就是**无规定的**。

在特称判断的例子里,如果我们进一步考察"**某些人**"或"**某些动物**"等主词,就会发现它除了包含着"某些"这一特殊的形式规定之外,也包含着"人"之类内容规定。单称判断的主词可以叫作"这一个人",而这里的单个性实际上是属于一种外在的展现;所以严格说来,它应当叫作"卡乌斯"等等。然而特称判断的主词却不可能叫作"某些卡乌斯",因为"卡乌斯"应当是一个严格意义上的个人。就此而言,"**某些**"被赋予了一个更普遍的**内容**,比如"**人**"、"**动物**"等等。这并非只是一个经验的内容,而是由判断的形式所规定的内容;也就是说,内容是一个**普遍者**,因为"**某些**"包含着普遍性,与此同时,由于普遍性是以一个经过反映的个别性为根据,所以必须与个别东西分离。确切地说,普遍性也是**普遍的本性**或"人"、"动物"这样的**种**,——是这样一个普遍性,它**预先规定了**反映判断的结果,正如当肯定判断以**个别东西**为主词时,同样预先规定了定在判断的结果。[330]

因此,就主词包含着个别东西及其与特殊性的关联、以及普遍的本性而言,已经被设定为概念规定的总体性。但这个考察其实是一个外在的考察。那在主词里已经通过其形式而被首先设定在相互**关联**中的东西,是"**这一个**"之**拓展**到特殊性；只不过这个普遍化并不符合"这一个"；因为"**这一个**"是一个完全已规定的东西，而"**某些这一个**"却是无规定的。"这一个"应当得到拓展，也就是说，拓展应当与之契合，成为**完全已规定的东西**；这样的拓展就是总体性，或者说首先是一般意义上的**普遍性**。

这个普遍性以"**这一个**"为根据，因为个别东西在这里是一个反映回自身之内的东西；于是个别东西的各种进一步的规定在它自身那里**外在地**消散了，因此，正如特殊性把自己规定为"**某些**"，主词所获得的普遍性也把自己规定为**全体性**，而特称判断已经过渡到**全称**判断。

c.全称判断

[331]

全称判断的主词所具有的普遍性是一个外在的反映普遍性，即**全体性**（Allheit）；"**全部**"指全部**个别东西**；个别东西在这里没有发生任何变化。因此这个普遍性仅仅是那些自为持存着的个别东西的一个**统摄**；它是一个仅仅通过**比较**而出现在它们那里的**共通性**。——通常在谈到普遍性的时候，主观的**表象活动**首先想到的，就是这个共通性。对于"为什么一个规定应当被看作是普遍的规定"这一问题，人们首先提出的理由是："**因为它出现在许多东西那里。**"在**数学分析**里，人们首先想到的也是这个普遍性概念，比如，为了得出一个**更普遍的东西**，多项式的函数演算被当作**二项式**的函数演算，因为**多项式**比**二项式**呈现出**更多的个别性**。人们要求把函数呈现为一个普遍者，而这实际上是要求得到一个**全项式**，即已穷尽的无限性；但在这里，那个要求本身就给自己提出一个限制，即在呈现**无限的**数量时，必须满足于这个东西的**应当**，随之也满足于一个**多项式**。但二项式在某些情况下实际上已经是全项式，比如**方法**或**规则**仅仅涉及一个数项对另一个数项的依赖性，而诸多数项对那些先行数项的依赖性并未特殊化，而是始终保持为同一个位于根基处的函数。**方法**或**规则**必须被看作是真正的**普遍者**；在演算的推进或在一个多项式的演算中，它仅仅被**重复**；就此而言，它的普遍性并没有通过数项的扩大了的多数性而有任何增益。此前我们已经谈到恶劣的无限性及其谬误；概念的普遍性是**已达到的彼岸**；而恶劣的无限性却始终为着一个不可触及的彼岸而疲于奔命，因为它始终是一个单纯的无限**演进过程**。如果人们在谈到普遍性时仅仅想到**全体性**，即一个应当在全部个别东西里得到穷尽的普遍性，这就回落到那个恶劣的无限性之中；或者也可以说，他们仅仅把**多样性**当作**全体性**。然而多样性无论怎么庞大，仍然完全只是特殊性，不是全体性。——但与此同时，**概念**的自在且自为地存在着的普遍性也浮现出来；正是概念强硬地逼迫人们超越表象所坚持的个别性，超越表象的外在反映，并且把**作为总体性**的全体性，或更确切地说，把范畴意义上的自在且自为的存在置于身后。 [332]

除此之外，这一点也已经在通常作为**经验**普遍性的全体性那里体现出来。就个别东西被预先设定为一个直接的东西，随之被当作**现成的东西**而外在地**接纳下来**而言，那个将其统摄为全体性的反映同样也是外在于它的。但因为个别东西作为"**这一个**"与这个反映完全漠不相关，所以普遍性和这样的个别东西不可能联合为一个统一体。就此而言，经验的**全体性始终**只是一个**任务**，一个**应当**，却不可能呈现为一个存在。经验的普遍命题——这类命题确实可以提出很多——立足于一个默契，即如果不能拿出反面的**实例**，那么事情的**多样性**就应当被看作是**全体性**，或者说**主观**的全体性（即**已经认识到**的事情的全体性）可以被看作是一个**客观**的全体性。

如果我们仔细考察现在要讨论的**全称**判断，就会发现，此前主词所包含的自在且自为地存在着的普遍性是**预先设定**的东西，如今这个普遍性却是在主词那里**已设定**的东西。"全部人"首先表达出人的**种**，**其次**表达出这个种的个别化，也就是说，个别东西同时拓展为种的普遍性；反过来，普遍性通过与个别性的这个结合，同样被完全规定为个别性；这样一来，**已设定**的普遍性已经**等同于预先设定**的普遍性。 [333]

但真正说来，我们不应当首先就考虑**预先设定的东西**，而是应当单独考察形式规定的结果。——当个别性把自己拓展为普遍性，就**被设定**为否定性，即一个同一性的自身关联。这样一来，它不再是起初的那个个别性,比如卡乌斯的个别性,而是一个与普遍性同一的规定,或者说是普遍者的绝对的已规定的存在。——单称判断**起初的**那个个别性并不是肯定判断的**直接的**个别性,而是通过全部定在判断的辩证运动而产生出来的;它已经被规定为单称判断的各种规定的**否定的同一性**。这是反映判断里的真正的预先设定;相对于那个在反映判断里消散的设定活动而言,个别性的**起初的**那个规定性是个别性的**自在体**(Ansich);相应地,个别性**自在地**所是的那个东西如今是通过反映判断的运动而**被设定的**,也就是说,如今的个别性是已规定的东西的同一性自身关联。这样一来,那个把个别性拓展为全体性的**反映**就不再是外在于个别性,毋宁说,个别性只是因此**自为地**成为它**自在地**已经所是的东西。——因此真正说来,这个结果就是**客观的普遍性**。在这种情况下,主词已经剥离了反映判断的形式规定(这个规定从"**这一个**"经过"**某些**"一直延伸到**全体性**);从现在起,人们不再说"全部人",而是说"人"。

由此产生出来的普遍性是**种**,——即一个在其自身就是具体东西的普遍性。种并不**依附于**主词,或者说不是一个**个别的**特性,尤其不是主词的一个特性;它在它的实体性充盈状态中包含着全部个别化的、但已瓦解的规定性。——正因为种被设定为这个否定的自身同一性,所以它在本质上是一个主词,但不再被**归摄**到它的谓词之下。这样一来,反映判断的本性发生了根本变化。

[334]

反映判断在本质上是**归摄**判断。过去,谓词被规定为**自在存在着的**普遍者,与它的主词相对立;就其内容而言,谓词可以被看作是本质性对比关系规定或特征,——而从这个规定来看,主词仅仅是一个本质上的**现象**。现在,当谓词被规定为**客观的普遍性**,就再也不能够**被归摄**到这些对比关系规定或统摄式反映之下;相对于这个普遍性而言,这样的谓词毋宁是一个特殊东西。这样一来,主词和谓词的对比关系颠倒过来了,于是判断首先遭到扬弃。

判断的这个扬弃与**系词规定**的转变是合为一体的,我们后面还会考察这个规定。"判断规定被扬弃"和"判断规定过渡到系词"是同一回事。——也就是说,就主词已经提升到普遍性而言,它在这个规定里已经等同于谓词,后者作为经过反映的普遍性,也在自身内包含着特殊性;因此主词和谓词是同一的,换言之,它们已经融合到系词里面。这个同一性是一个物的种或自在且自为地存在着的本性。而当这个同一性重新分裂为一个判断,它就是**内在的本性**,使主词和谓词相互关联,——这是**必然性**的关联,在其中,那些判断规定仅仅是一些非本质性的区别。"同一个种的全部个别东西所具有的东西,是通过它们的种的本性而具有的"——这是刚才所说的那个情况的一个直接的结论和表述,也就是说,诸如"**全部人**"这样的主词已经剥离了它的形式规定,必须代之以"**人**"这一说法。——这个自在且自为地存在着的联系构成了一个新的判断亦即 [335] **必然性判断**的根基。

C. 必然性判断

正如我们看到的,普遍性通过持续的自身塑造而获得的规定,是**自在且自为地存在着的**或**客观的普遍性**,而在本质的层面上,与之对应的是**实体性**。如今这个普遍性与实体性的区别在于,前者属于**概念**,因此它不仅是它的各种规定的**内在的**必然性,而且是它们的**已设定的**必然性,换言之,**区别**对它来说是内在的,反之实体只是在其偶性中具有自己的区别,但并没有把这个区别当作是一个内在的本原。

如今,这个客观的普遍性在判断里**被设定下来**,因此,**第一**,它所具有的这个本质性规定性是内在于它的,**第二**,这个规定性作为**特殊性**又有别于它,而那个普遍性构成了特殊性的实体性根基。通过这个方式,它被规定为**种**(Gattung)和**属**(Art)。

a.直言判断

种分割自身,或者说在本质上把自身排斥到**属**之中;只有当种把属包揽在自身之内,它才是种;而只有当属一方面实存于个别东西之中,另一方面在种里是一个更高的普遍性，它才是属。——现在，**直言判断**把这样的普遍性当作谓词，而主词在谓词那里具有其**内在的**本性。但这个判断本身是最初的或**直接的**必然性判断；因此主词被规定为一个与种或属相对立的特殊东西或个别东西，随之属于外在实存的直接性。——但在这

[336] 里，客观的普遍性同样起初只是具有其**直接的**特殊化；一方面，它因此本身是一个已规定的普遍性，相对于它而言，存在着一些更高的种；——另一方面，它不一定就是**最近的**种，换言之，它的规定性不一定是主词的属差本原。在这里，**必然的**东西是主词和谓词的**实体式同一性**，与之相对立的那个把前者和后者区分开的独特东西，仅仅是一个非本质性的已设定的存在——或者说仅仅是一个名称；主词在它的谓词里反映回它的自在且自为的存在之内。——这样一个谓词不应当和迄今所说的各种判断的谓词放在一起；比如，如果以下判断

玫瑰是红的，

玫瑰是一株植物，

或：这枚戒指是黄的，

这枚戒指是黄金

被归结为**同一个**类别，并且诸如花的颜色之类外在特性被当作与它的植物本性相同的谓词，这就忽视了哪怕是最普通的理解把握都必然会注意到的区别。——因此按照规定而言，直言判断必定有别于肯定判断和否定判断；在后面两者这里，关于主词所谓述出来的东西是**个别的**、**偶然的**内容，反之在前者那里，内容是反映回自身之内的形式的总体性。因此，系词在直言判断里意味着**必然性**，而在那两种判断里则只是意味着抽象的、直接的**存在**。

主词的**规定性**使得主词是一个与谓词相对立的**特殊东西**，而这个规定性起初仍然是一个**偶然的东西**；主词和谓词并没有通过**形式**或**规定性**而必然地相互关联；因此必然性仍然是**内在的必然性**。——但主词只有作为**特殊东西**才是主词，而就它具有客观的普遍性而言，它应当在本质上就按照起初那个直接的规定性而具有客观的普遍性。当客观的—普遍者

自己**规定**自己,也就是说,当它把自己设定到判断里面,它在本质上就和 [337]
这个被它所排斥的严格意义上的**规定性**处于同一性关联之中,换言之,这
个规定性在本质上就不应当被设定为单纯偶然的东西。直言判断起初是
通过它的直接存在这一**必然性**而与它的客观的普遍性相契合,并且通过
方式过渡到**假言判断**。

b.假言判断

"如果 A 存在,那么 B 存在";换言之,"A 的存在不是它自己的存在,
而是一个他者 B 的存在。"——在这个判断里被设定下来的东西,是两个
直接的规定性的**必然的联系**,而这个联系在直言判断中尚未被设定下
来。——这里有**两个**直接的实存或外在的偶然东西,而它们在直言判断
里起初只是同一个规定性,即主词;但由于前者以外在的方式与后者相对
立,所以后者同样直接地以外在的方式与前者相对立。——按照这个直
接性,双方的**内容**仍然是一个彼此漠不相关的内容;就此而言,这个判断
起初只是一个具有空洞形式的命题。现在,**第一**,直接性本身是一个独立
的、具体的存在;**第二**,存在的关联是一个本质性存在;因此前一个存在同
样相当于单纯的**可能性**;假言判断并未包含着"A 存在"或"B 存在",而
是仅仅包含着这一点:**如果** A 存在,**那么** B 存在;只有端项的联系被设定
为存在着,但端项本身却没有被设定为存在着。确切地说,在这个必然性
里,每一方都同样被设定为**对方的存在**。——同一性命题所陈述的是:A
仅仅是 A,不是 B;B 仅仅是 B,不是 A;反之在假言判断里,有限事物的存
在按照它们的形式化真理而言是由概念所设定的,也就是说,有限者诚然
是它自己的存在,但同样也不是**它自己的存在**,而是一个他者的存在。在
存在的层面上,有限者**发生变化**,转变为一个他者;而在本质的层面上,有 [338]
限者是**现象**,并且是已设定的,也就是说,它的存在依赖于一个他者在它
那里的**映现**,而**必然性**仍然是**内在的**关联,尚未被设定为真正意义上的关
联。但概念却意味着,首先,这个同一性是**已设定的**,其次,存在者不是抽
象的自身同一性,而是**具体的**同一性,并且直接在其自身就是一个**他者**的

273

存在。

通过一些更详细规定的反映对比关系,假言判断可以被看作是**根据和后果**、**条件和有条件的东西**之间的**因果性**对比关系。如果说直言判断包含着实体性,那么假言判断则是包含着那个处在其概念形式中的因果性联系。这个对比关系和其他对比关系一样,全都从属于因果性联系,但它们在这里不再是**独立的双方**之间的对比关系,毋宁说,双方在本质上仅仅是同一个同一性的环节。——尽管如此,它们在因果性联系里尚未按照概念规定而成为相互对立的个别东西、特殊东西和普遍者,毋宁起初只是**一般意义上的环节**。这样看来,假言判断在形态上更像是一个命题;正如特称判断具有无规定的内容,同样,假言判断具有无规定的形式,因为它的内容并不是通过主词和谓词的规定而表现出来的。——但**自在地看来**,正因为存在是一个他者的存在,所以它在这种情况下是**它自身和他者的统一体**,因而是**普遍性**;但与此同时,它其实只是一个**特殊东西**,因为它是一个已规定的东西,并且在其规定性中并非仅仅与自身相关联。但这里所设定的不是一个**单纯的**、抽象的特殊性,毋宁说,通过**规定性所具有的直接性**,特殊性的诸环节是区分开的;与此同时,通过规定性的统一体(这个统一体构成了它们的关联),特殊性也是规定性的总体性。——所

[339] 以,在假言判断里面,真正设定下来的东西是那种意义上的普遍性,即概念的具体的同一性,而概念的各种规定并不具有自为的持存,毋宁只是一些在普遍性中被设定下来的特殊性。这样的判断就是**选言判断**。

c.选言判断

在直言判断里,概念相当于客观的普遍性和一个外在的个别性。在假言判断里,概念作为这样的外在东西,在其否定的同一性中显露出来;通过这个同一性,概念的各个环节获得了一个如今在选言判断里设定下来的规定性,而它们在假言判断里已经直接具有这个规定性。因此选言判断是同时被设定为与形式相结合的客观普遍性。**第一**,它包含着具体的普遍性或种,后者在**单纯的**形式中表现为主词;**第二**,种也表现为它的

那些区分开的规定的总体性。A 要么是 B，要么是 C。这是**概念的必然性**，在其中：**第一**，两个端项的同一性是同一个范围、内核和普遍性；**第二**，两个端项就概念规定的形式而言是区分开的，但由于那个同一性的缘故，这个形式只是**单纯的形式**；第三，正因如此，同一的客观普遍性显现为一个与非本质性的形式相对立、反映回自身之内的东西，显现为**内容**，但内容在其自身就具有形式的规定性；有时候是**种**的单纯规定性，有时候是这个规定性已经发展出区别的样子，——在这种情况下，它是**属**的特殊性及其**总体性**，即种的普遍性。——得到发展的特殊性构成了**谓词**，因为当特殊性包含着主词的整个普遍的层面，同时又让这个层面发生特殊分化，这时它就是**普遍者**。

　　如果进一步考察这个特殊化，我们就会发现，**第一**，种构成了属的实体式普遍性；因此主词**既**是 B **也**是 C；这个"**既—也**"标示着特殊东西和普遍者的**肯定的**同一性；这个客观的普遍者在其特殊性中完全保留下来。**第二**，属是**相互排斥的**；A 要么是 B，要么是 C；因为属是普遍层面的**已规定的区别**。这个"**要么—要么**"是它们的**否定的关联**。但无论是在这个否定的关联里，还是在那个肯定的同一性里，它们都同样是同一的；种是属（作为**已规定的特殊东西**）的**统一体**。——假若种如同在定在判断里那样，是一个抽象的普遍性，那么属也就只能被认为是一些**有差异的**、彼此漠不相关的东西；然而种并不是那个外在的、通过**比较**和**舍弃**而产生出来的普遍性，而是属的内在的和具体的普遍性。经验的选言判断不具有必然性；A 要么是 B，要么是 C，要么是 D，如此等等，因为 B、C、D 这些属是**现成已有的**；因此真正说来，这里不能作出"**要么—要么**"的陈述，因为这些属仅仅构成一个主观的完整性；诚然，**其中一个属排斥另一个属**，但"**要么—要么**"却排斥**任何更多的属**，并且在自身内封闭为一个总体式的层面。这个总体性在客观的—普遍者的否定统一体中具有其**必然性**，因为客观的—普遍者在自身内瓦解了个别性，并且把它当作内在的、**单纯的区别本原**，而在这种情况下，属是**已规定的**和**相互关联**的。与此相反，那些经验的属是通过某个偶然性而具有它们的区别，这个区别是一个外在

[340]

275

的本原,或者说因此根本就不是**它们的**本原,从而也不是种的内在的规定性;因此它们就其规定性而言也不是相互关联的。——但属却是通过它们的规定性的**关联**而构成谓词的普遍性。——真正说来,所谓的"**相反的概念**"和"**矛盾的概念**"本应在这里才找到它们的位置;因为只有在选言判断里,本质性概念区别才被设定下来;但与此同时,它们在这里也具

[341] 有其真理,也就是说,"相反"和"矛盾"本身同样可以区别为相反的和矛盾的。只有当属是**有差异的**——也就是说,它们通过作为其客观本性的种而具有一个自在且自为地存在着的持存——,才是相反的,而只有当它们相互排斥,才是**矛盾的**。但这两个规定,单独看来,无论哪一个都是片面的,都不具有真理;在选言判断的"**要么—要么**"里,它们的统一体被设定为它们的真理,也就是说,那个独立的持存作为**具体的普遍性**,本身也是否定统一体的**本原**,而这导致它们相互排斥。

通过以上揭示出的主词和谓词从否定统一体来看的同一性,种在选言判断里被规定为**最近的**种。这个表述首先暗示着一个纯粹的量的区别,即普遍者相对于一个从属于它的特殊性而言,包含着"**较多**"或"**较少**"的规定。就此而言,究竟什么东西是最近的种,这始终是偶然的。如果种被看作是一个仅仅通过舍弃各种规定而构成的普遍者,那么真正说来,选言判断不可能构成最近的种,因为后者究竟是否仍然保留着那个构成"**要么—要么**"本原的规定性,这是偶然的;在这种情况下,种根本不是按照其**规定性**而在属里面呈现出来,而且这些属只能是一个偶然的完整性。在直言判断里,种起初只是处在这个抽象的形式中,与主词相对立,因此并不必然是对主词而言最近的种,并在这个意义上是外在的。但是,既然种作为具体的种在本质上是**已规定的**普遍性,那么它作为单纯的规定性,就是**概念环节**的统一体,这些概念环节在那个单纯性中只是被扬弃了,但在属里面却具有它们的实在的区别。所以,种只有在这种情况下才

[342] 是一个属的**最近的**种,即属是通过种的本质性规定性而具有其属差,而且全部属都把它们的区分开的规定当作种的本性里的本原。

以上考察的方面构成了主词和谓词从一般意义上的**已规定的存在**这

一方面来看的同一性；后一个方面是由假言判断设定下来的，而假言判断的必然性是直接的有差异的东西的一个同一性，因此在本质上是一个否定统一体。总的说来，正是这个否定统一体分割主词和谓词，但如今它本身也被设定为区分开的东西，在主词里表现为**单纯的**规定性，而在谓词里则是表现为**总体性**。主词和谓词的那个分割是**概念区别**；但谓词里的**属的总体性**恰恰不可能是**别的概念区别**。——通过这个方式，**选言端项相互之间的规定**体现出来。这个规定可以归结为概念的区别，因为只有概念才提供选项，并且把它的否定统一体启示在它的规定中。除此之外，我们在这里只是考察属的单纯的概念规定性，而不是考察其**形态**，比如当它摆脱理念，进入接下来的独立的**实在性**的样子；诚然，种的单纯本原**不具有**这个实在性，但**本质上的区分**却必须是概念的环节。在这里考察的判断里，真正说来，如今通过概念**自己的**持续规定而**被设定**下来的是它的**选项**，即那个在概念里体现为它的自在且自为地存在着的规定，那个把概念区分为诸多已规定的概念的东西。——现在，因为概念是普遍者，既是特殊东西的肯定的总体性，也是特殊东西的否定的总体性，所以在这种情况下，**概念本身**恰恰也直接地是**它的选言端项之一**；另一个选言端项是这个已经瓦解为**其特殊性**的普遍性，或者说是**作为规定性**的概念规定性，而恰恰在后者这里，普遍性呈现为总体性。——如果一个种在属里面的选项还没有达到这个形式，这就证明种还没有把自己提升到概念规定性，并且没有从概念那里显露出来。——**颜色**要么是紫的，要么是靛青的、淡蓝的、绿的、黄的、橘黄的、红的，如此等等；——我们必须注意到，这些选项同样包含着经验中的混合和非纯粹性；单从这个方面来看，我们已经可以称这些选项是粗俗的。如果颜色被理解为明和暗的**具体的统一体**，那么这个**种**本身就具有一个**规定性**，后者构成了种在属里面的特殊化本原。但在这些属里面，必定有一个属是绝对单纯的颜色，它不偏不倚地包含着对立，将其封闭在它的凝聚性中，并予以否定；另一方面，明暗对比关系的对立必定会呈现出来，而为了做到这一点，因为这件事情涉及自然现象，所以必须再加上对立的漠不相关的中和性。有些人把紫和橘黄的混合以

[343]

及靛青和淡蓝等度数区别看作是属，这只能说是一个完全欠考虑的做法，甚至在经验论看来也太过于漫不经心。——除此之外，在自然界的要素或精神的要素里面，选项分别具有哪些区分开的和更详细规定的形式，就不属于这里的讨论范围了。

选言判断起初在其谓词中具有选项；但它本身同样是一个分离的选项；它的主词和谓词是选项；主词和谓词作为概念环节，在其规定性中同时被设定为同一的：1）它们在客观的普遍性中是**同一的**，后者在主词里相当于单纯的**种**，而在谓词里则是相当于普遍的层面，相当于概念环节的总体性；2）它们在**否定**的统一体亦即必然性的已展开的联系里是**同一的**，根据这个联系，**单纯的规定性**在主词里分化为**属的区别**［属差］，但恰恰因此是属的本质性关联，并且是一个自身同一的东西。

［344］　　这个统一体，选言判断的系词（在其中，端项已经通过它们的同一性而融合），就是概念本身，而且是**作为已设定的东西**；在这种情况下，单纯的必然性判断已经提升到**概念判断**。

D. 概念判断

懂得提出"玫瑰是红的"或"雪是白的"之类**定在判断**，还不能说展现了多么强大的判断力。**反映判断**更像是一些**命题**；在必然性判断里，虽然对象已达到其客观的普遍性，但只有在当前要考察的概念判断里，才会**呈现出对象与概念的关联**。概念在这里相当于根据，因为它在与对象的关联中是一个**应当**，而实在性既有可能适合，也有可能不适合它。——因此，只有这样的判断才包含着一个真实的评判；"好"、"坏"、"真"、"美"、"正确"等谓词表明，事情是以它的普遍的**概念**（作为一个绝对地预先设定的**应当**）为**尺度**的，或者与其**一致**，或者不然。

人们曾经把概念判断称作**模态**判断，并且认为，首先，它包含着主词和谓词在一个**外在的知性**中相互关联时的形式，其次，它表明系词的价值仅仅在于**与思维的关联**。按照这个观点，**或然**判断就在于人们认为肯定或否定是**任意的**或**可能的**,**实然**判断在于人们认为它是**真的**,亦即**现实的**,而**必然判断**在于人们认为它是**必然的**。——这里很容易看出,为什么在这类判断里,人们必须走出判断本身,把它的规定看作是某种纯粹**主观的东西**。也就是说,正是概念或主观东西在判断那里重新显露出来,与一个直接的现实性形成对比关系。只不过这个主观东西切不可与**外在的反映**混淆起来,后者诚然也是某种主观的东西,但其意义和概念本身是不同的;概念作为一个从选言判断里重新显露出来的东西,毋宁是单纯的**样式**和**方式**的反面。在这个意义上,早先那些判断仅仅是一个主观的东西,因为它们立足于一个丢失了概念的抽象和片面性。相比这些判断,概念判断毋宁是客观的判断,是真理,而这恰恰是因为它以概念为根据,但概念在这里不是处在一个外在的反映中,或与一个主观的、亦即偶然的**思维相关联**,而是处在其作为概念的规定性中。 [345]

在选言判断里,概念曾经被设定为普遍的本性与其特殊化的同一性;在这种情况下,判断关系已经扬弃自身。普遍性和特殊化的这个**具体东西**首先是一个单纯的结果;现在它必须进一步把自己塑造为总体性,因为它所包含的那些环节起初已经消灭了,尚未在已规定的独立性中相互对立。——这个结果的缺陷可以更明确地这样表述:在选言判断里,虽然客观的**普遍性**已经在**其特殊化**中达到完满,但特殊化的否定统一体只是返回到**那个否定性之内**,尚未把自己规定为第三者,即**个别性**。就结果本身是**否定统一体**而言,它已经是这个**个别性**;但在这种情况下,它仅仅是**其中一个**规定性,这个规定性现在必须**设定**自己的否定性,分裂为**端项**,并且通过这个方式最终发展为**推论**。

这个统一体的最初的分裂就是判断,在其中,统一体一方面被设定为主词(即一个**直接的个别东西**),另一方面被设定为谓词(即它的各个环节的已规定的关联)。

a.实然判断

[346]

概念判断首先是**直接的**;这时它是**实然**判断。主词是一般意义上的具体的个别东西,而谓词则是把主词表述为它的**现实性**、规定性或**状况**与它的**概念的关联**。(这座房屋是**坏的**,这个行为是**好的**。)因此,确切地说,它意味着:1)主词**应当**是某东西;它的**普遍的本性**已经把自己设定为独立的概念;2)因为特殊性不但是一个直接的东西,而且明确有别于它的独立的、普遍的本性,所以它是**状况**和**外在的实存**;这个实存由于概念的独立性的缘故,本身也和普遍者漠不相关,并且既可能适合普遍者,也不可能不适合。——这个状况是**个别性**,它凌驾于选言判断里的普遍者的必然的**规定**之上,而这个规定仅仅相当于**属**的特殊化[属差],相当于种的否定**本原**。在这种情况下,那个从选言判断里显露出来的具体的普遍性就在实然判断里分裂为**端项**的形式,而端项还缺乏一个**已设定的**、把它们关联起来的统一体,即概念本身。

因此判断起初只是**实然的**;它的**可靠性**是一个主观的**保证**。至于某东西是好的抑或坏的,是正确的、恰当的抑或相反,这些都是通过一个外在的第三者而联系起来的。"它**被设定为外在的**"和"它起初只是**自在的或内在的**"是同一回事。——如果某东西是好的或者坏的,那么当然不会有人以为它仅仅在**主观的意识**中是好的,但自在地看来或许是坏的,或者说以为"好"和"坏"、"正确"、"恰当"等等不是对象本身的谓词。因此,这个判断的实然性的纯粹主观因素在于,主词和谓词的**自在**存在着的联系尚未**被设定下来**,或者换个同样意思的说法,在于这个联系仅仅是**外在的**;系词仍然是一个直接的、**抽象的存在**。

[347]

正因如此,相反的保证恰恰有权利与实然判断的保证分庭抗礼。只要提出"这个行为是好的"这一保证,那么相反的保证,"这个行为是坏的",就具有同样的正当权利。——换言之,**自在地**看来,正因为判断的主词是**直接的个别东西**,所以它作为这个抽象的东西,尚未**在自身那里**设定规定性,而规定性却包含着主词和普遍概念的关联;这样的主词仍然是一个偶然的东西,既可能与概念契合,也可能不契合。因此判断在本质上是**或然的**。

b.或然判断

实然判断必须被认为既是肯定的也是否定的,而在这个意义上,**或然判断**就是实然判断。——从这个质的方面来看,**特称**判断同样是一个或然判断,因为它也被认为既是肯定的也是否定的;——同理,在**假言**判断那里,主词和谓词的存在是或然的;通过这些判断,一个事实也被设定下来,即单称判断和直言判断仍然是某种纯粹主观的东西。但在严格意义上的或然判断里,这个设定活动相比在上述判断里,是更加内在的,因为在或然判断里,**谓词的内容是主词与概念的关联**,因此这里呈现出来的是**直接的东西作为一个偶然的东西的规定**。

起初而言,谓词究竟是否应当和某一个主词相结合,这完全是偶然的,因此系词包含着无规定性。从中不可能得出任何对于**谓词**的规定,因为谓词已经是客观的、具体的普遍性。因此或然因素和**主词**的直接性有关,而在这种情况下,直接性被规定为**偶然性**。——再者,我们不应当因此就抽离主词的个别性;假若完全清除了这个个别性,主词就将仅仅是一个普遍者了;谓词恰恰意味着,主词的概念应当被设定为与它的个别性相关联。——我们不能说"**房屋本身**或**一座房屋**是好的",毋宁只能说"**按照其状况来看**[,房屋是好的]。"——主词的或然因素本身就构成了它的作为**环节**的**偶然性**,即事情的**主观性**,这个东西与事情的客观本性或概念相对立,是单纯的**样式和方式**或**状况**。 [348]

就此而言,主词本身已经区分为两个东西,一个是它的普遍性或客观本性,它的应当,另一个是定在的特殊状况。因此它包含着"它是否**是它应当所是**"的**根据**。通过这个方式,主词和谓词达到了平衡。——虽然主词**自在地**已经是普遍者和特殊东西的统一体,但或然因素的**否定性**却是针对着主词的直接性,因此这个否定性仅仅意味着主词的原初分割,分割为**它的这些环节**(即普遍者和特殊东西),而这个分割就是判断本身。

此外值得注意的是,主词的**两个**方面,它的概念和它的状况,每一方都可以被称作它的**主观性**。**概念**是事情的已然内化的普遍本质,是它的否定的自身统一体;这个统一体构成了事情的主观性。但事情在本质上也是**偶然的**,并且具有一个**外在的状况**;这个状况同样叫作事情的单纯主观性,与那个客观性相对立。事情本身恰恰是这样一个东西,它的概念作为它的否定的自身统一体,否定了自己的普遍性,并且把自己放逐到个别性的外在性中。——判断的**主词**在这里被设定为这样的双重东西;上述两个相互对立的主观性意义就其真理而言是同一回事。——主观东西曾经在直接的判断里具有直接的**规定性**,而一旦它**失去**这个规定性,不再明确地**与谓词相对立**,它的意义本身就成为或然的。——主观东西的那个相反意义也出现在通常的反思推理中,它就其自身而言至少能够让我们注意到,如果只取这些意义**之一**,那么主观东西不会具有真理。双重意义是一个现象,其背后的原因是,每一个意义单独看来都是片面的。

[349]

因此,当或然因素被设定为**事情**的或然因素,即事情与其**状况**的统一体,判断本身就不再是或然的,而是**必然的**。

c.必然判断

必然判断("如此这般**状况**的房屋是**好的**","如此这般**状况**的行为是**正当的**")的主词本身首先具有普遍者,即它**应当所是**的东西,**其次**具有它的**状况**;状况包含着"为什么**整个主词**具有或不具有概念判断的一个谓词"亦即"主词是否与它的概念相契合"的**根据**。——这个判断现在是**真正客观的**;换言之,它是全部**判断的真理**。主词和谓词相互契合,具有同一个内容,而这个**内容**本身是已设定的**具体的普遍性**;也就是说,内容包含着两个环节,一个是客观的普遍者,或**种**,另一个是**个别化的东西**。因此在这里,普遍者既是**它本身**,也通过**它的反面**而延续自身,并且只有与这个反面形成**统一体**,才是普遍者。——这样一个普遍者,比如"**好**"、"**恰当**"、"**正确**"等谓词,是把一个**应当**当作根据,同时包含着**定在的契合**;**普遍性**不是指那个单独看来的应当或种,而是指这个**契合**;正是这个意义上的普遍性构成了必然判断的谓词。

主词作为**事情**,同样在**直接的统一体**里包含着这两个环节。但事情

的真理在于,它在自身内**分裂**为它的**应当**和它的**存在**;这是一个**关于全部** [350]
现实性的绝对判断。——现实的东西之所以成为**一个事情**,原因在于,这
个原初分割,作为概念的全能,同样返回到概念的统一体,以及应当和存
在的绝对的相互关联;原初分割的内在关联,这个具体的同一性,构成了
事情的**灵魂**。

　　现在我们更清楚地看到,从事情的直接的单纯性到**契合**的过渡(这
个契合是事情的应当和事情的存在的**已规定的**关联),或者说**系词**,就包
含在事情的特殊**规定性**里面。种是**自在且自为地存在着**的普遍者,并在
这种情况下显现为无关联的,——但规定性却是那样一个东西,它在那个
普遍性中**反映回自身之内**,同时**反映到一个他者那里**。就此而言,判断是
以主词的状况为**根据**,随之是**必然的**。因此,现在呈现出来的是一个**已规
定的**和**已充实的**系词,它过去是立足于抽象的"**是**",但如今已经把自己
拓展塑造为一般意义上的**根据**。它在主词那里起初是**直接的**规定性,但
同样是与谓词的**关联**,而谓词所具有的**内容**无非是这个**契合**本身,亦即主
词与普遍性的关联。

　　这样一来,判断形式已经消灭了,原因在于:第一,主词和谓词**自在地**
是同一个内容;第二,主词通过自己的规定性而超越自身,与谓词相关联;
第三,**这个关联活动**已经过渡到谓词,仅仅构成谓词的内容,从而是**已设
定的**关联或判断本身。——在这种情况下,概念的具体同一性(它曾经
是选言判断的**结果**,并且构成了概念判断的**内在的**根基)就**作为整体**而
被制造出来,而它起初只是在谓词中被设定下来。

　　这个结果导致判断过渡到另一个形式,如果我们仔细观察其肯定因 [351]
素,就会发现事情正如我们看到的那样,在必然判断里,主词和谓词每一
方都相当于整个概念。——概念**统一体**相当于**规定性**,后者构成了那个
把主词和谓词关联在一起的系词,同时又**有别于**主词和谓词。规定性起
初只是站在主词的另一个方面,作为其**直接的状况**。但由于它在本质上
是**进行关联者**,所以它不仅是这样的直接的状况,而且是一个**贯穿着**主词
和谓词的东西,一个**普遍者**。——既然主词和谓词具有同一个**内容**,那么

283

形式关联反过来就是由那样一个规定性所设定的，即**那个作为一个普遍者的规定性**，或者说**特殊性**。——因此，规定性在自身内就包含着端项的两个形式规定，并且是主词和谓词的**已规定的**关联；它是判断的**已充实的或具有丰富内容的系词**，是那个在**判断**里曾经消散为端项，但重新从中显露出来的概念统一体。——**通过系词的这个充实**，判断已经转变为**推论**。

第三章　推　论

推论已经体现为**概念**在**判断**中的重建,随之体现为二者的统一体和真理。严格意义上的概念把它的各个环节当作在**统一体**中已扬弃的东西而予以掌控;在判断里,这个统一体是一个内在的东西,或者同样可以说是一个外在的东西,而那些环节虽然是相互关联的,但被设定为**独立的端项**。在**推论**里,同样有着判断的端项之类概念规定,但与此同时,它们的已规定的**统一体**被设定下来。

就此而言,推论是完整地已设定的概念;因此它是**理性东西**。——知性被认为是**已规定的**概念的能力,这类概念由于抽象和普遍性形式的缘故,总是被看作**单独自为的**东西。但在理性里,**已规定的**概念是在它们的**总体性和统一体**中被设定下来的。因此,不仅推论是理性的,毋宁说**全部理性东西都是一个推论**。长久以来,推论活动都被判归理性;但另一方面,人们在谈论自在且自为的理性、理性的原理和规律时,却没有搞清楚,那个进行推论的理性和这个作为规律和其他永恒真理和绝对思想之源泉的理性相互之间有什么联系。假如前者只应当是形式的理性,后者却应当产生内容,那么按照这个区别,恰恰在后者这里,必定不能缺失理性的**形式**,即推论。尽管如此,人们还是经常把二者彼此隔离,在一个那里对另一个闭口不提,以至于绝对思想的理性仿佛以推论的理性为耻,而推论看起来也几乎只是出于惯例才被引述为理性的一个活动。但正如我们此前已经指出的,如果逻辑理性被看作是**形式化的**理性,那么从本质上说,我们也必须在那个与内容打交道的理性里面认识到这个理性;甚至可以说,全部内容都只有通过理性形式才是理性的。对于这一点,人们不能寄希望于那个关于理性的老生常谈,因为它拒绝解释"**理性**"究竟是什么意思;这种认识本来应当达到理性的高度,但在绝大多数情况下它都是专注于自己的对象,却忘了去认识理性本身,而且只是通过它所具有的对象去

［352］

区分和标示理性。据说理性应当是这样一种认识活动，它对于上帝、自由、权利和义务、无限者、无条件者、超感性者具有知识，或者只是提出它们的表象和感觉；即便如此，一方面，表象和感觉仅仅是一些否定的对象，另一方面，最初的问题始终没有得到解答，即在所有那些对象里面，究竟是什么东西使得它们是理性的？——事实上，理性的无限者不是一个空洞的、抽离了有限者的东西，不是一个无内容和无规定的普遍性，而是已充实的普遍性，亦即概念；概念是**已规定的**，并且本身就通过如下这个真实的方式而具有自己的规定性，即它在自身之内区分自身，并且它的这些知性式的、已规定的区别的统一体。惟其如此，理性才**超越**了有限者、有条件者、感性东西或诸如此类的东西，并且在这个否定性里也在本质上**具有丰富的内容**，因为它是已规定的端项的统一体；但在这种情况下，**理性东西**仅仅是**推论**。

[353]

现在，推论和判断一样，起初都是**直接的**；这时推论的规定或词项（termini）是**单纯的、抽象的**规定性；这就是**知性推论**。诚然，如果人们止步于推论的这个形态，那么当然看不出其中的合理性，哪怕合理性已经包含在其中，并且被设定下来。推论的本质性因素是端项的**统一体**，即那个把端项联合起来的**中项**和那个维持着它们的**根据**。抽象坚守着端项的**独立性**，因此它把这个**统一体**设定为一个同样坚固的、**自为存在着的**规定性，使之与端项相对立，而在这种情况下，它其实是把统一体理解为**非统一体**，而不是理解为统一体。"**中项**"或"**中词**"（medius terminus）这个表述取自于空间表象，而这很容易导致人们止步于规定的**彼此外在**。现在，假如推论就是把**端项的统一体**在它之内**设定下来**，假如这个统一体一方面只是被当作一个自为的特殊东西，另一方面只是被当作外在的关联，以至于**非统一体**反而成了推论的本质性对比关系，那么理性——推论就是理性——也无助于达到合理性。

[354]

第一，在**定在推论**里，各种规定被规定为这种直接的和抽象的东西，但因为定在推论和判断一样，都是这些规定的**关联**，所以它本身就表明，它们并不是这样的抽象规定，毋宁说，每一个规定都**与另一个规定相关**

联,而中项所包含的特殊性不仅与端项的规定相对立,而且在中项那里已经被设定下来。

定在推论通过它的这个辩证法,把自己改造为**第二种推论**,即**反映推论**,——连同这样一些规定,它们在本质上**映现着其他规定**,换言之,它们被设定为**经过中介的**规定,即它们按照一般意义上的推论来看本应所是的东西。

第三,当这个**映现**或经过中介的存在反映回自身之内,推论就被规定为**必然性推论**,而那个在其中进行中介的东西,是事情的客观本性。当这个推论把概念的端项同样规定为总体性,**推论**就达到了它的概念(即中项)和它的定在(即位于两端的区别)的契合,达到了它的真理,于是从主观性转移到**客观性**。

A. 定在推论

1. 当推论是**直接的**推论时,就把概念规定(作为**直接的**规定)当作它的环节。因此这些规定是形式的抽象规定性,也就是说,它们尚未通过中介活动而被塑造为**具体性**(Konkretion),毋宁只是一些**个别的**规定性。因此真正说来,**第一种推论是形式化推论**。推论活动的**形式主义**就在于止步于这第一种推论的规定。当概念分裂为它的那些**抽象**环节,就把**个别性和普遍性**当作它的端项,而它自己则是显现为那个居于端项中间的**特殊性**。正因为这些环节是直接的,所以它们作为一些仅仅与自身相关联的规定性,合起来成为一个**个别的内容**。当特殊性在自身之内把个别性 [355] 和普遍性这两个环节**直接**联合起来,就首先构成中项。由于特殊性的规定性,一方面,特殊性被归摄到普遍者下面,另一方面,个别东西(特殊性相对于它而言具有普遍性)被归摄到特殊性下面。但这个**具体性**起初只是一个**两面性**;中词在直接的推论中是直接出现的,正因如此,它是**单纯的规定性**,而它所构成的**中介活动尚未被设定下来**。唯有中介活动才构成了推论,而定在推论的辩证运动,就是要在推论的各个环节那里把中介活动设定下来。

a.推论的第一式：个别性—特殊性—普遍性

E–B–A①是已规定的推论的普遍范式。个别性通过特殊性而和普遍性结合在一起；个别东西并非直接地是普遍的，而是以特殊性为中介；反过来，普遍者也并非直接地是个别的，而是通过特殊性而下降到个别东西。——这两个规定作为**端项**，是相互对立的，并且在一个**有差异的**第三者里合为一体。二者都是规定性；在这个意义上，它们是**同一**的；它们的这个普遍的规定性是**特殊性**。但它们作为相互对立的**端项**，同样和特殊性是对立的，因为每一方都处在其**直接的**规定性中。

[356]

这个推论的普遍意义在于，个别东西严格说来是一个无限的自身关联，因此本来应当仅仅是一个**内在的**东西。现在，它以特殊性为中介，走出自身，进入定在（相当于进入普遍性），于是它不再仅仅属于它自己，而是处于**外在的联系**中；反过来，当个别东西把自身分割为它的那个作为特殊性的规定性，在这个分离中，它是一个具体的东西，而作为规定性的自身关联，它是一个**普遍的**、与自身相关联的、从而真正个别的东西；它在普遍性的端项里已经摆脱外在性，**内化于自身**。——在第一种推论里，推论的客观意义起初只是摆放在**表面**上，因为那些规定在其中尚未被设定为那个构成推论的本质的统一体。就此而言，推论仍然是一个主观的东西，是它的词项所具有的一个抽象意义，不是自在且自为地存在着，而是仅仅在主观的意识里如此这般孤立地存在着。——除此之外，正如我们看到的，个别性、特殊性和普遍性之间的对比关系是推论的各个规定之间的**必然的**、**本质性的形式对比关系**；缺陷不是在于形式的这个规定性，而是在于，每一个个别的规定并非**在这个形式之下**同时是**更丰富的**。——亚里士多德主要关注的是单纯的**依附性**对比关系，因为他指出推论的本性在

———————————

①　E 指个别性（Einzelnheit），B 指特殊性（Besonderheit），A 指普遍性（Allgemeinheit）。——黑格尔原注。为了方便中文读者的阅读习惯，接下来的译文没有遵循黑格尔的字母缩写法，而是给出相应的中文概念。——译者注

于："如果三个规定之间是这样的关系，即一个端项完全包含在居间的规定中，这个居间的规定又完全包含在另一个端项中，那么这两个端项必然会结合在一起。"①这里所表述的，与其说是三个词项相互之间的规定性，不如说是**同一个依附性对比关系**的重复，即一个端项依附于中项，而中项又依附于另一个端项。——现在，由于推论就是立足于三个词项相互之间的上述规定性，所以很显然，其他推论式给词项提出的其他对比关系，只有在能够**回溯到**那个原初的对比关系时，才能够具有作为知性推论的有效性；它们不是**别的类型**的式，**与第一式并列**，毋宁说，一方面，就它们应当是正确的推论而言，它们仅仅立足于一般意义上的推论的本质性形式，而这就是第一式；另一方面，就它们与第一式有分歧而言，它们是一些变形，而那个最初的抽象形式[第一式]必然过渡到其中，并且通过这个方式把自己进而规定为总体性。我们将马上发现，这究竟是怎样的情况。

[357]

"个别性—特殊性—普遍性"是推论在其规定性中的普遍范式。个别东西被归摄到特殊东西下面，特殊东西被归摄到普遍者下面；所以，个别东西也被归摄到普遍者下面。换言之，特殊东西依附于个别东西，普遍者依附于特殊东西；**所以**，普遍者也依附于个别东西。特殊东西从这个方面来看，亦即相对于普遍者而言，是主词；相对于个别东西而言，它是谓词；换言之，它相对于普遍者而言是个别东西，而相对于个别东西而言则是普遍者。因为这两个规定在它那里联合起来，所以端项是通过它们的这个统一体而结合在一起。"**所以**"显现为一个在**主词**里进行的推论，这个推论从**主观的**认识出发，推导出那两个**直接的**前提的对比关系。既然主观的反映把中项与端项的两个关联当作特殊的、直接的**判断**或**命题**而陈述出来，那么推论作为**经过中介的**关联，无论如何也是一个特殊的**命题**，而"**所以**"（Daher）或"**因此**"（Also）之类说法已经表明它是经过中介的。但我们千万不要以为，这个"**所以**"在这个命题里是一个外在的规定，仿佛只有在主观的反映里才有其根据和地位，毋宁说，"所以"立足于

① 《前分析篇》I,4。——黑格尔原注

端项本身的本性,而端项的**关联**只是为了并且通过抽离式的反映,才被当作**单纯的判断**或**命题**而重新陈述出来,但它们的**真正的关联**是被设定为中词。——"因此个别性是普遍性";这究竟是不是一个**判断**,完全取决于主观的心情;但推论的意义恰恰在于,这并非仅仅是一个**判断**,也就是说,这不是一个通过**单纯的系词**或空洞的"**是**",而是通过已规定的、具有丰富内容的中项而造成的关联。

[358]

正因如此,如果仅仅把推论看作是由**三个判断**组成的,这就是一个形式化的观点,没有注意到这些规定的对比关系,而这恰恰是推论的唯一关键之所在。总的说来,是纯粹主观的反映把词项的关联分割为两个孤立的前提,以及一个与之有差别的结论命题:

全部人都是有死的,

卡乌斯是一个人,

因此他是有死的。

当人们听到得出的是这样一个结论,就立即感到无聊透顶;这件事情归咎于那个无用的形式,因为它通过那些孤立的命题制造出差异性的一个假象,但这个假象在事情本身里面立即瓦解了。通过这个主观的形态分化,推论活动基本上表现为一个主观的**权宜之计**,当理性或知性不能**直接地**认识什么时,就把它当作自己的避难所。事物的本性,即理性东西,无论如何不是通过这样的方式呈现出来的,即首先提出一个大前提(一个特殊性与一个持存着的普遍者的关联),然后找到一个个别性与特殊性的孤立的关联,最后从中得出一个新的命题。——这个通过一些孤立的命题而向前推进的推论活动无非是一个主观的形式;事情的本性在于,事情的那些区分开的概念规定在一个本质性统一体里面联合起来。这个合理性不是一个权宜之计,毋宁说,它是**客观的东西**,与那个仍然出现在判断中的关联的**直接性**相对立,至于认识活动的那个直接性,毋宁是一种纯粹主观的东西;与此相反,推论是判断的真理。——全部事物都是**推论**,或者说都是一个通过特殊性而与个别性结合在一起的普遍者;但它们当然不是一些由**三个命题**组成的整体。

[359]

2. 在**直接的**知性推论里,词项在形式上是一些**直接的规定**;词项是**内容**,现在我们必须从这个方面出发来考察推论。在这个意义上,它可以被看作是**质的**推论,正如定在判断同样具有质的规定这一方面。这个推论的词项和定在判断的词项一样,都是**个别的**规定性,因为规定性通过其自身关联而被设定为与**形式**漠不相关,随之被设定为内容。**个别东西**是一个直接的、具体的对象,**特殊性**是对象的各种规定性、特性或对比关系里面的一个个别的规定性,而**普遍性**又是特殊东西身上的一个更抽象的、更个别的规定性。——由于主词作为一个**直接**已规定的东西还没有在其概念中被设定下来,所以它的具体性并没有回溯到那些本质上的概念规定;因此,它的那个与自身相关联的规定性是一个无规定的、无限的**杂多性**。个别东西在这个直接性里具有无穷多的规定性,它们属于它的特殊性,因此其中任何一个规定性都能够在推论中构成个别东西的一个中词。但无论是通过**哪一个**中词,个别东西都与**某一个**普遍者结合在一起;无论是通过它的哪一个特性,个别东西都与定在接触,并发生联系。——再者,相较于普遍者而言,中词也是一个具体的东西;它本身就包含着诸多谓词,而个别东西又可以通过同一个中词而和诸多普遍者结合在一起。因此总的说来,在一个事物的诸多特性里面,究竟应当抓住哪一个特性,并由之出发让事物与一个谓词结合,这**完全是偶然的**和**随意的**;其他中词是向着其他谓词的过渡,哪怕是同一个中词也可能过渡到不同的谓词,因为它作为与普遍者相对立的特殊东西,包含着诸多规定。 [360]

对一个主词而言,无穷多的推论是可能的,一个个别的推论从内容来说也是**偶然的**;不仅如此,这些涉及同一个主词的推论也必须过渡到**矛盾**。因为一般意义上的区别(它起初是一个漠不相关的**差异性**)在本质上同样是**相互对立**。具体东西不再是一个单纯的显现者,毋宁说,它的具体性依赖于对立双方(它们把自己规定为概念环节)在概念里的统一体。现在,基于形式化推论里的词项的质的本性,当人们按照具体东西所具有的诸多个别的规定之一来理解它,推论就分配给具体东西一个与这个中词相对应的谓词;但是,当人们从另一个方面推出相反的规定性,那个结

291

论命题就表明自己是错误的,哪怕单独看来,它的前提和结论都完全是正确的。——如果从"墙面已经被刷成蓝色的"这一中词推出"墙面是蓝色的",这是一个正确的推论;但如果不考虑这个推论,再给墙面刷上一层黄色,那么墙面也可能是绿色的,尽管从刷黄色这件事情来看,本来应当推出墙面是黄色的。——如果从感性的中词推出,因为无论是"善"还是"恶"都不能用来谓述感性东西,所以人既不是善的也不是恶的,那么这个推论是正确的,但结论命题却是错误的,因为对于作为具体东西的人而[361] 言,精神性的中词同样也是适用的。——从行星、卫星和彗星相对于太阳的重力这一中词可以正确地推出,这些天体会落到太阳里面;但它们不会落到太阳里面,因为它们本身同样是一个自足的重力核心,或者如人们所说的,是受离心力所驱动的。同理,从团结性这一中词可以推出市民的财产公有制,然而从个体性这一中词(如果我们同样坚持其抽象的意义)却可以推出国家的瓦解,比如在德意志帝国就是如此,因为个体性这一中词被奉为圭臬。——再也没有什么比这样一个形式化的推论更粗陋的了,因为它对于中词的使用完全是偶然的和随意的。哪怕这样一个演绎如此美妙地贯穿各种推论,并且其正确性完全得到承认,也还是得不出任何成果,因为人们总是可以找到另外一些中词,然后据此同样正确地推出针锋相对的结论。——康德的理性的**二律背反**无非意味着,从概念出发,一方面必须以概念的这一个规定为根据,另一方面同样必须以概念的另一个规定为根据。——就此而言,人们不能把一个推论的粗陋性和偶然性仅仅归咎于内容,仿佛这些缺陷跟形式无关,而唯有形式才是逻辑所关心的。毋宁说,形式推论的形式已经意味着,内容是一个如此片面的质;它是通过那个**抽象的**形式而被规定为这个片面性。也就是说,在一个具体的对象或概念的诸多质或规定里面,内容是一个个别的质,因为它**就形式而言**无非应当是一个如此直接的、个别的规定性。个别性这一端项作为[362] **抽象的个别性**,是一个**直接的**具体东西,因此是无限的或无规定的杂多东西;中项是同样**抽象的特殊性**,因此是这些杂多的质里面的一个**个别的**质,同理,另一个端项是**抽象的普遍者**。也就是说,形式推论在本质上由于其形式的缘故,就其内容而言是一个完全偶然的东西,但这不是指"究竟是**这个**还是**那个**对象从属于推论"对于推论来说是偶然的,因为逻辑已经抽离了这个内容,而是指,当一个主词作为根据,那么推论究竟会从它那里推出怎样一些内容规定,这是偶然的。

3. 当推论规定是直接的、抽象的、反映回自身之内的规定时,从这一方面来看,它们就是内容规定。但它们的本质性东西毋宁在于,它们不是这样的反映回自身之内的、彼此漠不相关的规定,而是**形式规定**;就此而言,它们在本质上是**关联**。**第一**,这些关联是端项与中项的关联,——是一些**直接的**关联,即**前提命题**(propositiones praemissae),确切地说,一方面是特殊东西与普遍者的关联,即**大前提**(propositio maior),另一方面是个别东西与特殊东西的关联,即**小前提**(propositio minor)。**第二**,端项相互之间的关联呈现为一个**经过中介的**关联,即**结论**(conclusio)。那些**直接的**关联(亦即前提)是一般意义上的命题或判断,并且**与推论的本性相矛盾**,因为根据其本性,区分开的概念规定不应当直接相互关联,毋宁说,它们的统一体同样应当被设定下来;判断的真理是推论。更何况,除非这些前提是纯粹的同一性命题,亦即空洞的、毫无成果的同语反复,否则它们不可能是直接的关联,因为它们的内容是一些直接**区分开的**规定,亦即不是直接地、自在且自为地同一的。

因此,通常对于前提的要求是,它们应当**得到证明**,也就是说,**它们同样应当被呈现为结论命题**。于是两个前提给出两个进一步的推论。但这两个新的推论合起来又给出**四个**前提,而这要求**四个**新的推论;它们具有**八个**前提,其八个推论又为它们的**十六个**前提给出**十六个**推论,如此等等,并在一个几何级数中**走向无限**。 [363]

这里再度显露出那个曾经出现在较低的**存在层面**里的**无限演进过程**;但在概念的领域亦即那个摆脱了有限者的绝对的自身内反映里,在自由的无限性和真理的范围内,这样一个演进过程却是我们不愿意看到的。我们在存在的层面里已经指出,无论什么地方,当恶劣的无限性发展为一个演进过程,那里就有一个**质的存在**和一个凌驾于它之上的**无力的应当**

的矛盾；演进过程本身就是针对质的东西重复提出统一体的要求，同时重复而持续地回落到那个与要求不一致的限制之内。如今在形式推论里，**直接的**关联或质的判断的是根基，反之推论的**中介活动**则是被设定为一个更高的真理。对于前提的无限推进式的证明并没有解决上述矛盾，而是不断重新恢复矛盾，重复着同一个原初的缺陷。——实际上，无限演进过程的真理在于，它本身以及那个由它所规定的有缺陷的形式应当遭到扬弃。——这个形式就是作为"个别性—特殊性—普遍性"的中介活动形式。"个别性—特殊性"和"特殊性—普遍性"这两个关联应当是经过中介的关联；但是，假若这个情况同样采取无限演进的方式，那就只不过是"个别性—特殊性—普遍性"这个有缺陷的形式一分为二，如此以至无限。特殊性相对于个别性而言，也具有**普遍者**这一形式规定，相对于普遍性而言，则是具有**个别东西**这一形式规定，因为这些关联全都是判断。也就是说，它们需要一个中介活动；但通过中介活动的那个形态，只会再度出现一个应当遭到扬弃的对比关系。

[364]　　　　因此中介活动必须采取另一个方式。个别性是为了"特殊性—普遍性"的中介活动而存在着的，因此中介活动必须获得

　　　"特殊性—个别性—普遍性"

这一形态。普遍性是为了"个别性—特殊性"的中介活动而存在着的，于是这个中介活动转变为这样一个推论：

　　　"个别性—普遍性—特殊性"。

如果按照其概念来仔细考察这个过渡，那么**首先**可以说，正如此前已经指出的，形式推论的中介活动就其内容而言是**偶然的**。直接的**个别东西**在它的规定性里具有无穷多的中词，而中词总的说来具有同样多的规定性；这样一来，推论的主词究竟应当和怎样一个普遍者相结合，就完全取决于一个外在的**随意性**，或者说完全取决于一个**外在的情况**和各种偶然的规定。因此，中介活动就内容而言既不是什么必然的东西，也不是什么普遍的东西，它不是基于**事情的概念**；毋宁说，推论的**根据**是那个位于中介活动之外的、亦即**直接的东西**；但在概念规定里，直接的东

西就是个别东西。

从形式来看,**中介活动**同样必须**预先设定关联的直接性**;就此而言,中介活动本身就是经过中介的,而且是以**直接东西**(亦即**个别东西**)为中介。——确切地说,通过第一种推论的**结论命题**,个别东西已经转变为进行中介者。结论命题是"个别性—普遍性";通过这个方式,**个别东西被设定为普遍者**。在其中一个前提亦即"个别性—特殊性"这个小前提里,个别东西已经相当于**特殊东西**;因此,正是它在自身之内把这两个规定联合起来。——换言之,结论命题自在且自为地把个别东西表述为普遍者,而且不是以一个直接的方式,而是通过中介活动做到这一点,因此它是一个必然的关联。**单纯的**特殊性曾经是中词;在结论命题里,这个特殊性得到**发展,被设定为个别东西与普遍性的关联**。尽管如此,普遍者仍然是一个质的规定性,是**个别东西**的谓词;当个别东西被规定为普遍者,就**被设定为**端项的普遍性,或者说被设定为中项;它本身是个别性这一端项,但因为它如今被规定为普遍者,所以它同时是两个端项的统一体。 [365]

b. 第二式:特殊性—个别性—普遍性

1. 第一种质的推论的真理在于,某东西并不是自在且自为地,而是通过一个偶然性或在一个个别性中与一个质的规定性(即一个普遍的规定性)结合在一起。在这样的质中,推论的**主词**并未返回到它的概念之内,而是仅仅在它的**外在性**中形成概念;直接性构成了关联的根据,随之构成了中介活动;因此真正说来,个别东西是中项。

再者,推论关联是直接性的**扬弃**;结论命题不是一个直接的关联,而是以一个第三者为中介;因此它包含着一个**否定的统一体**;因此中介活动按照其现在的规定而言,在自身内包含着一个**否定的环节**。

在这第二种推论里,有两个前提,即"特殊性—个别性"和"个别性—普遍性";只有前一个前提才仍然是一个直接的前提;至于后一个前提,"个别性—普遍性",已经是一个经过中介的前提,亦即以第一种推论为中介;因此第二种推论预先设定了第一种推论,正如第一种推论反过来也预先设定了第二种推论。——在第二种推论里，两个端项分别被规定为彼此相对立的特殊东西和普遍者；就此而言，普遍者仍然占据着自己的**位置**：它是谓词；但特殊东西已经替换了自己的位置：它是主词，或者说是**按照个别性这一端项的规定而被设定的**，正如个别东西是**按照中项**或特殊性**的规定**而被设定的。因此二者不再像在第一种推论里那样是抽象的直接性。尽管如此，它们还没有被设定为具体的东西；虽然每一方都处于对方的**位置**，但同时也处于自己的位置，但仅仅是以**外在的方式**，在**另一个**规定中被设定下来。

[366]

这个推论的**已规定的**和**客观的**意义在于，普遍者并非**自在且自为地**是一个已规定的特殊东西——因为它毋宁是它的各种特殊东西的总体性——，而是**通过个别性**而成为它自己的各个属**之一**；它的另外那些属通过直接的外在性而被它排除在外。另一方面，特殊东西同样并非自在且自为地是普遍者，毋宁说，否定的统一体剥离了它的规定性，从而把它提升到普遍性。——就个别性应当是特殊东西的谓词而言，二者之间是一种**否定的**对比关系；个别性**不是**特殊东西的谓词。

2. 但词项起初仍然是直接的规定性；它们单凭自己不能塑造出任何客观的意义；其中两个词项所获得的改变了的**位置**是一个起初仅仅外在于它们的形式；因此它们仍然完全像在第一种推论里一样，是一个彼此漠不相关的内容，——是这样两个质，它们不是自在且自为地结合在一起，而是通过一个偶然的个别性才结合在一起。

第一式的推论是**直接的**推论，或者说这样一种推论，它在其概念中相当于一个**抽象的形式**，一个尚未在它的各种规定里达到实在化的形式。当这个纯粹的形式过渡到第二式，从一个方面来看，这就是概念的已经开始的实在化，另一方面，在诸词项起初直接的、质的规定性那里，也设定了中介活动的**否定**环节，随之设定了一个后续的形式规定性。——但与此同时，这意味着推论的纯粹形式**转变为一个他者**，而这个在它的诸词项里设定下来的规定性则是有别于那个原初的形式规定。——只要推论仅仅被看作是一个在外在的反映里进行的主观推论，它就当作是推论的一个

[367]

属,而这个属应当与种(即"个别性—特殊性—普遍性"这一普遍的范式)相契合。但推论起初与这个范式并不契合;它的两个前提是"特殊性—个别性"(或"个别性—特殊性")和"个别性—普遍性";在这种情况下,中词两次被归摄,或者说两次都是主词(这时另外两个词项都依附于它),从而不是真正的中项,因为中项应当一方面进行归摄(即作为谓词),另一方面被归摄(即作为主词),换言之,一个词项应当依附于中项,而中项本身却应当依附于另一个词项。——这个推论与推论的普遍形式不契合,这件事情的真正意义是:当普遍形式的真理就在于成为一个主观的、偶然的结合时,它已经过渡到推论。如果第二式里面的结论命题是正确的(这里不必求助于马上就要提到的那个使结论命题成为某种无规定的东西的限制),那么这是因为它本身就是正确的,而不是因为它是这个推论的结论命题。但同样的情形也适用于第一式的结论命题;它的这个真理在于,它是由第二式所设定的。有些人认为,第二式只应当是**一个**属,只要持这个观点,人们就必然会忽视从第一个形式到第二个形式的过渡,只把前者当作是真正的形式。因此,只要在第二式(在旧的习惯里,人们总是不由分说把它引述为**第三式**)里同样应当有一个在这个主观的意义上**正确**的推论,那么它必须符合第一种推论;相应地,既然第一个前提"个别性—普遍性"所具有的对比关系是把中词归摄到另一个端项下面,那么第二个前提"特殊性—个别性"就必须获得一个与它原本具有的对比关系相反的对比关系,把特殊性归摄到个别性下面。但这样一个对比关系就将会扬弃"个别性是特殊性"这一已规定的判断,并且只能出现在一个无规定的判断(即特称判断)里面;因此结论命题在这个式里只能是特称的。但正如前面指出的,特称判断既是肯定的,也是否定的,——作为一个结论命题,它根本不可能有什么价值。——再者,就特殊东西和普遍者是端项,并且是直接的、彼此漠不相关的规定性而言,它们的关系本身也是漠不相关的;任何一方都可以被随意当作是大词或小词,因此任何一个前提也可以随意被当作是大前提或小前提。 [368]

3. 当结论命题既是肯定的也是否定的,它就是一个与这些规定性漠不相关的、从而**普遍的**关联。如果仔细观察,可以说第一种推论的中介活动**自在地**是一个偶然的东西;在第二种推论里,这个偶然性**被设定下来**。在这个意义上,偶然性是一个扬弃着自身的中介活动,这个中介活动具有个别性和直接性等规定;实际上,那些通过这种推论而结合在一起的东西,必须**自在地**和**直接地**是同一的,因为那个中项,**直接的个别性**,是一个无限杂多的、外在的已规定的存在。因此在中项里所设定的,毋宁是一个**外在于**自身的中介活动。但个别性是普遍性;那个中介活动通过直接的个别东西而超越自身,指向一个**与它不同的**,亦即通过普遍者而发生的中介活动。——换言之,那些应当通过第二种推论而联合起来的东西,必须**直接地**是结合在一起的;**直接性**作为推论的根据,并不会造成一个已规定的结合。推论所指向的直接性是另一个与推论的直接性相对立的直接性——是存在的已扬弃的最初的直接性,——也就是说,一个反映回自身之内的或**自在存在着的**直接性,一个**抽象的普遍者**。

[369]

从刚才考察的方面来看,这种推论的过渡和存在的过渡一样,都是意味着**转变为他者**,因为这个过渡是以质的东西(亦即直接的个别性)为根据。但从概念来看,特殊东西呈现为这种推论的偶然性,而当个别性**扬弃**了特殊东西的**规定性**,就把特殊东西和普遍者结合在一起。端项并不是通过它们的已规定的关联(即它们的中词)而结合在一起的;因此中词**不是它们的已规定的统一体**,至于它仍然具有的那个肯定的统一体,仅仅是**抽象的普遍性**。这个规定是中项的真理,而当中项在这个规定中被设定下来,这就是推论的另一个形式。

c.第三式:个别性—普遍性—特殊性

1. 这第三种推论完全不再具有任何直接的前提;"个别性—普遍性"关联是以第一种推论为中介,而"特殊性—普遍性"关联是以第二种关联为中介。因此第三种推论预先设定了前两种规定;但反过来,二者也预先设定了它,正如任何一种推论都预先设定了其余两种推论。因此总的说来,推论的规定在第三种推论里就完成了。——这个相互的中介活动恰恰意味着,每一种推论虽然本身是一个中介活动,但与此同时,它并非在其自身就是中介活动的总体性,而是具有一个直接性,这个直接性的中介活动位于它之外。

本身看来,"个别性—普遍性—特殊性"推论是形式推论的真理;它表明,推论的中介活动是一个抽象的、普遍的中介活动,端项也不是按照它们的本质性规定性,而是按照它们的普遍性而包含在中项之内,也就是说,那些本应得到中介的东西,恰恰没有通过中项而结合在一起。因此这里所设定的东西,乃是推论的形式主义的立足之处,因为推论的词项具有一个直接的、与形式漠不相关的内容,或者换个同样意思的说法,它的词项是一些尚未反映到内容规定那里的形式规定。

2. 这种推论的中项虽然是端项的统一体,但由于其规定性已经被抽离,因此是一个**无规定的**普遍者。但就这个普遍者同时作为抽象东西区别于端项(作为**已规定的东西**)而言,它本身仍然是一个与端项相对立的**已规定的东西**,因此整体也是一个推论,至于这个推论与它的概念的关系,仍然有待考察。中项作为与它的**两个**端项相对立的普遍者,是进行归摄的,或者说是谓词,总之不是被归摄的,或者说不是主词。因此,如果它作为推论的**一个**属而应当与推论相契合,那么这件事情只有这样才会实现,即当其中一个关联"个别性—普遍性"已经获得应有的对比关系时,另一个关联"普遍性—特殊性"也获得同一个对比关系。这是在一个**否定**判断里实现的,在其中,主词和谓词的对比关系是漠不相关的。在这种情况下,推论是合法的,但结论却必然是否定的。

相应地,在这个命题的两个规定里,哪一个被当作谓词或当作主词,以及在推论里,哪一个被当作个别性端项或特殊性端项,随之哪一个被当作小词或大词,这些都是无关紧要的。因为这些都是依赖于那个通常的假设,即哪一个前提应当是大前提或小前提,而在当前的情况下,这些都是无关紧要的。——这就是通常所说的,但亚里士多德不知道的推论的**第四式**的根据,它尤其涉及一个完全空洞的、令人毫无兴趣的区别。诸词项在第四式中的直接位置与它们在第一式中的位置是**反过来的**;通过从

[370]

299

形式上考察判断,可以看出,在否定的结论命题里,主词和谓词并不具有主词和谓词的已规定的对比关系,而是一方能够占据另一方的位置,既然如此,究竟哪一个词项被当作主词,哪一个词项被当作谓词,这是无关紧要的;同样无关紧要的是,究竟把哪一个前提当作大前提或小前 [371] 提。这种无关紧要也是由特称性的规定(这里需要特别指出的是,当它被认为具有蕴含的意义时)造成的,并且使那个第四式成为某种完全多余的东西。

3. 当普遍者在推论中充当中项,推论的客观意义就是:进行中介者作为端项的统一体,**在本质上**是一个**普遍者**。但由于普遍性起初只是一个质的或抽象的普遍性,所以其中并没有包含着端项的规定性;如果它们应当结合在一起,那么这个结合必须同样把一个位于推论之外的中介活动当作自己的根据,并且就这个根据来看,就和在推论的前面那些形式里一样,是偶然的。但现在,由于普遍者被规定为中项,并且没有包含着端项的规定性,所以这个规定性就被设定为一个完全漠不相关的、外在的规定性。——诚然,从这个单纯的抽象来看,起初确实产生出推论的**第四式**,但这是一个**没有对比关系**的推论,即"普遍性—普遍性—普遍性",它抽离了诸词项的质的区别,于是把它们的单纯外在的统一体(亦即它们的**等同性**)当作规定。

d. 第四式:普遍性—普遍性—普遍性,或数学推论

1. 数学推论的意思是:"如果两个物或规定相对于一个第三者而言是等同的,那么它们彼此之间是等同的。"——在这个推论中,诸词项的依附性对比关系或归摄关系被取消了。

某个一般意义上的**第三者**是进行中介者;但相对于它的端项而言,它根本不具有任何规定。因此在这三个东西里面,每一个都完全可以是那个进行中介的第三者。至于选取哪一个当作第三者,相应地,在这三个关联里,究竟把哪两个当作直接的关联,把另一个当作经过中介的关联,这 [372] 依赖于外部情况和另外一些条件,——也就是说,取决于其中哪两个关联

是直接**给定的**。但这个规定和推论毫不相干,是完全外在的。

2. 在数学里,数学推论被看作是一条**公理**,——这是一个**自在且自为地自明的第一命题**,既不能够、也不需要证明或中介活动,既没有预先设定任何东西,也不能从中推导出任何东西。——据说它的优点在于它是直接**自明的**,但如果我们细加观察,就会发现,这个优点是立足于数学推论的形式主义,因为它抽离了规定的全部质的差异性,仅仅接纳了它们的量的等同性或非等同性。但正因如此,数学推论并非没有预先设定什么东西,或者说并不是未经中介的;它唯一关注的是量的规定,但后者完全是**因为抽离**了质的区别和概念规定。——对于那些被设定为彼此等同的线和形状,人们仅仅是按照其大小来理解它们;一个三角形被设定为"等同于"一个正方形,但这不是指"三角形"等同于"正方形",而是仅就大小而言,如此等等。同样,概念及其各种规定没有出现在数学推论里;这里根本谈不上什么**概念把握**;甚至知性也没有面对着一些形式上的、抽象的概念规定;因此这个推论的自明性仅仅在于,它在思想规定方面是如此的贫乏和抽象。

3. 然而**定在推论的结果**不仅仅是抽离全部概念规定性;由此显露出来的那些直接的、抽象的规定,其**否定性**仍然具有另一个**肯定的**方面,也就是说,否定性的**另一个方面被设定**到抽象的规定性中,而它则是因此转变为**具体的**否定性。

首先,全部定在推论都**预先设定**彼此,而那两个在结论命题中结合在一起的端项只有在**额外**通过一个另有根据的同一性而联合起来时,才是真正地和自在且自为地结合在一起;在前面考察过的那些推论里,中词**应当**是端项的概念统一体,但它实际上只是一个形式上的规定性,并未被设定为它们的具体的统一体。但在刚才所说的那些中介活动里,每一个中介活动所**预先设定的东西**都不像在数学推论里一样,仅仅是某个一般意义上的**给定的直接性**,毋宁说,这个东西本身对于另外两种推论而言就是一个中介活动。这里真正呈现出来的,不是一个以给定的直接性为根据的中介活动,而是一个以中介活动为根据的中介活动。就此而言,这不是

[373]

一个量的、抽离了中介活动形式的中介活动，而是一个**与中介活动相关联的中介活动**，或者说**反映的中介活动**。这些推论相互之间所形成的那个相互设定的圆圈，是这个预先设定活动的自身回归，通过这个方式，预先设定活动构成了一个总体性，而且不是借助于抽象而**外在地**具有每一个个别的推论所指向的**他者**，而是在圆圈的**内部**把握着那个**他者**。

再者，从**个别的形式规定**这些方面来看，很显然，在形式推论的这个整体里，每一个个别的形式规定都来到了**中项的位置**。刚开始的时候，中项被直接规定为**特殊性**；随后它通过辩证运动而把自己规定为**个别性**和**普遍性**。同样，这两个规定都经历过**两个端项**的位置。如果只看**纯粹否定的结果**，那就是各种质的形式规定在单纯量的、数学的推论里瓦解了。但这里真正呈现出来的，是一个**肯定的结果**，即中介活动不是通过一个**个别的**、质的形式规定性，而是通过它们的**具体的同一性**而实现的。此前考察的三个推论式的缺陷和形式主义恰恰在于，它们企图让这样一个个别

[374] 的规定性构成推论的中项。——中介活动已经把自己规定为直接的或抽象的形式规定的漠不相关性，规定为其中一个形式规定在另一个形式规定里的**肯定的**反映。在这种情况下，直接的定在推论已经过渡到**反映推论**。

注　　释

刚才在阐述推论及其不同形式的本性时，也顺便提到了通常考察和讨论推论时最让人感兴趣的那个东西，即在每一个式里，怎样才能作出一个正确的推论；但那里只是提出了主要环节，却略过了某些复杂的情况，而这些情况之所以出现，是因为人们在区分肯定判断和否定判断时，牵涉到了量的规定，尤其是牵涉到了特称性。——因此这里仍然有必要对通常关于推论的观点和讨论方式略作评论。——众所周知，这门学说是如此之详尽，以至于它的所谓的精巧性已经成为一种普遍地令人厌恶和唾

弃的东西。**自然知性**在针对那些虚无缥缈的反映形式时，全方位地展现出了自己的精神教养，然后它调转枪头，反对那些关于理性形式的矫揉造作的知识，并且以为能够基于如下理由而摆脱这样一门科学，即它从天性出发，无需专门的学习，本身就能够对这门科学揭示出来的那些个别的思维活动运用自如。假若理性思维必须以辛苦学习各种推论公式为条件，那么人们实际上当然会对此感到愤怒，好比（如本书序言已经指出的）假若没有学习解剖学和生理学就不能走路和消化，他们也会对此感到愤怒。虽然学习这些科学对饮食营养可能毫无用处，但对于思维的正确性而言，研究理性形式却无疑具有一种更为重要的影响；但在这里，哪怕不考虑这个涉及主观思维的教化，亦即真正涉及教育学的方面，人们也必须承认，那门以理性的运作方式和规律为对象的科学必定自在且自为地是最值得关切的，——至少不逊色于一门以自然规律和特殊的自然形态分化为对象的科学。假如发现大约六十种鹦鹉和一百三十七种婆婆纳都不算一件小事，那么发现理性的各种形式就更不是什么小事；相比鹦鹉或婆婆纳的一个种类，难道推论式不是一个无限高得多的东西吗？ ［375］

所以，正如那种全然蔑视理性形式知识的做法只能被看作是一个野蛮的行径，同样也必须承认，通常关于推论及其特殊的形态分化的阐述不是一种**理性**认识，也没有把这些形态分化呈现为**理性形式**，而三段论式智慧之所以咎由自取遭到鄙视，就是由于它的这种毫无价值。这种智慧的缺陷在于，它完全止步于推论的**知性形式**，而按照这个形式，概念规定被当作**抽象的**、形式化的规定。至于那种更加自相矛盾的做法，则是坚持认为概念规定是一些抽象的质，因为在推论里，它们的**关联**构成了本质性东西，而且依附性和归摄已经意味着，正因为普遍者依附于个别东西，所以个别东西是普遍者，反过来，正因为普遍者归摄个别东西，所以它本身是个别东西；或更确切地说，推论恰恰是这个显然被设定为**中项**的**统一体**，而且它的规定恰恰是**中介活动**，换言之，概念规定不像在判断里一样把它们彼此之间的外在性，而是把它们的统一体当作根基。——这样一来，推论的概念已经把形式推论的非完满性表现出来，因为这种推论不是 ［376］

把中项当作端项的统一体,而是坚持将其当作一个形式上的、与端项有着质的差异的、抽象的规定。——还有一种考察是更加空无内容的,它把这样一些关联,或者说甚至把一些包含着漠不相关的形式化规定(如同在否定判断和特称判断里一样),因而更接近于命题的判断,当作完满的对比关系。——总的说来,只要人们把质的形式"个别性—特殊性—普遍性"当作是终极的和绝对的东西,就把对于推论的辩证考察抛到九霄云外;在这种情况下,其余的推论也不是被看作那个形式的**必然的变化**,而是被看作**属**。——在这里,第一种形式推论本身究竟被看作是一个与其余的属**并列**的属,抑或同时被看作是**种**和属,这是无关紧要的;假若后一种情况发生了,那是因为其余的推论被回溯到第一种推论。即使这个回溯没有明确表现出来,这个形式化对比关系也始终是第一式所表达出的那个外在归摄的根据。

这种形式化推论是一个矛盾,也就是说,中项应当是端项的已规定的统一体,但它不是作为这个统一体,而是作为一个与它们有着质的差异的规定,而它本来应当是端项的统一体。正因为推论是这个矛盾,所以它在其自身就是辩证的。它的辩证运动把它在完整的概念环节中呈现出来,也就是说,不仅那个归摄关系或特殊性,而且否定统一体和普遍性**在本质上都同样**是结合活动的环节。就它们中的每一个都同样只是特殊性的一个片面环节而言,它们同样都是不完满的中项,但与此同时,它们构成了中项的发展了的规定;贯穿了三个推论式的整个过程在其中每一个规定里依次呈现出中项,而由此显露出来的真正的结果就是:中项不是一个个别的规定,而是规定的总体性。

[377]

因此,形式推论的缺陷不是在于**推论形式**——它其实是合理性的形式——,而是在于它仅仅作为一个**抽象的**、随之无概念的形式。我们已经指出,抽象的规定,由于其抽象的自身关联的缘故,同样可以被看作是内容;就此而言,形式推论的成果无非在于,**仅仅从这个中词出发**,要么得出,要么得不出主词和谓词的关联。用这样的推论去证明一个命题,是无济于事的;中词是一个无概念的质,而由于其抽象规定性的缘故,同样可能存在着另外一些中词,从中得出相反的结论,而且通过更多的推论,甚至从同一个中词中也可以推导出相互独立的谓词。——形式推论除了没有多少成果之外,还是某种非常简单的东西;诸多发明出来的规则是让人不胜其烦的,一个原因在于,它们和事情的单纯本性形成了如此鲜明的对比,另一个原因在于,在那些与它们相关联的事例中,由于外在的形式规定,尤其是由于特称性的形式规定(它在这些场合必须被认为主要具有蕴含的意义),推论的形式内涵遭到严重压缩,而且从形式来看也只能得出一些完全无内涵的结果。——三段论所遭受的最公正和最重要的指责,就是它通过如此繁琐和**无概念的**方式去研究一个对象,殊不知对象的唯一内容却是**概念**本身。——许多三段论规则让人回想起算术师的行为方式,他们同样提出一大堆关于算术运算的规则,而所有这些规则都预先 [378] 假定人们没有掌握运算的**概念**。——但数是一种无概念的材料,算术运算是一个外在的整合和分离,一个机械的行为方式,所以人们发明出计算器,让它们来从事这些运算;最强烈和最刺眼的抵牾,莫过于推论的形式规定原本是概念,却被当作一种无概念的材料来对待。

像这样以无概念的方式去对待推论的概念,其最极端的表现,大概就是莱布尼茨(《全集》第二卷,第一部分)把推论置于组合运算之下,并据此计算推论可能有多少排列组合,——也就是说,经过首先考虑肯定判断和否定判断的各种区别,然后考察全称判断、特称判断、无限判断和单称判断的各种区别,他找到 2048 个可能的排列组合,排除那些不可用的之后,还剩下 24 个可用的推论式。——莱布尼茨大量利用了组合分析,目的是不仅找到推论的各种形式,而且找到其他概念的结合方式。为了找到这些东西,其使用的运算和那些用来计算字母表里有多少种可能的字母组合,骰子游戏里有多少种可能的掷法,西班牙纸牌游戏里有多少种可能的分牌法等等的方法是一样的。在这里,人们把推论的各种规定和骰子以及纸牌的点数归为**同一**类,把理性东西当作僵死的和无概念的东西,完全不知道概念及其各种规定的独特之处在于,它们作为精神性本质,**与自身相关联**,并且通过这个自身关联**扬弃了**它们的**直接的**规定。——莱

[379] 布尼茨把组合运算应用于推论和其他概念的组合的做法与那个声名狼藉的**吕尔艺术**①的唯一区别在于，前者从**数目**这方面来看更有方法性，但除此之外，二者都是同样无意义的。——这件事情和莱布尼茨所钟爱的一个思想有关，他从少年时就萌生出这个幼稚的和肤浅的思想，对其至死不渝，——这里所指的是一种符号语言，在其中，据说每一个概念都应当呈现出它如何来源于其他概念，或如何与其他概念相关联，——这仿佛是说，在理性的结合里（它们在本质上是辩证的），哪怕一个内容被单独固定下来，也仍然保留着它所具有的相同的规定。

普洛奎特计算法②无疑掌握了一个最彻底的方式，使推论的对比关系能够从属于计算。这种计算法所依靠的是抽离判断中的个别性、特殊性和普遍性的区别，坚持主词和谓词的**抽象的同一性**，从而使它们处于**数学的等同**中，——恰恰是这样的关联，把推论活动改造为一种完全空无内涵的、同语反复的命题形式化。——在"玫瑰是红的"这一命题里，谓词不应当指普遍的"红"，而是只应当指已规定的"**玫瑰的红**"；在"全部基督徒是人"这一命题里，谓词只应当指那些是基督徒的人；这个命题加上另一个命题"犹太人不是基督徒"，就得出一个在门德尔松看来足以让人放弃三段论计算的结论命题："因此犹太人不是人。"（这个命题的意思其实是：犹太人不是那些是基督徒的人。）——作为上述发明的后果，普洛奎

[380] 特宣称：posse etiam rudes mechanice totam logicam doceri, uti pueri arith-meticam docentur, ita quidem, ut nulla formidine in ratiociniis suis errandi torqueri, vel fallaciis circumveniri possint, si in calculo non errant. [我们能够

---

① 雷蒙·吕尔（Raymundus Lullus, 1225 - 1315）所著《伟大的艺术》（*Ars Magna*）。——原编者注。雷蒙·吕尔（亦译为拉蒙·柳利）为中世纪西班牙逻辑学家和神秘主义者，他在《伟大的艺术》一书中提出，我们能够从"人类思想字母表"中拿出各种符号进行排列组合，以表达出所有的知识。——译者注

② 戈特弗里德·普洛奎特（Gottfried Ploucquet）所著《实体和现象的原理》（*Principia de substantiis et phaenomenis*）。——原编者注。普洛奎特（1716—1790）为德国哲学家和同时代最著名的逻辑学家之一，他在任教于图宾根大学期间发表的诸多逻辑学著作和教材对黑格尔产生了影响。——译者注

像教给小孩子算术一样,以机械的方式把全部逻辑教给那些没有文化的人,也就是说,只要他们没有计算错误,就不用担心自己在进行推理的时候可能陷入歧途或遭到蒙骗。]——不得不说,在人们发明出的关于逻辑科学的阐述里,"通过计算而**以机械的方式**把全部逻辑教给没有文化的人"这一推荐是最糟糕的。

B. 反映推论

质的推论的历程已经扬弃了推论规定的**抽象因素**;在这种情况下,词项把自己设定为一个规定性,其中也**映现着**另一个规定性。在推论里,除了诸词项以外,还有它们的**关联**,而在结论命题里,这个关联被设定为一个经过中介的、必然的关联;因此真正说来,每一个规定性都不是设定为个别的、单独的规定性,而是被设定为其他规定性的关联,被设定为**具体的**规定性。

中项曾经是抽象的特殊性,一个单独的、单纯的规定性,而且它只有外在地相对于独立的端项而言,才是中项。现在它被设定为规定的**总体性**;这样一来,它是端项的**已设定的**统一体,但起初只是它在自身内所包揽的反映的统一体,——这个**包揽**作为直接性的**最初的**扬弃活动和诸规定的最初的关联活动,尚且不是概念的绝对同一性。

端项是反映判断的规定;真正的**个别性**和**普遍性**是对比关系规定,或者说是一个在自身内统摄着杂多东西的反映。但正如我们在反映判断那里已经指出的,个别的主词除了包含着那个隶属于形式的单纯个别性之 [381] 外,也包含着一个规定性,即一个完全反映回自身之内的普遍性,而作为预先设定的规定性,它在这里仍然是一个直接假定的**种**。

端项的这个规定性隶属于判断规定的历程,从中可以得出**中项**的更详细的内容,而中项是推论的关键之所在,因为是它把推论和判断区分开。中项包含着:1)**个别性**;2)个别性拓展为普遍性,相当于"**全部**";3)那个作为根据的,把个别性和抽象的普遍性在自身内完全联合起来的普遍性,即种。——只有通过这个方式,反映推论才具有形式的**独特规定性**,这时中项也**被设定为**规定的总体性;相比之下,直接的推论之所以是**无规定的推论**,原因在于,中项起初仍然是抽象的特殊性,它的概念的诸环节尚未在其中被设定下来。——这个反映推论可以被称作**全体性推论**。

a.全体性推论

1. 全体性推论是完满的知性推论,此外就乏善可陈了。诚然,对于概念而言有一个根本要求,即推论里的中项不应当是抽象的特殊性,而是应当发展为它的各个环节,随之成为具体的特殊性,但**全体性**形式起初只是外在地把个别东西统摄到普遍性里面,反过来,它所获得的个别东西仍然是一个在普遍性里自为地持存着的东西。定在推论的结果是规定的直接性的否定,但这只是**最初的**否定,尚且不是否定之否定或绝对的自身内反映。就此而言,它仍然是那个将诸个别的规定性包揽在自身之内的普遍性的根据,——换言之,全体性还不是概念的普遍性,而是反映的外在的普遍性。

[382]

过去,定在推论之所以是偶然的,原因在于,它的中词作为具体主词的一个个别的规定性,也容许无穷数量的其他这样的中词,于是主词可以和其他无规定的乃至相反的谓词结合在一起。但现在,由于中项包含着**个别性**,从而本身是具体的,所以只有具体的主词所具有的一个谓词才能够通过中项而与主词结合在一起。——比如,假若从"绿"这个中词可以推出,一幅画之所以是惬意的,是因为绿色对于眼睛而言是惬意的,或一首诗、一座建筑物等等之所以是美的,是因为它们具有**规则性**,那么即便如此,这幅画也可能由于其他规定而是丑的,只要我们能够从那些规定中推出"丑"这一谓词。另一方面,既然中词具有**全体性**规定,那么它所包含的"绿"或"规则性"就是**一个具体的东西**,而正因如此,它并非只是一个绿的东西或合乎规则的东西的抽象;现在,只有那些适合于**具体东西的总体性**的谓词,才能够与这个**具体的东西**相结合。——在"绿的东西或合乎规则的东西是惬意的"这一判断里，主词仅仅是"绿"或"规则性"的一个抽象；反之，在"全部绿的东西或合乎规则的东西是惬意的"这一命题里，主词是全部现实的、具体的绿的或合乎规则的对象，因此它们被看作是那种在"绿"或"规则性"之外仍然具有**其全部特性**的**具体对象**。

2. 但恰恰是推论的这个反映完满性，把推论变成了一个单纯的幻觉。中词具有"**全部**"这一规定性；那与主词相结合的谓词，在大前提里**直接地**归属于这个"全部"。但"**全部**"是**全部个别东西**；因此个别的主词已经直接具有那个谓词，**不需要借助于推论才获得它**。——换言之，主词是通过推论而获得一个谓词，作为结果；但大前提在自身之内已经包含着这个结论命题；**因此大前提并非单独而言就是正确的**，或者说不是一个直接的、预先设定的判断，而是**本身已经预先设定了结论命题**，哪怕它本来应当是结论命题的根据。——在如下这个备受偏爱的推论里： [383]

全部人都是有死的，

卡乌斯是一个人，

因此卡乌斯是有死的；

只有当**结论命题是正确的**，大前提才是正确的；假若卡乌斯碰巧成了不死的，那么大前提就是不正确的。那个充当结论命题的命题必须直接地、单独而言已经是正确的，因为否则的话，大前提就不可能包揽**全部**个别东西；在认定大前提是正确的之前，**首先**有一个问题，即那个结论命题本身是不是一个与它相对立的**实例**。

3. 在定在推论那里，推论的概念已经表明，前提作为**直接的东西**是与结论命题（亦即推论的概念所要求的那个**中介活动**）相矛盾的，以至于第一种推论预先设定了其他推论，反过来其他推论也预先设定了第一种推论。而在反映推论这里，本身就设定了"大前提预先设定了它的结论命题"这一情况，也就是说，大前提包含着个别东西和谓词的结合，但本来只有结论命题才应当是这个结合。

因此这里实际上呈现出来的东西，首先可以这样表述：首先，反映判断仅仅是一个外在的、空洞的**推论假象**；——其次，这个推论活动在本质上是立足于主观的**个别性**,后者在这种情况下构成了中项,并且必须被设定为严格意义上的个别性,——但严格意义上的个别性只能在自身那里

[384]外在地具有普遍性。——换言之,从反映推论的更详细的内容已经可以看出:首先,个别东西和它的谓词的关联是**直接的**,不是推论出来的;其次,大前提,作为一个特殊东西和一个普遍者的结合,或更确切地说,作为一个形式化普遍者和一个自在的普遍者的结合,是以反映推论中的个别性——作为全体性的个别性——的关联为中介的。而这就是**归纳推论**。

b.归纳推论

1. 全体性推论从属于第一式"个别性—特殊性—普遍性"这一范式,而归纳推论是从属于第二式"普遍性—个别性—特殊性"这一范式,因为后者重新把个别性当作中项,但这不再是**抽象的**个别性,而是**完整的个别**性,亦即和它的相反规定(即普遍性)一起被设定的个别性。——**其中一个端项是**所有这些个别东西共同具有的一个谓词,而谓词与它们的关联又构成了直接的前提,其中一个前提本应是全体性推论的结论命题。——**另一个端项**可以是直接的**种**,后者已经出现在全体性推论的中项或全称判断的主词里,并且在全部个别东西乃至中项的全部属里已经穷尽。就此而言,推论的形态是:

个别东西

个别东西

普遍性 ———— 特殊性

个别东西

个别东西

如此以至无限。

2. 形式推论的第二式"普遍性—个别性—特殊性"之所以与上述范

[385]式是不契合的,是因为在其中一个前提里,那构成中项的个别性,并未进行归摄,或者说不是谓词。在归纳里,这个缺陷被克服了;在这里,中项是**全部个别东西**;命题"普遍性—个别性"包含着分裂为端项(亦即主词)的

客观普遍者或种,这个命题所具有的谓词和主词至少有着等同的范围,从而对于外在的反映而言是同一的。狮子、大象等等构成了"四足动物"的**种**;就此而言,当**同一个**内容一方面被设定为个别东西,另一方面被设定为普遍者,这个区别就完全是一个**漠不相关的形式规定**,——这个漠不相关性是形式推论在反映推论中的已设定的结果,而且在这里是由范围的等同所设定的。

因此归纳不像那个与它契合的第二式那样是单纯的**知觉**推论或偶然定在的推论,而是**经验**推论,——亦即以主观的方式把个别东西统摄到种里面,并且让种与一个普遍的规定性相结合,因为这个规定性出现在全部个别东西里面。经验推论也具有客观的意义,也就是说,直接的种通过个别性的总体性而把自己规定为一个普遍的特性,并且在一个普遍的对比关系或特征中具有其定在。——只不过经验推论的客观意义和其他推论的客观意义一样,起初只是它们的内在的概念,在这里尚未被设定下来。

3. 确切地说,归纳在本质上仍然是一个主观的推论。中项是一些直接的个别东西;是一个外在的反映通过全体性而把它们统摄到种里面。由于个别东西的持存着的**直接性**以及由此流露出的**外在性**的缘故,普遍性仅仅是完整性,或者说始终只是**一个任务**。——因此在归纳那里,恶劣无限的**演进过程**重新浮现出来;**个别性**应当被设定为**与普遍性是同一的**,[386]但由于**个别东西**同样被设定为**直接的**个别东西,所以那个统一体始终只是一个恒久的**应当**;这是一个**等同统一体**;那些应当是同一的东西,同时**不**应当是同一的。单纯无限演进的 a,b,c,d 等等构成了种,并且提供完整的经验。就此而言,归纳的**结论命题**始终是**或然的**。

但归纳既然表明,知觉为了成为经验,**应当无限地**演进,它就预先设定,种**自在且自为地**和它的规定性是结合在一起的。就此而言,归纳其实是把它的结论命题预先设定为一个直接的东西,正如全体性推论把结论命题预先设定为它的前提之一。基于经验的归纳被看作是有效的,**尽管**必须承认,知觉是**不完满的**;人们只能假定,不会出现一与那个经验**相对立的实例**(就这个实例**自在且自为地**是真实的而言)。因此,归纳推论诚然是基于一个直接性,但不是基于那个它本应建基于其上的直接性,即**个别性**的**存在着的**直接性,而是基于**自在且自为地存在着**的直接性,即**普遍性**。——归纳的基本规定在于成为一个推论;假若个别性被看作是中项的本质性规定,而普遍性却仅仅被看作是中项的外在规定,那么中项就会分裂为两个未结合在一起的部分,于是根本不存在什么推论了;毋宁说,这个外在性属于端项。**个别性**只有作为**与普遍性直接同一的**东西,才可能是中项;真正说来,这样的普遍性是**客观的**普遍性,亦即**种**。——上述

[387] 情况也可以这样来看:个别性是归纳的中项的根据,普遍性在个别性的规定那里是**外在的**,**但却是本质性的**;这样的**外在东西**同样直接地是自己的反面,是**内在的东西**。——因此,归纳推论的真理是这样一种推论,它把个别性当作中项,而这个中项**本身**直接地、**自在地**是普遍性;——这就是**类比推论**。

c.类比推论

1. 这种推论把直接推论的第三式"个别性—普遍性—特殊性"当作自己的抽象的范式。但它的中项不再是某一个个别的质,而是一个普遍性,即**一个具体东西的自身内反映**,或者说这个东西的**本性**;——反过来,正因为这是一个具体东西的普遍性,所以它本身同时自在地是这个**具体东西**。——因此在这里,一个个别东西充当着中项,但这是按照它的普遍本性而言;除此之外,另一个个别东西充当着端项,而且这两个个别东西具有同一个普遍本性。比如:

> **大地**有居民,
> 月亮是**一个大地**,
> 因此月亮有居民。

2. 两个个别东西在普遍者里合为一体,并且按照这个普遍者,一个个别东西转变为另一个个别东西的谓词,在这种情况下,普遍者愈是被看作是一个单纯的**质**,或像主观的质一样被看作是这个或那个**特征**,以至于二者的同一性被当作是单纯的**相似性**,那么类比就愈是肤浅。当人们把

知性形式或理性形式贬低到单纯**表象**的层面里,就会导致这样的肤浅,但这种肤浅根本不应当出现在逻辑里面。——除此之外,像这样表述这种推论的大前提,比如"那在某些特征里与客体相似的东西,在另外一些特征里也与客体相似",也是不合适的。通过这个方式,**推论形式**表现为一个内容的形态,而这个经验的、只能这样称呼的内容被一并放置到小前提 [388]里面。在这种情况下,比如第一种推论的整个形式也可以被表述为它的大前提:"当一个东西被归摄到第三者所依附的一个他者下面,那么这个第三者也依附于它;但现在……如此等等。"但在推论本身那里,关键不在于经验的内容,至于把推论自己的形式当作大前提的内容,仿佛可以把任何别的经验内容拿过来使用,这是无关紧要的。假若在类比推论那里,关键不在于那个仅仅包含着推论的独特形式的内容,那么在第一种推论那里,就将同样也是如此了,也就是说,那个使推论成为推论的东西就将无关紧要了。——但实际上,关键始终在于推论的形式,无论推论是把这个形式本身还是把别的什么东西当作自己的经验内容,都是如此。就此而言,类比推论是一个独特的形式,反之,当人们宣称,因为类比推论的形式可以成为一个大前提的内容或质料,但质料与逻辑性无关,所以这种推论不是什么独特的形式,这只不过是出于一个完全空洞的理由。——在类比推论以及归纳推论那里,人们之所以有可能陷入这个错误的思想,是因为在这些推论里,相比在单纯的形式推论里,中项和端项具有更丰富的规定,而且形式规定既然不再是单纯的和抽象的东西,就必定也显现为**内容规定**。但**首先**,"形式把自己规定为内容"乃是形式东西的一个必然的推进,因此在本质上涉及推论的本性;**其次**,这样一个内容规定不应当被看作是和其他经验内容一样的东西,并从推论那里抽离出去。

刚才提到,类比推论的大前提是这样表述的:"**如果两个对象在一个或某些特性里是一致的,那么一个对象也具有另一个对象所具有的其他特性。**"从类比推论的这个形式来看,这种推论似乎包含着**四个规定**或所 [389]谓的**四词项**(quaternionem terminorum),——这个情况本身就导致我们难以把类比看作是形式推论的形式。——这里有**两个**个别东西,**第三**是一个直接的、假定双方共同具有的特性,**第四**是其中一个个别东西直接具有,而另一个个别东西通过推论才获得的另一个特性。——正如我们看到的,之所以出现这个情况,是因为在类比推论里,**中项**被设定为个别性,但同时**也**被设定为后者的真正的普遍性。——在**归纳**里,两个端项之外的中项是无穷数量的个别东西,因此在这种推论里,本来应当列举无穷数量的词项。——普遍性在全体性推论的中项那里起初只是相当于全体性的外在的形式规定,反之在类比推论里则是相当于本质上的普遍性。在前面那个例子里,中词"**大地**"被看作是一个具体的东西,但按照其真理而言,它同样是一个普遍的本性,或者说是一个作为个别东西的种。

从这个方面来看,**四词项**并没有让类比成为一个错误的推论。但从另一个方面来看,它确实造成了这个后果;因为,虽然其中一个主词和另一个主词具有同一个本性,但不确定的是,前者究竟是凭借其**本性**还是凭借其**特殊性**而具有从后者那里推论出来的规定性,比如"大地"究竟是作为**一般意义上的**天体还是仅仅作为这一个**特殊的**天体而有居民。——就此而言,类比仍然是一个反映推论,因为个别性和普遍性在它的中项里是**直接**联合起来的。由于这个直接性的缘故,仍然存在着反映统一体的**外在性**;个别东西仅仅**自在地**是种,但不是在一个否定性中被设定下来,以至于它的规定性仿佛成了种自己的规定性。正因如此,中项的个别东西所具有的谓词不一定是另一个个别东西的谓词,哪怕二者属于同一个种。

[390]

3. "个别性—特殊性"(月亮有居民)是结论命题;但其中一个前提(大地有居民)同样是一个"个别性—特殊性";就"个别性—特殊性"应当是一个结论命题而言,其中已经包含着一个要求,即那个前提也应当是一个结论命题。由此看来,这种推论在自身之内就要求自己去反对它所包含着的直接性;换言之,它预先设定了它的结论命题。一个定在推论预先设定了**其他**定在推论;刚才考察过的那些推论已经包含着这个预先设定,因为它们是反映推论。因此,既然类比推论要求它的中介活动去反对那个与中介活动纠缠不清的直接性,那么它所要求的就是扬弃**个别性**环节。在这种情况下,对中项而言,客观的普遍者(亦即种)始终是一个摆脱了直接性的东西。种在类比推论里只有作为**直接的预先设定**,才是中项环节;由于推论本身要求扬弃预先设定的直接性,所以个别性的否定,亦即普遍者,不再是直接的,而是**已设定的**。——反映推论起初只是包含着直接性的**第一个**否定;如今第二个否定出现了,于是外在的反映普遍性被规定为自在且自为地存在着的普遍性。——从肯定的方面来看,结论命题表明自己和前提是同一的,中介活动和它的预先设定融合到一起,达到了反映普遍性的同一性,而普遍性也因此成为一种更高的普遍性。

通观反映推论的进程,可以说全部中介活动都是端项的形式规定的**已设定的**或**具体的**统一体;反映就在于像这样把一个规定设定在另一个规定中;因此进行中介者是**全体性**。但**个别性**表现为全体性的本质性根据,而普遍性仅仅表现为个别性身上的外在规定,表现为**完整性**。个别东西作为进行结合的中项,**本质上就具有普遍性**;因此它必须被看作是**自在存在着的普遍者**。但它并不是以这个纯粹肯定的方式与普遍性联合起来,而是在普遍性中被扬弃,成为一个否定的环节;相应地,普遍者,这个自在且自为的存在者,乃是已设定的种,而个别东西作为直接的东西,毋宁是种的外在性,或者说是端项。——总的说来,反映推论从属于"特殊性—个别性—普遍性"这一范式;在其中,个别东西严格说来仍然是中项的本质性规定;但由于它的直接性已经扬弃自身,并且把中项规定为自在且自为地存在着的普遍性,所以推论来到"个别性—普遍性—特殊性"这一形式化范式下面,于是反映推论过渡到**必然性推论**。 [391]

C. 必然性推论

现在,进行中介者 1)不但把自己规定为**单纯的**已规定的普遍性,好比定在推论里的特殊性,2)也把自己规定为**客观的**普遍性(亦即包含着区分开的端项的整个规定性),好比反映推论里的全体性,而这是一个虽然**得到充实**,但仍然单纯的普遍性,——即事情的**普遍本性**,或者说种。

这种推论是**内容丰富的**,因为定在推论的**抽象的**中项已经把自己设定为**已规定的区别**,就像它作为反映推论的中项那样,但这个区别又反映回单纯的同一性之内。——这种推论是**必然性**推论,因为它的中项不是别的什么直接的内容,而是端项的规定性的自身内反映。端项在中项里

[392] 具有它们的内在的同一性,而这个同一性的内容规定是端项的形式规定。——这样一来,那把诸词项区分开的东西,就是**外在的**和**非本质性的**形式,而诸词项相当于**一个必然的**定在的环节。

这种推论起初是直接的推论,从而是形式推论,也就是说,诸词项的**联系**是**本质上的本性**,相当于**内容**,这个内容在区分开的词项那里仅仅处于**有差异的形式中**,而单独的端项仅仅相当于一个**非本质性的**持存。——这种推论的实在化必须这样规定推论,即**端项**同样**被设定为**中项起初所是的那个**总体性**,而且关联(它起初仅仅是实体性**内容**)的**必然性**是**已设定的形式**的关联。

a.直言推论

1. 直言推论把直言判断当作它的一个或两个前提。——在这里,这种推论和判断一样,与一个更明确的意义联系在一起,即它们的中项是**客观的普遍性**。表面上看来,也可以说直言推论无非是一个单纯的依附性推论。

按照其内涵丰富的意义而言,直言推论是**第一种必然性推论**,在其中,主词通过它的**实体**而与谓词结合在一起。但提升到概念层面的实体是普遍者,并且被设定为一个自在且自为地存在着的东西,而且它不像在其独特的对比关系里那样,把偶附性当作形式,而是把概念规定当作形式,当作它的存在方式。因此,它所包含的区别是推论的端项,或更确切地说,是普遍性和个别性。前者相对于**种**(亦即得到详细规定的**中项**)而

[393] 言,是抽象的普遍性或普遍的规定性,——它把实体的偶附性统摄到一个单纯的规定性里面,而这个规定性则是它的本质性区别,即**属差**。——反之个别性是现实的东西,自在地看来是种和规定性的具体的统一体,但在当前的这个推论里,起初只是直接的个别性,即被统摄到"**自为存在着的**

持存"这一形式里的偶附性。——这个端项与中项的关联构成了一个直言判断；但就另一个端项按照上述规定同样表达出种的属差或其已规定的本原而言，这另一个前提也是直言的。

2. 这种推论作为第一种亦即直接的必然性推论，首先服从第一种形式推论的"个别性—特殊性—普遍性"范式。但由于中项是个别东西的本质上的**本性**，不是个别东西的诸多规定或特性**之一**，同时普遍性这一端项既不是某一个抽象的普遍性，也并非仅仅是一个个别的质，而是普遍的规定性（亦即种的**属差**），所以"主词仅仅通过**某一个**中词而与**某一个质**结合在一起"这一偶然性就被清除了。——既然如此，因为端项与中项的**关联**不像在定在推论里那样具有一个外在的直接性，所以对于证明的要求也不会像在定在推论里那样导致一个无限的演进过程。

再者，这种推论不像反映推论那样，把它的结论命题预先设定为它的前提。就实体性内容而言，诸词项处于同一性关联或**自在且自为地**存在着的关联中；当前存在着的是**一个**贯穿三个词项的本质，在它那里，个别性、特殊性和普遍性等规定仅仅是**一些形式化的**环节。

因此在这个意义上，直言推论不再是主观的；在刚才所说的同一性 ［394］里，客观性开始了；中项是它的端项的内容丰富的同一性，而端项是作为独立的东西包含在这个同一性里面，因为它们的独立性是那个实体式普遍性，即种。推论的主观因素在于端项的那个与概念或中项漠不相关的持存。

3. 但在这种推论里，有一件事情仍然是主观的，即那个同一性仍然是实体式同一性，或者说仍然是**内容**，而非同时是**形式的同一性**。因此概念的同一性仍然是一个**内在的**纽带，从而作为关联而言，仍然是**必然性**；中项的普遍性是充实的、**肯定的**同一性，而非同时是**它的端项的否定性**。

确切地说，这种推论当前呈现出来的直接性尚未**被设定为**它**自在地所是**的东西。推论的真正直接的东西是**个别东西**。这个东西被归摄到它的种（亦即中项）下面；但种下面还有别的**无穷多的**个别东西；因此，恰恰**这个个别东西**被设定为被归摄者，这是**偶然的**。——进而言之，偶然性不仅属于**外在的反映**(它通过与别的东西**作比较**,发现这个在推论中被设定的个别东西是偶然的),毋宁说,当它把中项当作它的客观普遍性而与之相关联,它就被设定为**偶然的**,被设定为一个主观的现实性。另一方面,主词作为一个**直接的**个别东西,包含着一些规定,而这些规定并未包含在作为普遍本性的中项里面;在这种情况下,主词也具有一个与中项漠不相关的、单独已规定的实存,并且具有独特的内容。反过来,这另一个词项同样具有一个漠不相关的直接性和一个不同于主词的实存。——同一个对比关系也出现在中项和另一个端项之间;因为后者按照其规定而言同样是一个直接的东西,从而相对于它的中项而言是一个偶然的存在。

[395]   因此,直言推论中所设定的东西,**一方面**是端项和中项的这样的对比关系,即它们**自在地**具有客观的普遍性或独立的本性,同时又是直接的东西,亦即一些彼此漠不相关的现实性。但**另一方面**,端项同样被规定为**偶然的**,或者说它们的直接性在它们的同一性中已经**被扬弃**。但由于现实性是独立性和总体性,所以这个同一性仅仅是形式化的、内在的同一性;于是必然性推论已经把自己规定为**假言推论**。

b.假言推论

1. 假言判断仅仅包含着必然的**关联**,没有关联者的直接性。**如果 A 存在,那么 B 存在**;换言之,A 的存在同样也是**一个他者 B** 的存在;但这些既没有表明 A 存在,也没有表明 B 存在。假言推论添加了存在的这个**直接性**:

> 如果 A 存在,那么 B 存在,
>
> 现在 A 存在,
>
> 因此 B 存在。

小前提本身就陈述出 A 的直接的存在。

但添加到判断里的,不止是这个直接的存在。推论包含着主词和谓词的关联,但这个关联不是作为抽象的系词,而是作为得到充实的、**进行着中介的统一体**。因此,A 的**存在**不应当被看作是**单纯的直接性**,而是在本质上应当被看作是**推论的中项**。这一点还需要仔细考察。

2. 假言推论的关联,相对于实存的外在差异性或现象存在彼此之间的漠不相关性而言,首先是**必然性**,或者说是内在的**实体式同一性**,——亦即一个内在地充当根据的同一性**内容**。因此,判断的双方不是一个直接的存在,而是保持在必然性中的存在,亦即同时是**已扬弃的**存在,或者说仅仅是现象存在。再者,它们表现为判断的双方,表现为**普遍性**和**个别性**;一方是内容,相当于**诸条件的总体性**,另一方相当于**现实的东西**。尽管如此,究竟把哪一方当作普遍性,把哪一方当作个别性,这是无关紧要的。因此就条件仍然是一个现实性的**内核**或**抽象因素**而言,它们是**普遍者**,而当它们**结合为一个个别性**,它们就来到**现实性**中。反过来,条件是一个**个别化的、四散分离的**现象,只有在**现实性里**才赢得意义和一个**普遍有效的定在**。 [396]

在这里,双方之间的对比关系被进一步看作是条件和有条件者的对比关系,但也可以被看作是原因和作用、根据和后果的对比关系;这些在这里是无关紧要的;但由于条件在本质上是一个漠不相关的实存,反之根据和原因本身就是处于过渡中,所以相比之下,条件对比关系更加契合那个存在于假言判断和假言推论中的关联;而且就条件包揽着那些对比关系的双方而言,它也是一个更普遍的规定,因为正如原因和根据是作用和后果的条件,作用和后果同样也是原因和根据的条件,如此等等。

如今 A 是一个**进行中介的**存在,因为,**首先**,它是一个直接的存在,一个漠不相关的现实性,但**其次**,它同样是一个**自在地本身就偶然的**、扬弃着自身的存在。条件之所以转移到新形态的现实性里,并继续充当新形态的条件,原因在于,它们作为存在而言,不是抽象的直接的东西,而是**在其概念中的存在**,首先是**转变**,——但是,既然概念不再是过渡活动,那么更确切地说,条件作为**个别性**,乃是一个与自身相关联的**否定统一体**。——条件是一个四散分离的、期待和要求得到使用的材料;这个**否定性**是进行中介者,是概念的自由统一体。它把自己规定为一个**活动**,因为这个中项是**客观普遍性**(或者说同一性内容的总体性)和**漠不相关的直** [397]

接性的矛盾。——因此这个中项不再仅仅是内在的必然性,而是**存在着的必然性**;客观普遍性所包含的自身关联是**单纯的直接性**,亦即存在;——在直言推论里,这个环节起初是端项的规定,但在与中项的客观普遍性的对立中,它把自己规定为**偶然性**,随之规定为一个纯粹已设定的**东西**,一个已扬弃的东西,亦即一个已经返回到概念或作为统一体的中项之内的东西,而中项本身如今在其客观性中也是一个存在。

结论命题"因此 B 存在"表达出同一个矛盾,即 B 是一个**直接的**存在者,但同样也是一个以他者为**中介**的存在者。因此结论命题按照其形式而言和中项是同一个概念;只不过它作为**必然的东西**,有别于**必然性**本身,——并且在个别性的整个表面形式里与普遍性相对立。A 和 B 的绝对**内容**是同一个内容;对**表象**而言,它们仅仅是同一个根基的两个不同的名称,因为表象坚守着定在的差异形态的现象,并且把定在的必然性与必然的东西区分开;但是,假若这个必然性和 B 是分离的,那么 B 就不再是必然的东西了。由此看来,这里存在着**进行中介者**和**被中介者**的同一性。

3. 假言推论起初通过**形式**或**否定统一体**而呈现出**必然的关联**(即联系),正如直言推论通过肯定统一体而呈现出充实的**内容**或客观的普遍性。但**必然性**来到必然的东西里,与之合并;提供条件的现实性转移到有条件的现实性里,这个形式活动**自在地**是个别性,在其中,对立的过去那些因为获得自由而变成漠不相关的定在的规定性**被扬弃**了,A 和 B 的区别成了一个空洞的名称。就此而言,个别性是一个反映回自身之内的统一体,——从而是一个**同一性**内容,而且这些情况不仅是**自在的**,而且通过假言推论而被**设定下来**,即 A 的存在不是它自己的存在,而是 B 的存在,反之亦然,以至于总的说来,一方的存在是另一方的存在,而在结论命题里,直接的存在或漠不相关的规定性被规定为一个经过中介的规定性,——也就是说,外在性已经扬弃自身,而它的**已然内化的统一体被设定下来**。

这样一来,推论的中介活动已经把自己规定为**个别性**、**直接性**和**与自身相关联的否定性**,亦即一个进行区分、同时从这个区别里统摄自身的同

[398]

一性,——把自己规定为绝对的形式,并恰恰因此把自己规定为客观的**普遍性**或一个自身同一的、存在着的**内容**。按照这个规定,推论是**选言推论**。

c.选言推论

如果说假言推论是服从于第二式"普遍性—个别性—特殊性"这一范式,那么选言推论则是服从于形式推论的第三式"个别性—普遍性—特殊性"这一范式。但中项是一个**通过形式而得到充实的普遍性**;它已经把自己规定为**总体性**,规定为**已发展的客观普遍性**。因此中词既是普遍性,也是特殊性和个别性。首先,中词作为普遍性,相当于种的实体式同一性,其次,中词是一个**包容了特殊性**,并且**与之等同**的普遍性,即一个包含着自己的全部特殊化的普遍层面,——一个分裂为属的种:一个**既是 B,也是 C,也是 D 的 A**。但特殊化作为一个区分,同样是 B,C 和 D 的"**要么—要么**",一个**否定的统一体**,即诸规定的相互排斥。——再者,现在这个排斥不只是相互的排斥,规定也不只是一个相对的规定,毋宁在本质 ［399］上同样是一个**与自身相关联**的规定,——即这样一个特殊东西,它作为**个别性**,同时排斥**其他**个别性。

> A 要么是 B,要么是 C,要么是 D,
>
> 但 A 是 B,
>
> 因此 A 既不是 C,也不是 D。

或者这样:

> A 要么是 B,要么是 C,要么是 D,
>
> 但 A 既不是 C,也不是 D,
>
> 因此 A 是 B。

A 不仅在两个前提里,而且在结论命题里都是主词。在大前提,它是普遍者,并且在其谓词中是一个**普遍的**层面,但已经特殊化为全部属;在小前提里,它被设定为**已规定的东西**或一个属;而在结论命题里,它被设定为一个排他的、**个别的**规定性。——换言之,它已经在小前提里被设定为排他的个别性,而在结论命题里则是以肯定的方式被设定为它所是的那个已规定的东西。

总的说来,那在这里显现为**被中介者**的东西,是 A 和**个别性**的**普遍性**。但进行中介者也是这个 A,它是它的特殊化的**普遍的**层面,并且被规定为一个**个别东西**。在这种情况下,假言推论的真理,即进行中介者和被中介者的统一体,就在选言推论里被**设定下来**,而从这个理由来看,选言推论同样**不再是一个推论**。换言之,当中项在选言推论中被设定为概念的总体性,本身就包含着两个已经达到其完整规定性的端项。就端项区别于这个中项而言,它们本身只是一个已设定的存在,不再具有任何独特的、与中项相对立的规定性。

如果从一个更明确的角度来看待假言推论,可以说其中包含着一个**实体式同一性**(相当于必然性的**内在的**纽带)和一个与之区分开的**否定统一体**——即这样一个活动或形式,它把一个定在转移到另一个定在里面——。总的说来,选言推论处于**普遍性**规定中;它的中项是作为**种**和作为完全**已规定的东西**的 A;通过这个统一体,此前那个内在的内容也被**设定下来**,另一方面,已设定的存在或形式也不是一个与漠不相关的定在相对立的外在的否定统一体,而是与那个充实的内容达到了同一。概念的整个形式规定在其已规定的区别中,同时在概念的单纯同一性中,被设定下来。

[400]

这样一来,**推论活动的形式主义**,连带全部推论和概念的主观性,都被扬弃了。这个形式化因素或主观因素在于,那个对端项进行中介的东西,是作为**抽象**规定的概念,而这个规定由于是端项的统一体,所以和它们是**有差异的**。反之,在已完成的推论里,当客观的普遍性同样被设定为诸形式规定的总体性,进行中介者和被中介者的区别就消失了。被中介者本身就是它的进行中介者的一个本质性环节,而且每一个环节都相当于被中介者的总体性。

各种推论式**分别**把概念的每一个规定性呈现为一个中项,这个中项作为概念,同时是一个**应当**,即要求那个进行中介者是它的总体性。推论的不同类型呈现出中项的**充实过程**或具体化的不同层次。在形式推论里,只有当全部规定性(但每一个都是**个别地**)完全具有中介活动的功能,中项才被设定为总体性。而在反映推论里,中项是一个**以外在的方式**把端项的规定统摄起来的统一体。最后,在必然性推论里,中项既把自己规定为已发展的全体式统一体,也把自己规定为单纯的统一体,而在这种情况下,那个曾经坚持中项和端项的区别的推论,其形式已经扬弃自身。 ［401］

相应地,概念总的说来已经实在化了;更确切地说,它所获得那个的实在性是**客观性**。**最初的实在性**意味着,**概念**作为内在的否定统一体发生分裂,而作为**判断**,则是在已规定的和漠不相关的区别中设定它的各种规定,并在推论里亲自与它们相对立。由于它在这种情况下仍然是它的这个外在性的内核,所以通过推论的发展过程,这个外在性和内在的统一体达到了均衡;各种规定在中介活动里面起初只能在一个第三者里合为一体,但通过中介活动,它们返回到这个统一体之内,于是外在性在自身那里就呈现出概念,而概念因此同样不再是作为一个内在的统一体而区别于外在性。

但反过来,概念的那个曾经被看作是**实在性**的规定,同样是一个**已设定的存在**。因为,不仅概念的内在性和外在性的同一性在这个结果里呈现为概念的真理,而且概念的诸环节在判断里始终是一些虽然彼此漠不相关、但只有在相互关联时才具有其意义的规定。推论是**中介活动**,是立足于其**已设定的存在**的完整概念。概念的运动就是扬弃这个中介活动,在其中,没有任何东西是自在且自为的,毋宁说每一个东西都仅仅以一个他者为中介。因此,现在的结果是一个通过**扬弃中介活动**而显露出来的**直接性**,一个同样与中介活动达到同一的**存在**,一个从自己的异在出发,并在其中重建自身的概念。也就是说,这个**存在**是一个**自在且自为地**存在着的**事情**,——即**客观性**。

第二篇 客观性

[402]　　在客观逻辑的第一卷里,抽象的**存在**曾经被呈现为一个过渡到**定在**,但同样返回到**本质**之内的东西。在第二卷里,我们看到本质把自己规定为**根据**,随之进入**实存**,将自身实在化为**实体**,但又返回到**概念**之内。现在,我们首先已经表明,概念如何把自己规定为**客观性**。很显然,最后这个过渡按照其规定而言,和通常的**形而上学**所说的**概念推论**(即从**上帝的概念**推出**他的定在**,或所谓的**关于上帝的定在的本体论论证**),是同一回事。——同样,众所周知,笛卡尔的那个最崇高的思想,即上帝是一个**其概念包含着其存在**的东西,后来堕落为恶劣的形式推论形式(亦即本体论论证形式),最终惨败给[康德的]理性批判和这样一个思想:**从概念中不可能刨出定在**。关于本体论论证,我们此前已经有所澄清;在本书第一部分第 88 页以下①,当谈到**存在**在其最近的对立面(即**非存在**)中消失,并表明**转变**是二者的真理时,我们已经指出一个混淆,即在一个已规定的定在那里,人们不是关注其**存在**,而是关注其**已规定的内容**,随之以为,只要对**这个已规定的内容**(比如 100 塔勒)和另一个**已规定的内容**(比如我的知觉,我的财产状况等情景)进行比较,并且在这里发现那个内容是否添附到这个情景上是有区别的,——仿佛只要这样一来,就说出了存在和非存

[403] 在的区别,乃至存在和概念的区别。除此之外,那里的第 119 页②和本书

---

　　① 参阅[德]黑格尔:《逻辑学》I,先刚译,人民出版社 2019 年版,第 65—66 页。——译者注

　　② 参阅[德]黑格尔:《逻辑学》I,先刚译,人民出版社 2019 年版,第 93 页。——译者注

第二部分第 78 页①也澄清了一个出现在本体论论证那里的规定,即"**一切实在性的总括**"。——至于这个论证的本质性对象,即**概念和定在的联系**,则是通过刚才已经完成的关于**概念**以及它如何把自己规定为**客观性**的过程的考察而得以说明。概念作为绝对地自身同一的否定性,是一个自己规定着自己的东西;我们已经指出,当概念在个别性中揭示出自身是**判断**,就已经把自己设定为**实在的**、**存在着的东西**;这个仍然抽象的实在性在**客观性**中得以完成。

　　或许在有些人看来,从概念到客观性的过渡不同于从上帝的概念到其定在的过渡。就此而言,一方面应当认识到,已规定的内容(比如**上帝**)在逻辑进程里并没有造成什么区别,而本体论论证只不过是把这个逻辑进程应用到那个特殊的内容上面罢了。但另一方面,人们务必记住前面已经指出的一点,即主词只有在它的谓词里才获得规定性和内容,而在这之前,无论内容对于感觉、直观和表象而言是什么东西,它对于概念把握式的认识活动来说都仅仅是一个**名称**;但在谓词里,规定性和一般意义上的**实在化**是同时开始出现的。——但谓词必须被理解为某种仍然封闭在概念之内的、从而主观的东西,尚未脱离自身,走向定在;在这个意义上,一方面,概念在判断里的**实在化**当然还没有完成,但另一方面,谓词对于一个对象的单纯规定(哪怕这个规定并非同时是概念的实在化和客观化)始终是某种主观的东西,也就是说,这种主观的东西根本不是对于对象的**概念**的真正认识和**真正规定**——,而是意味着抽象的反映和未经概念把握的表象。——上帝作为活生生的上帝,尤其作为绝对精神,只能在 [404] 其**行动**中被认识到。早先的人们得到的指示,是在上帝的**作品**中去认识上帝;只有这些作品才会显露出那些被称作上帝的**特性**的**规定**,正如他的**存在**也是包含在其中。通过这个方式,那种以上帝的**作用**(亦即上帝本身)为对象的概念把握式认识活动就在上帝的**存在**中把握到他的**概念**,在他的概念中把握到他的存在。**自为存在**(更不要说**定在**)乃是一个贫

---

① 参阅本译本第 59 页。——译者注

乏而局促的规定,人们之所以很难在概念中找到这个规定,唯一的原因在于,他们没有仔细想想,**存在**或**定在**本身究竟是什么东西。——**存在**,作为**完全抽象的、直接的自身关联**,无非是概念的一个抽象环节,即抽象的普遍性,而且这个普遍性同样能够满足人们对于存在提出的要求,即在概念**之外**存在着;也就是说,既然概念是与自身相对立的,那么抽象的普遍性就既是概念的环节,也是概念的区别或抽象判断。概念,哪怕是作为形式上的概念,也已经直接包含着**位于一个更真实和更丰富的形式中的存在**,因为概念作为一个与自身相关联的否定性,乃是**个别性**。

但是,倘若存在应当是这样一种东西,它出现在**外在经验的情景或感性知觉的形式**中,如同**我的财产状况中的 100 塔勒**那样,仅仅是一种用手,而非用精神来把握的东西,并且在本质上是一种用肉眼,而非用精神的眼睛看到的东西,——倘若物作为感性的、时间性的、转瞬即逝的东西,其具有的那种存在被称作实在性和真理,那么,企图在一般意义上的概念乃至上帝的概念之内找到**存在**,这当然是一个不可克服的困难。——如果一种哲学思考止步于存在,不能超越感官,那么相应地,它在看待概念的时候就会纠缠于纯粹抽象的思想;这个思想和存在是对立的。

[405]　　人们已经习惯于把概念仅仅看作是某种和抽象思想一样的片面东西,这时如果让他们接受刚才的那个建议,即把从**上帝的概念**到他的**存在**的过渡看作是概念客观化的上述逻辑过程的一个**应用**,那么他们当然会感到犹豫。尽管如此,如果人们像通常那样承认,在认识任何已规定的内容时,逻辑性作为形式的东西都构成了形式,那么他们至少必须承认那个应用关系,否则的话,他们就会完全止步于概念和客观性的对立,止步于非真实的概念和一种同样非真实的实在性,并且把这些当作是终极的东西。——然而在展示**纯粹概念**的时候,我们已经进一步指出,纯粹概念就是绝对的、神性的概念本身,因此真正说来,所谓"上帝自己把自己规定为存在",其直接的呈现并不是**应用**关系,而是那个逻辑过程。但这里需要注意的是,如果概念应当呈现为上帝的概念,我们就必须把它当作一个已经被接纳到**理念**之中的东西来理解它。那个纯粹概念之所以贯穿了判

断和推论的有限形式,是因为它尚未被设定为自在且自为地和客观性合为一体,而是仅仅处于向着客观性的转变中。在这种情况下,这个客观性同样仍然不是神性的实存,不是一个在理念中映现着的实在性。无论如何,正如纯粹概念在丰富性和崇高性方面远超**"一切实在性的总括"**这一形而上学的空话,在同样的程度上,这个客观性在丰富性和崇高性方面也远超本体论论证的**存在或定在**。——尽管如此,我打算在另一个场合再详细揭示那个通过逻辑形式主义而掺杂到本体论论证和其余所谓的关于上帝的定在的证明里的多方误解,以及康德对于这些证明的批判,并且通过恢复它们的真正意义而重新赋予那些位于根基处的思想以价值和尊严①。 [406]

正如我们已经指出的,直接性已经在诸多形式中出现,但处于不同的规定中。在存在的层面里,直接性是存在本身和定在,在本质的层面里,它是实存,然后是现实性和实体性,而在概念的层面里,它除了是抽象的普遍性之外,如今也是客观性。——如果不考虑哲学概念区别的精确性,这些表述是可以被当作同义词来使用的,因为这些规定都是从概念的必然性里面显露出来的;——总的说来,**存在**是**最初的**直接性,而**定在**是这个直接性连带最初的规定性。那种与物相伴的**实存**是一个从**根据**里显露出来的直接性——来自于本质的单纯反映的扬弃着自身的中介活动。**现实性和实体性**是一个从已扬弃的区别(亦即作为现象的非本质性实存和它的本质性之间的区别)中显露出来的直接性。最后,**客观性**是概念通过扬弃自己的抽象和中介活动而把自己规定而成的直接性。——哲学有权利从那种为了表象世界而制造出的日常语言中挑选出一些**看上去更接近于**概念规定的表述。这里的关键不在于从日常语言中挑选出一个词语,然后去**验证**人们在日常生活中和哲学一样都是使用同一个词语去标示同一个概念,因为日常生活不具有概念,只具有表象,而哲学的任务恰

① 参阅《关于上帝定在证明的讲演》,《黑格尔著作集》第 17 卷,第 347 页以下。——原编者注。中文本参阅[德]黑格尔:《宗教哲学讲演录》II,燕宏远、张松、郭成译,人民出版社 2015 年版,第 255 页以下。——译者注

[407] 恰在于去认识常人以为是单纯表象的东西的概念。就此而言,当表象在它的那些用于哲学规定的表述里面看到某种和它们的区别隐约相似的东西,就必须感到满足了,因为在那些表述里可能出现这样的情况,即人们在其中认识到表象的某些影子与对应的概念有着更为密切的联系。——或许人们更难接受的是,某些东西可能**存在着**,同时并非**实存着**;但他们至少不会把作为判断系词的"是"和"**实存**"这一表述混淆起来,竟至于不去说"这件货物**是**昂贵的、合适的"、"黄金**是**金属",反而说"这件货物**实存着**昂贵的","黄金**实存着**金属或金属的"等等①。反之,**存在**和**显现**、**现象**和**现实性**,还有那个与**现实性**相对立的单纯的**存在**,当然是明确区分开的,而所有这些表述和**客观性**的区别还要更大。——哪怕它们也被当作同义词来使用,哲学仍然能够自由地利用这种空洞冗余的语言,因为后者终归包含着一些区别。

在判断的完成亦即必然判断里,主词失去了它相对于谓词而言的规定性,而这里已经让人回想起**主观性**的那个由此产生出的双重意义,即它一方面指概念,另一方面指那个通常与概念相对立的外在性和偶然性。在这种情况下,**客观性**看起来也具有双重意义,即一方面与独立的**概念**相对立,另一方面是一个**自在且自为的存在者**。在前一个意义上,客体与那个在主观唯心论里被宣布为绝对真相的"我=我"相对立,是一个直接存
[408] 在着的杂多世界,而自我或概念只能与之进行无限的抗争,以便通过否定这个**自在地虚无的**他者,从而赋予它的最初的自身确定性以一种**现实的**、**真实的**自身等同。——而在一种更不确定的意义上,它意味着主体的某个关切和行动所面临的一般意义上的对象。

但在相反的意义上,客体意味着一个与限制和对立无关的**自在且自为的存在者**。理性的原理、完满的艺术作品等等之所以叫作"**客观的**",

---

① 在一篇法文报道中,当司令官宣称他在岛上等待通常在早晨吹起的风,以便驶向大陆时,冒出来这样一个表述:"le vent ayant été longtemps sans exiter"[风久已不实存着]。在这里,这个区别仅仅是从诸如"il a été longtemps sans m′écrire.[他久已不给我写信。]"这样的普通说法里产生出来的。——黑格尔原注

是因为它们摆脱和超越了全部偶然性。尽管理性的、理论的和伦理的原理仅仅属于主观的东西或意识，但后者的自在且自为的存在者仍然被称作是"客观的"；所谓认识到真理，就是认识到客体如何作为客体而摆脱了主观反思，而所谓正当的行为，就是遵循客观规律，这些规律不是起源于主观的东西，而且不允许人们随心所欲地扭曲它们的必然性。

从我们当前论述的立场来看，客观性首先意味着**概念的自在且自为地存在着的存在**，而且概念已经把那个通过它的自身规定而设定下来的**中介活动扬弃为一个直接的**自身关联。在这种情况下，这个直接性本身就是直接的，并且完全被概念所渗透，正如它的总体性与它的存在是直接同一的。但接下来，由于概念同样必须制造出它的主观性的自由的自为存在，所以出现了概念作为**目的**而与客观性的对比关系，在其中，直接的客观性转变为一个与概念相对立的否定者，一个应当由概念的活动所规定的东西，进而获得另一个意义，即它是一个与概念相对立的、自在且自为的虚无东西。

第一，客观性在其直接性中是**机械性**。由于客观性的全部环节的总体性的缘故，这些环节作为独立的、漠不相关的**客体**存在于**彼此之外**，并且在它们的对比关系中具有概念的**主观统一体**（但仅仅作为**内在的**或**外在的**统一体）。——但是，［409］

第二，由于那个统一体在机械性之内表现为客体本身的**内在的**规律，所以客体的对比关系转变为它们的**独特的**、以自己的规律为根据的差异，和一个在在其中使它们的已规定的独立性扬弃自身的关联，——即**化学性**。

第三，诸客体的这个本质性统一体恰恰因此被设定为有别于它们的独立性，这个统一体是主观的概念，但被设定为本身就自在且自为地与客观性相关联，被设定为**目的**，——即**目的论**。

当目的是这样一个概念，即被设定为在其自身就与客观性相关联，并且通过自身就扬弃了它作为主观的东西而存在这一缺陷，起初**外在的**合目的性就通过目的的实在化而转变为**内在的**合目的性，转变为**理念**。

第一章　机械性

既然客观性是概念的已经返回到其统一体中的总体性,那么一个直接的东西就被设定下来,这个东西不但自在且自为地是那个总体性,而且**被设定为**这个总体性,但在其中,概念的否定统一体尚未脱离这个总体性的直接性;——换言之,客观性尚未被设定为**判断**。就客观性内在地在自身内具有概念而言,它那里存在着的概念的区别;但由于客观的总体性的缘故,区分开的东西是**完整的**和**独立的**客体,于是它们在其相互关联中同样仅仅表现为彼此**独立的**东西,并且在任何结合中都始终**外在于**彼此。——机械性的特征在于,无论这些相结合的东西之间是怎样一个关联,这个关联对它们而言都是一个**外来的**关联,和它们的本性毫不相干,而且,哪怕它披上了单一体的外衣,也仍然无非是**组合**、**混合**、**堆积**等等。和**物质的**机械性一样,**精神的**机械性在于,那些在精神中相互关联的东西始终外在于彼此,外在于精神自身。**机械的表象方式**、**机械的记忆**、**习惯**、**机械的行为方式**等等意味着,在精神所把握和所做的事情里,缺乏精神的独特的渗透和在场。诚然,精神在理论或实践上的机械性离不开精神的自主活动、冲动和意识,但其中毕竟缺失了个体性的自由,又因为这种自由并未在其中显现出来,所以这样的行动就显现为一个纯粹外在的行动。

A. **机械的客体**

正如我们看到的,客体是一个**推论**,它的中介活动已经达到了均衡,从而是一个直接的同一性。因此客体自在且自为地是一个普遍者;这里的普遍性不是指特性的共通性,而是指这样一个普遍性,它渗透了特殊性,并在其中是直接的个别性。

1. 因此,首先,客体并未把自身区分为**质料**和**形式**,否则前者就将是客体的独立的普遍者,而后者就将是特殊东西和个别东西了。个别性和普遍性的这样一个抽象的区别,按照其概念而言,并未出现在客体那里;只要客体被看作是质料,就必须被看作是一个本身自在地已经具有形式的质料。同样,客体可以被规定为一个具有各种特性的物,一个由部分组成的整体,一个具有各种偶性的实体,并服从反映的其他对比关系;但总的说来,这些对比关系已经在概念中消亡了;换言之,客体既不具有特性,也不具有偶性,因为这些东西与物或实体是不可分割的;但在客体里,特殊性已经完全反映到总体性里。在一个整体的某些部分里,虽然有这样的情况,即客体的各种区别具有独立性,但与此同时,这些区别在本质上本身就是客体或总体性,而不像部分那样具有这个与整体相对立的规定性。 ［411］

　　就此而言,客体起初是**无规定的**,因为它本身不具有任何已规定的对立;换言之,它是一个已经融合到直接的同一性里的中介活动。就概念**在本质上是已规定的**而言,客体本身所具有的规定性是一个虽然堪称完整,但除此之外却**无规定的、**亦即**无对比关系的杂多性**,后者构成了一个起初同样无进一步的规定的总体性;那些能够在客体那里区分开的**方面**、**部分**等等,属于一个外在的反映。因此,那个完全无规定的区别仅仅意味着,存在着**多数**客体,在其中,每一个客体所包含的规定性都已经反映到它的普遍性那里,每一个客体都不会**向外**映现。——因为客体在本质上具有这个无规定的规定性,所以它在自身之内就是这样一个**多数性**,从而必须被看作是**组合的东西**或一个**堆积**。——尽管如此,客体并不是由**原子**组成的,因为原子不是客体,不是总体性。莱布尼茨的**单子**本来更像是一个客体,因为它是世界表象的一个总体性,但就它被封闭在它的**内涵的主体性**之内而言,它至少在本质上应当是一个内在的**单一体**。但是,当单子被规定为**排他的单一体**,就仅仅是一个由**反思所假定的**本原。当然,单子仍然是一个客体,一方面是因为,它的杂多表象的根据,或者说它的单纯**自在存在着的总体性的已发展的、**亦即**已设定的**规定的根据,**位于它之外**,另一方面是因为,单子根本无所谓是否**和别的单子一起构成一个客体**;也就是说,客体实际上不是一个**排他的**、**本身自为地已规定的东西**。

[412]　　2. 现在,客体是**已规定的存在**的总体性,但因为它是无规定的和直接的东西,所以它并不是那个存在的**否定统一体**,而在这种情况下,它相对于**诸规定**(作为**个别的规定**)而言,就是自在且自为地已规定的东西,正如这些规定本身就是彼此**漠不相关的**。相应地,这些规定既不能通过客体,也不可能通过彼此而得到概念把握;客体的总体性是它的杂多性普遍地反映到全部自在地无规定的个别性之内的存在的形式。诚然,它本身具有的那些规定性都归属于它,但那个构成规定性的区别,并将它们联合为一个统一体的**形式**,却是一个外在的、漠不相关的形式;这类联合可以是各个部分和方面的一个**混合**,甚至是一个**秩序**或某种**排列**,但它们与那些如此相互关联的东西全都是漠不相关的。

　　这样一来,客体就和一般意义上的定在一样,在**自身之外**,在**其他客体**里,具有它的总体性的规定性,而这些客体同样是在**自身之外**具有它们的总体性的规定性,如此以至无限。诚然,人们同样必须假定这个无限超越的自身回归,并把它想象为一个**总体性**,一个**世界**,但这个世界无非是一个以无规定的个别性为中介而在自身内完结的普遍性,即一个**宇宙**。

　　因此,当客体在其规定性中同样与这个规定性漠不相关,就通过自身而为着它的已规定的存在**超越自身**,重新指向一些客体,但与此同时,它是否**规定着**这些客体,这是**漠不相关的**。因此任何地方都不存在自身规定的本原;**决定论**——当认识活动把目前得出的客体当作真相,就处在这个立场上——宣称客体的任何一个规定都是另一个客体的规定;但这另一个客体无论是相对于它的已规定的存在而言,还是相对于它的主动的行动而言,都同样是漠不相关的。正因如此,决定论本身也是无规定的,

[413]　必须无限推进;它可以随意停留在任何地方并得到满足,因为它所过渡到的客体是一个已经在自身内完结的形式总体性,无所谓是不是由另一个客体所规定的。对一个客体的规定的**解释**,还有这个表象为此作出的推进等等,其之所以是**一句空话**,就是因为在它们推进到的另一个客体里,没有自身规定。

3. 现在,既然一个客体的**规定性**位于**另一个客体之内**,那么两个客体之间就没有已规定的差异性;规定性完全是**双重的**,时而在这个客体里,时而在那个客体里,因此它是一个绝对单纯的**同一性东西**,而在这个意义上,解释或概念把握就是**同语反复**。这个同语反复是一种外在的、空洞的来回徘徊;由于那些与此漠不相关的客体的规定性并未获得独特的区分性,从而仅仅是同一的,所以这里只有**同一个**规定性;当我们说"规定性是双重的",就恰恰表达出了区别的这种外在性和虚无性。但与此同时,客体相互之间是**独立的**;因此它们在那个同一性里始终绝对地**外在于彼此**。——这样一来,在客体的完满的彼此**漠不相关性**和它们的**规定性的同一性**之间,或者说在它们的完满的**外在性**和它们的规定性的**同一性**之间,就出现了一个**矛盾**。换言之,这个矛盾是诸多在其中绝对地相互排斥的客体的**否定统一体**,——即**机械过程**。

B. 机械过程

如果客体仅仅被看作是一些在自身内完结的总体性,它们就不可能相互作用。按照这个规定,它们和**单子**是同一个东西,而正因如此,我们不能设想单子相互之间有任何作用。但恰恰在这种情况下,单子概念成了一个有缺陷的反思。因为,**首先**,单子是它的纯粹**自在**存在着的总体性的已规定的表象;作为它的世界表象的**某种程度上的发展和已设定的存在**,单子是一个已规定的东西;现在,它是一个在自身内完结的总体性,因此它和这个规定性也是漠不相关的;因此这不是它自己的规定性,而是由**另一个客体所设定的**规定性。**其次**,就它应当是一个纯粹的**表象者**而言,它是一个一般意义上的**直接的东西**;因此它的自身关联是抽象的普遍性;在这种情况下,它是一个**为其他单子敞开大门的定在**。——有些人为了让单子赢得实体的自由,就把它想象为一个**内在完整的**、无需从外面获得任何东西的总体性,但这是徒劳无益的。毋宁说,这种无概念的、纯粹进行着表象活动的自身关联恰恰是一个相对他者而言的**被动性**。——同

[414]

理,**规定性**无论是被当作一个**存在者**或一个**表象者**的规定性,还是被当作固有的、来自于内核的发展过程的**程度**,都是一个**外在的东西**;——发展过程所达到的**程度**在一个**他者**那里具有它的**界限**。至于把实体的交互作用推诿给一个**前定和谐**,无非意味着把它当作一个**预先设定**,亦即当作某种被剥离了概念的东西。——人们之所以希望逃避实体的**内在作用**,是因为考虑到一个位于根基处的环节,即绝对的**独立性**和**原初性**。但由于发展过程的**已设定的存在**或程度不符合这个**自在存在**,所以只能以一个**他者**为它的根据。

在实体性对比关系那里,我们已经表明,它过渡到因果性对比关系。但在这里,存在者不再意味着一个**实体**,而是意味着一个**客体**;因果性对比关系已经在概念里消失了;一个实体相对于另一个实体而言的原初性表现为映象,而它的作用活动则是表现为向着对立面的过渡。因此这个[415] 对比关系并不具有客观性。相应地,即使其中一个客体在主观统一体的形式中被设定为发挥作用的原因,这也不再被看作是一个原初的规定,而是被看作是某种**经过中介的东西**;发挥作用的客体只有以另一个客体为中介,才具有它的这个规定。——**机械性**既然属于概念的层面,就在自身那里设定了这样一个东西,这个东西已经表明自己是因果性对比关系的真理,即原因虽然应当是自在且自为的存在者,但在本质上同样是作用或已设定的存在。因此在机械性里,客体的原因性直接是一个非原初性;客体与它的这个规定漠不相关;至于它成了原因,这对它来说是一件偶然的事情。——在这个意义上,人们几乎可以说,诸实体之间的因果性**仅仅是一个被设想的东西**。但这个被设想的因果性恰恰是**机械性**,因为后者意味着,因果性作为各种实体的**同一的**规定性,从而作为它们的独立性在这个同一性中的消灭,是一个**单纯的已设定的存在**;诸客体与这个统一体漠不相关,并且在与统一体的对立中保留下来。但它们的这个漠不相关的**独立性**同样是一个单纯的**已设定的存在**;因此它们能够相互**混合**和**堆积**,并作为**堆积物**而转变为一个**客体**。由于这种漠不相关性(即不但与它们的过渡漠不相关,而且与它们的独立性漠不相关)的缘故,实体就是**客体**。

a.形式上的机械过程

机械过程意味着设定了那个包含在机械性概念里面的东西,因此起初是设定了一个**矛盾**。

1. 刚才揭示出的那个概念表明,客体的内在作用的结果就是**设定了它们的同一性**关联。这件事情的唯一根据在于那个受作用的规定性获得**普遍性**形式,——这就是**传递**(Mitteilung),它不会过渡到对立面。—— [416] **精神性传递**尤其是在具有普遍性形式的普遍者这一要素里面发生的,它本身是一个**观念性**关联,在其中,**一个规定性**完整地从一个人**延续**到另一个人那里,并在毫无变化的情况下普遍化,——就好像一阵芬芳在通透的空气里扩散。但即使在物质客体之间的传递里,也可以说它们的规定性是以一个同样观念性的方式**扩张**;相比客体所具有的强硬性,人格性的**强硬性**更具有无可比拟的张力。一般而言,客体的形式化总体性和规定性是漠不相关的,从而不是一个自身规定,但它把客体和别的客体区分开,随之首先把内在作用转化为一个客体的规定性在另一个客体里的无障碍的延续。

现在,精神性东西包含着无限杂多的内容,而这个内容是能够传递的,因为当它被接纳到理智里,获得普遍性**形式**,就转变为一个可传递的东西。这个不仅通过形式,而且自在且自为的普遍者是严格意义上的**客观东西**,无论在精神性东西里还是在形体东西里都是如此,与此相反,无论是外在客体的个别性还是人的个别性,都是一个非本质性东西,一个不能对普遍者有任何抵抗的东西。在精神性东西里,法律、伦理和全部理性观念都是这样的可传递的东西,它们以一种无意识的方式渗透个体,在他们中间发挥效用。在形体东西里,则是有运动、热、磁、电之类东西,哪怕人们希望把它们想象为材料或质料,也必须把它们规定为**不可测的**活动者,——这些活动者并不具有那个为**它们的个别化**提供根据的物质性东西。

2. 现在,如果在客体的交互作用里,它们的**同一的**普遍性首先被设

[417] 定下来,那么同样必须设定另一个概念因素,即**特殊性**;这样一来,客体也证明了它们的**独立性**,随之保持为彼此外在的东西,并在那个普遍性里制造出**个别性**。这个制造是一般意义上的**反作用**。起初它不应当被理解为**单纯扬弃了**活动和被传递的规定性;被传递的东西作为普遍者,以一种肯定的方式存在于特殊客体中,并且仅仅通过它们的差异性而**特殊化自身**。在这个意义上,被传递的东西始终是它所是的那个东西;它仅仅把自己**分配**给各个客体,或者说受它们的特称性所规定。——原因在它的他者(亦即作用)中消失了,原因实体的主动性也在它的作用活动中消失了;但那个**发挥作用的客体**仅仅转变为一个**普遍者**;客体的作用活动起初不是它的规定性的丧失,而是一种**特殊化**,通过这种特殊化,最初那个完整的、在客体那里**个别地**存在着的规定性,如今转变为规定性的一个**属**,而**规定性**只有在这种情况下才被设定为一个普遍者。一方面,个别的规定性通过传递而提升为普遍性,另一方面,规定性发生特殊化,换言之,那曾经的**同一个**规定性降格为分配的一个属,这两方面是同一回事。

现在,**反作用**等同于作用。——第一,这件事情看起来是这样的,即另一个客体已经把整个普遍者**纳入自身**,转而对前一个客体发挥作用。于是它的反作用和作用是同一个作用,即**阻碍的相互排斥**。第二,被传递的东西是客观东西;因此在预先设定诸客体的差异性的情况下,它**始终**是它们的实体性规定;与此同时,普遍者在客体里面特殊化自身,因此每一个客体不是仅仅把全部作用交还回去,而是具有它的特殊份额。第三,当每一个客体通过**它的独立性的弹性**把自身内的他者的已设定的存在排除出去,并获得它的自身关联,反作用就是**整个否定的作用**。被传递的规定

[418] 性在诸客体里的细分的**特殊性**,即之前被称作"属"的那个东西,返回到**个别性**,于是客体坚持它的与**被传递的普遍性**相对立的外在性。通过这个方式,作用过渡到**静止**。正如我们看到的,它在客体的内在完结的、漠不相关的总体性那里仅仅是一个**表面上的**、转瞬即逝的变化。

3. 这个返回构成了机械过程的**产物**。按照**预先设定**,客体**直接地**是个别东西,其次是一个与其他客体相对立的特殊东西,再次是一个与它的

特殊性漠不相关的东西,即普遍者。**产物**是概念的那个**预先设定的**总体性,现在却是作为一个**已设定的**总体性。那通过客体的特殊性而把被传递的普遍性与个别性结合起来的东西,是结论命题;但与此同时,**中介活动**在静止里被设定为一个已经**扬弃**自身的中介活动,换言之,产物与它的这个被规定状态是漠不相关的,而保留下来的规定性在它那里是一个外在的规定性。

就此而言,产物和那个起初进入过程的客体是同一个东西。但与此同时,它只有通过这个运动才是**已规定的**;**总的说来**,机械的客体只有作**为产物才是客体**,因为它所是的那个东西只有**通过一个他者的中介活动**才出现在它那里。这样,产物就是它自在且自为地本应所是的那个东西,即一个**组合的**、**混合的东西**,或各个部分的一个**秩序**和**排列**,而总的说来则是这样一个东西,其规定性不是自身规定,而是一个**已设定的东西**。

另一方面,机械过程的**结果**同样**并非在它之前就已经存在着**;它的**终点不像目的那样在它的开端中**。产物作为客体那里的一个规定性,是**外在地**已设定的规定性。因此,从概念来看,这个产物和那个位于开端的客体诚然是同一个东西,但在开端那里,外在的规定性尚且不是**已设定的规定性**。就此而言,结果**完全不同于**客体的最初的定在,并且对后者而言是某种完全偶然的东西。

b.实在的机械过程

[419]

机械的过程返回到**静止**。也就是说,客体通过这个过程而获得的规定性仅仅是一个**外在的**规定性。对客体而言,这个静止本身同样是一个外在的东西,因为这是一个与客体的**作用活动**相对立的规定性,但每一个规定性都是与客体漠不相关的;因此静止也可以被看作是一个通过**外在的原因**而产生出来的东西,哪怕客体无所谓是否作为一个发挥作用者而存在。

再者,由于规定性是一个**已设定的**规定性,而客体的概念**已经通过中介活动而返回到自身那里**,所以客体所具有的规定性是一个在客体那里反映回自身之内的规定性。从现在起，诸客体在机械过程里具有一个更详细的已规定的对比关系，而这个过程本身就是这样一个对比关系。它们不仅是有差异的，而且**被规定为彼此有区别**。形式上的过程的结果一方面是无规定的静止，另一方面则是通过这个反映回自身之内的规定性而把全部客体本身就具有的那个**对立分配**给下面的诸多以机械的方式相互对待的客体。一方面，客体作为无规定的东西，表现为**无弹性的和非独立的**，另一方面，它具有一个对其他客体而言**坚不可摧的独立性**。现在，**诸客体相互之间**也具有"**独立的个别性**"和"**非独立的普遍性**"这一更明确的对立。——这个更详细的区别可以被看作是形体东西里的一个单纯的**量的**区别，即**质量或内涵性**的不同大小，或者以别的许多方式得到理解把握。但总的说来，这个区别不应当固定在那个抽象中；二者哪怕作为客体，也是**肯定的**独立者。

[420] 现在，这个实在的**过程**的第一个环节和之前一样，是**传递**。**较弱的东西**只有接纳**较强的东西**，并且与之构成**同一个层面**，才能够被后者所把握和渗透。正如在物质世界里，弱小的东西在面对太过于强大的东西时反而是安全的（比如一块轻轻悬挂着的纱布不会被枪弹击穿，有机体的柔弱的接受性更容易受到微弱的而非强烈的刺激物的伤害），同样，完全弱小的精神在面对强大的精神时，相比一个与后者不离左右的精神，是更安全的；人们能够设想的至为愚蠢和卑贱的东西，莫过于那种对崇高的知性和高贵者无动于衷的东西；为了**反对理性**，唯一彻底的手段是对它不理不睬。——只要非独立者和独立者不能融合，只要它们之间不能发生任何传递，那么后者就不可能造成任何**抵抗**，也就是说，被传递的普遍者单独而言是不可能特殊化的。——假若它们不是置身于**同一个**层面，那么它们的相互关联就是一个无限判断，在它们之间也不可能有任何过程。

抵抗环节起初意味着，对被传递的普遍者进行分配，并且设定一个与自身相关联的否定性，一个有待制造出来的个别性，而确切地说，这个环节是指一个客体被另一个客体克服。只要抵抗的规定性**不符合**那个已经被客体接纳、并且应当在客体里面个别化的、被传递的普遍者，抵抗就被克服了。它的相对的非独立性的表现是,它的**个别性**不能**容纳**被传递的**东西**,于是被后者炸裂了,因为它在这个普遍者身上不能作为**主词**而延续自身,不能把这个普遍者当作它的**谓词**。——只有从这第二个方面来看,针对一个客体的暴力对这个客体而言才是**外来的东西**。**权力**之所以成为**暴力**,就是因为它作为一个客观的普遍性,虽然和客体的**本性**是同一的,但它的规定性或否定性并不是客体自己的**否定的自身内反映**,而客体是 [421]由于这个自身内反映才成为一个个别东西。就客体的否定性没有在权力那里反映回自身之内,且权力不是客体自己的自身关联而言,这个否定性在权力面前仅仅是一个**抽象的**否定性,其展现就是消亡。

权力,作为**客观的普遍性**和**针对客体的暴力**,就是所谓的**命运**,——当这个概念落入机械性的范围之内,命运被称作**盲目的**,也就是说,那个在其特殊的私己性中的主体并没有认识到命运的**客观普遍性**。——如果这里需要少许例子,那么可以说,全部生物的命运就是**种**,它展现在有生命的个体的转瞬即逝中,这些个体是**现实的个别东西**,不是种,因此是转瞬即逝的。作为单纯的客体,这些仅仅有生命的自然事物和其余低级事物一样,都不具有命运;它们所遭遇的,是一个偶然性;但它们**按照其概念而言是一些彼此外在的客体**;因此,命运的陌生权力完全只是它们**自己的直接的本性**,即外在性和偶然性本身。唯独自我意识才具有真正的命运,因为它是**自由的**,从而在它的自我的**个别性**中是绝对**自在且自为的**,并且能够与它的**客观普遍性**相对立,甚至针对普遍性而**异化**自身。但通过这个分离本身,自我意识就面临着一个命运的机械的对比关系。因此,为了让命运征服自我意识,后者必须给予自己一个与本质性普遍性相对立的规定性,必须做出一个**行为**。通过这个方式,自我意识已经转化为一个**特殊东西**,而这个定在作为抽象的普遍性,同时是一个敞开的方面,以传递它的那个已经异化的本质;在这个方面里,自我意识被卷入过程。一个碌碌无为的民族是无可指责的;这样的民族被包裹在客观的、伦理的普遍性里面,在其中瓦解,却不具有这样一个个体性,它推动不动者,给予自己一 [422]个向外的规定性和一个与客观普遍性分离的抽象普遍性,但在这种情况下,主体也转变为一个脱离了它的本质的东西,转变为一个**客体**,并且违背自己的本性,进入**外在性**对比关系和机械性对比关系之中。

c.机械过程的产物

形式上的机械性的产物是一般意义上的客体,一个漠不相关的总体性,在那里,**规定性**是**已设定的**规定性。这样一来,当客体作为**已规定的东西**进入过程,一方面,在客体的消亡中,**静止**作为客体的原初的形式主义,作为它的自为的已规定的存在的否定性,就是结果;但另一方面,已规定的存在的扬弃,作为**这个存在的肯定的自身内反映**,是一个已然内化的规定性,或者说是**概念的已设定的总体性**,即客体的**真正的个别性**。客体首先处在其无规定的普遍性中,然后是一个**特殊东西**,如今又被规定为**客观的个别东西**,而在这种情况下,**个别性**的那个**映象**就已经被扬弃了,因为个别性仅仅是一个与实体式普遍性相对立的独立性。

正如我们看到的,**首先**,这个自身内反映是诸客体的客观的一体化存在,是个体的独立性,——即**核心**。**其次**,否定性的反映是普遍性,后者不是一个与规定性相对立,而是在自身内已规定的、合乎理性的命运,——即一个**在其自身就特殊化了**的普遍性,一个静止的、在客体的非独立的特殊性及其过程里岿然不动的区别,亦即**规律**。这个结果是机械过程的真理,从而也是其根基。

[423]   ## C. 绝对的机械性

a.核心

第一,客体的空洞的杂多性已经汇聚在客观的个别性里,汇聚在一个单纯的、自己规定自己的**中心点**里。第二,就客体作为直接的总体性仍然与规定性漠不相关而言,规定性在客体那里也是呈现为非本质性东西,或者说呈现为诸多客体的**彼此外在**。与此相反,前一个规定性亦即本质性规定性构成了诸多交互作用的客体之间的**实在的中项**,并且是它们的客观的普遍性,而通过这个中项,诸客体**自在且自为地**结合在一起。普遍性首先在**传递关系**里表现为一个仅仅通过**设定活动**才存在着的普遍性;但作为**客观的**普遍性,它是一个渗透了诸客体的内在本质。

在物质世界里,核心是**核心物体**,后者是**种**,同时又是个别客体及其机械过程的**个体的**普遍性。非本质性的个别物体之间是**排斥和挤压**的关系;但这样的关系不会出现在**核心天体**和那些以它为本质的客体之间,因为这些客体的外在性不再构成它们的基本规定。也就是说,它们和核心天体的同一性毋宁是静止,亦即一种**位于其核心中的存在**;这个统一体是它们的自在且自为地存在着的概念。尽管如此,静止始终只是一个**应当**,因为客体的同时被设定的外在性与那个统一体并不契合。因此它们对于核心的**努力追求**是它们的绝对的普遍性,而不是通过**传递**而被设定的普遍性;绝对的普遍性构成了真正的、本身**具体的**、而非**从外面设定的**静止,而这必定是非独立性的过程的归宿。——因此,当机械论假定,只要一个设定在运动中的物体没有通过外在的抵抗而失去它的运动,就会沿着直线无限推进,这只不过是一个空洞的抽象。**摩擦**,或者说任何别的抵抗形式,都仅仅是**核心性的**现象;正是核心性把抵抗绝对地带回到自身那里;因为那个与运动着的物体发生摩擦的东西唯有通过它与核心的一体化存在才具有抵抗的力量。——在**精神性东西**里,核心以及与核心的一体化存在采纳了一些更高级的形式;但即使在这里,概念统一体及其实在性(目前暂时是机械的核心性)也必须构成基本规定。 [424]

在这个意义上,核心物体不再是一个单纯的**客体**,因为在后者那里,规定性是一个非本质性东西;也就是说,核心物体不但具有客观总体性的**自在存在**,而且具有其**自为存在**。正因如此,它可以被看作是一个**个体**(Individuum)。它的规定性在本质上有别于单纯的**秩序**或**排列**,有别于各个部分的**外在的**联系;这个规定性作为自在且自为地存在着的规定性,是一个**内在的**形式,一个亲自作出规定的本原;客体依附于这个本原,并借此结合为一个真正的单一体。

但这个核心个体起初只是一个**中项**,尚且不具有真正的端项;但作为总体概念的否定统一体,它分裂为端项。换言之,通过概念的回归,此前那些非独立的、彼此外在的客体同样被规定为个体;核心物体的自身同一性仍然是一个**努力追求**,与**外在性**纠缠不清,而这个外在性由于已经被接纳到核心物体的**客观的个别性**之内,就通过传递而获得了个别性。当个体被置于那个最初的核心之外,就通过它们自己的这个核心性而成为那些非独立的客体的核心。通过那个绝对的中项,第二类核心和非独立的客体就结合在一起。

[425]   但这些相对的核心个体本身也构成了**第二种推论**的中项,这个中项一方面被归摄到一个更高的端项(亦即绝对核心的客观的**普遍性**和**权力**)之下,另一方面把非独立的客体归摄到它自身之下,承担着它们的表面上的或形式上的个别化。——这些非独立的客体也是**第三种推论或形式推论**的中项,因为它们是绝对的核心个体性和相对的核心个体性之间的纽带,而这意味着,后者在它们那里具有自己的外在性,而通过这个外在性,所谓**与自身相关联**,就是**努力追求**一个绝对的中心点。诸形式客体把那个与它们直接相关联的核心物体当作它们的主词和个别性端项,依附于它,并且把它的同一性**重力**当作它们的本质;通过它们所构成的外在性,这个直接的核心物体被归摄到绝对的核心物体之下;因此它们是**特殊性**这一形式中项。——但绝对的个体是客观普遍的中项,它把相对的个体的内化存在及其外在性牢牢地结合起来。——在这个意义上,**政府**、**市民个体**和**需要**(即个人的**外在生命**)也是三个词项,其中每一个都是另外两个的中项。**政府**是绝对的核心,把个人端项和他们的外在持存结合在一起;**个人**同样也是中项,他们把那个普遍的个体改造为外在的实存,把他们的伦理本质转移到现实性端项。第三种推论是形式推论,即映象推论,也就是说,个人通过他们的**需要**和外在定在而与这个普遍的、绝对的个体性结合在一起,——这个推论作为纯粹主观的推论,过渡到其他推论,并且在它们那里具有自己的真理。

这个总体性构成了**自由的机械性**;它的各个环节本身是概念的完整

的对比关系,亦即**推论**,在其中,三个区分开的客体每一个都贯穿着中项 ［426］
和端项的规定。在自由的机械性里,区分开的客体把客观的普遍性,把那
个**渗透着的**、在**特殊化**中保持自身**同一**的重力当作它们的基本规定。诸
如**挤压**、**排斥**、**吸引**之类关联,还有**堆积**或**混合**等等,都属于外在性对比关
系,并且导致那三种并列的推论中的第三种推论。**秩序**,作为诸客体的纯
粹外在的规定性,已经过渡到内在的和客观的规定;这个规定就是**规律**。

b.规律

　　规律那里显露出一个更明确的区别,即客观性的**观念实在性**和它的
外在实在性之间的区别。客体作为概念的**直接的**总体性,尚未具有一种
与那个没有被单独设定的**概念**区分开的外在性。当客体在过程中内化于
自身,就出现了**单纯的核心性**与一个**外在性**的对立,后者现在已经**被规定
为外在性**,亦即**被设定**为并非自在且自为地存在着的东西。个体性的那
个同一性东西或观念性东西是与外在性直接相关联的,因此是一个**应当**;
它是概念的自在且自为地已规定的、同时自己规定着自己的统一体,但那
个外在的实在性并不契合这个统一体,因此只能是一种**努力追求**。但个
体性**自在且自为地是否定统一体的具体本原**,这个本原本身严格说来就
是总体性,是这样一个统一体,它分裂为**已规定的概念区别**,同时保持着
自身等同的普遍性,于是成为一个在其纯粹 的理念性(Idealität)内部**通
过区别而得以拓展**的中心点。——这个与概念相契合的实在性是**观念性
的**(ideelle)实在性,有别于那个纯粹只是作为努力追求的实在性;这个区
别起初是客体的多样性,处在其现实性中,并且被纳入纯粹的普遍性。至 ［427］
于这个实在的理念性,则是此前发展起来的客观总体性的**灵魂**,是体系的
自在且自为地已规定的同一性。

　　因此,这个客观的**自在且自为的存在**在其总体性中更明确地表现为
核心的否定统一体,它把自身分割为**主观的个体性**和**外在的客观性**,在后
者那里维系着前者,并且在观念性区别中规定着前者。这个自己规定着
自己、把外在的客观性绝对地带回到理念性的统一体,是**自主运动**的本

原;这个灌输灵魂者的**规定性**,作为概念本身的区别,就是**规律**。——僵死的机械性就是此前考察的客体的机械过程,这些客体起初直接显现为独立的,但正因如此,它们真正说来是非独立的,并且是在自身之外具有它们的核心;这个过渡到**静止**的过程要么展现出**偶然性**和无规定的非等同性,要么展现出**形式上的均匀性**。这个均匀性诚然是一个**规则**,但不是**规律**。唯独自由的机械性才具有一个**规律**,即纯粹的个体性或**自为存在着的概念**自己作出的规定;规律作为自在的区别,本身就是自发的运动的永恒源泉,因为它在它的区别的理念性里仅仅与自身相关联,是一个**自由的必然性**。

c.机械性的过渡

尽管如此,这个灵魂仍然沉陷在它的躯体之内;客观总体性的**如今已规定的**、但仍然**内在的**概念是自由的必然性,也就是说,规律尚未与它的客体形成对立;它是**具体的**核心性,即一个**直接**扩散到它的客观性里的普遍性。因此,那个理念性并没有把**客体本身**当作它的已规定的区别;这些客体是总体性的**独立的个体**,但如果我们回顾一下形式层面,也可以说它们不是个体式的、外在的**客体**。规律诚然是内在于它们的,并且构成了它们的本性和权力,但它的区别被封闭在它的理念性之内,而客体本身并没有区分为规律的观念性差异。但客体唯有在观念性核心性及其规律那里才具有其本质上的独立性;因此它无力去抵抗概念的判断,不能在抽象的、无规定的独立性和封闭性里面保存自身。通过那个观念性的、内在于它的区别,客体的定在是一个**由概念所设定的规定性**。在这种情况下,它的非独立性不再仅仅是一个对于**中心点**的**努力追求**,但因为它的关联仅仅是一个努力追求,所以相对于中心点而言,它在现象中仍然是一个独立的、外在的客体;实际上,它所**努力追求**的是一个**与它明确相对立的客体**;相应地,核心本身已经发生分裂,而它的否定统一体已经过渡到一个**客观化了的对立**。因此从现在起,核心性是这两个相互否定的、处于张力之中的客观性的**关联**。于是自由的机械性把自己规定为**化学性**。

[428]

第二章　化学性

化学性在整个客观性里构成了判断环节,即客观化了的差异和过程这一环节。由于它已经以规定性和已设定的存在为开端,而且由于化学的客体同时是客观的总体性,所以它接下来的进程是很简单的,并且完全是由它的预先设定所规定的。

A. 化学的客体 [429]

化学客体之区别于机械客体的地方在于,后者是一个与规定性漠不相关的总体性;反之在化学客体那里,**规定性**,还有**他者关联**以及这个关联的样式和方式,都属于它的本性。——这个规定性在本质上同时是**特殊化**,亦即已经被纳入普遍性;因此它是**本原**,——是**普遍的规定性**,不仅是**某一个个别客体**的规定性,而且是**另一个**个别客体的规定性。因此在客体那里,它的概念就把自身区分为两个规定性的内在总体性和那样一个规定性,这个规定性构成了在其**外在性**和**实存**中的个别客体的本性。由于在这种情况下,客体**自在地**是整个概念,所以它本身就具有**必然性**和**冲动**,即必须去扬弃它的相反的、**片面的持存**,并且把自己改造为定在中的**实在的整体**,即它按照自己的概念而言所是的东西。

关于“**化学性**”(chemismus)这一表述,就当前得出的客观性的差异关系而言,此外还可以指出,我们没有必要这样来理解它,仿佛这个关系只有在元素本性的那个形式(亦即那个真正号称化学性的东西)里才呈现出来。就连气象学关系也必须被看作是一个过程,其组成部分更多具有的是物理元素的本性,而非化学元素的本性。在生物界里,性关系也是遵循这个范式,而这个范式同样构成了爱、友谊等精神关系的**形式上的**根基。

确切地说,化学客体作为一般意义上的**独立的**总体性,起初是一个反映回自身之内的客体,从而有别于它的向外反映的存在,——是一个漠不相关的**基础**(Basis),一个尚未获得差异规定的个体;个人(Person)同样是一个起初仅仅与自身相关联的基础。内在的规定性虽然构成了化学客体的**差异**,但**首先**,这个规定性已经反映回自身之内,而且这个把向外关联收回来的做法仅仅是一个形式上的、抽象的普遍性;也就是说,向外关联是它的直接性和实存的规定。从这个方面来看,化学客体并非**在其自身**就返回到个体式的总体性之内;否定统一体把两个**特殊的客体**当作它的两个相互对立的环节。就此而言,化学客体不可能通过自身而得到概念把握,毋宁说一个客体的存在就是另一个客体的存在。——**其次**,规定性已经绝对地反映回自身之内,成为整体的个体式概念的具体环节,而这样一个概念是普遍的本质,是特殊客体的**实在的种**。化学客体本身,还有它的直接的已设定的存在与它的内在的个体式概念的矛盾,是一个**努力追求**,即去扬弃它的定在的规定性,并且给予概念的客观总体性以实存。所以,虽然它同样是一个非独立的东西,但与此同时,它反过来通过它的本性本身而处于张力之中,并且以自身规定的方式开启**过程**。

[430]

B. 化学过程

1. 这个过程开始于一个预先设定,即那些处于张力之中的客体对自己有多大的张力,其相互之间起初就有多大的张力,——这个比例关系叫作它们的**亲和性**。由于每一方都通过它的概念而与它的实存固有的片面性相矛盾,从而企图扬弃这个片面性,所以其中直接设定了一个努力追求,即去扬弃另一方的片面性,并且通过这个相互的均衡和结合而把实在性设定为符合那个包含着两个环节的概念。

[431] 在这个意义上,每一方都被设定为一个在其自身就与自身相矛盾,并扬弃自身的东西,于是它们只能通过**外在的暴力**而保持相互孤立,并拒绝彼此的补充。现在,**首先**,那个把两个端项结合在一起的中项是二者的**自**

在存在着的本性,是在自身内维护着二者的整个概念。**其次**,由于它们在实存中是相互对立的,所以它们的绝对统一体也是一个与它们**有区别的**、**实存着的**、仍然形式上的要素——即**传递**,而通过这个要素,它们形成了一个外在的**共同体**。既然实在的区别属于端项,那么这个中项就仅仅是抽象的中和性,即端项的实在的可能性,——好比化学客体的实存、它们的过程及其结果之类**理论要素**;——在形体东西里,**水**具有这个媒介的功能;在精神性东西里,就其中包含着这样一个对比关系的类比而言,必须把一般意义上的**符号**乃至**语言**看作是这个媒介。

客体的对比关系,作为同一个要素中的单纯传递,一方面是一种安静的融合,但另一方面同样是一个**否定的对比**,因为具体的概念作为客体的本性,在传递中被设定为实在的东西,于是客体的**各种实在的区别**被还原到概念的统一体。相应地,由于概念在两个客体里是同一个概念,所以客体曾经的独立的**规定性**就在那个符合概念的联合中被扬弃了,它们的对立和张力也随之被磨钝了,而在这个相互的补充中,那个努力追求也获得了它的安静的**中和性**。

通过这个方式,过程**停滞了**;由于概念和实在性的矛盾达到了均衡,推论的端项就失去了它们的对立,随之不但对彼此而言,而且对中项而言都不再是端项。**产物**是一个**中和的东西**,也就是说,在这个东西里,那些已经不能被称作是客体的成分不再具有它们曾经处于张力中时所具有的 [432] 张力乃至特性,但与此同时,它们又**能够**获得此前的独立性和张力。换言之,中和的东西这个否定统一体来自于一个**预先设定的**差异;化学客体的**规定性**和它的客观性是同一的,是原初的规定性。通过以上考察的过程,这个差异起初只是**直接**被扬弃了,但规定性尚且不是绝对地已经反映回自身之内的规定性,于是过程的产物仅仅是一个形式上的统一体。

2. 在这个产物里,对立的张力和否定统一体作为过程的活动诚然已经停滞了。但是,由于这个统一体是概念的本质性东西,同时本身已经达到了实存,所以它仍然会呈现出来,只不过是出现于中和的客体**之外**。过程不会依靠自己而死灰复燃,因为它只是把差异当作它的**预先设定**,而不是**亲自设定**了差异。——这个位于客体之外的、独立的否定性,作为**抽象的个别性**的实存(它的自为存在是在**无差别的客体**那里具有其实在性),如今在自身之内与它的抽象处于张力之中,而这是一个内在的躁动不安的活动,它吞噬自己,转而朝向外面。活动**直接**与客体相关联,而客体的安静的中和性对于活动的对立而言,是一个实在的可能性;从现在起,客体是此前单纯形式上的中和性的**中项**,在自身之内就是具体的和已规定的。

接下来,**否定统一体的端项**与客体的直接关联就是:客体受这个统一体所规定,随之发生分裂。这个分裂首先可以被看作是制造出处于张力中的客体的对立,而化学性就是以这个对立为开端。但这个规定并没有构成推论的其他端项,而是属于差异化本原与中项的直接关联,而这个本原是在中项那里给予自己直接的实在性;它是这样一个规定性,即它除了是对象的普遍本性之外,同时在选言推论中具有一个中项,于是对象既是客观的普遍性,也是已规定的特殊性。推论的**另一个端项**与外在的、**独立的端项**(亦即个别性)相对立;因此它是一个同样独立的端项,亦即**普遍性**;因此,中项的实在的中和性在这个端项里所经历的分裂,就是它并非分裂为相互有别的环节,而是分裂为**无差别的**环节。就此而言,这些环节一方面是抽象的、漠不相关的**基础**,另一方面是这个基础的**精神化本原**,而这个本原通过与基础分离,同样达到了漠不相关的客观性这一形式。

[433]

这个选言推论是化学性的总体性,在其中,同一个客观的整体既呈现为独立的**否定的统一体**,也在中项中呈现为**实在的统一体**,——最终呈现出那个瓦解为其**抽象的**环节的化学实在性。在这些环节里,规定性不像在中和的东西里一样,在**一个他者**那里达到其**自身内反映**,而是自在地返回到它的抽象,成为一个**原初地已规定的要素**。

3. 相应地,这些元素客体已经摆脱了化学的张力;在它们那里,化学性以之为开端的那个**预先设定**的原初根基已经**被设定**下来。因此接下来的情况就是,一方面,它们的严格意义上的内在**规定性**在本质上是它们的**单纯的漠不相关的持存**和它们本身作为**规定性**的矛盾,是一个向外的冲动,它分裂自身,并且在它的客体和**另一个客体那里设定张力,以便具有一个可以当作差别者来对待的东西**,在那里中和自身,并给予自己的单纯的规定性以定在着的实在性,而这样一来,化学性已经返回到它的开端,在这里,那些处于张力之中的客体寻求彼此,然后通过一个形式上的、外在的中项而联合为一个中和的东西。另一方面,当化学性像这样返回到它的**概念**,就扬弃自身,并过渡到一个更高的层面。 [434]

C. 化学性的过渡

普通化学已经展示了化学变化的一些例子,比如,当一个物体分配给它的一部分质量以较高的氧化程度,就会因此降低另一部分质量的氧化程度,这时它就只能和另一个摆放在它面前的有差别的物体造成一个中和的化合;假若它是处在最初那个直接的氧化程度上,那么它是不会接受这个化合的。这里发生的情况是:客体不是按照一个直接的、片面的规定性而与另一个客体相关联,而是按照一个原初的**比例关系**的内在总体性而**设定**它为了达到一个实在的关联而需要的那个**预先设定**,随之给予自己一个中项,并借此把它的概念和它的实在性结合在一起;客体是自在且自为地已规定的个别性,是具体的概念,后者相当于端项的**选项**(分立)本原;这些端项的**重新联合**是**同一个**否定的本原的活动,这个本原借此返回到它的最初的规定,但已经**客观化了**。

化学性本身是对**漠不相关的**客观性和规定性的**外在性**的**第一个否定**;因此它仍然与客体的直接的独立性,与外在性,纠缠不清。相应地,它本身仍然不是那个从它那里显露出来的自身规定的总体性,而它本来应当在其中扬弃自身。——迄今得出的三种推论构成了化学性的总体性;第一种推论把形式上的中和性当作中项,把处于张力之中的客体当作端项,第二种推论把第一种推论的产物(即实在的中和性)当作中项,把分裂活动及其产物(即漠不相关的元素)当作端项;但第三种推论是一个将自身实在化的概念,它为自己设定了一个预先设定,而它的实在化过程就 [435]

是以这个预先设定为条件,——即一种把普遍者当作它的本质的推论。尽管如此,由于化学的客观性是立足于直接性和外在性等规定,所以**这三种推论仍然是四散分离的**。第一个过程——它的产物是处于张力之中的客体的中和性——在它的产物里停滞了,只有一种外来的差异化才能够让它死灰复燃;它把一个直接的预先设定当作条件,在其中穷尽自身。——同样,无论是把有差异的端项从中和的东西那里排除出去,还是把它们分解为它们的抽象要素,都必须从**外来的条件**和活动的刺激出发。过程的两个本质性环节在于,一方面是中和活动,另一方面是分离和还原,但它们是在同一个过程里面结合起来的,而且处于张力之中的端项的**联合和钝化**同样就是**分裂为**端项,就此而言,这两个环节由于那个仍然位于根基处的直接性的缘故,构成了**两个有差异的**方面;那些在这个过程里中排除出去的端项,相比于那些在过程中联合起来的端项,是另外的客体或质料;就前者重新显露为有差别的东西而言,它们必须转而朝向外面;它们的新的中和活动,相比于第一种推论里的中和活动,是另一个过程。

但这些必然得出的有差异的过程同样是许多**层次**,在这种情况下,**外在性**和**有条件的存在**就被扬弃了,由此显露出的概念是一个自在且自为地已规定的、不以外在性为条件的总体性。在第一个过程中,相互有别的端项(它们构成了整个实在性)的外在性,亦即**自在**存在着的已规定的概念和它的**定在着的**规定性的区分状态,扬弃了自身;在第二个过程中,实在的统一体的外在性,亦即联合(作为单纯**中和的**联合),被扬弃了;——确切地说,形式上的活动首先在一些同样形式上的基础或无差别的规定性里扬弃自身,这些规定性的**内在的**概念如今是一个已然内化的、绝对的、在其自身就将自身实在化的活动,也就是说,它在自身内**设定各种已规定的区别**,并且通过这个**中介活动**而把自己建构为实在的统一体——换言之,这个中介活动是概念**自己的**中介活动,是概念的自身规定,而从概念由此而来的自身内反映这一角度来看,则是一个内在的**预先设定活动**。第三种推论一方面是之前两个过程的重建,另一方面仍然扬弃了**漠不相关的**基础这一最终的环节,即那个完全抽象的、外在的直接性,并通

[436]

过这个方式转变为概念**自己的**一个环节,亦即它的自身中介活动。在这种情况下,概念已经把它的客观定在的全部环节当作外在的环节而予以扬弃,并把它们设定在它的单纯的统一体之内,随之完全摆脱了客观的外在性,仅仅把后者当作一个非本质性的实在性而与之相关联;这个客观的、自由的概念就是目的。

第三章　目的论

无论人们在什么地方知觉到**合目的性**,都会假设一个**知性**是它的肇始者,随之要求目的是概念自己的自由的实存。**目的论**首先与**机械性**相对立,在后者那里,那些在客体身上所设定的规定性,作为外在的东西,在本质上是这样一种规定性,其中没有展现出任何**自身规定**。单纯的**作用因**(causis efficientibus)和**目的因**(causis finalibus)的对立与那样一个区别有关,后者在具体的形式中,也是那个研究——世界的绝对本质究竟应当被理解为盲目的自然机械性呢,抑或应当被理解为一个按照目的来规定自身的知性——的归宿。**宿命论**以及**决定论**和**自由**的二律背反同样涉及机械性和目的论的对立;因为自由的东西就是在其实存中的概念。

[437]

旧的形而上学在对待这些概念时,和对待它的其他概念没有什么不同;它一方面预先设定一个世界表象,然后费尽心机表明这个或那个概念与之契合,以及相反的概念是有缺陷的(因为不能用它们来**解释**这个世界表象),另一方面在处理机械原因和目的等概念时,不去考察究竟哪一个概念**自在且自为地**具有真理。如果这件事情本身确定下来,那么客观世界或许会呈现出机械原因和目的因;但它们的实存并不是**真相**的尺度,毋宁说,真相是衡量这些实存里面哪一个才是它们的真实实存的标准。正如主观的知性在自身那里展现出一些谬误,同样,客观的世界也展现出真理的那些方面和层次,它们单独看来是片面的、不完整的,仅仅是现象的对比关系。既然机械性和目的论是相互对立的,那么它们恰恰因此不能被当作是**同等有效的**,仿佛每一方单独看来都是一个正确的概念,和对方具有同等的有效性,以至于事情的关键仅仅在于,什么地方能够使用这个或那个概念。二者的这种**同等有效性**的唯一理由是:因为它们**存在着**,也就是说,因为我们**具有**二者。但第一个必然的问题是:"正因为二者是相互对立的,那么究竟哪一个是真实的概念?"而更高级的、真正的问题则是:"有没有一个第三者是它们的真理,或其中一个是另一个的真理?"——但目的关联已经表明自己是**机械性**的真理。就目的是一个处 [438] 于自由的实存中的概念,并且总的说来与概念的非自由状态(亦即概念之沉陷于外在性中的存在)相对立而言,那个呈现为**化学性**的东西已经和**机械性**融合;也就是说,机械性和化学性一样,都被统摄在自然必然性之下,但在机械性里,概念并不是在客体那里实存着,因为客体作为机械的客体并未包含着自身规定,反之在化学性里,概念要么具有一个处于张力之中的、片面的实存,要么当它作为统一体显露出来,就把中和的客体置于端项的张力之中,而当它当扬弃这个分裂,就成为一个外在于自身的东西。

目的论本原愈是和一个**位于世界之外的**知性联系在一起,并在这个意义上受到虔敬人士的称颂,看起来就愈是远离真正的自然研究,因为后者不希望把自然界的各种特性当作异类,而是希望把它们当作**内在的规定性**而加以认识,并且仅仅容许这样一种认识活动作为**概念把握**而发挥效用。由于目的是在其实存中的概念本身,所以,假若那种从客体的概念出发去认识客体的活动竟然显现为不合法地越界进入一个**异质的**要素,反之机械性——对它而言,客体的规定性位于客体之外,并且是由一个他者所设定的——却被当作一个比目的论**更具有内在性**的观点,那么这就很稀奇了。诚然,机械性,至少是那种普通的不自由的机械性,和化学性一样,都必须在如下情况下被看作是一个内在的本原,也就是说,那个进行规定的**外在东西本身又仅仅是这样一个客体**,即一个外在地已规定的、同时与这种被规定状态漠不相关的客体,或者说在化学性里,另一个客体是一个同样以化学的方式被规定的客体,总而言之,总体性的一个本质性环节始终位于一个外在的东西之内。因此,这些本原始终都是局限于有限性的同一个自然形式的内部;尽管它们不打算超越到有限者之外,并且 [439] 仅仅用一些本身要求继续推进的有限原因来解释现象,但与此同时,它们毕竟把自身拓展为一个形式化的总体性,这一方面是基于"力"、"原因"之类标示着**原初性**的反映规定的概念,另一方面则是基于"**力的全体**"、

"互为原因的**整体**"这样的抽象的**普遍性**。当机械性企图把自然界**单独**作为一个**整体**(而且这个整体的**概念**不需要他者)来理解把握,这本身就表明它是对于总体性的努力追求,——但这个总体性并未出现在目的以及那个与之相关联的位于世界之外的知性里。

现在,合目的性首先表明自己是一个全然高于**知性**的东西,因为后者是**以外在的方式**,亦即通过一个**自在且自为地存在着的统一体**来规定客体的杂多性,以便**通过这个关联**,客体的漠不相关的规定性转变为**本质性东西**。在机械性里,这些规定性之转变为本质性东西,是通过**单纯的必然性形式**,与此同时,它们的**内容**是漠不相关的,因为它们应当始终是外在的规定性,而且只有严格意义上的知性才应当满足于认识到它的联系,即抽象的同一性。反之在目的论里,内容是非常重要的,因为目的论预先设定了一个概念,一个**自在且自为地已规定的**、随之自己规定着自己的东西,进而从各种区别及其相互规定的存在的**关联**里,从**形式**里,区分出一**个反映回自身之内的统一体**,一个自在且自为地已规定的东西,即**一个内容**。但是,假若这个内容是一个**有限的**、无关紧要的东西,那么它就与它应当所是的那个东西相矛盾,因为目的就其形式而言是一个**内在无限的**总体性,——尤其当一个按照目的而发挥作用的行动被看作是**绝对的**意志和知性时,就更是如此。目的论之所以经常被指责为扯淡,就是因为它所揭示出的那些目的,相比于正常情况而言,要么夸大其词,要么隔靴搔痒,而且因为客体的目的关联经常显现为一种外在的、随之偶然的东西,所以这个关联必定也经常显现为一种胡闹。反之,机械性只容许客体的规定性就内涵而言具有偶然的价值,这些规定性与客体本身漠不相关,无论对客体还是对主观的知性而言都不应当具有一种更高层次的效用。所以,当这个本原与外在的必然性联系在一起,就提供了无限自由的意识,反之目的论却是把自己那些微不足道的乃至可鄙的内容鼓吹为某种绝对的东西,在其中,更普遍的思想只能感到无比的局促乃至恶心。

这种目的论首先有一个形式化的缺点,即它仅仅达到了**外在的合目的性**。由于概念在这种情况下被设定为一个形式化的东西,所以对目的

[440]

论而言,内容也是一个位于概念之外、在杂多性或客观世界中被给予的东西,——亦即处于那样一些规定性中,它们虽然也是机械性的内容,但却是外在的、偶然的东西。由于这个共通性的缘故,单是**合目的性形式**本身就构成了目的论的本质性东西。从这个角度来看,暂不考虑外在的合目的性和内在的合目的性的区别,可以说全部目的关联都已经自在且自为地表明自己是**机械性的真理**。——目的论在普遍者里具有一个更高的本原,即一个在其实存中的概念,而且这个概念自在且自为地就是无限者和绝对者,——这就是自由本原,它对它的自身规定完全抱有确定性,并且绝对地摆脱了机械性的**外在的被规定状态**。

康德在哲学上的伟大贡献之一,就是把相对的或**外在的**合目的性和**内在的**合目的性区分开来;在后者那里,他揭示出**生命**的概念,即**理念**,从而**积极地**把哲学提升到形而上学的反映规定和相对世界之上,而在这件事情上,理性批判仅仅是支离破碎地、矫揉造作地、并且完全**消极地**有所行动。——我们曾经指出,目的论和机械性的对立首先是一个更普遍的对立,即**自由**和**必然性**的对立。康德在理性的**二律背反**之下列出了这种形式的对立,把它当作**关于先验理念的第三个争辩**①。——我尽可能简短地引用之前提到过的他的阐述,因为这个阐述的本质性东西是如此之简单,以至于根本不需要冗长的辨析;至于康德的二律背反的样式和方式,我们在别的地方②已经有更详细的解释。

这里要考察的二律背反的**正题**是:"遵循自然规律的因果性不是唯一能够从中推导出全部世界现象的因果性。为了解释这些现象,必须再假定一种基于自由的因果性。"

反题:"并没有自由,毋宁说世界里的一切东西都仅仅遵循自然规律而发生。"

这里和在其他二律背反那里一样,首先,证明采用了反证法,假定了

[441]

————————

① 康德《纯粹理性批判》第二版,B472 以下。——原编者注
② 参阅黑格尔《信仰与知识》,A 部分"康德哲学",收录于《黑格尔著作集》第 2 卷。——原编者注

每一个正题的反面;其次,为了揭示出这个假定的矛盾因素,反过来假定了这个假定的反面(即原本需要得到证明的命题),并预先设定其是有效的;——既然如此,整个证明的弯路其实是可以省略的;这个证明无非是对两个相互对立的命题作出实然的断言。

[442] 也就是说,为了证明正题,首先应当假定,除了那种遵循**自然规律**(亦即连同化学性在内的机械性的必然性)的因果性之外,**没有别的因果性**。但这个命题是自相矛盾的,因为自然规律恰恰意味着,**假若没有先天的充分已规定的原因**(即一个在自身内包含着绝对的自发性的原因),那么任何事情都不会发生;——换言之,那个与正题相对立的假定之所以是矛盾的,仅仅因为它与正题相矛盾。

而为了证明**反题**,人们**应当假定**,存在着一种特殊的因果性,即**自由**,于是这个状况能够绝对地开启一个因果性序列。但由于这样的开端**预先设定了**一个与自由的先行状况完全**没有因果联系**的状况,所以它与**因果性规律**相矛盾,而唯有遵循这个规律,经验的统一体和全部经验才是可能的;——换言之,人们之所以不能假定那个与反题相对立的自由,仅仅因为它与反题相矛盾。

从本质来看,同样的二律背反在目的论判断力批判里又作为这样一个对立而回归了,即**物质事物的全部诞生都是遵循纯粹机械的规律**而发生的,但**按照这些规律,其中一些诞生又是不可能的**①。——康德对这个二律背反的解决,和他一般地解决其他二律背反的办法并无二致,也就是说,理性既不能证明前一个命题,也不能证明后一个命题,因为事物按照纯粹经验的自然规律有哪些可能性,我们对此**不可能具有先天的进行规定的本原**,——进而言之,二者都不应当被看作是**客观的**命题,而是必须被看作是**主观的准则**,因此,**一方面**,我应当在任何时候都按照纯粹的自然机械性本原去**反思**全部自然事件,但**另一方面**,这并不妨碍我在**机缘巧**

[443] 合中按照**另一个准则**,亦即按照目的因本原,去**追溯**某些自然形式,——

————

① 康德《判断力批判》第二版,B314 以下。——原编者注

仿佛现在有**两个准则**,它们除了仅仅是**人类理性**所必需的之外,并没有处在那两个**命题**所置身的对立中。——正如前面指出的,这整个立场都没有去考察那个唯一激发起哲学兴趣的东西,即在这两个本原里面,究竟哪一个才自在且自为地具有真理;从这个观点来看,本原究竟是**客观的准则**(这里指自然界的外在实存着的规定),抑或是一个**主观的**认识活动的单纯**准则**,这是毫无区别的;——毋宁说,是一个主观的、亦即偶然的认识活动在**机缘巧合**中应用这个或那个准则,而这取决于它当时觉得哪一个本原适合于给定的客体,但与此同时,它从来没有追问这两个规定本身(且不论它们究竟是客体的规定,抑或是认识活动的规定)的**真理**。

　　简言之,虽然从根本的观点来看,康德关于目的论本原的论述是极不充分的,但他为这个本原所指定的位置却始终是值得重视的。当康德把这个本原归之于**反思的判断力**,就把它改造为介于**理性的普遍者**和**直观的个别东西**之间的起结合作用的**中项**;——再者,他区分了**反思的判断力**和**规定的**判断力,指出后者只是把特殊东西**归摄**到普遍者下面。这个仅仅起**归摄**作用的普遍者是一个**抽象的东西**,它只有在一个**他者**亦即特殊东西那里才转变为**具体的**。与此相反,目的是**具体的普遍者**,它在自身之内就具有特殊性和外在性等环节,因此是活动着的,是一个想要自己排斥自己的冲动。诚然,概念作为目的而言,是一个**客观的判断**,其中一个规定是主词,即那个通过自己规定自己而具体化的概念,而另一个规定不仅是谓词,而且是外在的客观性。但目的关联并不因此是一个**反思的**判断 ［444］活动,即仅仅按照知性**仿佛为了照顾我们的认识能力**而制造出的一个统一体去考察外在的客体,毋宁说,这个统一体是自在且自为地存在着的真相,它作出**客观的**判断,绝对地规定着外在的客观性。就此而言,目的关联不仅仅是一个**判断**;它是独立的、自由的概念的**推论**,即通过客观性而与自身相结合。

　　目的已经体现为机械性和化学性之外的**第三者**;它是它们的真理。由于它本身仍然局限于总体式概念的客观性或直接性层面的内部,所以它仍然受到严格意义上的外在性的影响,并且既与一个客观世界相关联,也与之相对立。从这个方面来看,机械性因果性(一般说来也包括化学性)在这个**外在的目的关联**里仍然显现为一个**从属于目的关联**的东西,或者说一个自在且自为地已扬弃的东西。至于更进一步的关系,那么可以说,机械客体作为直接的总体性,与它的已规定的存在是漠不相关的,随之无所谓是不是一个进行规定的东西。这个外在的已规定的存在如今已经发展为自身规定,因此从现在起,**设定了**一个在客体里单纯**内在的**或单纯**外在的**概念(这两种情况是同一回事);目的起初恰恰是这个位于机械客体之外的概念本身。因此目的对于化学性而言也是一个自己规定着自己的东西,它虽然以外在的被规定状态为条件,但把这个状态带回到概念的统一体。——从这里得出了客观过程此前的两个形式的从属关系的本性;在这两个形式里,那个处于无限演进过程中的他者是一个起初被设定在它们之外的概念,亦即目的;不仅概念是它们的实体,而且外在性也

[445] 是它们的本质性环节,并构成了它们的规定性。机械技艺或化学技艺的特性就在于它们是外在地被规定的东西,由于这个特性,它们本身就服从于目的关联,而我们接下来需要仔细考察这个目的关联。

A. 主观的目的

主观的概念起初在客观层面的那个与规定性漠不相关的**核心性**里找到并设定了**否定的统一点**,而在化学性里,它找到并设定的是**概念规定**的客观性,唯其如此,它才被设定为**具体的、客观的概念**。从现在起,它的规定性或它的单纯的区别本身就具有**外在性的规定性**,而它的统一体因此是一个自己排斥自己、同时又维系着自己的统一体。因此,目的作为主观的概念,本质上是一种努力追求和冲动,即致力于把自己设定为外在的东西。在这种情况下,它摆脱了过渡。它既不是一个外化自身的力,也不是一个在偶性和作用中展现出来的实体和原因。力如果还没有外化自身,就仅仅是一个抽象的内核;换言之,力必须被诱导着去外化,也只有在这个外化中,它才具有定在,而原因和实体同样也是如此;因为它们只有在

偶性和作用中才具有现实性,所以它们的活动是一个过渡,而且它们没有去反对这个过渡的自由。诚然,目的也可以被规定为力和原因,但这些表述仅仅充实了它的意义的一个不完满的方面;假若要按照目的的真理而用这些表述来陈述目的,那么只能采用一个扬弃了它们的概念的方式,——也就是说,目的是一个诱导自身去外化的力,是这样一个原因,它是它自己的原因,或者说它的作用直接就是原因。

如果像前面谈到的那样,把合目的性归之于**知性**,这就已经考虑到了一个**已规定的内容**。总的说来,我们必须承认,内容是**在其实存中的合乎理性的东西**。内容之所以展现出**合理性**,因为它是具体的概念,并且**在它的绝对统一体中**坚持着**客观的区别**。因此它在本质上本身就是**推论**。它是一个自身等同的**普遍者**,确切地说,它包含着一个自己排斥自己的否定性,起初是普遍的活动,并在这个意义上仍然是**无规定的活动**;但这个活动是一个否定的自身关联,正因如此,它直接**规定**自身,并给予自己以**特殊性**环节,而特殊性作为**形式**的同样**反映回自身之内的总体性**,是一个与形式的**已设定的**区别相对立的**内容**。同样,这个否定性凭借其自身关联直接就是形式的绝对的自身内反映,是**个别性**。这个反映一方面是**主词的内在的普遍性**,另一方面却是**向外的反映**;就此而言,目的仍然是一个主观的东西,而且它的活动是针对着外在的客观性。 [446]

也就是说,目的是一个在客观性那里达到自身的概念;它在客观性那里给予自身的规定性,是已规定的存在的**客观的漠不相关性和外在性**;相应地,它的自己排斥自己的否定性是这样一个否定性,其各个环节仅仅是概念本身的规定,所以在形式上是一些客观的、彼此漠不相关的东西。——在形式化**判断**里,**主词**和**谓词**已经被规定为彼此独立的东西;但它们的独立性起初只是抽象的普遍性;这个独立性如今已经获得了**客观性**规定;但作为概念的一个环节,这个完满的差异性被封闭在概念的单纯统一体之内。现在,既然目的是客观性的这个总体式**自身内反映**,而且**直接就是这个东西**,那么,**第一**,自身规定或特殊性作为**单纯的**自身内反映,有别于**具体的**形式,是一个**已规定的内容**。在这个意义上,目的是**有限**

[447]　的,哪怕它就其形式而言是无限的主观性。**第二**,因为目的的规定性具有客观的漠不相关性这一形式,所以它就形态而言是一个**预先设定**,而从这个方面来看,它的有限性在于,它面临一个**客观的**、机械的和化学的**世界**,而它的活动是把这个世界当作**现成已有的东西**而与之相关联;在这种情况下,它的自己规定着自己的活动在其同一性中是直接**外在于自身的**,既是自身内反映,也是向外反映。只要目的仍然具有一个真正**位于世界之外**的实存,就始终与那个客观性相对立,反过来,只要客观性是一个机械的和化学的、尚未由目的所规定和所渗透的整体,就始终与目的相对立。

　　因此,目的的运动现在可以这样表述:它的目标是要扬弃它的**预先设定**(亦即客体的直接性),并且把客体**设定为**一个由概念所规定的东西。像这样以否定的方式对待客体,同样是以否定的方式对待自己,即去扬弃目的的主观性。在肯定的意义上,这是目的的实在化,亦即客观存在与目的的联合,以至于这个存在作为目的环节,直接地是一个与目的同一的规定性,但**仿佛是外在的规定性似的**,反过来,客观的东西与其说是由概念所规定的,不如说仿佛是**被设定为一个预先设定**。——目的在其自身之内是一个致力于将自身实在化的冲动;概念环节的规定性是外在性;但在概念的统一体里,外在性的**单纯性**却不符合外在性所是的那个东西,因此概念自己排斥自己。一般而言,这个排斥是否定统一体的自身关联的**解除**或**决断**(Entschluß),于是统一体成为一个**排他的**个别性;通过这个**排他**,个别性作出决断,或者说**开启**自身(schließt sich auf),因为排他就是**自身规定**或**自身设定**。一方面,当主观性规定自身时,就把自己改造为特

[448]　殊性,并给予自己一个内容,但这个内容被封闭在概念的统一体里,仍然是一个内在的内容;但正如我们看到的,这个**设定活动**或单纯的自身内反映直接地同时是一个**预先设定活动**;当目的的主词在一个环节里规定**自身**,就在这个环节里与一个漠不相关的、外在的客观性相关联,这个客观性应当等同于那个内在的规定性,或者说应当被设定为一个**由概念所规定的东西**,亦即被设定为**手段**。

B. 手段

在目的里,第一个直接的设定活动就是一方面设定一个**内在的东西**,即**已设定的已规定的东西**,另一方面预先设定一个客观的、与目的规定漠不相关的世界。但目的的主观性是一个**绝对的否定统一体**;因此它的**第二个规定活动**就是完全扬弃这个预先设定;这个扬弃是一个**自身回归**,因为通过那个环节,通过**第一个否定**(亦即设定一个与主词相对立的否定者),外在的客体就被扬弃了。但相对于预先设定或规定活动的直接性而言,相对于客观世界而言,扬弃起初只是**第一个否定**,一个本身直接的、从而外在的否定。因此这个设定活动仍然不是已实现的目的本身,毋宁只是实现过程的**开端**。只有这样规定的客体才是**手段**。

目的通过手段而与客观性相结合,并且在客观性里与自身相结合。手段是推论的中项。因为目的是有限的,所以它为了得到实现,需要一个手段,——换言之,目的需要这样一个手段或中项,后者同时在形态上是一个**外在的**、与目的本身及其实现漠不相关的定在。绝对的概念在自身之内具有这样一个中介活动,即概念的第一次设定并不是一个预先设定,仿佛在其客体里,漠不相关的外在性是基本规定似的;毋宁说,世界作为受造物仅仅具有这样的外在性形式,但实际上,唯有它的否定性和已设定的存在才构成了它的基本规定。——就此而言,目的的有限性在于,它的规定活动完全位于它自身之外,于是如我们看到的,它的第一个规定活动分裂为一个设定活动和一个预先设定活动;相应地,这个规定活动只有从一方面来看才是自身内反映,而从另一方面来看毋宁仅仅是**第一个否定**;——换言之:自身内反映本身也是位于自身之外,是向外反映。 [449]

因此手段是一个**形式推论**的**形式**中项;它是一个**外在的东西**,与主观的目的这一端项相对立,随之也与客观的目的这一端项相对立;这就好比特殊性在形式推论里是一个漠不相关的中词,可以被其他词项所取代。再者,特殊性之所以是中项,唯一的原因在于,它在与一个端项相关联时是规定性,但在与另一个端项相关联时却是普遍者,因此它只有相对于两个端项而言才具有进行中介的规定,于是手段也只有在如下情况下才是一个进行中介的中项:第一,它是一个直接的客体;第二,它是通过**外在地**与目的端项相关联而成为手段,——对于手段而言,这个关联是一个与它漠不相关的形式。

因此在手段里,概念和客观性仅仅以外在的方式结合在一起;在这个意义上,手段是一个纯粹**机械的客体**。客体与目的的关联是一个前提,换言之,直接的关联(正如我们看到的,它对于目的而言是一个**自身内反映**),或者说手段,是一个有所依附的谓词;它的客观性被归摄到目的规定下面,后者由于其具体性的缘故,就是普遍性。现在,通过它本身具有的这个目的规定,手段相对于另一个端项亦即此前那个仍然无规定的客观性而言,发挥着归摄作用。——反过来,相对于主观的目的而言,手段作为**直接的客观性**,具有**定在的普遍性**,而目的的主观的个别性仍然缺少定在。——由于目的起初只是手段身上的外在的规定性,所以它本身是一个位于手段之外的否定统一体,正如手段是一个机械的客体,其本身所具有的目的仅仅是一个规定性,而不是总体性的单纯的具体性。但中项作为进行结合者,必须本身就是目的的总体性。我们已经指出,手段身上的目的规定同时是一个自身内反映;目的规定是一个**形式化**的自身关联,因为**规定性**作为**实在的漠不相关性**,被设定为手段的**客观性**。但正因如此,这个从一方面来看的纯粹的主观性同时也是**活动**。——在主观的目的里,否定的自身关联仍然和严格意义上的规定性、内容和外在性等等是同一的。但在目的的正在开始的客观化里,当单纯的概念转变为一个他者时,那些环节就分道扬镳了,或者反过来说,"转变为他者"或"外在性"本身就是基于这个分道扬镳。

由此看来,这整个中项本身就是推论的总体性,在其中,抽象的活动和外在的手段分别构成了两个端项,而客体的规定性则是通过目的而构成了它们的中项,并使客体成为手段。——再者,**普遍性**是合目的性和手段的**关联**。手段是客体,**自在地**就是概念的总体性;不存在什么抵抗目的的力,就像以前抵抗一个直接的客体那样。因此,目的作为已设定的概

[450]

念,完全可以被客体渗透,也可以接受这个传递,因为客体**自在地**就是和目的同一的。现在客体也确实**被设定为**一个能够渗透概念的东西,因为在核心性里,它是一个努力追求着否定统一体的东西;同样,在化学性里,客体作为中和的东西,作为有差异的东西,已经转变为一个非独立的东西。——它的非独立性恰恰在于,它仅仅**自在地**是概念的总体性;但概念是自为存在。因此客体在面对目的的时候,具有无力的特性,只能服务于目的;目的是客体的主观性或灵魂,并且在客体那里具有它的外在的方面。 ［451］

当客体以这个方式**直接**从属于目的,就不是推论的一个端项;毋宁说,这个关联构成了推论的一个前提。但手段也有一个方面,从这个方面来看,它相对于目的而言仍然具有独立性。那在手段里与目的相结合的客观性仍然是外在于目的,因为这个结合是直接的;**预先设定**也仍然保留着。因此目的通过手段而进行的活动仍然针对着这个预先设定,而恰恰在这种情况下,目的是一个活动,不再是单纯的冲动和努力追求,因为在手段里,客观性环节在其规定性中被设定为外在的东西,而概念的单纯统一体在其自身就具有**严格意义上的**客观性。

C. 已实现的目的

1. 当目的与手段相关联时,已经反映回自身之内;但它的**客观的**自身回归尚未被设定下来。目的通过它的手段而进行的活动仍然针对着客观性,亦即那个原初的预先设定;这个**预先设定**的意思恰恰是,与规定性漠不相关。倘若活动始终只是在于去规定直接的客观性,那么产物就将始终只是一个手段,如此以至无限;在这种情况下,顶多只能得出一个合目的的手段,但不会得出目的本身的客观性。因此,那个在其手段中活动着的目的不应当**作为一个外在的东西**去规定直接的客体,也就是说,客体必须通过自身而融合为概念的单纯性;换言之,目的的那个通过其手段而进行的外在活动必须把自己规定为**预先设定**,并扬弃自身。

[452]   目的的活动通过手段而与外在客体的关联起初是推论的**第二个前提**，——这是中项与另一个端项的**直接的**关联。关联之所以是**直接的**，是因为中项在其自身就具有一个外在的客体，而另一个端项恰恰是这样一个客体。手段相对于这个端项而言是一个发挥着作用的强大东西，因为它的客体和自身规定的活动结合在一起，但客体所具有的直接的规定性与客体本身漠不相关。在这个关联里，直接规定性的过程无非是一个机械过程或化学过程；而在这个客观的外在性里，此前那些对比关系又显露出来了，但服从于目的的统治。——正如我们看到的，这些过程穿越自身，返回到目的。因此，如果说手段与有待改造的外在客体的关联是一个直接的关联，那么这个关联在前面就已经呈现为一个推论，因为目的已经表明自己是它们的真正的中项和统一体。在这种情况下，由于手段就是那个站在目的这一边，并且在自身之内具有目的的活动的客体，所以这里出现的机械性同时也是客观性的自身回归，亦即回归概念，但概念已经被预先设定为目的；在这个意义上，合目的的活动和客体的否定关系不是一个**外在的**关系，而是指客观性本身发生变化，并且过渡到目的。

首先，目的直接与一个客体相关联，并把后者当作手段；其次，它通过这个手段又去规定另一个客体；这些情况可以被看作是一种**暴力**，因为目的显现为一个在本性上完全不同于客体的东西，而且上述两个客体对彼此而言都是独立的总体性。至于目的设定自己与客体具有**间接的**关联，在它自己和这个客体**之间**塞入另一个客体，这可以被看作是理性的**狡计**。

[453]   正如我们已经指出的，合理性的有限性具有这样一个方面，即目的是把自己当作预先设定，当作客体的外在性来对待。假若目的是处于与客体的**直接关联**中，它本身就会陷入机械性或化学性，随之从属于偶然性，并失去"它是自在且自为地存在着的概念"这一规定。正因如此，目的拿出一个客体作为手段，让后者代替它去接受外在的消耗和磨损，而它自己则是藏在客体身后，以躲避机械暴力的锋芒并保全自己。

再者，目的既然是有限的，就具有一个有限的内容；就此而言，它并非一个绝对者，或者说并非绝对地、自在且自为地是一个**合乎理性的东西**。

但**手段**是推论的外在的中项,而推论是目的的实现;因此在目的那里,手段中的合理性表现为这样的合理性,即它**在这个外在的他者里**并且**恰恰**通过这个外在性而保全自己。就此而言,手段是一种比**外在**合目的性的**有限目的更高超**的东西;——**犁**比直接的享受更为尊贵,虽然这些享受是由犁造成的,是目的。即便直接的享受消失了,被遗忘了,**工具仍然保全**下来。只要工具在手,人就掌握着支配外在自然界的权力,哪怕他按照其目的而言毋宁是服从于自然界。

但目的不但在机械过程的外面,也在其内部保全自己,而且它是这个过程的规定。目的是这样一个概念,它摆脱了客体及其过程,自由地实存着,并且是一个自己规定着自己的活动;现在,既然目的同样是机械性的自在且自为地存在着的真理,它在机械性里就仅仅与自身融合。目的对于客体的支配权力是这个自为地存在着的同一性,而它的活动是这个同一性的展现。目的作为**内容**,是一个自在且自为地存在着的**规定性**,但这个规定性在客体那里是漠不相关的和外在的;一方面,客体的活动是过程的**真理**,另一方面,这个活动作为否定统一体,意味着**扬弃外在性映象**。[454]**抽象地看**,这是客体的一个漠不相关的规定性,同样可以外在地由另一个规定性所取代;但规定性的这个**抽象**在其**真理**中恰恰是否定者的总体性,即一个具体的、把外在性设定在自身之内的概念。

目的的**内容**是它的否定性,即一个**单纯的、反映回自身之内的特殊性**,而这有别于它的作为**形式**的总体性。这个**单纯性**的规定性自在且自为地是概念的总体性,正因如此,内容显现为一个在目的的实在化过程中**保持同一的东西**。所谓目的论过程,就是把那个明确地作为概念而实存着的概念**转移**到客观性之内;很显然,像这样转移到一个预先设定的他者那里,就是概念**通过自身**而达到的**自身融合**。现在,目的的内容是这个在同一性形式中实存着的同一性。概念在全部过渡中都保全下来;比如,当原因转变为作用,那在作用中仅仅与自身融合的东西,是原因;但在目的论过渡里,严格意义上的概念已经**作为原因**而实存着,而这是一个绝对的、具体的统一体,已经**摆脱了**客观性及其外在的可规定性。正如我们看到的,当目的被转移到外在性之内时,外在性本身已经被设定为概念的一个环节,亦即目的的内在区分这一形式。因此目的把外在性当作**它自己的一个环节**;而内容,作为具体统一体的内容,是目的的**单纯的形式**,后者在目的的那些区分开的环节——"主观的目的"、"手段"以及"采用手段的活动"、"客观的目的"——里不仅**自在地**保持着等同,而且作为自身等同者实存着。

[455]　综上所述,人们可以这样描述目的论活动:第一,在它那里,终点就是开端,后果就是根据,作用就是原因;第二,它是已转变者的转变,第三,在它那里,只有已经实存着的东西才会进入实存,如此等等。简言之,所有那些属于反映的层面或属于直接存在的层面的对比关系规定,都已经失去了它们的区别,而且,无论人们所说的**他者**是指终点、后果、作用抑或别的什么东西,它在目的关联里都不再被规定为一个**他者**,而是被设定为与单纯的概念同一。

　　2. 仔细考察目的论活动的产物,可以发现它仅仅具有一个外在于它的目的,因为相对于主观的目的而言,产物是一个绝对的预先设定,也就是说,它止步于一个事实,即合目的的活动通过其手段,仅仅以机械的方式对待客体,并且不是设定客体的一个漠不相关的规定性,而是设定**另一个**同样外在于客体的规定性。一般而言,客体通过其目的而具有的这样一个规定性,其区别于其他纯粹机械的规定性的地方在于,客体是一个**统一体**的环节,因此这个规定性虽然是外在于客体,但本身说来毕竟不是一个纯粹外在的东西。当客体展现出这样一个统一体,就是一个整体,至于它的部分,它自己的外在性,却是和这个整体漠不相关的;这是一个已规定的、**具体的**统一体,它在自身之内把区分开的关联和规定性联合起来。这个统一体不可能从客体的特殊本性出发而得到概念把握,而从内容的角度看,其内容也不同于客体的独特的内容;它**本身**并不是一个机械的规定性,但它在客体那里仍然是机械的。在合目的的活动的这个产物身上,目的的内容和客体的内容是彼此外在的,同理,在推论的其他环节里,这个活动的各种规定也是彼此外在的,——在进行结合的中项里,合目的的活动和客体(亦即手段)是彼此外在的,而在另一个端项亦即主观的目的里,无限的形式作为概念的总体性,和概念的内容是彼此外在的。主观的目的是通过一个**关联**而和客观性结合在一起,而从关联的角度来看,无论是这一个前提(即那个被规定为手段的客体与一个仍然外在的客体的关联),还是那一个前提(即主观的目的与那个被当作手段的客体的关联),都是一个直接的关联。就此而言,推论具有全部形式推论的一个缺陷,即它由之组成的那些关联本身不是结论命题或中介活动,而是已经预先设定了结论命题,而它们作为手段,其用处就在于产生出结论命题。

　　当我们考察第一个**前提**,即主观的目的与那个被当作手段的客体的直接的关联,就可以发现,前者不可能直接与后者相关联;因为这个客体和另一个端项的客体一样,都是一个直接的东西,而在那个端项中,目的应当**通过中介活动**而得以实现。因此,就它们被设定为**有差异的东西**而言,必须在这个客观性和主观的目的之间塞入它们的关联手段;但这个手段同样是一个已经由目的所规定的客体;在这个手段的客观性和目的论规定之间,必须塞入一个新的手段,如此以至无限。这样一来,就设定了**中介活动的无限演进过程**。——至于另一个前提,亦即手段与一个暂时无规定的客体的关联,也是同样的情形。它们既然是绝对独立的东西,就只能在一个第三者里联合起来,如此以至无限。或者反过来,既然前提已经预先设定了**结论命题**,那么后者只能是不完满的,因为它是立足于那两个纯粹直接的前提。结论命题,或者说合目的的行动的**产物**,无非是一个由外在于它的目的所规定的客体;**在这种情况下,它和手段是同一个东西**。因此在这样一个产物里,**只能得出一个手段**,不能得出一个**已实现的目的**,换言之,目的在产物里并没有真正达到客观性。——既然如此,人们究竟是把一个由外在目的所规定的客体看作是已实现的目的,抑或仅仅看作是手段,这完全是无关紧要的;这是一个相对的、外在于客体自身的规定,不是一个客观的规定。也就是说,任何客体都仅仅是目的的手段,只要一个外在的目的在它们那里得以实现。那被用于实现一个目的、并在本质上被当作手段的东西,是一个注定要损耗的手段。但那个包含

[456]

[457]

着已实现的目的,并且呈现为其客观性的客体,同样是转瞬即逝的;客体虽然满足了它的目的,但这同样不是通过一个安静的、自己维系着自己的定在,而是仅仅通过它自己的损耗,因为,只有当它的外在性(亦即它的客观性)在概念的统一体中扬弃自身,它才能够与概念的统一体契合。——一座房屋或一个钟表,相对于那些为了生产它们而使用的工具而言,可以显现为目的;但砖瓦和梁柱,或者说齿轮和轴等等,虽然构成了目的的现实性,但只有通过它们遭受的压力,通过它们在日晒雨淋中经历的、以自己的损耗来换取人类免受其害的各种化学过程,它们才满足了这个目的。简言之,它们只有通过自己的使用和磨损来满足它们的规定或使命,并且只有在被否定的情况下才符合它们应当所是的那个东西。它们不是以肯定的方式与目的联合起来,因为它们在其自身仅仅外在地具有自身规定,仅仅是一些相对的目的,或者说在本质上仅仅是手段。

总之,正如前面指出的,这些目的有一个受限制的内容;它们的形式是概念的无限的自身规定,而概念已经通过那个内容而把自己限制为外在的个别性。受限制的内容使这些目的不符合概念的无限性,使它们成为不真实的东西;这样的规定性已经通过必然性的层面,通过存在,从属于转变和变化,并且是一个转瞬即逝的东西。

[458] 3. 因此得出的结果是,外在的合目的性起初仅仅具有目的论的形式,真正说来,它仅仅达到了手段,没有达到一个客观的目的,——因为主观的目的始终是一个外在的、主观的规定;换言之,就这个目的是活动着的,并且仅仅在一个手段里实现自身而言,它仍然是**直接地**与它沉陷其中的客观性结合在一起;它本身是一个客体,因此人们可以说,目的之所以没有达到手段,就是因为目的还没有来得及通过手段而实现,手段就已经预先需要这个实现。

但实际上,结果不仅是一个外在的目的关联,更是这个关联的真理,即内在的目的关联和一个客观的目的。目的预先设定客体具有一个独立于概念的外在性,但在这个预先设定里,那个外在性**被设定为**一个非本质性的映象,而且自在且自为地已经被扬弃了;因此真正说来,目的的活动只不过是呈现出这个映象及其扬弃。——概念本身已经表明,最初的客体是如何通过传递而转变为手段,因为它自在地是概念的总体性,而它的规定性(这个规定性无非是外在性本身)仅仅**被设定为**外在的东西和非本质性东西,随之在目的自身之内是目的自己的一个环节,而不是一个独立于目的的东西。这样一来,当客体被规定为手段,这完全是一个直接的规定。因此对于主观的目的而言,为了把客体当作手段,不需要对客体采用任何暴力或别的什么行动,只需要强化自身即可;诸如"**决断**"、"**开启**"之类自身规定是客体的**纯粹已设定的**外在性,与此同时,客体直接服从于目的,而相对于目的而言,它唯一具有的规定性就是自在且自为的存在的虚无性。

相比之下,第二种扬弃,亦即客观性对客观性的扬弃,是大为不同的,也就是说,前一种扬弃,作为第一次扬弃,是处于客观的**直接性**中的目的,而第二种扬弃就不是仅仅扬弃最初的直接性,而是扬弃二者,即扬弃客观的东西(作为纯粹已设定的东西)和直接的东西。通过这个方式,否定性这样回归自身,即它一方面重建客观性,把它当作一个与否定性同一的客观性,另一方面把客观性设定为一个完全由目的所规定的、外在的客观性。通过后一方面,这个产物就和以前一样,始终是手段;而通过前一方面,它是一个与概念同一的客观性,一个实在化了的目的,在其中,作为手段而存在这一方面就是目的的实在性本身。在已实现的目的里,手段消失了,因为它起初只是一个仿佛被直接归摄到目的下面的客观性,而这个客观性在实在化了的目的里相当于目的的自身回归;相应地,中介活动作为外在东西的表现,也消失了,要么消失到客观目的的具体的同一性里,要么消失到定在的抽象的同一性和直接性里。

但这里也包含着一个中介活动,即第一个前提(目的与客体的直接关联)所要求的那个中介活动。已实现的目的也是手段,反过来,手段的真理恰恰在于,作为实在的目的本身而存在,而且对于客观性的第一种扬弃已经是第二种扬弃,——正如第二种扬弃表明自己也包含着第一种扬弃。也就是说,概念**自己规定自己**;它的规定性是外在的漠不相关性,后

[459]

369

者在决断中直接被规定为**已扬弃的**,亦即**内在的**、**主观的**漠不相关性,同时被规定为**预先设定的客体**。过去我们看到,概念的进一步的自身超越就是把预先设定的客体**直接**传递并归摄到概念之下,现在,这个自身超越

[460]　一方面扬弃了外在性的那个内在的、**封闭在概念之内的**(亦即被设定为已扬弃的)规定性,另一方面扬弃了预先设定的客体;也就是说,对于漠不相关的客观性的扬弃表面上看来是第一种扬弃,但实际上已经是第二种扬弃,是一个贯穿了中介活动的自身内反映,一个已实现的概念。

　　在客观性的层面里,概念的规定性具有**漠不相关的外在性**这一形式;在这里,概念处于自身交互作用之中,所以要呈现出它的运动乃是一件双重困难和双重复杂的事情,因为这个运动本身直接就是双重的东西,因为第一个东西始终也是第二个东西。在自为的概念里,亦即在它的主观性里,自身区别是**直接的**、自为的、同一的总体性;由于它的规定性在这里是漠不相关的外在性,所以这里的自身同一性直接地也是自身排斥,也就是说,那个被规定为外在于同一性、与之漠不相关的东西,其实是同一性自己,而那个被当作是它自己,被当作反映回自身之内的东西,其实是它的他者。只有坚持这一点,人们才会理解把握概念的客观的自身回归,亦即概念的真正的客观化,——也就是说,在这个中介活动所经历的那些个别环节里,每一个环节都是中介活动的整个推论。因此,概念的原初的、**内在的外在性**就是直接设定或预先设定一个外在的客体,而这导致概念是一个自己排斥自己的统一体,是目的以及目的对于超越自身而走向客观化的努力追求;**自身规定**也意味着,由一个并非由概念所规定的、**外在的客体所规定**,反过来,后面这个规定也是自身规定,亦即已扬弃的、**作为内在的东西而设定下来的外在性**——或者说**对于外在客体的非本质性的确定性**。——关于第二个关联(亦即把客体规定为手段),刚才已经指出,它本身是目的在客体里的自身中介活动。——同样,第三者,亦即机械性(它在目的的统治下运作,用客体去扬弃客体),一方面是对于手段的扬

[461]　弃(这时手段已经被设定为已扬弃的客体),因此是第二种扬弃和自身内反映,另一方面是第一次对外在客体作出规定。正如我们已经指出的,后

一方面只不过是在已实现的目的里重新制造出一个手段；当有限概念的主观性鄙夷地抛弃手段时，它在它的目标里并未获得什么更好的东西。但这个反映，即在手段里达到目的，并在已满足的目的里获得手段和中介活动，乃是**外在的目的关联的最终结果**，现在，这个反映已经扬弃自身，并把这个结果呈现为它的真理。——此前最后考察的第三种推论之区别于这个结果的地方在于，它首先是前面几种推论的主观的目的活动，但其次也是对于外在的客观性的扬弃，随之是**通过自身**而对于一般意义上的外在性的扬弃，而在这种情况下，它是一个**在其已设定的存在中的总体性**。

在我们看到**主观性**（亦即概念的**自为存在**）过渡到**客观性**（亦即概念的**自在存在**）之后，接下来在客观性里，概念的自为存在的否定性重新显露出来；在客观性里，概念已经如此规定自己，即它的**特殊性**是**外在的客观性**，换言之，概念把自己规定为单纯的、具体的统一体，它的外在性就是它的自身规定。目的的运动已经达到这个目标，即外在性环节不仅仅是在概念中被设定的，目的也不仅仅是一个**应当**和**努力追求**，毋宁说，目的作为具体的总体性，和直接的客观性是同一的。这个同一性一方面是单纯的概念和同样**直接的**客观性，另一方面在本质上是**中介活动**，而且它只有通过这个自己扬弃自己的中介活动，才是那个单纯的直接性；所以，概念在本质上是这样的东西：它作为自为存在着的同一性，有别于它的**自在存在着的**客观性，随之具有外在性，但在这个外在的总体性里却是它的自己规定着自己的同一性。因此概念现在就是**理念**。

第三篇　理　念

理念是**完善的概念**，即客观的**真相**或**严格意义上的真相**。当某个东西具有真理时，它是通过它的理念而具有真理，换言之，**某东西只有在自己是理念时才具有真理**。——无论是在哲学里，还是在日常生活里，人们都经常用"**理念**"这个术语去指代**概念**，甚至去指代一个单纯的**表象**；诸如"我对于这场官司、这座房屋、这个地方暂时没有**理念**"之类说法，其希望表达的无非是**表象**。康德重新把"**理念**"这个术语指派给**理性概念**。——在他看来，理性概念应当是**无条件者**的概念，但就现象而言又应当是**超验的**，也就是说，它不可能得到**完善的经验运用**。理性概念应当用于**概念把握**（Begreifen），而知性概念应当用于对知觉的**理解**（Verstehen）。——但实际上，如果知性概念是现实的**概念**，那么**它们就是概念**，——既然人们是通过概念而进行概念把握，那么通过知性概念去**理解**知觉就将是一种**概念把握**了。但是，假若理解仅仅在于通过整体和部分、力、原因之类规定而对知觉作出规定，那么它就仅仅意味着通过反映而作出规定，正如人们在谈到"**理解**"的时候，也是仅仅意指一种已规定的**表象活动**，其对象是一种完全已规定的感性内容；好比给一个人指路，叫他在树林的尽头必须往左走，他回答"**我理解了**"，而这个"**理解**"无非是指在表象和记忆中的把握。——就连"**理性概念**"也是某种笨拙的术语，因为概念原本就是某种合乎理性的东西；就理性区别于知性和严格意义上的概念而言，它是概念和客观性的总体性。——在这个意义上，理念是**合乎理性的东西**；——理念之所以是无条件者，原因在于，只有那些在本质上与一个客观性相关联的东西才是有条件的，但这个客观性不是由它们本身所规定的,而是和外在目的仍然具有的那种客观性一样,亦即在形式上仍然是一种外在于它们,与它们漠不相关的东西。

现在,既然"**理念**"这个术语是为客观的或实在的概念留置的,并且区别于概念本身,尤其区别于单纯的表象,那么接下来就必须谴责一种关于理念的评价,这种评价把理念当作某种完全非现实的东西,随之宣称那些真实的思想"**仅仅是理念**"。假若**思想**是某种纯粹**主观的**和偶然的东西,那么它们当然没有更多的价值,但在这件事情上,那些应景式的、偶然的**现实性**也不遑多让,因为它们除了是一些偶然的现象之外,同样没有更多的价值。反过来,假若理念之所以不应当具有真理的价值,是因为它就现象而言是**超验的**,因为它在感性世界里不可能找到相应的对象,那么这就是一个奇怪的误解了,这等于是说,理念之所以被剥夺客观有效性,是因为它缺少那个构成现象,构成客观世界的**非真实存在**的东西。就实践理性而言,康德认识到:"最有危害、对一位哲学家来说最可耻的事情,莫过于**像庸众那样**诉诸一种据说与理念相冲突的**经验**;比如,假若在适当的时候按照理念来部署国家机构,而不是用**粗糙的概念**去取代理念,那么这种经验根本就不会存在;也就是说,**正因为这些概念是汲取自经验**,所以它们使一切美好的意图破灭。"①康德把理念看作是某种必然的东西或这样一个目标,即必须为准则树立一个**原型**,并且让现实状态越来越接近它。　　［464］

既然现在的结果是,理念是概念和客观性的统一体,是真相,那么它就不能仅仅被看作是一个有待接近、但本身始终位于**彼岸**的**目标**,毋宁说,全部现实的东西都只有在自身内具有理念,并表达出理念时,**才存在着**。对象,即整个客观世界和主观世界,并非仅仅应当与理念**对应一致**,毋宁说,它们本身就是概念和实在性的对应一致;那种不符合概念的实在性是单纯的**现象**,是主观的、偶然的、任意的东西,这些东西不是真理。当有些人说,经验里面找不到与**理念**完全对应一致的对象,这就把理念当作

① 康德《纯粹理性批判》第二版,B373 以下。——原编者注

一个主观的标尺,与现实的东西相对立;但如果一个现实的东西的概念并
不在这个东西之内,如果它的客观性根本不适合这个概念,那么它在真正
的意义上究竟应当是什么东西,这是很难说的;因为它大概就是无了。诚
然,机械客体和化学客体,以及无精神的主体和那个仅仅意识到有限者、
却意识不到自己的本质的精神,按照其各不相同的本性而言,并不是在自
身那里具有它们的**在其自己的自由形式中**实存着的概念。但总的说来,
只有当它们是它们的概念和实在性的联合,是它们的灵魂和它们的躯体
的联合,它们才是某种真实的东西。诸如国家和教会这样的整体,当它们
的概念和它们的实在性的统一体瓦解了,它们就不再存在;至于人或生
物,当灵魂和躯体在它们那里彼此分离,它们就死了;僵死的自然界、机械
世界和化学世界——在这里,僵死东西指的是无机世界,否则它就没有任
何肯定的意义——,当它们被分割为它们的概念和它们的实在性,它们就
无非是对一个所思考的形式和一个无形式的质料的主观抽象。假若精神
不是理念,不是概念的自身统一体,——假若精神不是一个把概念本身当
作它的实在性的概念,那么它就只是一个僵死的、无精神的精神,一个质
料式的客体。

[465]

  当理念是概念和实在性的统一体时,**存在**就达到了**真理**的意义;也就
是说,从现在起,存在仅仅**是**那个是理念的东西。有限事物之所以是有限
的,就是因为它们并非在其自身就完整地具有它们的概念的实在性,而是
还需要别的实在性,——或者反过来说,是因为它们被预先设定为客体,
随之在自身那里把概念当作一个外在的规定性。从这个有限性的方面来
看,有限事物所能达到的最高东西,是外在的合目的性。"现实事物并非
与理念对应一致",这是它们的**有限性**和**非真实性**的方面,从这个方面来
看,它们是**客体**,每一个都按照其不同的层面,在客观性的各种对比关系
里,以机械的、化学的方式被规定,要不然就是由一个外在的目的所规定。
理念之所以能够不去完全渗透自己的实在性,并以不完整的方式将这种
实在性置于概念之下,原因在于,理念本身具有一个**受限制的内容**,而且
它一方面在本质上是概念和实在性的统一体,但另一方面在本质上也是

它们的区别;换言之,只有客体才是直接的、亦即仅仅**自在存在着的**统一体。当一个对象,比如国家,**根本不符合它的理念**,或更确切地说,根本不是国家的理念时,当国家的实在性(亦即具有自我意识的个人的实在性)完全与概念不契合时,它的灵魂和它的躯体已经分离了;灵魂逃遁到思想的孤寂之地,而躯体则是分裂为个别的个人;但由于国家的概念毕竟在本质上构成了个人的本性,所以它在他们那里是一个如此强烈的驱动力,迫使他们将这个概念(即便其在形式上仅仅是外在的合目的性)转变为实在性,或满足于它现在的样子,否则他们就必定会走向毁灭。哪怕是最糟糕的国家,哪怕其实在性与概念最不契合,只要它还实存着,它就仍然是 [466] 理念;个人仍然得服从于一个掌权的概念。

但理念不仅在更普遍的意义上指**真实的存在**、**概念**和**实在性**的统一体,而且在更明确的意义上指**主观的概念**和**客观性**。因为严格意义上的概念本身已经是它自己和**实在性**的同一性;而总的说来,"**实在性**"这一不明确的表述无非是指**已规定的存在**;但概念在其特殊性和个别性那里恰恰具有这种存在。再者,**客观性**同样是一个从自己的规定性出发融入自身**同一性**的概念,一个总体式的**概念**。在那个主观性里,概念的规定性或区别是一个**映象**,后者直接被扬弃了,返回到自为存在或否定统一体,成为一个**有所依附的**谓词。反之在这个客观性里,规定性则是被设定为直接的总体性,被设定为外在的整体。现在,理念已经表明自己是这样一个概念,它重新摆脱了它在客体里沉陷其中的直接性,达到了它的主观性,并在这种情况下与它的客观性区分开,但后者同样是由它所规定的,并且仅仅在那个概念里具有它的实体性。因此有人合理地把这个同一性规定为**主体—客体**,也就是说,它**既是**形式化的或主观的概念,**也是**严格意义上的客体。但这一点还需要更明确的理解把握。当概念真正达到自己的实在性,就是这样一个绝对判断,其**主词**作为一个与自身相关联的否定统一体,把自己和它的客观性区分开;它是这个客观性的自在且自为的存在,但在本质上又通过自己而与之相关联,——因此是**自身目的**和**冲动**;正因如此,主词并非直接在其自身就具有客观性——否则它就仅仅是

375

严格意义上的客体的消失在客观性中的总体性——，毋宁说，客观性是目

[467] 的的实在化，是一个由目的的活动**所设定的客观性**，它作为**已设定的存在**，只有在被它的主词所渗透的情况下，才具有自己的持存和形式。作为客观性，它本身就具有概念的**外在性**这一环节，因此总的说来代表着有限性、可变化性和现象这一方面，但这个方面必须毁灭，亦即返回到概念的否定统一体；否定性就是概念本身，由于这个否定性，客观性的漠不相关的、彼此外在的存在表现为非本质性东西和已设定的存在。但如果不考虑这个客观性，那么理念就是绝对**单纯的和非质料式的**，因为外在性仅仅是由概念所规定的，并且被收回到概念的否定统一体中；只要理念是作为漠不相关的外在性而持存着，它就不但完全遭受着机械性的蹂躏，而且仅仅是某种随时消逝的、非真实的东西。——因此，尽管理念是在一个质料性东西中具有自己的实在性，但这个实在性并不是一个抽象的、在概念面前自顾自持存着的**存在**，毋宁仅仅相当于一个**转变**，即通过漠不相关的存在的否定性而成为概念的单纯的规定性。

由此得出理念的如下更具体的规定。——**首先**，理念是单纯的真理，是概念和客观性的同一性，亦即**普遍者**，在其中，特殊东西的对立和持存已经瓦解为它的自身同一的否定性，即一种自身等同性。**其次**，理念是单纯概念的自为存在着的主观性和它的与之**区分开的**客观性的**关联**；主观性在本质上是一个**冲动**，致力于扬弃这个分裂，客观性是一个漠不相关的已设定的存在，一个自在且自为地虚无的持存。理念作为这个关联，是一个**过程**，即自身分裂为个体性及其无机的自然界，然后把这个自然界重新带回到主体的掌控之下，随之返回到最初的、单纯的普遍性。理念的自身**同一性和过程**是合为一体的；思想把现实性从无目的的、变化的映象中解

[468] 放出来，并使之升华为**理念**，因此它一定不能把现实性的这个真理设想为僵死的静止状态，设想为一幅单纯的、死气沉沉的、没有冲动和运动的**图像**，设想为一个精灵，一个数，或一个抽象的思想；概念在理念里达到了自由，而由于这个自由的缘故，理念在自身内也包含着**最尖锐的对立**；它的静止状态是基于一种自信和确定性，即它确信自己能够永恒地制造出对

立并永恒地克服对立,能够在对立中与自身融合。

但理念起初仍然只是**直接的**,或者说仅仅在其**概念**中;客观的实在性虽然符合概念,但尚未获得解放并成为概念,而概念**单独而言**并非**作为概念**而实存着。因此,概念虽然是**灵魂**,但灵魂却是处于**直接的东西**的样式中,也就是说,它的规定性不等于它自己,它不知道自己是灵魂,不是在自身之内具有它的客观的实在性;概念作为灵魂而言,是一个尚未**充溢着灵魂**的灵魂。

在这种情况下,**第一**,理念是**生命**;亦即这样一个概念,它区别于自己的客观性,完全在自身之内渗透自己的客观性,而作为自身目的,它在客观性那里具有它的手段,把客观性设定为它的手段,但在这个手段里又是内在的,随之是一个实在化了的、自身同一的目的。——这个理念由于自己的直接性的缘故,把**个别性**当作它的实存的形式。但它的绝对过程的自身内反映本身就意味着扬弃这个直接的个别性;在个别性里,概念作为普遍性而言,是**内核**,现在它把外在性改造为普遍性,或者说把它的客观性设定为自身等同性。

这样一来,**第二**,理念是**真相和善**的理念,相当于**认识活动和意愿**。它首先是有限的认识活动和有限的意愿,在其中,真相和善仍然是区分开的,二者起初都只是作为**目标**。概念解放**自身**,来到自身,并且起初只是给予自己一个**抽象的客观性**,将其当作实在性。但这个有限的认识活动和行动的过程把起初抽象的普遍性改造为总体性,于是普遍性就转变为 [469]
完满的客观性。——或者从另一个方面来看,有限的、亦即主观的精神把自己**改造为预先设定**,即一个客观世界,正如生命已经**具有**这样一个预先设定;但有限精神的活动就在于扬弃这个预先设定,将其改造为一个已设定的存在。所以,有限精神的实在性对它而言就是客观世界,或者反过来说,客观世界就是有限精神在其中认识到自己的那个理念性。

第三,精神认识到理念是它的**绝对真理**,是自在且自为地存在着的真理;这是无限的理念,认识活动和行动在它之内达到了均衡,而它自己则是**绝对的自身知识**。

第一章　生　命

　　生命的理念涉及一个如此具体的、也可以说如此实在的对象,以至于从逻辑的通常观念来看,相关讨论似乎已经逾越了逻辑的领域。诚然,假若逻辑所包含的无非是一些空洞的、僵死的思想形式,那么其中绝不可能谈到理念或生命之类内容。但是,如果绝对真理是逻辑的对象,而严格意义上的**真理**在本质上又是**位于认识活动之中**,那么至少必须讨论**认识活动**。——通常人们都是在所谓的纯粹逻辑后面拿出一种**应用逻辑**——这种逻辑讨论的是**具体的认识活动**,很多时候并不把**心理学**和**人类学**考虑在内,但经常有人认为,把它们融入逻辑是非常有必要的。认识活动的人类学和心理学方面所涉及的是认识活动的**现象**,在其中,概念单独看来本身还没有把一个等同于它的客观性当作客体,或者说还没有把自己当作客体。逻辑考察认识活动,这个部分并不属于严格意义上的**应用逻辑**,否则就必须把全部科学都拉到逻辑里面来,因为全部科学都致力于在思想和概念的形式中理解把握它的对象,而在这个意义上,任何一门科学都将是一种应用逻辑了。——主观的概念具有一些在心理学形式、人类学形式以及其他形式中呈现出来的预先设定。但只有纯粹概念的某些预先设定才属于逻辑,因为它们具有纯粹思想和抽象本质性的形式,而这些是**存在**和**本质**的规定。同样,关于**认识活动**,关于概念的自身把握活动,在逻辑中应当讨论的,也不是概念的其他形态下的预先设定,毋宁只有那个本身就是理念的预先设定。现在,这个预先设定是**直接的**理念;因为,既然认识活动就是概念,那么在这种情况下,概念本身就是自为的,同时作为主观的东西而与客观的东西相关联,相应地,它是把理念当作**预先设定的**或**直接的**理念而与之相关联。但直接的理念就是**生命**。

　　既然如此,当我们说,必须在逻辑中去考察生命的理念,这个必然性似乎就是基于一个在别处已经得到承认的必然性,即必须在这里对认识活动的具体概念进行讨论。但这个理念已经通过概念自己的必然性而呈现出来了;**理念**,自在且自为的**真相**,在本质上就是逻辑的对象;由于理念必须首先在其直接性中得到考察,所以它必须在这个规定性中作为**生命**而得到理解把握和认识,唯其如此,对于它的考察才不是某种空洞的和无规定的东西。唯一需要注意的是,逻辑的生命观究竟在何种意义上区别于其他科学的生命观,只不过这里的要务不是在于那些非哲学的科学如何看待生命,而是仅仅在于,如何区分作为纯粹理念的逻辑生命和那个在**自然哲学**里得到考察的自然生命,以及那个与**精神**结合起来的生 [471] 命。——自然生命作为自然界的生命,是一种被抛到**持存的外在性**里的生命,并且以无机自然界为**条件**,好比理念的诸环节是杂多的、现实的形态分化。理念里的生命没有这样一些**预先设定**,亦即不具有现实性的各种形态;它的预先设定是我们已经考察过的那个**概念**,一方面作为主观的概念,另一方面则是作为客观的概念。在自然界里,生命显现为最高的层次,而为了从自然界的外在性出发以达到这个层次,这个外在性必须内化于自身,并在主观性里扬弃自身。在逻辑里,生命是单纯的内化存在(Insichsein),后者在生命的理念里达到了真正与它自己相契合的外在性;在这之前,当概念作为主观的概念而出现时,就是生命的灵魂本身;它是这样一个冲动,即致力于通过客观性或它自己的实在性而达到自身中介。当自然界从它的外在性出发达到这个理念,就超越了自身;它的终点不是它的开端,而是它的界限,因此它在这里扬弃自身。——同样,在生命的理念里,生命的实在性的各个环节也没有获得外在现实性的形态,而是始终封闭在概念形式之内。

但在**精神**里,生命一方面显现为与精神相对立,另一方面被设定为与精神合为一体,然后重新通过生命而把这个统一体分娩出去。也就是说,生命在这里必须在其真正的意义上被看作是**自然生命**,因为那个被称作真正意义上的**精神生命**的东西,只不过是自然生命的一个独特方面,与单纯的生命相对立;同理,人们也谈到精神的**自然界**或**本性**,哪怕精神并不是自然的东西,毋宁是自然界的对立面。因此,首先,严格意义上的生命对精神而言是一个**手段**,被精神拿来与自己相对立;其次,精神是活生生的个体,而生命是它的躯体;再者,精神和它的活生生的躯体性的这个统

[472]　一体被精神自己分娩出去,成为**理想**(Ideal)。所有这些精神性关联都和逻辑生命无关,后者在这里既不能被看作是精神的手段,也不能被看作是精神的活生生的躯体,更不能被看作是"理想"和"美"这样的环节。——生命在两种情况下(即要么作为**自然生命**,要么**与精神相关联**)具有**它的外在性**这一规定性,在前一种情况下是基于它的那些预先设定(即自然界的其他形态分化),在后一种情况下则是基于精神的目的和活动。但单独看来,生命的理念既不依赖于那个预先设定的、提供条件的客观性,也不依赖于与这个主观性的关联。

　　如果我们在其理念中更具体地考察生命,那么可以说,它自在且自为地就是绝对的**普遍性**;它本身所具有的客观性已经被概念完全渗透,而且这个客观性仅仅把概念当作实体。那个作为部分或按照其他外在的反映而区分自身的东西,在自身之内具有整个概念;概念是其中的**无所不在的**灵魂,这个灵魂始终是一个单纯的自身关联,并且与客观存在所具有的杂多性合为一体。这个杂多性作为外在于自身的客观性,具有一个漠不相关的持存,亦即在空间和时间里(倘若这里可以提到它们的话)表现为一种完全有差异的、独立的彼此外在。但外在性在生命里同时是生命概念的**单纯的规定性**;正因如此,灵魂被倾注到这个杂多性里面,在其中无所不在,同时始终是具体概念的单纯的自身一体化存在。——在生命那里,在生命概念于外在的客观性中形成的这个统一体里,在原子式质料的绝对多样性里,那个坚持着反映对比关系和形式概念等规定的思维彻底失去了关于生命的任何想法;对于反思而言,说单纯的东西在多样的外在性中的无所不在,这是一个绝对的矛盾,与此同时,反思又必须从对生命的

[473]　知觉出发,去理解把握这个单纯的东西的无所不在,随之必须给予这个理念以现实性,于是这个"无所不在"成了一个**不可概念把握的秘密**,因为反思没有理解把握概念,不知道概念是生命的实体。——但单纯的生命不仅是无所不在的,而且完全是它的客观性的**持存**和**内在的实体**,但作为

主观的实体,它是一个**冲动**,这个冲动既是**特殊**区别的**特殊冲动**,但在本质上同样是特殊东西的唯一的普遍的冲动,后者把生命的这个特殊化带回到统一体,在其中予以维护。生命只有作为它的客观性和特殊化的这个**否定的统一体**,才是一个与自身相关联的、自为存在着的生命,才是一个灵魂。就此而言,它在本质上是**个别东西**,并且把客观性当作一个他者(一个无生命的自然界)而与之相关联。生命的原初**判断**在于,它分裂为个体式主体,与客观的东西相对立,而当它把自己建构为概念的否定统一体,就**预先设定了**一个直接的客观性。

因此,**第一**,生命必须被看作是**有生命的个体**,它本身是主观的总体性,并被预先设定为这样一个东西,它与客观性相互对立,但彼此都漠不相关

第二,它是这样一个**生命过程**,即去扬弃它的预先设定,把那个与生命漠不相关的客观性设定为否定的东西,并且实现自身,成为客观性的权力和否定统一体。通过这个方式,它使自己成为普遍者,即它自己和它的他者的统一体。

这样一来,**第三**,生命就是**种的过程**,即去扬弃它的个别化,把它的客观的定在当作它自己来对待。就此而言,一方面,这个过程意味着返回到它的概念,重复最初的分裂,意味着一个新的个体性的生成以及最初的直接的个体性的死亡;另一方面,生命的**已然内化的概念**意味着那个自己对待自己,普遍地、自由地、自为地实存着的概念的生成,即向着**认识活动**的过渡。　　　　　　　　　　　　　　　　　　　　　　　　　　　　　　［474］

A. 有生命的个体

1. 生命的概念或者说普遍的生命是直接的理念,一个与它的客观性相符合的概念;但之所以有这个符合,唯一的原因是,概念是这个外在性的否定统一体,也就是说,它**设定**外在性与它相符合。概念的无限的自身关联,作为否定性,是一个自身规定活动,即自行分裂为**主观的个别性**和

漠不相关的普遍性,且二者都是它**自己**。生命的理念在其直接性中起初只是一个进行创造的、普遍的灵魂。由于这个直接性的缘故,理念在自身内的最初的否定关联是一个如同**概念**那样的自身规定,——即一个**自在的**设定活动,这个活动起初作为自身回归,是**自为存在**,一个进行创造的**预先设定活动**。通过这个自身规定活动,**普遍的**生命是一个**特殊东西**;在这种情况下,生命分裂为判断的两个端项,而判断又直接转变为推论。

对立的各种规定就是概念的那些普遍的**规定**,因为概念恰恰会发生分裂;但分裂的**完成**就是理念。概念和实在的**统一体**是理念,而作为**直接的理念**,它早先已经表现为**客观性**。但同样是这个东西,在这里却是处于另一个规定中。在这之前,理念是概念和实在性的统一体,也就是说,概念已经过渡到理念,完全消失在其中;概念并非与理念相对立,换言之,正因为概念对理念而言仅仅是**内核**,所以它是一个**外在于**理念的反映。因此那个客观性直接地就是一个直接的东西。反之在这里,理念仅仅是一个从概念中显露出来的东西,因此它的本质是已设定的存在,而它自己则是相当于一个**否定者**。——理念必须被看作是**概念的普遍性方面**,随之被看作是**抽象的**普遍性,在本质上完全**依附于**主词,同时在形式上是一个直接的、单独已设定的**存在**,与主词漠不相关。这样一来,客观性所获得的概念的总体性就仿佛只是一个**借来的**总体性;相对于主词而言,客观性所具有的最终的独立性是**存在**,这个存在真正说来仅仅是概念的一个环节,而概念在一个**自在**存在着的**设定活动**的最初规定性里**进行预先设定**,但这尚且不是一个设定活动,不是一个反映回自身之内的统一体。因此,从理念中显露出来的独立的客观性只有作为判断的**谓词**,亦即作为概念的自身规定,才是直接的存在,——这个存在虽然有别于主词,但同时在本质上被设定为概念的一个**环节**。

[475]

从内容来看,这个客观性是概念的总体性,但这个总体性又与概念的主观性或否定统一体相对立,后者构成了真正的核心性,亦即概念的自由的自身统一体。这个**主词**是**个别性**形式中的理念,而作为单纯的、但否定的自身同一性,它是**有生命的个体**。

　　首先,这个个体是生命,但表现为**灵魂**,或生命自身的内在地完满已规定的概念,或一个作为开端的、自己推动自己的**本原**。概念作为单纯的东西包含着已规定的外在性,并把后者当作**单纯的**环节而封闭在自身之内。——其次,这个灵魂**作为直接的东西**是直接外在的,并且本身具有一个客观的存在,——这个存在是一个服从于目的的实在性,一个直接的**手段**,首先是客观性(即主词的**谓词**),但随后也是推论的**中项**;灵魂由于自己的躯体性,与外在的客观性结合在一起。——躯体性首先把生物当作一个直接与概念同一的实在性,就此而言,它完全是从**自然界**那里获得实在性。

　　现在,正因为这个客观性是个体的谓词,并且被纳入主观的统一体, [476]所以它不具有客体的早先那些规定(比如机械的或化学的对比关系),更不具有整体和部分之类抽象的反映对比关系。作为外在性,它虽然**能够**具有这样一些对比关系,但在这种情况下,它就不是一个有生命的定在;假若生物被看作是一个由部分组成的整体,或一个受到机械的或化学的原因影响的东西,或一个机械产物或化学产物(无论它本身就是产物,还是由一个外在的目的规定为产物),那么概念对它而言就是外在的,而它就将是一个**僵死的东西**了。但既然概念是内在于它的,那么生物的**合目的性**就必须被看作是**内在的**合目的性;概念在生物里面是一个已规定的概念,它有别于自己的外在性,在它的区别中渗透了外在性,并且是自身同一的。生物的这个客观性是**有机体**;它是目的的**手段和工具**,完全合乎目的,因为概念构成了它的实体;但正因如此,这个手段和工具本身就是已实现的目的,在其中,主观的目的因此与自身结合在一起。从有机体的外在性来看,有机体不是**部分**的多样性,而是**肢体**的多样性,也就是说:a)严格意义上的肢体仅仅立足于个体性;就它们是外在的,并且能够借助于这个外在性而得到理解把握而言,它们是可分的;但它们一旦被分开,就重新从属于普通客观性的机械对比关系和化学对比关系;b)肢体的外在性与有生命的个体性的否定统一体相对立;因此后者是这样一个**冲动**,即力求把概念规定性的抽象环节设定为实在的区别;由于这个区别

直接存在着，所以它是每一个**个别的、特殊的环节**的这样一个**冲动**，即力求生产出自身，一方面把自己的特殊性提升为普遍性，扬弃另外一些外在

[477] 于它的环节，并以牺牲它们为代价而让自己显露出来，但另一方面又扬弃自身，使自己成为其他环节的手段。

2. 有生命的个体性的这个**过程**被限制在个体性这里，并且完全局限于个体性自身之内。——在外在的合目的性的推论里，第一个前提是：目的直接与客观性相关联；此前我们曾经这样看待这个前提，即目的虽然在其中保持为自身等同的，并且已经回归自身，但客观性**在其自身那里**尚未遭到扬弃，因此目的在客观性里并不是**自在且自为的**，而是只有在结论命题里才转变为这样的东西。生物自己的过程就是那个前提，但就它同时是结论命题而言，它也是主词与客观性的直接关联，于是客观性转变为手段和工具，同时还充当自在的概念的**否定统一体**；目的之所以能够在它的这个外在性里实现自身，因为它就是客观性的主观的权力，是这样一个过程，在其中，客观性揭示出它的自身瓦解，以及它如何返回到目的的这个否定统一体。躁动不安和变化作为生物的外在方面，是概念的自身展现，而概念作为自在的否定性本身，仅仅在这种情况下才具有客观性，即客观性的漠不相关的持存表现为一个扬弃着自身的东西。概念是通过它的冲动而进行生产，但由于它是产物的本质，所以产物本身同样是生产者，换言之，产物只有在作为一个同样以否定的方式设定自身的外在性时，或者说只有在作为生产活动的过程时，才是产物。

3. 以上考察的理念就是**有生命的主体及其过程的概念**；处于对比关系中的规定，一个是概念的与自身相关联的**否定统一体**，另一个是**客观性**，后者是概念的**手段**，但概念已经在它那里**回归**自身。但由于这是生命**在其概念内部**的理念环节，所以它们并不是**有生命的个体在其实在性中**

[478] 的已规定的概念环节。生命的客观性或躯体性是具体的总体性；那些环节是一些方面，是生命性用来建构自身的；因此它们不是这个已经通过理念而建构成的生命性的环节。但个体的有生命的**客观性**恰恰是这样的生命性，因为它从概念那里获得灵魂，把概念当作实体，并且本身就把**普遍**

性、**特殊性**和**个别性**等概念规定当作本质上的区别；因此，当这些概念规定在**形态**中以外在的方式区分开，形态就按照它们而得到划分或切割（eingeschnitten，insectum）。

由此看来，**第一个**概念规定是**普遍性**，即生命性的纯粹内在的颤动，或者说**感受性**。正如刚才所述，普遍性概念是单纯的直接性，而这个直接性仅仅是绝对的内在否定性。"**绝对区别**"这一概念，当它的否定性**在单纯性里瓦解**并等同于自身，就在感受性里直观地呈现出来。感受性是内化存在，但不是作为抽象的单纯性，而是作为一个无限**可规定的**接受性，后者在其**规定性**里不会转变为杂多的和外在的东西，而是完全反映回自身之内。**规定性**在这个普遍性里相当于单纯的**本原**；个别的、外在的规定性，比如一个所谓的**印象**，从它的外在的和杂多的规定出发，返回到**自身感觉**这一单纯性里。就此而言，感受性可以被看作是内化存在着的灵魂的定在，因为它把全部外在性都接纳到自身之内，同时把它们带回到自身等同的普遍性的完满单纯性。

第二个概念规定是**特殊性**，即**已设定的**区别这一环节；那个封闭在单纯的自身感觉里的否定性（它在其中是一个观念性规定性，尚且不是实在的规定性），其突破口就是**激动性**。感觉由于抽离了自己的否定性，因此是一个冲动；它自己**规定**自己；生物的自身规定是它的判断或有限化，根据这一点，它把外在的东西当作一个**预先设定的**客观性而与之相关联，并且与之处于交互作用之中。——从它的特殊性来看，它在某种意义上是**属**，与生物的其他属并列；这个**漠不相关的差异性的形式上的**自身内反映是形式上的**种**及其系统化；但个体式的反映却意味着，特殊性是它的规定性（作为一个向外的趋向）的否定性，亦即概念的与自身相关联的否定性。

按照这**第三个**规定，生物相当于**个别东西**。确切地说，这个自身内反映是这样规定自己的，即生物在激动性里是它的那个既与自己相对立，也与客观性相对立的外在性，而且它本身就直接具有这个客观性，以之为手段和工具，相应地，这个客观性是外在地可规定的。自身内反映扬弃了这

[479]

个直接性,——一方面成为理论上的反映,也就是说,否定性是一个单纯的环节,亦即感受性,后者在否定性中得到考察,并且构成了**感觉**,——另一方面成为实在的反映,也就是说,概念**在其外在的客观性**中的那个统一体把自己设定为否定统一体,设定为**再生性**。——前两个环节,感受性和激动性,是抽象的规定;反之在再生性里,生命是**具体的东西**和生命性;生命只有在再生性(这是它的真理)里才具有感觉和抵抗力。再生性也是否定性,相当于感受性这一单纯的环节,而激动性完全是一个活生生的抵抗力,也就是说,当与外在的东西发生关系,这就是再生性和个体式的自身同一性。这三个个别的环节,每一个在本质上都是三个环节的总体性;它们的区别是由一个观念性形式规定造成的,这个形式规定在再生性里被设定为整体的具体的总体性。因此这个整体一方面看来是第三者,也

[480] 就是说,它作为**实在的**总体性,与那些已规定的总体性相对立,但另一方面看来,它又是它们的自在存在着的本质性,同时还是这样一个东西,在其中,这些本质性作为环节被统摄起来,具有它们的主体和持存。

凭借作为个别性环节的再生性,生物把自己设定为**现实的**个体性,即一个与自身相关联的自为存在,但同时是一个实在的**向外的关联**,——这是**特殊性**或激动性**针对一个他者**,针对**客观的**世界,作出的反映。随着个体把自己设定为**主观的**总体性,**它的规定性**(作为与外在性的**关联**)这一**环节**也转变为**总体性**,而在这种情况下,封闭在个体内部的生命过程就过渡到与预先设定的严格意义上的客观性的关联。

B. 生命过程

有生命的个体在自身内发生形态分化,因此与它的原初的预先设定活动处于张力之中,并作为一个自在且自为地存在着的主体与预先设定的客观世界相对立。主体是自身目的,是这样一个概念,它把那个从属于它的客观性当作它的手段,并具有主观的实在性;这样一来,主体就被建构为自在且自为地存在着的理念和根本独立的东西,相比之下,预先设定

的外在世界仅仅具有否定者和非独立者的价值。生物在它的自身感觉中,对那个与之对立的**异在**的自在存在着的**虚无性**抱有**确定性**。它的冲动是一个需要,即必须扬弃这个异在,并给予那个确定性以真理。个体作为主体,首先只是生命理念的**概念**;它的主观的、内在的过程(它在其中自力更生),还有直接的客观性(它将其设定为一个与它的概念相符合的自然手段),都是以另外一个过程为中介,而与后面这个过程相关联的,是完整地已设定的外在性,一个**漠不相关地**与个体并列的客观总体性。 [481]

这个过程开始于一个**需要**,亦即开始于这样一个环节:**首先**,生物自己规定自己,从而把自己设定为一个遭到否定的东西,随之与**另一个**与它对立的、漠不相关的客观性相关联;**其次**,它并没有消失在它的这个自身丧失之中,而是维系着自身,保持为自身等同的概念的同一性,而在这种情况下,它是一个冲动,致力于把那个与它**不同的**、**自为的**世界设定为自身等同的,将其扬弃,并且让**自己**客观化。这样一来,它的自身规定在形式上就是一个客观的外在性,而由于它同时是自身同一的,所以它是绝对的**矛盾**。直接的形态分化就是在其单纯概念中的理念,一个符合概念的客观性;所以,这个客观性在本性上就是**好**的。然而当它的否定环节把自己规定为客观的特殊性,也就是说,当它的每一个本质性环节各自实在化为总体性,概念就**分裂**为绝对的自身不等同,而由于概念在发生分裂的时候同样是绝对同一性,所以生物本身就是这个分裂,并且感觉到这个矛盾,而这个感觉就是**痛苦**。就此而言,**痛苦**是有生命的自然存在者的特权;正因为这些自然存在者是实存着的概念,所以它们是一种具有无限力量的现实性,而这意味着:首先,它们在自身之内就是**自身否定性**;其次,**它们的**这个**否定性为着它们**而存在着;再次,它们在它们的异在里面维系自身。——有些人宣称矛盾是不可设想的,殊不知矛盾在生物的痛苦里甚至是一个现实的实存。

当生物的这个内在分裂被接纳到概念的单纯普遍性或者说感受性里面,就是**感觉**。**需要**和**冲动**开始于痛苦,它们造成一个过渡,即当个体作为自为的自身否定时,也转变为自为的同一性——这个同一性仅仅相当 [482]

于前一个否定的否定。——同一性在严格意义上的冲动里是个体的主观的自身确定性，正因如此，个体把它的外在的、漠不相关地实存着的世界当作一个现象，当作一个自在地无概念的和非本质性的现实性来对待。这样的现实性应当只有通过主体才在自身内获得概念，而概念是内在的目的。客观世界与规定性漠不相关，随之与目的漠不相关，在这种情况下，它具有一种外在的能力，亦即能够与主体相符合；无论它本身具有哪些特殊化，它的机械的可规定性，还有它在内在概念的自由方面的缺失，都让它没有能力在生物面前维系自身。——客体相对于生物而言，首先是一个漠不相关的外在东西，因此它能够以机械的方式作用于生物；但在这种情况下，生物并不是作为一个生物而受到它的作用；客体在和生物的关系中，不是作为原因而发挥作用，而是去**刺激**生物。因为生物是冲动，所以只有当外在性已经自在且自为地就在生物**之内**，才会抵达并进入生物；因此，所谓客体对主体发挥作用，仅仅意味着主体**相应地发现**一个自行呈现出来的外在性；——哪怕这个外在性并不符合主体的总体性，它至少也必须与主体的一个特殊方面相对应，而这个可能性在于，主体以外在的方式对待自己，因此恰恰是一个特殊东西。

现在，主体通过它的需要而明确地与外在的东西相关联，随之本身就是外在的东西或工具；在这种情况下，它对客体施加**暴力**。它的特殊品性，它的全部有限性，都落入到这个关系的更具体的现象中。——主体身上的外在的东西是一般意义上的客观性的过程，是机械性和化学性。但[483] 这个过程直接中断了，而外在性也转化为内在性。外在的合目的性起初是通过主体在漠不相关的客体中的活动而制造出来的，但现在被扬弃了，因为客体相对于概念而言并不是一个实体，因此概念不仅能够成为客体的外在形式，而且必须把自己设定为客体的本质及其内在的、渗透着的规定，与它的原初同一性相契合。

只要掌控了客体，机械过程就过渡到内在的过程，于是个体通过这个方式把客体**据为己有**：它夺取了客体的独特情况，使其成为它的手段，进而把自己的主观性拿给客体作为实体。相应地，这个同化活动和刚才考察的个体的再生性过程就合为一体了；个体在这个过程里首先是自力更生的，因为它是把自己的客观性当作客体；至于它的肢体和外在事物发生机械的和化学的冲突，这是它自己的一个客观环节。过程的机械因素和化学因素是生物的瓦解的开端。既然生命是这些过程的真理，随之作为生物是这个真理的实存和这个实存的权力，它就侵吞这些过程，将其渗透，成为它们的普遍性，而它们的产物则是通过生命而得到完满的规定。当它们像这样转化为有生命的个体性，就造成了后者的自身回归，进而使那个原本应当过渡到一个他者的生产性转变为再生性，而在再生性里，生物**自为地**把自己设定为自身同一的。

直接的理念也是概念和实在性的直接的同一性，而不是它们的**自为**存在着的同一性；通过客观的过程，生物给予自己以**自身感觉**，因为它在这个过程中把自己**设定为**它自在且自为地所是的东西，即在它的被设定为漠不相关的异在中作为自身同一者，作为否定者的否定统一体而存在。当个体与它的起初被预先设定为与它漠不相关的客观性融合，它就已经 [484] **扬弃了自己的特殊性**，并将自身提升为**普遍性**，正如它在另一方面已经把自己建构为现实的个别性。过去它的特殊性是基于分裂，而这曾经导致生命把个体式生命和那个外在于它的客观性设定为它的属。但现在，通过一个外在的生命过程，生命已经把自己设定为实在的、普遍的生命，设定为**种**。

C. 种

有生命的个体首先从生命的普遍概念中分离出来时，是一个尚未通过自身而得到验证的预先设定。通过那个与之同时被预先设定的世界的过程，生命已经**自为地**把自己设定为它的异在的否定统一体，设定为它自己的根基；这样，它就是理念的现实性，也就是说，个体此前只是从**概念**中显露出来，如今却是从**现实性**中显露出来，相应地，它的产生此前是一个**预先设定活动**，如今却是它的生产。

但生命通过扬弃对立而获得的进一步的规定,却是成为**种**,成为它自己与它的此前漠不相关的异在的同一性。由于个体的这个理念就是这个本质上的同一性,因此理念在本质上是它自己的特殊化。从理念由之显露出来的那个总体性来看,理念的这个分裂就是个体的双重化,——即个体一方面预先设定一个与它同一的客观性,另一方面作为生物而把自己当作另一个生物来对待。

[485]

这个普遍者是第三个层次,即生命的真理,但生命此时仍然封闭在它的层面之内。**首先**,这个层次是个体的与自身相关联的过程,在这里,外在性是个体的内在环节;**其次**,这个外在性本身作为有生命的总体性,是一个客观性,或者对于个体而言就是个体本身,而个体则不是把它当作**已扬弃的**,而是当作**持存着的**客观性,并在其中具有自身确定性。

现在,因为种的关系是个体式的自身感觉在某个东西(这个东西同时是另一个独立的个体)里的同一性,所以这是**矛盾**;就此而言,生物仍然是冲动。——种虽然是生命理念的完成,但它起初仍然局限于直接性的层面之内;因此这个普遍性只有在**个别的**形态里才是**现实的**,——它是一个概念,这个概念的实在性在形式上是一个直接的客观性。相应地,个体虽然**自在地**是种,但并非**自为地**是种;那为着个体而存在着的东西,起初只是另一个有生命的个体;那个与自己区分开的概念具有一个与它同一的对象,但这个对象不是作为概念的它自己,而是这样一个概念,后者作为生物同时具有一个对它而言外在的客观性,随之是一个直接互动的形式。

由此看来,个体与另一个个体的同一性或普遍性起初只是**内在的**或**主观的**普遍性;因此它要求把这个普遍性设定下来,并让自己作为普遍者而实在化。但种的这个冲动只有通过扬弃那些彼此仍然特殊的、个别的个体性,才能够将自身实在化。起初,当这些个体性**自在地**、普遍地满足了它们的要求的张力,并且瓦解在它们的种的普遍性里面,它们的实在化了的同一性就是那个从分裂中反映回自身之内的种的否定统一体。就此而言,这个否定统一体是生命的个体性本身,不再是从生命的概念中,而是从**现实的**理念中**产生出来**。起初它本身只是一个还需要将自身实在化的概念,但已经是一个**现实的概念**,——即**一个有生命的个体的萌芽**。在这个萌芽里,那**为着普通知觉而现成地**存在着的东西,是概念所是的那个东西,是"**主观的概念**具有**外在的现实性**"这一情况。因为生命的萌芽就是个体性的完整的具体化,其中包含着生命的全部有差异的方面、特性和结构分明的区别,而且全都处于其**整个规定性**中,至于起初那个**非物质性的、主观的**总体性,则是一个未展开的、单纯的和非感性的东西;换言之,萌芽是处于概念的内在形式中的整个生物。 [486]

种之所以获得**现实性**,是因为否定统一体和个体性等环节在种里面被**设定**下来,——从这个方面来看,种的自身内反映就是活着的两性的**繁殖**。在这种情况下,那个作为生命而仍然处于直接性形式中的理念就落回到现实性之内,而它的这个反映仅仅是一个重复,一个无限的演进过程,在其中,理念不是从它的直接性的偶然性里显露出来的。理念回归它的最初的概念,这个回归具有一个更高级的方面,即理念不仅经历了它的各种过程在直接性内部的中介活动,而且恰恰因此扬弃了直接性,随之把自己提升到它的更高级的定在形式中。

也就是说,在种的过程里,个别的个体性扬弃了它们的那个内化到彼此之内的漠不相关的、直接的实存,并在这个否定统一体里死去。接下来,这个过程把**实在化了的种**(这个种已经把自己设定为与概念是同一的)当作它的产物的另一个方面。——在种的过程里,个体式生命的那些孤立出去的个别性没落了;种在否定的同一性里回归自身,这个同一性一方面**产生个别性**,另一方面**扬弃个别性**,因此是一个自身融合的种,是理念的**自为地转变着的普遍性**。在配种(亦即交媾)的时候,有生命的个体性的直接性死去了;这个生命的死亡意味着精神的显露。当理念作为**自在的种**时,是**自为的**,因为它扬弃了自己的特殊性(这个特殊性曾经构成两个有生命的性别),随之给予自己一个**实在性**,而这个实在性**本身就是单纯的普遍性**;在这种情况下,它是一个**把自己当作理念来对待**的理念,一个把普遍性当作其规定性和定在的普遍者,——即**认识活动的理念**。 [487]

第二章　认识活动的理念

生命是直接的理念，或者说是作为其尚未自在地实在化的**概念**那样的理念。在它的**判断**里，理念是一般意义上的**认识活动**。

概念作为概念而言是**自为的**，因为它**自由地**作为抽象的普遍性或作为种而实存着。所以，概念是它的纯粹的自身同一性，后者在自身内区分自身，但这样区分开的东西不是一个**客观性**，而是同样获得解放，成为主观性，或者说成为单纯的自身等同性形式，随之成为概念的对象，而这个对象就是概念自己。它的一般意义上的**实在性**是一个**形式**，即**它的定在**；一切的关键在于这个形式的规定；这个规定造成了一个区别，即**自在的**或**主观的**概念与沉陷在客观性中的概念以及位于生命理念中的概念的区别。诚然，在生命理念里，概念被设定为有别于它的外在的实在性，并且是**自为的**，但它只有作为同一性才具有它的这个自为存在；这个同一性是一个自身关联，但这里的"自身"要么是指那个沉陷在它所掌控的客观性中的概念，要么是指一个居于内部的实体性形式。当概念提升到生命之上，它的实在性就是一个得到解放的概念形式，即普遍性。通过这个判断，理念双重化了，——既成为主观的概念（这个概念的实在性就是概念自己），也成为客观的、作为生命那样的概念。——当理念把自己当作对象，当它的**定在**（亦即它的存在的规定性）就是它自己的自身区别，**思维**、**精神**、**自我意识**就成为它的规定。

[488]　　**精神形而上学**，或那个更常见的说法，**灵魂**的形而上学，围绕着实体、单纯性、非物质性等规定奔忙不休——在谈到这些规定时，人们是从作为主体的**经验**意识里得出精神的各种**表象**，将其当作根据，然后追问哪些谓词与知觉和谐一致，——这种做法的最高成就，无非是像物理学那样把现象世界归结为一些普遍的规律和反映规定，因为精神也只有在它的**现象**中才充当着根据；实际上，这种做法必定比物理学的科学性还要落后，因

为精神不但比自然界无限丰富得多，而且它的本质更是由相互对立者在**概念**里的绝对统一体所构成的；在这种情况下，精神在它的现象以及它与外在性的关联中揭示出一个达到其最高规定性的矛盾，于是对于每一个相互对立的反映规定，人们都必定能够援引一个经验，或按照形式推论的方式，从经验中推导出一些相反的规定。因为那些通过现象而直接得出的谓词起初仍然属于经验心理学，所以真正说来只剩下一些极为贫乏的反映规定留给形而上学去考察。——康德在批判**理性灵魂论**的时候①就坚持认为，既然它应当是一门理性科学，那么只要有一丁点知觉的东西**添附到**自我意识的**普遍表象**上面，这门科学就会转化为一门**经验科学**，而且任何经验都会败坏它的理性的纯洁性和独立性。——既然如此，残留下来的就无非是一个单纯的、本身完全空无内容的表象，即**自我**；这个表象根本不能说是一个**概念**，毋宁只是一个**伴随着全部概念的单纯意识**。现在，根据康德随后的推演，通过这个**自我**，或者说通过**它**（一个思维物），[489]人们唯一能够设想的是思想的一个先验主体，即 x，这个东西只能通过思想（亦即它的**谓词**）而被认识，但如果撇开这些谓词，我们对它就**绝不可能具有任何概念**；按照康德自己的说法，这个自我造成一个"**麻烦**"，即无论我们什么时候对它作出某种判断，都**必定已经使用了它**。因为，如果**表象**也是一种认识，那么自我就不是**一个把特殊客体区分开的表象**，而是表象的**形式**。——[在康德看来，]理性灵魂论所犯的**谬误推论**（Paralogismus）在于，把自我意识在思维里的**样式**当作与**客体**有关的**知性概念**，把那个"**我思**"当作一个**思维着的本质**，一个**自在之物**；按照这个方式，就可以从"自我在意识里始终作为**主体**而出现，而且是作为一个**单个的**、在表象的全部杂多性里保持**同一**、并且把我和外在的表象区分开的东西"这一前提不合法地推出：首先，自我是一个**实体**；其次，自我是一个就质而言**单纯的东西**，一个单一体，一个**独立**于空间和时间中的物的**实存者**。

我之所以相对更详细地摘录以上论述，是因为我们可以由此明确地

---

① 康德《纯粹理性批判》第二版，B401 以下。——原编者注

认识到旧的**关于灵魂的形而上学**的本性，尤其是那个导致其消亡的**批判**的本性。——这种形而上学的目标是去规定灵魂的**抽象本质**；它的做法是一开始就从知觉出发，然后把知觉的经验普遍性和那些**外在于**全部现实的个别东西的反映规定转化为上述**本质规定**的形式。——总的说来，康德所面临的仅仅是他那个时代的形而上学的状况，这种形而上学主要纠缠于这样一些抽象的、片面的、与辩证法毫不相干的规定，举步维艰；至于古代哲学家为精神的概念提出的那些真正**思辨**的理念，他既不重视，也未加以考察。在康德对于那些规定的**批判**里，他极其幼稚地模仿休谟的怀疑主义腔调，也就是说，他所关注的是自我如何在自我意识里显现，但为了认识自我的**本质**——**自在之物**——，又必须抛弃它的一切经验性东西；既然如此，就只剩下"我思"这一伴随着全部表象的现象，——但人们对其又**绝不可能具有任何概念**。——没错，只要人们不是进行**概念把握**，并且仅仅拘泥于单纯的、固定的**表象**和**名称**，那么必须承认，他们无论对于自我，还是对于别的东西，甚至对于**概念**本身，都绝不可能具有任何概念。有一个思想是非常奇怪的——假如这玩意也称得上是思想的话——，即自我对自我作出判断时，必定已经**使用了**自我；那个为了作出判断而把自我意识当作一个手段来**使用**的自我，本身是一个 x，而无论是对于这个 x，还是对于这样的使用关系，人们都绝不可能具有任何概念。更可笑的是，康德居然把自我意识的这个本性——即自我思考着自己，以及除非它是思维着的自我，否则就不可能被思考——称作"**麻烦**"，把圆圈称作是某种有缺陷的东西，——殊不知正是通过这个圆圈关系，自我意识的绝对的、永恒的本性才在直接的经验自我意识中启示自身，而之所以有这个启示，又是因为自我意识恰恰是**定在着的**、亦即**能够以经验的方式知觉到**的纯粹**概念**，是一个绝对的自身关联，这个自身关联作为分割式的判断，把自己当作对象，并且唯一的目标是借此把自己造成一个圆圈。——石头就不会具有那个**麻烦**；当我们思考它，或对它作出判断时，它不会站在那里横加阻碍；它不需要辛辛苦苦地使用自己去做这件事情；只有它之外的一个他者才必须承担这个辛劳。

[490]

不得不说,这些想法是非常粗鄙的,至于康德断言的那个缺陷,即在 [491]
自我的思维那里,自我作为**主体**不可能被抛弃,也可以反过来这样表述,
即自我**仅仅作为意识的主体**而出现,或者说自我只能把自己当作一个判
断的**主词来使用**,并且缺少一个可以让它作为**客体**而**被给予**的**直观**,而如
果一个物只能作为主体而实存着,那么它的概念就更不可能自带任何客
观的实在性。——假如客观性依赖于一个在时间和空间中已规定的外在
直观,而这个直观又付之阙如,那么不难想见,客观性只能意指那样一个
感性实在性,对它的超越是达到思维和真理的条件。但无论如何,假如人
们像在日常意识中谈论"我"那样,以无概念的方式把自我当作一个空洞
的、单纯的表象,那么它就是一个抽象的规定,不是一个以自己为对象的
自身关联;——在这种情况下,它仅仅是两个端项**之一**,即一个片面的、毫
无客观性的主体,或者甚至也可以说是一个没有主观性的客体,只要这里
不存在刚才所说的那个"麻烦",即不能把思维着的主体从作为客体的自
我那里拿走。但实际上,恰恰这个麻烦在前一个规定亦即作为主体的自
我那里出现了;自我思考着**某东西**,这个东西要么是它自己,要么是别的
东西。自我在两个形式里自己与自己相对立,而这两个形式的不可分割
性属于"自我"概念以及概念本身的最独特的本性;但这个不可分割性恰
恰是康德想要拒斥的东西,这样他就可以坚持一个不在自身之内区分自
身、随之完全**无概念的表象**。这样一个无概念的东西当然能够与旧的形
而上学的那些抽象的反映规定或范畴分庭抗礼,——因为就片面性而言,
二者站在同一条水平线上,尽管后者确实是一种更高级的东西,即思想;
反之,相比于古代哲学家为灵魂或思维的概念提出的更深刻的理念,比如 [492]
亚里士多德的那些真正思辨的理念,它就显现为一种极为贫乏而空洞的
东西。假如康德哲学曾经考察过那些反映规定,它就必须更加考察对于
空洞自我的固执抽象,以及那个臆想出来的自在之物理念,后者恰恰由于
其抽象性的缘故,毋宁表现为一个完全不真实的东西;人们经验到那个备
受埋汰的麻烦,但这个经验本身就是就是一个经验事实,其中已经说出了
那个抽象东西的非真实性。

康德在批判理性心理学的时候①,仅仅提到了门德尔松②关于灵魂的持久性的证明;我在这里引述康德对这个证明的反驳,主要是想指出那个与证明相对立的奇怪东西。门德尔松的证明立足于灵魂的**单纯性**,而由于这个单纯性的缘故,灵魂不可能在时间里发生变化并**过渡到一个他者**。质的单纯性是此前考察过的一个形式,即一般意义上的**抽象**;作为**质的规定性**,它已经在存在的层面里得到考察和证明,即质的东西作为这样一个抽象地与自身相关联的规定性,毋宁恰恰因此是辩证的,并且仅仅是向着一个他者的过渡。但在概念那里,我们曾经指出,如果概念是在与持久性、不可摧毁性、常驻性等等的关联中得到考察,那么它毋宁是一个自在且自为的存在者和永恒者,因为它不是**抽象的**,而是**具体的**单纯性,不是一个抽象地与自身相关联的已规定的存在,而是**它自己和它的他者**的统一体,也就是说,它不可能这样过渡到他者,仿佛它在其中发生了变化似的,而这恰恰是因为,**他者**或者说已规定的存在就是概念自己,因此概念在这个过渡中只不过是来到自己这里。——然而康德却是用**量的**规定去反对概念统一体的那个质的规定。他认为,尽管灵魂不是一个杂多的

[493]彼此外在,也没有包含着**外延的**大小,但意识毕竟具有**一个度数**,而且灵魂和**任何实存者**一样,都具有一个**内涵的大小**;这样一来,就设定了通过**逐渐消失**而过渡到无的可能性。——试问,这个反驳除了把**存在**的一个范畴亦即**内涵的大小**应用于精神之外,还能干什么呢?——这个规定并不具有自在的真理,而是在概念里被扬弃了。

形而上学,哪怕是那个限制在固定的知性概念上面,没有把自己提升到思辨因素以及概念和理念的本性的形而上学,都以**认识真理**为目的,并且按照这个目的去考察它们的对象是不是一个**真实的东西**,究竟是实体

---

① 康德《纯粹理性批判》第二版,B414 以下。——原编者注
② 门德尔松(Moses Mendelssohn,1729—1786),德国启蒙运动哲学家,其灵魂学说主要体现在他依据柏拉图对话录而改写的《斐多,或论灵魂不朽》(*Phädon oder ubver die Unsterblichkeit der Seele*,1767)一书里,而他因此被同时代人称作"德国的苏格拉底"。——译者注

还是现象。康德的形而上学批判的胜利毋宁在于他摧毁了这个以**真相为目的**的研究，甚至摧毁了这个目的本身；他的批判根本没有提出那个唯一值得关切的问题，即一个已规定的主体（这里指**表象的抽象自我**）是否自在且自为地具有真理？但关键在于，如果人们止步于现象，止步于那种在日常意识里出现于单纯表象面前的东西，这就等于放弃了概念和哲学。在康德的批判里，那超越了现象的东西叫作某种飞越的东西，而理性根本没有权利染指其间。现在，概念确实飞越了无概念的东西，至于这个超越的最贴切的理由，部分在于概念本身，而从否定的方面来看，则是部分在于现象、表象、诸如自在之物这样的抽象东西、以及那个不应当以自己为客体的自我的非真实性。

在这个逻辑呈现的背景下，精神理念由之显露出来的地方，是**生命理念**，或者换个同样意思的说法，精神理念已经证明自己是生命理念的真理。作为这个结果，精神理念本身自在且自为地具有它的真理，于是人们[494]也可以把经验的东西或精神现象拿来与这个真理进行比较，看看它们是如何和谐一致的；尽管如此，经验的东西本身仍然可以通过理念并且从理念出发得到理解把握。关于**生命**，我们已经看到它是理念，但它本身同时表明，它尚且不是理念的定在的真实呈现或真正的样式和方式。因为在生命里，理念的实在性是**个别性**；普遍性或种是**内核**；因此，生命的真理作为绝对的否定统一体，就在于扬弃抽象的（亦即直接的）个别性，并且**作为同一的东西**达到自身同一，作为种达到自身等同。现在，这个理念是**精神**。——关于这一点，还可以指出，精神在这里是依据这个理念所获得的逻辑形式而接受考察的。也就是说，这个理念还具有另外一些在这里只能顺带提及的形态，亦即**灵魂、意识和严格意义上的精神**，而作为这些形态，理念将在具体的精神科学里得到考察。

"灵魂"这个名称通常被用于一般意义上的个别的、有限的精神，而唯理论的或经验论的**灵魂学说**本来应当意指**精神学说**。一提到"灵魂"这个术语，就浮现出这样一个表象，仿佛灵魂和其他物一样，是一个物；人们追问它的**位置**这一**空间**规定，仿佛它是从这里出发施展它的**力量**；更有甚者，人们竟然追问这个物怎样才是**常驻的**，仿佛它一方面服从于**时间性**条件，另一方面又摆脱了变化。**单子体系**把物质提升为一种具有灵魂性质的东西；按照这个观念，灵魂是一个原子，和任何物质原子一样；原子，作为咖啡杯里升起的香气，据说在某种幸运的情况下能够发展为灵魂，只不过它的表象活动的**更大的晦暗性**使它区别于那个显现为灵魂的

[495]　物。——没错，**本身就自为存在着的概念**必然也在**直接的定在**里；当概念像这样处于它与生命的实体式同一性中，当它沉陷到它的外在性里面，就应当在**人类学**里接受考察。但即便是人类学，也必定会对这种单子论形而上学感到陌生，因为后者把这个**直接性**形式看作是一个**灵魂物**，看作是一个等同于物质原子的**原子**。——人类学只应当接管那个黑暗的领域，在其中，精神受到通常所说的那些来自于**恒星**和**地球**的影响，它作为一个自然精神，活在与自然界的**通感**（Sympathie）中，在**迷梦**和**憧憬**里察觉到自然界的变化，并且寓居在大脑、心脏、神经节、肝脏等等里面，而根据柏拉图的说法①，神之所以赋予肝脏**预言**的禀赋（而具有自我意识的人已经超越了这个禀赋），是为了表明，就连**非理性的部分**也能够蒙受神的善意并分享上界的东西。此外，这个非理性的方面还包括表象活动和高级精神活动的关系，但前提是，后者在个别的主体里从属于那些交织在一起的完全偶然的躯体状态、外在影响和个别处境。

当精神处于具体的形态中，就沉陷到物质性东西里，而这些形态里面最低级的那个，在**意识**里具有其下一个更高的形态。在这个形式里，自由的概念作为**自为存在着的自我**，从客观性那里被拉回来，但还是把客观性当作**它的他者**，当作一个与它对立的对象，而与之相关联。在这里，精神不再是灵魂，毋宁说，在精神的自身**确定性**里，**存在的直接性**意指**一个否定着精神的东西**。既然如此，精神在对象里达到的自身同一性就仍然只是一个**映现**，因为对象在形式上也仍然是一个**自在存在者**。这个层次是**精神现象学**的对象，——这门科学介于自然精神科学和严格意义上的精

---

① 　参阅柏拉图《蒂迈欧》，71d。——译者注

神科学之间,去考察那个同时**与它的他者相关联**的**自为**存在着的精神,而我们曾经提醒过,在这种情况下,那个他者就既被规定为**自在**存在着的客 [496] 体,也被规定为遭到否定的客体,——也就是说,精神现象学所考察的精神是一个**显现着的**、在自己的对立面那里将自身呈现出来的精神。

这个形式的更高真理是**自为的精神**,对它而言,意识的**自在**存在着的对象在形式上是它自己的规定,是一般意义上的**表象**;这个精神把规定当作它自己的规定(即感觉、表象和思想),对其展开行动,而在这个意义上,它在它自身内和在它的形式里都是无限的。对这个层次的考察属于真正意义上的**精神学说**,这种学说包含着通常的**经验心理学**的对象,但为了成为精神科学,它不应当以经验的方式着手,而是必须以科学的方式得到理解把握。——精神在这个层次上是**有限的**精神,因为它的规定性的**内容**是一个直接的、给定的内容;相关科学必须呈现出这个精神的进程,表明它如何摆脱它的这个规定性,进而把握到它的真理,把握到无限的精神。

反之,**精神理念**作为**逻辑的**对象,已经置身于纯粹科学的内部;这个理念不需要去关注精神所经历的那个进程,即它如何纠缠于自然界、直接的规定性和材料、表象等等,因为这些情况是那三门科学①的考察对象;它已经把这个进程抛在身后,或者换个同样意思的说法,它其实是面临着这个进程,——前者是把逻辑当作**最终的**科学,而后者则是把逻辑当作**最初的**科学,以至于理念还需要从这里过渡到自然界。正如自我已经由自然界的概念出发而表明自己是自然界的真理,同样,在逻辑的精神理念里,自我立即是一个自由的概念,这个概念在它的判断里以自己为对象,是**作为自己的理念**的那个概念。但即便在这个形态里,理念也仍然没有完成。

当理念是一个自由的、以自己为对象的概念时,它是**直接的**,因为它本来就是直接的,仍然是一个在其**主观性**中,随之完全在其有限性中的理 [497]

---

① 指自然哲学、精神现象学和精神哲学。——译者注

念。它是一个应当将自身实在化的目的,或者说是仍然在其**现象**中的**绝对理念**本身。它所寻求的,是**真相**,即概念本身和实在性的同一性,但它起初只是寻求着这个东西;因为当它**最初**处于这个阶段的时候,仍然是一个**主观的东西**。在这里,那个为着概念而存在着的对象虽然也是一个给定的对象,但当它进入主体时,并不是作为一个发挥着作用的客体,不是作为严格意义上的概念本身所是的样子,或者说不是作为表象;毋宁说,是主体把这个对象转化为一个**概念规定**;概念在对象里面展开活动,在对象里面与自身相关联,而当它在客体那里给予自己以实在性,就找到了**真理**。

因此,理念起初是推论的一个端项,亦即概念,后者作为目的,首先把自己当作主观的实在性;另一个端项是主观的东西所遭受到的限制,即客观世界。就两个端项都是理念而言,它们是同一的;首先,它们的统一体是概念统一体,而概念在一个端项里仅仅是**自为的**,在另一个端项里仅仅是**自在的**;其次,实在性在一个端项里是抽象的,在另一个端项里则是位于其具体的外在性中。——现在,这个统一体通过认识活动而被**设定下来**;因为主观的理念是一个从自身出发的目的,所以这个统一体起初仅仅相当于**手段**。——认识者通过其概念的规定性(亦即抽象的**自为存在**)虽然与一个外在世界相关联,但具有绝对的自身确定性,力图把它的自在的实在性或这个形式化的真理提升为实在的真理。认识者在它的概念那里具有客观世界的**整个本质性**;它的过程就是把客观世界的自为的具体内容设定为与**概念**同一,并且反过来把概念设定为与客观性同一。

直接地看来,现象的理念就是**理论的**理念,就是严格意义上的**认识活动**。因为直接地看来,客观世界在形式上就是自为存在着的概念所面对的**直接性**或**存在**,正如这个概念最初只是抽象的、仍然封闭在自身之内的概念;因此它仅仅相当于**形式**;它本身具有的实在性仅仅是**普遍性**和**特殊性**这两个单纯的规定;至于个别性或**已规定的规定性**,亦即内容,则是这个形式从外面获得的。

[498]

A. 真相的理念

主观的理念起初是**冲动**。因为它是概念的矛盾，即以自己为**对象**，且本身就是实在性，同时这个对象却不是**他者**或一个对概念而言独立的东西，或者说这个自身区别并非同时具有**差异性**和漠不相关的定在这一本质性规定。因此，冲动的规定性在于扬弃它自己的主观性，把它的起初抽象的实在性改造为具体的实在性，并且用那个由它的主观性所预先设定的世界的**内容**去充实这个实在性。——从另一个方面来看，冲动的自身规定是这样的，即概念虽然是绝对的自身确定性，但它的**自为存在**却与它所预先设定的那个**自在存在着**的世界相对立，而这个世界的漠不相关的**异在**对于自身确定性而言，仅仅具有一个**非本质性东西**的价值；在这个意义上，概念是一个冲动，即力求扬弃这个异在，并在客体里直观到自身同一性。当这个自身内反映成为已扬弃的对立和**已设定的**、为了主体而造成的**个别性**，而且，当个别性起初显现为预先设定的**自在存在**，那么这个自在存在就是形式从对立里制造出来的自身同一性——相应地，这个同一性被规定为与处在区分状态中的形式漠不相关，并且是**内容**。

因此这个冲动是**真理**的冲动，当此之际，真理位于**认识活动**中，也就是说，这时的**真理**是真正意义上的**理论的**理念。——诚然，**客观的**真理是 [499] 理念本身，即一个与概念相契合的实在性，而在这个意义上，一个对象本身可能具有、也可能不具有真理，反之在一个更明确的意义上，真理却是指那个实在性**为着**主观概念或在主观概念**之内**存在着，即位于**知识之内**。真理是**概念判断**的关系，后者已经表明自己是真理的形式化判断；也就是说，在这个判断里，谓词不仅是概念的客观性，而且是事情的概念和事情的现实性的关联着的比较。——概念的这个实在化是**理论的**，因为概念作为**形式**，仍然具有一个**主观概念**的规定或一个对主体而言的规定，即必须让规定成为概念自己的规定。因为认识活动是作为目的的理念，或者说主观的理念，所以对那个被预先设定为**自在存在着**的世界的否定是**第一个否定**；在结论命题里，客观的东西被设定到主观的东西里面，而结论命题起初仅仅意味着,自在存在者只是**被设定为**一个主观的东西或处在概念规定中,因此并非自在且自为地就是这样。就此而言,结论命题只不过是达到一个**中和的**统一体或一个**综合**,亦即那些原本是分离的、仅仅外在地结合起来的东西的统一体。——因此,在这个认识活动里,当概念把客体设定为**它自己的**客体时,理念起初仅仅给予自己一个内容,这个内容的根基是**给定的**,并且在它那里,只有外在性形式已经被扬弃。就此而言,这个认识活动在其已实现的目的中仍然保留着它的**有限性**;也就是说,它同时在自身之内**没有达到这个目的**,并且**在它的真理中仍然没有达到真理**。因为,只要内容在结果里仍然被规定为一个**给定的东西**,那么那个与概念相对立的、被预先设定的**自在存在**就仍然没有被扬弃;相应地,概念和实在性的统一体,亦即真理,也没有包含在其中。——令人诧异的

[500]   是,近代人坚持这个**有限性**方面,并且把它当作认识活动的**绝对**关系,——仿佛有限者本身就应当是绝对者似的!从这个立场来看,客体被赋予一种未知的、藏在认识活动**背后的自在之物性**,随之真理对于认识活动而言也被看作是一个绝对的**彼岸**。全部思维规定,比如范畴、反映规定还有形式概念及其环节,其之所以有其地位,不是因为它们自在且自为地是有限的规定,而是因为它们作为一种主观的东西,与那个空洞的**自在之物性**相对立,并在这个意义上是有限的规定;那个在近代已经成为普遍意见的谬误,就是把认识活动的这个不真实的关系当作真实的关系。

有限的认识活动的这个规定立即表明,它是一个自己扬弃自己的矛盾,——也就是说,真理同时不应当是真理,对于**存在者**的认识同时不认识自在之物。一旦这个矛盾崩溃,它的内容,主观的认识活动和自在之物,就也崩溃了,亦即表明自己是不真实的东西。但认识活动必须通过它自己的进程去消解它的有限性,随之消解它的矛盾;我们对于认识活动作出的那个考察,是一个外在的反映;但认识活动本身就是那个以自己为目的的概念,因此它通过它的实在化去实现自己,并恰恰在这个实现过程中扬弃它的主观性和那个预先设定的自在存在。——因此我们必须在认识活动自身那里循着它的积极的活动去考察它。正如前面指出的,这个理

念是概念的冲动,即力图**自为地**将**自身**实在化,既然如此,它的活动就在于去规定客体,并且通过这个规定活动,在客体里以同一的方式与自身相关联。总的说来,客体是绝对可规定的东西,而它在理念里具有这样一个本质性方面,即并非自在且自为地与概念相对立。因为这个认识活动仍然是有限的认识活动,不是思辨的认识活动,所以对它而言,那个预先设 [501] 定的客观性尚且不具有这样一个形态,即客观性在其自身完全只是概念,并且本身不包含任何与概念相对立的特殊东西。但是,当客观性被看作是一个自在存在着的彼岸,它在本质上就被规定为一个**可以由概念所规定的东西**,因为**理念**是自为存在着的概念,是绝对的、内在的无限者,在其中,客体已经**自在地**被扬弃了,而目的仅仅是要**自为地**将其扬弃;因此,虽然客体被认识活动的理念预先设定为**自在存在着**,但在本质上却是处于这样一个关系中,即理念对自身,对这个对立的虚无性,抱有确定性,并且在客体之内达到它的概念的实在化。

在那个把主观的理念和客观性结合起来的推论里,**第一个前提**就是我们在目的关联里曾经看到的那个形式,即概念直接掌控着客体并与之相关联。概念对客体作出的规定活动是一个直接的**传递**,即毫无阻碍地将自己**扩散**到客体身上。与此同时,概念始终处于纯粹的自身同一性中;但概念的这个直接的自身内反映同样被规定为客观的直接性;那个**对概念而言**是它自己的规定的东西,同样是一个**存在**,因为它是对于预先设定的**第一个**否定。因此,已设定的规定同样被看作是一个仅仅**被发现的**预先设定,或者说对一个**给定的东西**的**领会把握**,与此同时,概念的活动毋宁仅仅在于以否定的方式对待自己,在面对现成已有的东西时让自己保持克制,保持被动,如此一来,这个东西就不是由主体所规定,而是能够自行**展示出**它在自身之内的样子。

因此,这个认识活动在这个前提里看上去根本不是逻辑规定的一个**应用**,而是把这些规定当作现成发现的东西,予以接受和领会把握,而它的活动看上去也是局限于仅仅把一个主观的障碍或一个外在的护罩从对 [502] 象身上清除出去。这种认识活动是**分析的**认识活动。

a.分析的认识活动

人们往往这样说明分析的认识活动和综合的认识活动的区别,即前者是从已知的东西走向未知的东西,后者是从未知的东西走向已知的东西。但如果人们仔细考察这个区别,就很难在其中揭示出一个已规定的思想,更不要说揭示出一个概念。人们可以说,所有认识活动都是开始于未知的东西,因为人们不必去了解他们已经知道的东西。反过来,认识活动也是开始于已知的东西;这是一个同语反复的命题;那个作为开端的东西,亦即那个被现实地认识到的东西,恰恰因此是一个已知的东西;至于那尚未被认识到,只有后来才应当被认识到的东西,仍然是一个未知的东西。就此而言,人们必须说,只要认识活动已经开始进行,就总是从已知的东西走向未知的东西。

那个把分析的认识活动区分出来的东西,已经把自己规定为这样的情形,即它作为整个推论的第一个前提尚且不具有中介活动,毋宁说,它是概念的直接的、尚未包含着异在的传递,在其中,活动摆脱了自己的否定性。尽管如此,关联的那个直接性本身仍然是一个中介活动,因为它是概念与客体的否定关联,只不过这个关联自己消灭自己,随之使自己成为单纯的和同一的东西。这个自身内反映仅仅是一个主观的东西,因为在它的中介活动里,区别仍然只是呈现为预先设定的**自在存在着的**区别,呈现为**客体**的内在的差异性。因此,这个关联所确立的规定,是单纯的**同一性**或**抽象的普遍性**等形式。因此总的说来,分析的认识活动是以这个同一性为它的本原,但它本身以及它的活动已经排除了一个向着他者的过渡,排除了有差异的东西的结合。

[503]

现在,如果我们仔细考察分析的认识活动,就会发现,其开端是一个**预先设定的**、随之个别的、**具体的**对象,这个对象要么对表象而言是**现成已有的**,要么是一个**任务**,即仅仅在一些情景和条件中被给予,但还没有从中凸显出来,还没有被呈现为一个单纯的独立东西。对这个对象的分析可以这样进行,即让它**瓦解**在它所能够包含的那些特殊**表象**里面;这样的瓦解,以及对这个瓦解的理解把握,不是一件属于认识活动的事务,毋宁仅仅涉及一个较为具体的**了解**,即**表象活动**层面内部的一个规定。由于分析是以概念为根据,所以它的产物在本质上是一些概念规定,而且这些规定是**直接包含在**对象之内。认识活动理念的本性本身已经表明,主观概念的活动在某种意义上必须被看作是**已经存在于客体之内的东西的发展过程**,因为客体本身无非是概念的总体性。有些人认为,在进行分析时,对象里的一切东西都是被**放置进去**的,另外一些人认为,通过分析而获得的各种规定仅仅是从对象中**摘取出来**的。这两个观点都是片面的。众所周知,前一个观点是主观唯心主义的主张,它在进行分析时,仅仅把认识活动当作一个片面的**设定活动**,而**自在之物**则是始终隐藏在设定活动的彼岸;后一个观点属于所谓的实在论,它把主观概念理解为一个空洞的同一性,仅仅**从外面**把各种思想规定**接纳**到自身之内。——正如我们看到的,分析的认识活动就是把给定的材料转化为逻辑规定,二者是合为一体的,是这样一个**设定活动**,它同样直接把自己规定为一个**预先设定活动**,因此在预先设定活动的意义上,逻辑性可以显现为一种在对象里**现成已有的东西**,正如在设定活动的意义上,逻辑性可以显现为一个纯粹的主观活动的**产物**。但这两个环节是不可分离的;在分析所强调的抽象形式里,逻辑性确实只能存在于认识活动中,但反过来,它不仅是一个**已设定的东西**,而且是一个**自在存在者**。 [504]

　　就分析的认识活动是以上揭示出来的那个转化而言,它并没有贯穿更多的**中介环节**,毋宁说,规定是**直接的**,而且恰恰具有这个意义,即它自在地就是对象所特有的规定,随之无需主观的中介活动就能够从对象出发而得到理解把握。——但除此之外,认识活动也应当是各种区别的一个**推进**或发展。根据刚才的考察,分析的认识活动是无概念的、非辩证的,正因如此,它只具有一个**给定的区别**,而且它的推进完全是遵循**材料**的规定。只有当那些推导出来的思想规定仍然是一个具体的东西,并且能够再次接受分析,分析的认识活动才看上去具有一个**内在的推进**;因此这种分析活动的最高成就或最终结果是一个抽象的最高本质或一个抽象的主观同一性,同时与差异性相对立。简言之,这个推进无非是原初的分析活动的单纯重复,亦即把那个已经被纳入抽象形式的东西重新规定为一个**具体的东西**,对其进行分析,然后把由此显露出来的抽象东西重新规定为一个具体的东西,如此以往。——但这些思想规定看起来在其自身之内也包含着一个过渡。假如对象被规定为一个整体,那么人们当然可以由之推进到**另一个**规定,即**部分**,或由**原因**推进到**另一个**规定,即**作用**,[505] 如此以往。但在这里,这些都不是推进,因为整体和部分、原因和作用乃是**对比关系**,而且对于这个形式上的认识活动而言,是这样一些**现成已有的**对比关系,即一个规定在本质上已经**现成地**与另一个规定联系在一起。一旦对象被规定为**原因或部分**,就已经受到**整个**对比关系,受到其两个方面的规定。尽管对比关系**自在地**已经是某种综合的东西,但对于分析的认识活动而言,这个联系就和它的材料的联系一样,都仅仅是一个**给定的东西**,因此不在它的掌控范围之内。至于这个联系究竟是被规定为先天的东西抑或后天的东西,这是无关紧要的,因为它已经被理解为一个**现成已有的**联系,或如人们常说的那样,这是意识的一个**事实**,即"整体"规定和"部分"规定是联系在一起的,如此等等。诚然,康德提出了先天**综合**原理这一深刻的观点,并且认识到它的根源是自我意识的统一体,即概念的自身同一性,但他毕竟是从**形式逻辑**那里把这个**已规定的**联系或者说对比关系概念和综合原理本身当作**给定的东西**而接受下来;因此,对这些原理的演绎本来应当呈现出自我意识的那个单纯统一体如何过渡到它的这些规定和区别;然而康德只是一蹴而就,根本没有揭示这个真正的综合推进过程以及这个生产出自身的概念。

众所周知,人们主要是把**算术**和那些更一般的以**区间大小**为对象的**科学**称作**分析科学**和**分析**。实际上,这些科学的认识方式是一种最为内在的分析,因此我们有必要简明地考察其根据。——通常的分析的认识活动以一个具体的、本身具有偶然杂多性的材料为开端;内容的全部区别以及向着其他内容的推进都依赖于这个材料。与此相反,算术的和代数[506] 的材料已经是一个完全抽象的、无规定的产物,其中消灭了对比关系的全部独特性,因此对它而言,任何规定和联系都是一种外在的东西。这个产物就是区间大小的本原,即**单一体**。这个无对比关系的原子可以增长为一个**多样性**,并以外在的方式被规定或联合为一个**数目**;这个增长和限定是一个空洞的推进和规定活动,并且止步于最初的本原,即抽象的单一体。至于接下来对**数**的统摄和分割,则是完全依赖于认识者的设定活动。一般而言,**大小**是一个范畴,上述规定是在其中被制造出来的,——但它已经成为一个**漠不相关**的规定性,以至于对象并不具有任何内在的、亦即可以**给予**认识活动的规定性。认识活动首先提供了数的偶然的差异性,在这种情况下,数成为接下来的加工改造和杂多的对比关系的材料。诚然,这些对比关系的发现和加工改造看起来并不是内在于分析的认识活动,而是一种偶然的和给定的东西,而且人们通常也宣称这些对比关系以及与之相关联的运算是**前后相继的**、**有差异的**,同时并未指出一个内在的联系;但我们很容易认识到一个主导性的本原,即一个内在于分析的同一性——它在有差异的东西那里显现为**等同**——的东西;推进就是把非等同的东西还原到越来越大的等同。关于最初的要素,如果要举一个例子,那么加法是把完全偶然的、**非等同的**数统摄在一起,反之乘规律是把**等同的**数统摄在一起,于是又出现了**数目**和**单位**[统一体]的**等同**关系和幂方比例关系。

现在,因为对象和对比关系等等的规定性是一个**已设定的**规定性,所以接下来的相关运算也是完全分析式的,因此分析科学所具有的不是**定理**,而是**任务**。分析定理所包含的任务本身就是已经得到解答的,它把两个方面设定为等同的,其整个外在的区别是如此之无关本质,以至于这样一个定理仅仅显现为平淡无奇的同一性。康德宣称 5 + 7 = 12 这个命题是一个**综合命题**,因为同一个东西这边在形式上呈现为多个东西,即 5 和 7,那边在形式上呈现为一个东西,即 12。但是,如果分析不应当意味着 12 = 12 之类完全抽象的同一性和同语反复,而是一般地作为其中的一个推进,那么就必须存在着一个区别,只不过这个区别不是基于质,不是基于反映的规定性,更不是基于概念。5 + 7 和 12 完完全全是同一个

[507]

内容;前一方面也表达出一个**要求**,即 5 和 7 应当被统摄为**一个**表达式,也就是说,既然"五个"是统计出来的,而且这个统计既可以随意中断,也可以继续推进,那么现在就应当以同样的方式继续统计,同时补充一个规定,即那些增补的单一体应当是"七个"。因此 12 是 5 和 7 的一个结果,是这样一个运算的结果,它已经是被设定的,就其本性而言也是一个完全外在的、无思想的行动,因此也可以由一台机器来操作。这里根本没有向着一个**他者**的过渡,毋宁只是一个单纯的延续,亦即**重复**那个让 5 和 7 产生出来的运算。

[508]

假若 5 + 7 = 12 是一个综合命题,就需要这样一个定理,但对于这个定理的**证明**只能基于一个运算,即从 5 出发进行统计,并服从 7 的规定,并且认识到这个统计活动和人们通常称之为 12 的那个东西(它无非就是那个已规定的统计活动本身)的和谐一致。因此人们没有选择定理的形式,而是选择了运算的**任务**或**要求**的形式,也就是说,只要说出方程式的**一方**,这就构成了定理,其另一方也应当被发现。任务包含着内容,并提出一个已规定的、借助于内容而进行的运算。运算不是受限于错综复杂的材料,而是一个外在的、主观的行动,材料接受了这个行动的各种规定,并在自身那里将它们设定下来。在任务提出的条件和作为**解答**的结果之间,整个区别仅仅在于,那在结果里以已规定的方式**现实地**联合起来或分离的东西,在任务里面已经被提出来。

就此而言,在这里使用那些与综合命题相关联的几何方法的形式,并且除了任务的**解答**之外还提出一个**证明**,这些都是极为累赘的摆设。证明无非表达出这样一个同语反复:"因为人们按照任务所规定的那样去运算,所以解答是正确的。"如果任务在于人们应当把多个数相加,那么这就已经是解答;人们把这些数相加;证明仅仅表明:因为任务在于相加,而人们也相加了,所以解答是正确的。假若任务包含着更复杂的规定和运算(比如十进位数的相乘),而解答所提供的无非是一个机械的办法,那么证明确实是有必要的;但这样的证明只能是对那些规定和那个得出解答本身的运算进行分析,此外无他。通过这个区分,即把**解答**当作一个

机械的办法,把**证明**当作对于有待处理的对象和运算本身的本性的回想,
分析式任务的那个优点恰恰丧失了,也就是说,**建构**本来是从任务中直接
推导出来,随之自在且自为地呈现为**独立的东西**;但如果换了别的方式,　　[509]
建构就会明确体现出综合方法所特有的一个缺陷。——在高等分析里,
那些伴随着幂方比例关系而出现的,主要是区间大小的质的、依赖于概念
规定性的比例关系,而任务和定量确实包含着综合的规定;在其中,**另外
一些**规定和比例关系必须被当作是中介环节,并且是通过任务或定理而
直接给定的。除此之外,这些作为辅助的规定必须属于这样一个类型,即
它们是立足于对任务或定理的一个方面的考察和展开;只有当任务或定
理不再让这个方面凸显出来,才会得出一个综合的外观。——比如,如果
任务在于找到一个方程式的根的幂方总和,那么解答就是去考察那些作
为根的方程式系数的函数,然后将它们联系在一起。在这里,系数的函数
及其联系等辅助规定并没有在任务里表达出来,——更何况这个展开本
身完全是分析式的。所以,$x^{m-1} = 0$ 这一方程式借助于正弦而得出的解
答,和那个内在的、众所周知由高斯①通过对 m 除以 $x^{m-1}-1$ 的**余数**和所
谓的原始根的考察而发现的解答——这是近代分析最重要的拓展之
一——都是一个综合的解答,因为这些作为辅助的规定,即正弦或对于余
数的考察,并不是任务本身的一个规定。

　　关于这种以变量的所谓的无限差分为对象的分析,关于微积分计算
等等,其本性已经在这部《逻辑学》的**第一部分**里有更详细的讨论。那里
已经指出,它们所依据的是量的大小规定,而这个规定唯有通过概念才能　　[510]
够得到理解把握。从严格意义上的大小到大小规定的过渡不再是分析式
的;直到今天,数学都仍然做不到凭借自己(亦即以数学的方式)去解释
那些依据于那个过渡的运算,因为这个过渡在本性上不是数学式的。莱
布尼茨获得的一个赞誉,就是把无限差分的计算改造为一**种演算**,但正如

————————

　　① 　高斯(Carl Friedrich Gauss, 1777—1855),德国数学家、天文学家、物理学家,号称
"数学家之王"(Princeps Mathematicorum)。——译者注

那里所引述的,他是以一种最不可靠的方式(亦即完全无概念的,而且非数学的方式)造成过渡;而一旦预先设定了过渡——它在科学的当前局面下无非是一个预先设定——,那么接下来的进程当然只是一系列通常所谓的分析式运算。

我们曾经指出,只要分析触及一些不再是由任务本身所**设定的规定**,它就转变为综合的。从分析的认识活动到综合的认识活动的普遍过渡是基于从直接性形式到中介活动、从抽象的同一性到区别的必然的过渡。总的说来,只要诸规定是与自身相关联的,分析活动就止步于此;但通过它们的**规定性**,它们在本质上也具有这个本性,即**与一个他者相关联**。我们已经指出,虽然分析的认识活动所遵循的对比关系不是一个以外在方式给定的材料,而是一些思想规定,但只要这些对比关系对认识活动而言是**给定的**,它就始终是分析式的。这种认识活动只知道抽象的同一性是专属于它的,但因为这个同一性在本质上是**区分开的东西的同一性**,所以它必须也作为这样的同一性而成为认识活动的同一性,并且对于主观概念而言,也必须成为一个由主观概念所设定、与主观概念同一的**联系**。

[511] **b.综合的认识活动**

分析的认识活动是整个推论的第一个前提,——是概念与客体的**直接关联**;因此同一性是它所认识到的专属于它的规定,而它仅仅是对于**存在者**的**领会把握**(Auffassen)。综合的认识活动致力于对**存在者**的**概念把握**(Begreifen),亦即在诸规定的统一体中理解把握它们的杂多性。就此而言,综合的认识活动是推论的第二个前提,**有差异的东西**在其中作为有差异的东西而相互关联。所以,它的目标是一般意义上的必然性。——结合在一起的有差异的东西有时候是处于一个**对比关系**中,这时它们既是相互关联的,也是彼此漠不相关的和**独立的**;但它们有时候也是在**概念**中联系在一起,而概念是它们的单纯的、但已规定的统一体。现在,就综合的认识活动首先从**抽象的同一性**过渡到**对比关系**,或从**存在**过渡到**反映**而言,它并不是概念在其对象中认识到的概念的绝对反映;概念给予自身的实在性是接下来的层次,即刚才指出的有差异的东西作为有差异的东西的同一性,因此它仍然是**内在的**同一性,仅仅是必然性,不是主观的、自为存在着的同一性,随之仍然不是严格意义上的概念。诚然,综合的认识活动也是把概念规定当作自己的内容,并在这些规定中把客体设定下来;但这些规定起初只是处于彼此的**对比关系**中,或者说处于一个**直接的**统一体中,而在这种情况下,它们恰恰不是处于那个以概念为主体的统一体中。

这个情况构成了综合的认识活动的有限性;因为理念的实在方面在其中仍然把同一性当作**内在的**同一性,所以它的各种规定彼此之间仍然是**外在的**;由于理念不是作为主观性,所以概念在其对象中特有的那个东西仍然缺少**个别性**,而且这个特有的东西虽然不再是抽象的,而是**已规定的**形式,亦即概念的**特殊东西**,或者说那个在客体中与它契合的东西,但客体的**个别性**仍然是一个**给定的**内容。因此,虽然综合的认识活动把客观世界转化为概念,但仅仅按照概念规定而赋予客观世界以形式,并且必须按照客体的**个别性**或者说已规定的规定性去**发现**客体;它仍然不是亲自进行规定。同样,它**发现**了一些命题和规律,并且证明它们的**必然性**,但不是把它们当作自在且自为的事情本身的必然性,也就是说,不是从概念得出的必然性,而是这样一种认识活动的必然性,它沿着给定的规定,沿着现象的区别,向前推进,**自为地**认识到命题是统一体和对比关系,换言之,从**现象**中认识到现象的根据。

以下将考察综合的认识活动的更具体的环节。

1. 定义

最基本的一点:起初仍然是给定的客观性转化为单纯的、亦即最初的形式,随之转化为**概念**形式;这个领会把握的诸环节无非是概念的诸环节,即**普遍性**、**特殊性**和**个别性**。——个别东西是作为**直接表象**的那个客体本身,是应当被定义的东西。个别客体的普遍者在客观判断或必然性判断的规定里已经体现为**种**,而且是**最近的**种,亦即一个具有规定性的普遍者,与此同时,这个规定性对于特殊东西的区别而言是本原。对象在**属**

[512]

411

差(spezifische Differenz)那里具有这个区别,而属差则是使对象成为一个已规定的属,并且奠定了对象相对于其余的属而言的选项或分离。

当定义以这个方式把对象回溯到它的**概念**,就清除了对象为了达到实存而必须具有的那些外在性;它抽离了概念在其实在化过程中获得的

[513] 那些东西,然而只有通过这些东西,概念才首先达到理念,其次达到外在的实存。**描述**是为**表象**服务的,并且接纳了这个更进一步的、属于实在性的内容。但定义却是把直观到的定在的这些丰富的、杂多的规定回溯到单纯的环节;至于这些单纯要素的形式是怎样的,它们相互之间有怎样的规定,这些都包含在概念里面。在这个意义上,正如已经指出的,对象被理解为普遍者,后者在本质上同时是已规定的东西。对象本身是第三者,是个别东西(种和特殊化在其中被设定为合为一体),而且是一个**直接的东西**,而由于概念仍然不是亲自进行规定,所以这个东西被设定在概念**之外**。

在那些规定里,在定义的形式区别里,概念发现了自己,并且在其中具有与自己相契合的实在性。但因为概念环节的自身内反映,个别性,尚未包含在这个实在性里面,而且在这种情况下,处于认识活动中的客体尚未被规定为一个主观的客体,所以认识活动反过来是一个主观的认识活动,并且具有一个外在的开端,换言之,认识活动之所以是主观的,是因为它把个别东西当作其外在的开端。在这种情况下,概念的内容是一个给定的东西,一个偶然的东西。因此具体的概念本身从双重的方面来看都是偶然的:一方面,它的内容始终是偶然的,另一方面,对象在外在的定在里具有许多性质,其中哪些内容规定应当被挑选出来用于构成概念的环节,这也是偶然的。

后面这个观点需要更详细的考察。也就是说,既然个别性作为自在且自为地已规定的存在,位于综合的认识活动的独特的概念规定之外,那

[514] 么就没有什么本原去决定对象的哪个方面应当属于它的概念规定,哪个方面应当属于外在的实在性。而在进行定义的时候,这个情况就给综合的认识活动带来了一个不可克服的困难。尽管如此,这里还是必须作出

区分。

第一：对于自觉的合目的性的产物，很容易找到定义，因为这些产物所服务的目的是一个从主观决断中产生出来的规定，它构成了实存者的本质性特殊化或形式，因此是这里唯一的关键之所在。至于它的质料的本性以及另外一些外在的特性，就其与目的相契合而言，都包含在目的的规定中，而其余的特性相对而言则是非本质的。

第二：几何学对象是抽象的空间规定；那个位于根基处的抽象东西，即所谓的绝对空间，已经失去了全部进一步的规定，此外仅仅具有一些在绝对空间里被设定的形态和形状；因此，几何学对象在本质上仅仅**是**它们**应当**所是的东西；它们的一般意义上的概念规定，或更确切地说，属差，在它们那里具有其单纯的、不受阻碍的实在性；就此而言，它们和外在合目的性的产物是同一个东西，正如它们和算术对象在某方面也是和谐一致的，即都是仅仅以那个在它们之内被设定的规定为基础。——诚然，空间还具有一些进一步的规定，比如它的三个维度，它的延续性和可分性，这些都不是通过其自身那里的外在规定才被设定下来的。但这些规定并不属于被接纳的质料，而是一些直接的预先设定；只有当那些主观的规定与它们所置身的基础的这个独特的本性相结合，并纠缠在一起，才产生出综合的对比关系和规律。——在数的规定那里，既然它们都是以一个单纯的本原亦即单一体为根基，那么结合和进一步的规定就完全只是一个已设定的东西；反之，由于空间本身是一个延续的**彼此外在**，所以其中的各 [515] 种规定仍然会进一步演化，并具有一个与它们的概念有差异的实在性，只不过这个实在性不再属于直接的定义。

第三：关于自然界和精神的**具体**客体的定义，看起来完全是两码事。总的说来，这样的对象对表象而言是**一些具有诸多特性的物**。这里的关键，首先是要把握它们的最近的种，其次是要把握它们的属差。因此这里必须去规定，在诸多特性里，哪些属于作为种的对象，哪些属于作为属的对象？再者，这些特性里面那些是本质性的？就后面这一点而言，必须认识到它们相互之间处于怎样的联系中，以及其中一个特性是不是由其他特性所设定的,如此等等。但对于这些情况,唯一的标准只有**定在**本身,此外无他。——在定义里,特性应当被设定为单纯的、未展开的规定性,但特定的本质性对定义而言就是其普遍性。但在定在里,这个普遍性是时间里的纯粹经验的普遍性——比如某个特性是绵延的,而其他的特征却是表现为在整体的持存里转瞬即逝——或者说这样一个普遍性,它是通过与其他具体的整体做比较而显露出来的,因此并未超越共通性。现在,假若比较宣称那个以经验的方式呈现出来的总体式面貌是共同的根基,那么反映就必须把这个面貌整合为一个单纯的思想规定,并且领会把握这样的总体性的单纯特性。有些人信誓旦旦地宣称,思想规定或个别的、直接的特性构成了对象的单纯的、已规定的本质,但这个说法只不过是从具体状况中**推导出**这样一个规定。这个推导需要一个分析,后者把

[516]   直接的状况转化为思想,把状况的具体因素回溯到一个单纯的东西;这个分析比之前考察的分析更为高级,因为它不是抽离式的,而是在普遍者里仍然保留着具体东西的规定性,将具体东西联合起来,同时表明其依赖于单纯的思想规定。

　　但这样一来,直接定在的杂多规定与单纯概念的关联就将是一些需要证明的定理了。为了作出证明,定义只能使用对象的**直接的**、所谓的特性之一,——只能使用感性定在或表象的一个规定,因为定义作为最初的、尚未展开的概念,应当领会把握对象的单纯规定性,而且这个领会把握应当是某种直接的东西;接下来,那个规定通过抽象而发生的个别化构成了单纯性,至于普遍性和本质性,概念只能求助于经验的普遍性、时过境迁中的常驻者,以及外在定在和表象里的反映等等,也就是说,在找不到概念规定的地方去寻找概念规定。——因此定义活动自己也放弃了那些在本质上应当是对象的本原的真正的概念规定,转而满足于**特征**,亦即这样一些规定,在它们那里,**本质性**与对象本身是漠不相关的,而它们的唯一目的就是成为对一个外在反映而言的**标记符号**。——这样个别的、**外在的**规定性实在是太不符合具体的总体性,太不符合它的概念的本性了,以至于根本就不能被挑选出来冒充普遍性,仿佛一个具体的整体可以

把它当作自己的真正的表达式和规定似的。——比如,按照布鲁门巴赫①的注解,耳垂是所有别的动物都缺少的东西,因此按照通常那些关于共同的和有区别的特征的言论,它完全可以作为一个独特的性质而被用来定义自然人。但我们立即发现,用这样一个完全外在的规定来代表自然人的总体式面貌,是多么不符合那个要求,即概念规定应当是某种本质性东西! 如果那些被纳入定义的特征仅仅是这类纯粹的信口开河,或只是较为接近一个本原的本性,那么它们都是某种完全偶然的东西。很显然,鉴于它们的外在性,它们也不是概念认识的开端;毋宁说,在尚未发现自然界和精神里面的种时,已经有一个晦暗的感觉,一个无规定的、但更深沉的领悟,一个对于本质性东西的预感,先行在前,然后才为知性寻找一个已规定的外在性。——当概念在定在里进入外在性,就展开为它的各种区别,而且不可能完全束缚在任何一个个别特性上面。特性作为物的外在性,本身就是外在于自身;在现象的层面里,我们在谈到一个具有许多特性的物时已经指出,特性正因如此在本质上甚至成为独立的质料;从现象的同一个立场来看,精神也成为许多独立的力的堆积。在这个立场上,个别的特性或力被设定为与其他特性或力漠不相关,而正是通过这个立场本身,它们就不再是一个刻画特性的本原,相应地,规定性作为概念的规定性也完全消失了。[517]

在具体的物那里,除了特性彼此之间的差异性之外,还出现了**概念**及其**实现**之间的区别。自然界和精神里面的概念具有一个外在的呈现,在其中,概念的规定性表现为对于外观、转瞬即逝者和非适宜性的依赖。因此,某种现实的东西诚然自在地已经表明它**应当**是什么,但按照否定的概念判断,它同样可以表明,它的现实性仅仅部分地与这个概念相契合,也就是说,这个现实性是**恶劣的**。现在,既然定义应当通过一个直接的特性而指示出概念的规定性,那么就不存在什么与实例无关的特性,以至于整[518]

---

① 布鲁门巴赫(Johann Friedrich Blumenbach,1752—1840),德国医生和自然科学家,尤其擅长比较解剖学和生理学。——原编者注

个面貌虽然让人们认识到那个有待定义的具体东西,但那个被当作其特征的特性却表现为一种不成熟的或萎缩的东西。在一株恶劣的植物、一个恶劣的动物种类、一个劣迹斑斑的人或一个恶劣的国家里,实存的各个方面都是有缺陷的或完全堵塞的,但对于定义而言,它们仍然可以被看作是这样一个具体东西的实存里的区分者和本质性规定性。恶劣的植物和动物等等终究仍然是植物和动物。所以,假若恶劣的东西也被纳入定义之中,那么只要存在着某些缺乏本质特性的畸形实例,经验的搜寻就失去了全部它以为是本质特性的东西,比如,只要存在着无头怪的实例,自然人就失去了大脑这一本质性,只要存在着专制国家和暴君统治的实例,国家就失去了保护生命和财产这一本质性。——如果人们针对实例而主张概念,并且宣称实例以概念为标准来看是一个恶劣的样本,那么概念就不能把现象当作自己的凭证。但概念的独立性有悖于定义的意义,因为定义应当是**直接的**概念,于是其对于对象的规定只能取材于定在的直接性,

[519]　并且只能以现成已有的东西为自己辩护。——至于**自在且自为地看来**,定义的内容究竟是真理还是偶然性,这件事情已经超出了它的层面;但是,因为个别的对象也可能是恶劣的,所以得不出形式化的真理,即在定义中以主观的方式所设定的概念与一个位于概念之外的现实对象的和谐一致。

　　总的说来,定义的内容是取材于直接的定在,又因为这个内容是直接的,所以它不需要辩护;这个起源已经消除了对于其必然性的追问;当定义宣称概念是一个纯粹直接的东西时,就放弃了对于概念本身的概念把握。因此定义无非是通过一个给定的内容而呈现出概念的形式规定,但这里没有概念的自身内反映,也就是说,**没有概念的自为存在**。

　　但任何直接性都仅仅是从中介活动中显露出来的,因此必须过渡到中介活动。换言之,定义所包含的那个内容规定性正因为是规定性,所以它不仅是一个直接的东西,而且是一个以其他规定性为中介的东西;因此定义只能通过相反的规定去把握它的对象,随之必须过渡到**划分**。

2. 划分

普遍者必须将自身**特殊化**;就此而言,划分的必然性位于普遍者之内。但由于定义本身已经以特殊东西为开端,所以它之过渡到划分的必然性是位于特殊东西之内,而特殊东西本身又指向另一个特殊东西。反过来,特殊东西之所以与普遍者分离,恰恰是因为规定性需要坚持与其他规定性的区别;在这种情况下,普遍者对于划分而言是**预先设定的**。诚然,这个过程表明,定义的个别内容是通过特殊性而攀升到普遍性的顶端,但从现在起,普遍性必须被看作是客观的根基,而从这个根基出发,划分呈现为普遍者或最初的东西的析取(Disjunktion)。 [520]

于是过渡出现了,这个过渡是从普遍者走向特殊东西,因此是由概念的形式所规定的。定义本身是某种个别东西;定义的多数性取决于对象的多数性。这个隶属于概念的推进,亦即从普遍者到特殊东西的推进,是**一门综合科学**,一个**体系**或**体系式认识活动**的根基和可能性。

正如已经指出的,对此的第一个要求是,应当以一个处于**普遍者**形式下的对象为开端。如果说在现实性里(无论是自然界的还是精神的现实性),具体的个别性是作为最初的东西被给予主观的、自然的认识活动,那么反过来,在认识活动里(它把概念的形式当作根基,因此至少在这个意义上是一种概念把握),**单纯的**、从具体东西那里**分离出来的东西**必须是最初的东西,因为对象只有在这个形式下才具有"与自身相关联的普遍者"和"就概念而言的直接东西"的形式。与这个过程相反,科学里面可能也有这样一个看法:因为直观活动比认识活动更轻松,所以可直观的东西(亦即具体的现实性)也更容易成为科学的开端,而且这个过程比那样一个过程**更符合本性**,后者以抽象的对象为开端,反过来推进到对象的特殊化和具体的个别化。——但由于我们应当去**认识**,所以认识和**直观**的比较早就已经了结,并且被放弃,只剩下这样一个问题:**在认识活动的内部**,什么是最初的东西,以及后续是怎样的状况? 这里所要求的不再是一条**更符合本性**的道路,而是一条**更符合认识**的道路。——假若只是追求**轻松**,那么对认识活动而言,去把握抽象而单纯的思想规定,相比去把 [521]

握具体的东西,当然更为更轻松,因为后者是这类思想规定及其对比关系的繁复的结合;但具体的东西应当通过这个方式,而不是像在直观里一样,得到领会把握。自在且自为地看来,**普遍者**是最初的概念环节,因为它是**单纯的东西**,而特殊东西是后续的概念环节,因为它是经过中介的东西;反过来,**单纯的东西**是更为普遍的,而具体的东西作为自身内区分开的、随之经过中介的东西,已经预先设定了一个从最初的东西出发的过渡。——这个评注不仅涉及定义、划分、命题等已规定的形式里的过程秩序,而且涉及一般而言的认识活动的秩序,即仅仅关注一般意义上的抽象东西和具体东西的区别。——比如,在**学习阅读**的时候,合乎理性的方式不是以阅读整个词语或音节为开端,而是以词语和音节的**原素**和**抽象**音调的符号为开端;在书写字母时,具体的词语已经完全分解为抽象的音调及其符号,而正因如此,学习阅读才是最初与抽象对象打交道的活动。在**几何学**里,不是以具体的空间形态为开端,而是以点和线为开端,然后是平面的形状,而在后者这里,也不是以多边形为开端,而是以三角形为开端,并且在各种曲线里面也是以圆为开端。在**物理学**里,必须把个别的自然特性或质料从它们的复杂的纠缠状况中解放出来(它们由于这些纠缠状况而置身于具体的现实性中),并用一些单纯的、必然的条件来阐述它们;即使它们和空间形状一样都是可直观的,但为了直观到它们,也必须有一些预备工作,也就是说,由于它们通过一些外在于它们特有的规定性

[522]

的情况而发生各种变形,所以必须首先让它们摆脱这些变形,显现出来,然后加以坚持。磁、电、各种气体等等就是这样的对象,为了认识到它们的规定性,唯一的办法是当它们在具体状况中在现实性里显现出来时,把它们从这些具体状况中抓取出来,予以领会把握。诚然,实验是通过一个具体的事件而把它们呈现在直观面前;但一方面,为了具有科学性,实验只能采用一些必要的条件,另一方面,为了表明这些条件的不可分割的具体因素是非本质性的,实验必须多次进行,也就是说,让这些条件在一个又一个具体的形态中显现出来,以至于对认识而言,只剩下它们的抽象的形式。——这里不妨再举一个例子,如果我们首先在动物的主观感官的

具体现象里观察**颜色**,然后在主体之外把颜色看作是一个幽灵式的、漂浮不定的现象,最后在外在的现实性里把它看作是固着在客体身上的东西,这些做法可能看起来是合乎本性的和有意义的。实则对于认识活动而言,普遍的、从而真正最初的形式是上述三种观察方式里面的中间那个,即颜色漂浮在主观性和客观性之间,作为著名的光谱而存在着,尚未与任何主观的和客观的情况纠缠在一起。在纯粹地观察这个对象的本性时,别的那些情况完全是捣乱,因为它们表现为作用因,从而让人们搞不清楚,颜色的那些已规定的变化、过渡和对比关系究竟是立足于它特有的、专门的本性呢,还是归咎于那些情况的病态的、专门的状况,亦即要么归咎于主体官能的或健康或病态的、特殊的刺激和作用,要么归咎于客体的化学力、植物性的力和动物性的力。——更多其他的例子还可以从对于有机自然界和精神世界的认识中列举出来;总之无论什么时候,抽象的东西都必须构成开端和元素,在这个东西之内并且从这个东西出发,各种特殊性和具体东西的丰富形态才扩散开来。 [523]

诚然,在划分或特殊东西那里,现在真正出现了特殊东西和普遍者的区别,但这个普遍者本身是已经是一个已规定的东西,随之仅仅是一个划分的一个环节。因此对它来说,存在着一个更高的普遍者;但对于这个更高的普遍者来说,又有一个更高的普遍者,如此以至无限。对于这里考察的认识活动而言,不存在什么内在的界限,因为它是从给定的东西出发,而抽象的普遍性是它的最初的东西所特有的形式。因此,当某个对象看起来具有一个基本的普遍性时,就成为一门已规定的科学的对象,并且是一个绝对的开端,因为这里已经**预先设定了表象**对它的熟识,随之假定它不需要任何推导。定义把它当作是一个直接的对象。

由此出发,接下来的推进首先是**划分**。对于这个推进而言,大概只需要一个内在的本原,亦即一个从普遍者和概念出发的开端;但这里考察的认识活动却缺少这样一个本原或开端,因为它仅仅遵循概念的形式规定,却不具有这个规定的自身内反映,因此是从给定的东西里获得内容规定性。对于出现在划分里的特殊东西而言,没有任何独特的根据,既没有一个应当构成划分根据的东西,也没有析取出来的环节相互之间应当具有的已规定的对比关系。从这个角度来看,认识活动的工作仅仅在于,一方面整理那些在经验材料里发现的特殊东西,另一方面也通过比较而发现特殊东西的普遍规定。于是这些普遍规定被当作划分的根据,这些根据可以是多种多样的,正如以此为依据的划分也是多种多样的。划分出的
[524] 环节是属,它们的对比关系仅仅具有这样一个普遍的规定,即它们是**按照那个假定的划分根据**而彼此规定的;假若它们的差异性是依据于另一个角度,那么它们就不会在同一条线上相互嵌合。

由于缺少**自为地已规定的存在**这一本原,对于这个划分工作而言,规律只能立足于一些形式化的、空洞的、毫无用处的规则。——所以我们看到,人们提出"划分**应当**穷尽概念"这一规则;但实际上每一个个别的划分环节都必须穷尽**概念**。这里真正的意思是,概念的**规定性**应当被穷尽;但对于属的经验的、内在无规定的杂多性而言,为了穷尽概念,无论找到多少属是无济于事的;比如在找到鹦鹉的 67 个属之后,是否还能找到 12 个属,这与种的穷尽是漠不相关的。对于穷尽的要求只能意味着一个同语反复的命题,即全部属都应当**完整地**列举出来。——在扩充经验认识的时候,如果找到一些与种的假设的规定不符合的属,这当然是非常有益的,因为人们之所以假定这个种,更多是依据整个面貌的一个晦暗的表象,而不是依据或多或少的个别特征,但特征明显应当服务于种的规定。——在这种情况下,种必须有所改变,而且这件事情必须得到辩护,即另一个数目的属被看作是一个新的种的属,也就是说,种规定自己是由人们原意看作统一体的那个角度组合而成的;在这种情况下,这个角度本身就将是划分的根据了。反过来,假若人们坚持那个最初假定的规定性,
[525] 把它当作种的独特性,那么当人们把某个材料当作属,企图将它们与早先的属组合起来时,这个材料就会排斥自己。这种无概念的奔忙——它一方面假定一个规定性是种的本质性环节,并据此把许多特殊东西放在种之下或将其排斥到种之外,另一方面以特殊东西为开端,并在对其进行组合时又去遵循另一个规定性——看上去就是一个随心所欲的游戏,也就

是说,具体东西的哪一部分或哪一方面应当加以坚持,并据此进行安排,这些完全都是由它说了算。——关于划分的本原,物理自然界本身就呈现出这样一种偶然性;凭借其有所依赖的、外在的现实性,自然界处于一个杂多的、对它而言同样是给定的联系中;因此这里能够找到一定数量的本原,自然界让自己适应它们,在它的某一系列形式中遵循一个本原,而在其他系列的形式中又遵循其他的本原,随之产生出一些混合式的雌雄同体,与此同时,这些东西从不同的方面来看又消失了。由此造成的结果是,在某一系列的自然物那里,某些特征以非常显著的和本质性的方式显露出来,而在其他系列的自然物那里,这些特征却是若隐若现的,无目的的,而在这种情况下,根本就不可能坚持这个属的划分本原。

经验的属的普遍**规定性**只能是这样,即它们一般而言是彼此**有差异的**,但并不相互对立。此前我们已经揭示出**概念的析取**的规定性;如果特殊性在没有概念的否定统一体的情况下被当作直接的、给定的东西而接受下来,那么区别就仅仅止步于早先考察过的那个反映形式,即一般意义上的差异性。概念在自然界里主要处于外在性中,而外在性导致了区别的整个漠不相关性;所以人们在进行划分的时候经常采用**数**的规定。

在这里,虽然特殊东西相对于普遍者和一般意义上的划分而言,是一种偶然的东西,但如果人们在认识活动中看到各种划分的根据和划分,而且它们在感性特性容许的情况下表明自己属于概念,那么这可以算作理性的**本能**。比如在**动物**那里,撕咬器官(牙齿和爪子)在体系里就被用作广泛的划分根据;它们起初只是被当作这样一些方面,即据此可以更容易地识别那些对认识活动的主观目的而言的特征。但实际上,那些器官不仅包含着一种适用于外在的反映的区分,而且是动物性个体性的关乎生死的点,在这个点上面,动物使自己区别于他者(即外在的自然界),把自己设定为一个与自身相关联的、切断了与他者的延续性的个别性。——在**植物**那里,生殖部分构成了植物性生命的那个最高点,由此暗示出向着性别,随之向着个体式个别性的过渡。就此而言,体系有权利为了一个根据(这不是割裂的根据,而是一个深远的划分根据)而转向这个点,随之

[526]

把一个规定性当作根基,后者不仅是一个可以被外在的反映拿来做比较的规定性,而且是植物能够具有的最高的、自在且自为的规定性。

　　3. 定理

　　a)这个按照概念规定而前进的认识活动的第三个层次是从特殊性到个别性的过渡;个别性构成了**定理**的内容。因此这里要考察的,是一个**与自身相关联的规定性**,对象的内在区别,以及区分开的规定性相互之间[527]的关键。定义仅仅包含着**单一的规定性**,划分包含着一个**与其他规定性相对立**的规定性;在个别化过程中,对象在自身内分裂了。如果说定义是止步于普遍的概念,那么在定理里则正相反,对象在它的实在性中,在它的实在的定在的各个条件和形式中被认识到。因此定理是和定义一起呈现出**理念**,亦即概念和实在性的统一体。但这里所考察的、仍然在四处求索的认识活动并没有达到这个呈现,因为在这种认识活动里,实在性尚未从概念中显露出来,因此它对于概念的依赖性和统一体本身还没有被认识到。

　　从上述规定来看,定理是一个对象的真正的**综合者**,因为它的各个规定性之间的对比关系是**必然的**,也就是说,立足于概念的**内在的同一性**。在定义和划分里,综合者是一个从外面接收过来的结合;现成已有的东西被赋予概念的形式,但整个内容作为现成已有的东西,仅仅得到**展现**（monstriert）;然而定理应当得到**证明**（demonstriert）。由于这个认识活动**没有演绎出**它的定义和划分规定的内容,所以乍看起来,也可以省略对于定理表达出的那些对比关系的**证明**（Beweisen）,并从这个角度来看同样满足于知觉。问题在于,认识活动之所以有别于单纯的知觉和表象,是因为它赋予内容以一般意义上的**概念形式**;这一点在定义和划分里已经做到了;但由于定理的内容来自于**个别性**这一概念环节,所以它是立足于各种实在性规定,后者不再仅仅把单纯的和直接的概念规定当作自己的对比关系;在个别性里,概念已经过渡到**异在**,过渡到实在性,随之成为理念。在这种情况下,定理所包含的综合不再用概念形式为自己进行辩护;[528]它作为结合,是**有差异的东西**的结合;因此那个尚未一起被设定的统一体还需要被揭示出来,于是对于这个认识活动本身而言,证明在这里是必不可少的。

这里首先呈现出来的困难,是要明确地**区分**,哪些**对象规定**能够被接纳到**定义**里面,或者说哪些对象规定必须被移交给**定理**。对于这件事情,不可能有一个本原;乍看起来,这样一个本原就在于:虽然对象直接具有的东西属于定义,但对于其余的经过中介的东西,还需要揭示出中介活动。但定义的内容一般而言是已规定的,从而在本质上是一个经过中介的内容;它仅仅具有一个**主观的**直接性,也就是说,主体造成一个随意的开端,并把一个对象当作预先设定。一般而言,由于这是一个内在具体的对象,而且必须被划分,所以出现了一定数量的规定,它们就其本性而言是经过中介的,并且不是通过一个本原,而是仅仅依据主观的规定而被假定为直接的和无需证明的东西。——欧几里德作为自古以来公认的综合认识活动的大师,也是在**公理**的名义下为**平行线**提出一个**预先设定**,而人们认为这个东西是需要证明的,并且尝试以各种不同的方式弥补这一缺陷。在另外一些定理那里,人们自认为发现了一些预先设定,它们不应当直接被接纳,而是需要得到证明。至于平行线的那个公理,可以这样说,在这件事情上,我们恰恰应当认识到欧几里得的正确心思,看到他是如何恰当地尊重几何学的要素和本性;因为,假若要证明那个公理,那么只能从平行线的**概念**出发,但这样的证明既不属于几何学,也不属于对概念的定义、公理乃至概念的整个对象(亦即空间本身及其最初的规定)的演绎;——因为这样的演绎只能从概念引导出来,但概念却是位于欧几里得科学的独特方面之外,因此对于这门科学而言,那些东西必然是**预先设定**,即相对最初的东西。 [529]

借此机会,我们可以谈谈**公理**。公理和预先设定属于同一个类型。人们经常错误地假定公理是绝对最初的东西,仿佛它们本身自在且自为地不需要任何证明。假若事实上真是如此,那么它们就将是一些单纯的同语反复了,因为只有在绝对同一性里才不会出现差异性,随之也不需要任何中介活动。但如果公理不仅仅是同语反复,那么它们就是**另外一门**

科学所提供的**命题**,因为它们对于那门把它们用作公理的科学而言应当是预先设定。因此真正说来,它们是**定理**,而且在绝大多数情况下都是来自于**逻辑**。几何学的公理是这样一类辅助定理或逻辑命题,它们之所以看上去像同语反复,是因为它们仅仅涉及大小,从而在自身之内消解了质的区别;至于那条主要公理,亦即纯粹量的推论,前面已经有所讨论。——因此,公理和定义以及划分一样,本身自在且自为地看来也需要一个证明,并且只有在一种情况下才不被当作定理,即它们作为相对最初的东西被某一个立场假定为预先设定。

就**定理的内容**而言,必须作出更详细的区分,也就是说,既然区别立足于概念的实在性的**各个规定性**之间的**关联**,那么这些关联就是对象的或多或少不完整的和个别的对比关系,或者说是这样一个对比关系,它统[530]摄实在性的**整个内容**,并表达出这个内容的已规定的关联。但**完整的内容规定的统一体**等同于**概念**;因此那个包含着统一体的命题本身又是一个定义,但这个定义所表达出的,不只是一个直接接纳的概念,而是那个已经展开为已规定的、实在的区别的概念,或者说这个概念的完整的定在。因此二者合在一起呈现出**理念**。

如果人们仔细比较一门综合科学**尤其是几何学**的定理,就会发现一个区别,即它的某些定理仅仅包含着对象的个别的对比关系,而另外一些定理却是包含着这样一些对比关系,其中表达出了对象的完整的规定性。有一个极为肤浅的观点,它对全部命题的价值一视同仁,而其理由是,每一个命题都包含着一个真理,并且在形式化的过程里,在证明的联系里,本质上是等同的。定理在内容上的区别与这个过程本身有着最为密切的联系;关于这个过程的一些更详细的评注将会澄清那个区别以及综合认识活动的本性。首先应当举出的例子是,长久以来,欧几里得几何学作为综合方法的代表,提供了这方面的最完满的模范,而且其最为令人称道之处,在于对定理的顺序作出妥善安排,使得对于每一个定理而言,那些对于其建构和证明来说必不可少的命题总是已经先行得到证明,成为现成已有的东西。这个情况涉及形式化的后果;尽管这个后果是如此之重要,但它更多涉及的是合目的性的外在安排,与概念和理念的本质性区别无关,而恰恰在这个区别中,存在着推进的必然性的一个更高的本原。——也就是说,作为开端的定义把感性对象领会把握为直接给定的东西,并且按照其最近的种和属差去规定对象,而种和属差同样是概念的单纯的、**直接的**规定性,亦即普遍性和特殊性,但它们的对比关系并没有得到进一步的展开。最初的定理本身可以仅仅坚持那些直接的规定(比如那些包含在定义里面的规定),此外无他;与此同时,它们相互之间的**依赖性**首先只能涉及一件普遍的事情,即某个规定总是由另一个规定**所规定**。正因如此,欧几里得最初关于三角形的命题仅仅涉及**重合**,也就是说,在一个三角形里,**必须有多少部分是已规定的**,这样同一个三角形的**其余**部分才是已规定的,或者说整体才是**完全已规定的**。拿**两个**三角形来比较,并且通过**覆盖**来断定重合,这是那样一个方法需要走的一条弯路,这个方法不应当使用**思想**(亦即**已规定的存在**),而是必须使用**感性的覆盖**。否则的话,单独看来,那些定理本身已经包含着**两个**部分,其中一个可以被看作是**概念**,另一个可以被看作是**实在性**,亦即一个使概念趋于完成而达到实在性的东西。也就是说,完整地进行规定的东西,比如两条边和一个封闭的角,**对知性而言**已经是整个三角形:为了达到三角形的完整的规定性,已经不需要更多的东西;其余的两个角和第三条边相对于概念的规定性而言,是多余的实在性。那些定理所做的事情,真正说来就是把感性的三角形(这个东西确实需要三条边和三个角)回溯到一些最单纯的条件;一般而言,定义只需要提到三条线,它们闭合为一个平面的形状,随之造出一个三角形;定理最初明确指出的情况,就是角的**已规定的存在**依赖于边的已规定的存在,正如其余的定理也是指出三个另外的部分依赖于三个这样的部分。——但**毕达哥拉斯定理在自身之内**就包含着三角形的边对三角形的大小的完整的规定性;这个定理最初只是三角形的各条边的**方程式**,因为之前的那些边仅仅一般地达到了各个部分相互之间的一个规定性,但没有达到一个方程式。因此,这个定理是三角形的完满的、**实在的定义**,也就是说,首先是那个在其区别中最单纯的、最合乎规则的直角

[531]

[532]

三角形的定义。——欧几里得以这个命题为《几何原本》第一卷的结语，因为它实际上是一个已达到的完满的规定性。同样，当他把那些非直角的、各条边大小悬殊的三角形回溯到等边三角形，并把长方形回溯到正方形（即自身等同的正方形和自身不等同的长方形之间的一个方程式）之后，就结束了第二卷；因此，那条与自身等同的直角相对应的斜边在毕达哥拉斯定理里构成了方程式的一端，而自身不等同的东西亦即**两条**直角边则是构成了另一端。正方形和长方形之间的那个方程式成为圆的**第二个定义**的基础，——这仍然是毕达哥拉斯定理，只不过是把直角边当作变量；圆的第一个方程式恰恰是在**感性**规定性的对比关系里成为**方程式**，而这相当于圆锥体切面的两个彼此完全不同的定义。

这个真正的综合推进是从**普遍者**到**个别性**的过渡，亦即过渡到**自在且自为地已规定的东西**，或者说过渡到对象**在自身之内**的统一体，因为对象已经分裂并被区分为它的这些本质上的、实在的规定性。但在其他科学里，通常那种极为不完满的推进却是这样的，即虽然把普遍者当作开端，但普遍者的**个别化**和具体化只不过是把普遍者**应用**到某些从别的什么地方拿来的材料上面；按照这个方式，理念的真正的**个别性**只是一个**经验的**补充。

[533]　　定理无论具有多么不完满抑或多么完满的内容，都必须得到**证明**。它是实在的规定的对比关系，而这些规定并不具有概念规定的对比关系；假如它们具有这个对比关系，就像在我们称之为**第二个定义**（亦即实在的定义）的那些命题里能够揭示出来的那样，那么一方面看来，它们恰恰因此是定义；与此同时，因为它们的内容是由实在的规定的对比关系组成的，而不是仅仅立足于一个普遍者和一个单纯的规定性的对比关系，所以相比第一个定义，它们不但需要证明，而且能够得到证明。作为实在的规定性，它们在形式上是**漠不相关地持存着的**、**有差异的**东西；因此它们不是直接合为一体；于是我们必须揭示出它们的中介活动。第一个定义里的直接的统一体是这样一个统一体，通过它，特殊东西存在于普遍者之内。

b)现在需要详细考察的**中介活动**可以是单纯的，或经历了更多的中介活动。进行中介的环节与接受中介的环节联系在一起；但在这个绝不会过渡到对立面的认识活动里,由于中介活动和定理都不是从概念出发而进行回溯,所以那些进行中介的规定必须无需联系的概念就作为一种从别的地方拿来的临时材料而充当证明的框架。这个准备工作就是**建构**。

定理的内容的关联有可能是极为杂多的,在其中,只需引述一些具有代表性的关联,以服务于证明。材料的这种选取只有在证明中才有其意义;但这种选取本身就显现为盲目的,与概念无关。此后在进行证明时,人们发现,建构所宣称的那个做法,比如在几何形状那里延长出这样一条线,确实是合乎目的的;然而对于建构本身,人们只能盲目地服从;因此,这个 [534] 操作本身是与知性无关的,因为那个引导着它的目的还没有被陈述出来。——建构究竟是服务于一个真正的定理,抑或是服务于一个任务,这是无关紧要的;同理,当它首先在证明**之前**就显现出来,它就不是从一个在定理或任务中给定的规定里推导出来的,随之对于那个还不知道目的的人而言是一个无意义的行动,总之仅仅是一个受外在目的所指挥的东西。

这个起初仍然秘密的东西在**证明**里浮现出来。如前所述,证明包含着那个在定理里被陈述为结合着的东西的中介活动;唯有通过这个中介活动,这个结合才**显现为**一个**必然的**结合。正如建构单独看来并不具备概念的主观性,同样,证明也是一个不具备客观性的主观行动。也就是说,正因为定理的内容规定同时并未被设定为概念规定,而是被设定为一些处于杂多的外在对比关系中的、给定的、**漠不相关的部分**,所以只有在**一个形式化的、外在的概念里**,必然性才会体现出来。证明并不是那个构成了定理内容的对比关系的**谱系学**;必然性仅仅为着识见而存在着,而整个证明都是服务于**认识活动的主观需要**。因此,总的说来,证明是一个**外在的反映**,它从外面进入内部,亦即从外在的情况推出对比关系的内在状况。这些外在的情况是由建构呈现出来的,它们是对象的本性的一个**后果**;在这里,它们反过来转变为**根据**,转变为一些**进行中介的**对比关系。在中词这个第三者里,那些在定理里结合起来的东西呈现出它们的统一体,而中词则是给出证明的关键,因此它仅仅是这样一个东西,即这个结合在它那里**显现出来**,并且是**外在的**。因为这个证明活动所寻求的**后果**

[535]　其实是事情的颠倒的本性,所以那个在其中被看作是**根据**的东西是一个主观的根据,从中只有对于认识活动而言才显露出事情的本性。

　　迄今所述已经揭示出这种认识活动的界限,而这个界限经常遭到误解。综合方法的最光辉的例子是**几何科学**,——但它以不合适的方式被应用到其他科学乃至哲学上面。几何学是一门以**大小**为对象的科学,因此**形式化的**推论活动是它的专利,对它是最合适的;由于它仅仅考察量的规定,并且抽离了质的规定,所以它能够固守在**形式化的同一性**或无概念的统一体之内,后者作为**等同**,属于外在的、抽离式的反映。对象,即空间规定,本身已经是这样的抽象对象,它们为了合乎目的,必须具有一个完全有限的、外在的规定性。一方面,几何学由于其抽象的对象而具有一种崇高性,即在这些虚空寂静的空间里,颜色褪尽了,其他感性特性也消失了,甚至所有那些对活生生的个体性都极具诱惑力的兴趣也沉寂了。但另一方面,对象无论怎么抽象,也还是空间,——即一个**非感性的感性东西**;**直观**上升到抽象,空间是直观的一个**形式**,但仍然是直观,——仍然是一个感性东西,即感性本身的**彼此外在**,或者说感性的纯粹的**无概念性**。——近代以来,人们从这个方面大谈几何学的优越性,简直让人不胜其烦;人们宣称几何学的最大优点在于它所依据的是感性直观,甚至认为它的崇高的科学性也是基于这一点,而且它的证明都是立足于直观。针对这种肤浅,有必要肤浅地提醒一下,任何科学都不是通过直观活动而确[536]　立的,而是仅仅**通过思维**。几何学通过其感性材料而具有的直观性,仅仅赋予它那个方面的自明性,即全部**感性东西**对无思想的精神而言具有的自明性。令人遗憾的是,人们把这种感性材料算作几何学的优点,殊不知这毋宁标示出几何学立场的卑微性。多亏这样的**抽象的**感性对象,几何学才能够达到一种更高的科学性,并在那些知识大杂烩面前表现出一个巨大的优点;这些知识大杂烩同样被人们随意地称作"科学",它们把具体的、可触摸的感性东西当作内容,仅仅通过它们试图注入其中的一个秩序,表现出它们对于概念规定的一种缥缈的憧憬和暗示。

　　几何学的空间是彼此外在的存在的抽象化和虚空化,惟其如此,才有可能在它的无规定性中这样勾画各种形状,让它们的规定保持在彼此固定的静止状态中,不会过渡到对立面。就此而言,几何学是一门单纯的、以**有限者**为对象的科学,而有限者是按照大小来做比较的,其统一体是外在的统一体,即**等同**。但现在的问题是,由于这个勾画形状的做法是同时从不同的方面和本原出发,而且这些形状是独自产生出来的,所以在对它们进行比较时,确实也会表现出**质的非等同**和**不可通约性**。由于这个不可通约性,几何学被迫超出它在其中四平八稳地推进着的**有限性**,走向**无限性**,——即把这些有着质的差异的东西设定为等同。在这里,几何学的自明性消失了,而过去它之所以具有自明性,是因为它所依据的是坚固的有限性,并且和概念及其现象(即那个过渡)毫不相干。有限的科学在这里达到了自己的界限,因为综合性的必然性和中介活动不再仅仅立足于**肯定的同一性**,而是立足于**否定的同一性**。

很显然,无论是几何学还是代数,都在其抽象的、纯粹知性式的对象那里很快撞上其界限,既然如此,综合方法对于**其他科学**而言从一开始就更是有缺陷的,对于哲学而言则是最有缺陷的。关于定义和划分,前面已经得出了相应的结果;这里只需要再谈谈定理和证明;接下来,除了证明所要求并预先设定的定义和划分等条件之外,缺陷还在于所有这些条件相对于定理而言的**地位**。这个地位之稀奇鬼怪,尤其体现在当经验科学(比如物理学)企图赋予自己以综合科学的形式时。这条道路是这样的,即特殊的**力**以及其他内在的、本质性的形式(它们是以分析经验的方式而显露出来的,并且只能作为**结果**而为自己辩护)之类**反映规定必须被置于顶端**,以便在它们自身那里具有一个普遍的**根基**,然后这个根基被应用于**个别东西**,并在个别东西之内被揭示出来。由于这些普遍的根基就其自身而言并不具有支撑点,所以有时候应当**被放弃**;但只有在推导出的**后果**那里,人们才发现这些后果构成了那些**根基**的真正的**根据**。关于出现在定理里的具体东西,所谓的**解释**和证明有时候表现为一个同语反复,有时候表现为真实情况的紊乱,有时候则是用这个紊乱来掩饰认识活动的那样一个谬误,即片面地接纳经验,仅仅通过这个方式来获得它的那些单纯的定义和

[537]

原理,同时为了消除来自于经验的反驳,又不把经验当作具体的总体性,而是将其当作例子,而且是从有利于猜想和理论的方面来对待它。这种让具体的经验屈从于一些预先设定的规定的做法蒙蔽了理论的根基,并且仅仅从适合理论的方面将这个根基展示出来,以至于人们根本做不到无拘无束地考察具体的知觉本身。只有把这整个过程头足倒置,整体才获得正确的关系,才能够在其中通观根据和后果的联系以及知觉在思想中的转化的正确性。在研究这类科学时,主要困难之一在于**如何进入其中**,——为了做到这一点,唯一的办法就是**盲目地放弃**那些预先设定,然后对其并不具有一个概念或哪怕不太明确的表象,而是充其量只具有一个模糊的幻想图像,再顺便把假设的力、质料及其假想出来的形态分化、方向和旋转等等规定印记到脑海之内。假若人们要求只有掌握了那些预先设定的东西的必然性和概念才会接受并承认它们,那么他们就不可能越出开端半步。

关于综合方法之不适合应用于严格的分析科学,此前已经有机会略作论述。通过沃尔夫,这个应用扩大到他通通称作哲学和数学的所有可能的知识类型上面,——这些知识一部分具有纯粹分析的本性,一部分属于偶然的、匠气十足的类型。这种易于掌握的、在本性上就不能接受严格的科学讨论的材料,与打着科学旗号的生硬曲折和乔装打扮交相辉映,本身就展示出这种应用的笨拙,随之变得臭名昭彰①。尽管如此,这个滥用

[538]

---

① 比如在克里斯蒂安·沃尔夫的《建筑术的初始根据》(即《全部数学科学的初始根据》第一部分,哈勒1770年版)里,**第八条定理**(第二部分)是这样的:"一扇窗户必须宽到两个人能够舒适地并排倚靠在那里的程度。"

[539] **证明**:因为人们经常和另一个人一起凭窗远眺。现在,既然建筑师应当在所有方面满足房主的主要意图(第1节),那么他必须把窗户造得这样宽,使两个人能够舒适地并排倚靠在那里。如此得证。

在《筑城术的初始根据》(见上书第二部分)里,**第二条定理**(第五部分)是这样的:"如果敌人在附近安营扎寨,而人们预测到敌人将会借助增援部队而攻占城堡,那么就必须在整个城堡周围构筑一条环形防线。"

证明:环城防线防止任何人能够从外面侵入营地(第311节)。但那些企图攻占城堡的人要求从外面侵入营地。因此,如果人们希望阻止他们,就必须在营地周围构筑一条环形防线。正因如此,如果敌人在附近安营扎寨,而人们预测到敌人将会借助增援部队而攻占城堡,那么营地就必须封闭在环形防线之内。如此得证。——黑格尔原注

并没有剥夺人们的那个信念,即综合综合方法对于**哲学**的科学严格性来说是有用的、本质性的;斯宾诺莎在阐述其哲学时提供的例子仍然长久地被认为是一个典范。但实际上,经过康德和雅各比的批判,旧的形而上学的整个方式,随之其方法,都已经被完全抛弃了。康德用他自己的方式表明,那种形而上学的内容通过严格的证明会导致**二律背反**,至于二律背反的其余状况,我们已经在相应的地方进行澄清;但他并没有反思这个与有限的内容联系在一起的证明活动本身的本性,不知道二者是同生共灭的关系。在他的《自然科学的形而上学初始根据》里,康德自己给出了一个例子,即把他以这个方式臆断为哲学的一门科学当作反思科学,并用反思科学的方法加以讨论。——如果说康德更多是从物质出发来攻击旧的形而上学,那么雅各比则主要是从形而上学的证明方式出发对其展开攻击,并且以无比清晰和深刻的方式强调指出,一切的关键在于,这样的证明方法完全囿于有限者的僵化的必然性,而自由,亦即**概念**乃至**一切真正存在着的东西**,却是位于这个必然性的彼岸,是其不可触及的。——按照康德的结果,是形而上学的独特材料把它导向矛盾,而认识活动的缺陷就在于其**主观性**;按照雅各比的结果,却是认识活动本身的方法和整个本性导致它只能理解把握**有条件性和依赖性的联系**,从而表明自己不适合那个自在且自为地是绝对真相的东西。实际上,由于哲学的本原是**无限的、自由的概念**,而且哲学的全部内容都是依据于这个概念,所以真正说来,是无概念的有限性方法不适合那个内容。这个方法的综合和中介活动,亦即**证明活动**,最多能够达到一种与自由相对立的**必然性**,——即那些有所依赖的东西的**同一性**,这个同一性仅仅是**自在的**,哪怕它被当作**内在的**或**外在的**同一性,那些在其中构成实在性的东西,那些区分开的、进入实存的东西,也始终完全是一个**独立的有差异的东西**,随之是**有限者**。因此在这里,这个同一性本身仅仅达到**实存**,始终是**纯粹内在的东西**,或者也可以说,它是纯粹**外在的东西**,因为它的已规定的内容对它来说是给定的;——在这两个观点下,同一性都是一个抽象的东西,在其自身并不具有实在的方面,而且没有被设定为自在且自为地**已规定的同一性**;而在这

[540]

种情况下，**概念**就被这种认识活动排除在外，但概念乃是唯一的关键之所在，是自在且自为的无限者。

因此在综合的认识活动里，理念仅仅在这个程度上到达到自己的目的，也就是说，概念按照其**同一性**的**各个环节**和**实在的规定**，或者说按照**普遍性**和**特殊的**区别，进而作为**同一性**（亦即有差异的东西的**联系**和**依**

[541] **赖性**），成为**概念的对象**。但概念的这个对象并不适合概念；因为概念并未转变为**它在它的对象或它的实在性中与它自身的统一体**；在必然性里，它的对象是它的同一性，但这个对象本身并不是规定性，而是一个位于同一性之外、亦即并非由概念所规定的材料，因此概念并未在其中认识到自己。总的说来，概念不是自为的，不是按照它的统一体同时被规定为自在且作为的东西。正因为对象不适合主观的概念，所以理念在这种认识活动里尚未达到真理。——尽管如此，必然性的层面已经是存在和反映的巅峰；必然性自在且自为地过渡到概念的自由，内在的同一性过渡到它的展现，即作为概念的概念。至于必然性的层面是如何**过渡**到**自在的**概念，我们在考察必然性的时候已经加以揭示，正如本卷的开篇已经把这个过渡呈现为**概念的谱系学**。在这里，必然性的地位在于，它是概念的**实在性**或**对象**，而当必然性过渡到概念，从现在起，概念就是概念的对象。但过渡本身是同一个过渡。它在这里同样起初只是**自在的**，并且位于我们的反思的认识活动之外，也就是说，过渡是认识活动的仍然内在的必然性本身。对过渡来说，只存在结果。现在，当概念**自为地**是自在且自为地已规定的概念，理念就是**实践的**理念，即**行动**。

B. 善的理念

当概念以它自己为对象，并且自在且自为地是已规定的，主体就把自己规定为**个别东西**。概念作为主观的东西，重新预先设定了一个自在存

[542] 在着的异在；它是一个想要将自身实在化的**冲动**，一个企图**通过自己**而在客观世界里给予自己以实在性，并实现自身的目的。在理论理念里，主观

概念作为普遍者，作为自在且自为的**无规定者**，与客观世界相对立，并从后者那里获得已规定的内容和充实性。但在实践理念里，主观概念却是作为现实的东西而与现实的东西相对立；主体在它的自在且自为地已规定的存在里具有的自身确定性是对它自己的现实性和世界的**非现实性**的确定性；对主体而言，不仅世界的异在作为抽象的普遍性是虚无的东西，而且世界的个别性以及个别性的各种规定也是虚无的东西。在这里，主体已经指派给自己一种客观性；主体的规定性在自身内是客观的东西，因为后者是普遍性，同时是绝对地已规定的；与此相反，此前的客观世界仍然只是一个已设定的东西，但因为这个东西仅仅是直接已规定的，所以在自身内缺失了概念的统一体，本身是虚无的。

这个包含在概念中，等同于概念，把个别的外在的现实性的要求包含在自身之内的规定性，是**善**。它带着绝对者的尊贵身份闪耀登场，因为它是概念在自身内的总体性，是客观的东西，同时在形式上是自由的统一体和主观性。这个理念高于刚才考察的认识活动的理念，因为它不仅具有普遍者的尊贵身份，而且具有绝对现实东西的尊贵身份。——这个理念是**冲动**，因为这个现实的东西仍然是主观的，自己设定自己，但与此同时，它在形式上并不是一个直接的预先设定；真正说来，它的那个想要将自身实在化的冲动并不是要给予自己一种客观性——它本身自在地就具有客观性——而是仅仅想要给予自己一个空洞的直接性形式。——所以，目的的活动不是针对着自己，不是企图把一个给定的规定接纳下来并据为己有，而是企图设定它自己的规定，并通过扬弃外在世界的规定而给予自 [543] 己一种在形式上是外在现实性的实在性。——意志理念作为自身规定自身者，**自为地**具有一个内在的**内容**。诚然，这是一个**已规定的**内容，并在这个意义上是一个**有限者**，一个**受限制的东西**；自身规定在本质上是**特殊化**，因为意志的自身内反映作为一般意义的否定统一体，也是个别性，而个别性在这里的意思是排斥并预先设定一个他者。尽管如此，由于内容是概念自己的规定性，所以通过概念的形式，内容的特殊性起初仍然是无限的，而概念则是在内容那里具有它的否定的自身同一性，随之不仅具有一个特殊东西,而且具有它的无限的个别性。由此看来,刚才提到的内容的**有限性**在实践理念里是同一个东西,因为它起初仍然是一个未实现的理念;**对内容来说**,概念是自在且自为的存在者;概念在这里是理念,但在形式上却是一个**自为**存在着的客观性;一方面,主观东西因此不再仅仅是一个**已设定的东西**,亦即随意的或偶然的东西,而是一个绝对者;但另一方面,这个**实存的形式**,亦即**自为存在**,仍然不具有**自在存在**的形式。所以,那从严格意义上的形式来看显现为对立的东西,在反映到**单纯的同一性**的概念形式那里,亦即在内容那里,显现为内容的单纯的规定性;善虽然自在且自为地是有效的,在这种情况下却成了一个特殊的目的,但这个目的不必通过实在化才获得自己的真理,而是自为地已经是真相。

在这里,直接的**实在化**推论本身不需要更进一步的阐述;它完全就是之前考察的**外在的合目的性**推论;只有内容构成了区别。内容在外在的亦即形式化的合目的性里曾经是一般意义上的无规定的、有限的内容;而在这里,它虽然也是一个有限的内容,但作为有限的内容同时发挥着绝对的效用。但就结论命题或已实现的目的而言,出现了一个进一步的区别。

[544] 有限的目的在其**实在化**过程中同样仅仅达到**手段**;由于它在自己的开端不是一个已经自在且自为地已规定的目的,所以当它得到实现时,也仍然不是一个自在且自为的东西。当善重新被固定为一个**有限者**,并且在本质上是有限者,那么在不考虑它的内在的无限性的情况下,它同样不能逃避有限性的命运——一个在诸多形式中显现出来的命运。已实现的善之所以是善的,原因在于,它在主观的目的里,在它的理念里,已经是善的;善通过实现而获得一个外在的定在;但由于这个定在仅仅被规定为自在且自为地虚无的外在性,所以善在这个外在性中仅仅达到一个偶然的、可摧毁的定在,但没有达到一个与它的理念相契合的实现。——再者,善就其内容而言是一个受限制的东西,因此也存在着各种各样的善;实存着的善是可摧毁的,这不只是基于外在的偶然性和恶,而且基于善本身的冲突和争斗。善预先设定了客观世界,同时也预先设定了善的主观性和有限性,从这个方面来看,善的实现本身就会遭到阻碍,甚至是不可能的。因

此善始终是一个**应当**；它是**自在且自为的**，但**存在**作为终极的、抽象的直接性，始终与善相对立，**并且把善规定为一个非存在**。"至善"理念虽然是一个**绝对的悬设**，但终究只是一个悬设，也就是说，是一个纠缠于主观性规定性的绝对者。仍然存在着两个相互对立的世界，其中一个是通透思想的纯粹空间里的主观性王国，另一个是外在杂多的现实性要素里的客观性王国，或者说一个未开启的阴暗王国。关于那个不可解决的矛盾，关于那个**绝对的**目的与这个现实性的**限制**的**不可克服的**对立的完整的形成过程，《精神现象学》（第二版）第 453 页以下①已经作出更为详细的讨论。——由于理念在自身内包含着完满的规定性这一环节，所以当概念在理念中与另一个概念打交道，后面这个概念就在其主观性中同时具有一个客体环节；于是理念在这里进入**自我意识**的形态，并且从这个方面来看与自我意识的呈现融为一体。　　[545]

　　实践理念所仍然缺少的东西，是真正意义上的意识本身这一环节，也就是说，现实性环节在自为的概念里本来应当达到**外在存在**这一规定。——这个缺陷也可以这样来看，即**实践**理念仍然缺少**理论**理念这一环节。因为在理论理念里，站在主观的、被概念在自身内直观到的概念这一边的，只有**普遍性**规定；认识活动只知道自己是一种领会把握，是概念的自为地**无规定的**自身同一性；对于理念理论而言，充实性，亦即自在且自为地已规定的客观性，是一个**给定的东西**，而**真正的存在者**却是那个独立于主观的设定活动、现成已有的现实性。反之对于实践理性而言，这个同时作为不可克服的限制而与之对立的现实性只不过是自在且自为的虚无东西，只有通过善的目的才获得其真正的规定和唯一的价值。就此而言，意志本身是达到自己目标的道路上的障碍，因为它脱离了认识活动，而那个对它而言外在的现实性在形式上还不是真正的存在者；因此，唯有在真相的理念里，善的理念才能够找到自己的补充。

---

　　① 《黑格尔著作集》第二卷，第 442 页以下。——原编者注。此处参阅［德］黑格尔：《精神现象学》，先刚译，人民出版社 2013 年版，第 369—370 页。——译者注

但善的理念自己就造成了这个过渡。在行动的推论里,第一个前提
是**善的目的与现实性的直接关联**,目的掌握了这个关联,然后在第二个前
[546] 提里把它当作外在的**手段**,去反抗外在的现实性。对于主观概念而言,善
是客观的东西;现实性在其定在里之所以作为不可克服的限制而与善相
对立,唯一的原因在于,现实性仍然被规定为**直接的定在**,而不是一个相
当于自在且自为的存在的客观东西;但实际上,现实性要么是恶,要么是
漠不相关的、纯粹可规定的、并未在自身内具有其价值的东西。但实践理
念本身已经扬弃了这个在第二个前提里与善相对立的抽象存在;它的行
动的第一个前提是概念的**直接的客观性**,正因如此,目的在毫无阻碍的情
况下把自己传递给现实性,与之处于单纯的同一性关联之中。就此而言,
只需要把实践理念的两个前提的思想整合起来即可。那在第一个前提里
已经通过客观概念而直接完成的东西,在第二个前提里唯一获得的补充
是,它是通过中介活动,随之是为着客观概念而被设定的。正如在全部目
的关联里,已实现的目的虽然又只是一个手段,但反过来手段也是已实现
的目的,同样,在善的推论里,第二个前提已经直接地、**自在地**在第一个前
提里呈现出来;当然,这个直接性仍然是不够的,而第二个前提已经是第
一个前提的悬设;在面对与之相对立的另一个现实性时,善的实现是一个
中介活动,后者对于善的直接的关联和已实现的存在而言是不可或缺的。
因为,中介活动仅仅是概念的第一个否定或异在,是一个客观性,而这个
客观性仿佛是概念之沉陷于外在性中的存在;第二个否定扬弃了这个异
在,惟其如此,目的的直接实现才成为善(作为自为存在着的概念)的现
实性,因为在这种情况下,概念不是与一个他者同一,而是与自身同一,并
[547] 仅仅因此被设定为自由的概念。现在,假若善的目的在这种情况下仍然
没有得到实现,那么这就意味着概念回落到概念在其活动之前所处的那
个立场上,——这个立场就是把已经被规定为虚无的现实性仍然预先设
定为实在的东西,——而这个回落作为恶劣无限的演进过程,其唯一的根
据在于,它在扬弃那个抽象的实在性时,同样直接忘记了这个扬弃,或者
说忘记了,这个实在性已经被预先设定为自在且自为的虚无东西,而不是

一个客观的现实性。所以,如果目的已经得到现实的实现,又重新预先设定一个未实现的目的,那么这个规定性就在于,恒久地重新制造出客观概念的**主观姿态**,于是善的**有限性**无论是就其内容而言还是就其形式而言都显现为一个恒常的真理,正如善的实现也始终只是显现为一个**个别的**行为,而不是显现为一个**普遍的**行为。——但实际上,在善的实现里,这个规定性已经扬弃自身;那个仍然**限定着**客观概念的东西,是客观概念对于自己的一个**观点**,而通过反思善的**自在的**实现,这个观点就消失了;只是因为这个观点,客观概念才成为自己道路上的障碍,而它在那里所反对的并不是一个外在的现实性,而是它自己。

也就是说,第二个前提里的活动仅仅制造出一个片面的**自为存在**,而产物因此显现为一个**主观东西和个别东西**,于是在这个过程中重复了第一个预先设定;但真正说来,这个活动同样设定了客观概念与直接的现实性的**自在存在着的**同一性。通过预先设定,直接的现实性被规定为仅仅具有现象的实在性,但自在且自为地是虚无的,并且完全可以由客观概念所规定。通过客观概念的活动,外在的现实性发生变化,它的规定也随之被扬弃了,而恰恰在这种情况下,它被剥夺了单纯显现着的实在性、外在的可规定性和虚无性,随之**被设定为**自在且自为的存在者。在这个过程中,全部预先设定——比如善被规定为一个单纯主观的、就其内容而言受限制的目的,目的必须通过主观的活动才得以实在化,还有这个活动本身——都被扬弃了。中介活动在结果里扬弃自身,而结果是一个**直接性**,它不是重新制造出预先设定,而是已经将其扬弃。这样,自在且自为地已规定的概念的理念已经被设定为这样一个东西,它不再仅仅存在于活动着的主体之内,毋宁同样是一个直接的现实性,反过来,这个现实性就像在认识活动里一样,是真正存在着的客观性。主体曾经由于自己的预先设定而纠缠于个别性,如今个别性和这个预先设定一起消失了;因此从现在起,主体是一个**自由的、普遍的自身同一性**,对这个同一性而言,概念的客观性诚然是一个**给定的**、直接为着主体而**呈现出来的**东西,但主体同样知道自己是自在且自为地已规定的概念。因此在这个结果里,**认识活动**

［548］

437

被制造出来,并与实践理念联合在一起;与此同时,现成已有的现实性被规定为已实现的绝对目的,但后者不像在探寻着的认识活动里一样仅仅是一个缺乏概念的主观性的客观世界,而是这样一个客观世界,其内在的根据和现实的持存就是概念。这就是绝对理念。

第三章　绝对理念

正如我们看到的,绝对理念是理论理念和实践理念的同一性,后面两个理念单独看来仍然是片面的,并且在自身内把理念本身仅仅当作一个探寻的彼岸和未达到的目标,——因此单独看来都是**努力追求**的一个综合,即在自身内既具有也**不**具有理念,从前一个情况过渡到后一个情况,但没有把这两个思想整合在一起,而是止步于它们的矛盾。绝对理念作为合乎理性的概念,即一个在自己的实在性中仅仅与自身融合的概念,由于具有概念的客观同一性这一直接性,所以一方面回归**生命**,但另一方面同样扬弃了自己的这个直接性形式,并在自身之内具有最高的对立。概念不仅是**灵魂**,而且是自由的、主观的概念,这个概念是自为的,因此具有**人格性**(Persönlichkeit),——这就是实践的、自在且自为地已规定的、客观的概念,它作为个人(Person)乃是一个不可侵入的、原子式的主观性,但与此同时并不是一个排他的个别性,毋宁自为地就是**普遍性和认识活动**,并且在它的他者那里把**它自己的客观性**当作对象。一切其余的东西都是谬误、浑浊、意见、努力追求、任性和转瞬即逝;唯有绝对理念是**存在**、永恒常驻的**生命、认知着自己的真理**,并且是**全部真理**。

[549]

绝对理念是哲学的唯一对象和内容。由于它在自身内包含着**全部规定性**,而它的本质就在于通过它的自身规定或特殊化而回归自身,所以它具有各种各样的形态分化,而哲学的使命就是在这些形态分化中认识到它。总的说来,自然界和精神是绝对理念呈现**它的定在**的不同方式,而艺术和宗教则是绝对理念把握自身并给予自己以合适的定在的不同方式;哲学与艺术以及宗教具有同样的内容和同样的目的,但她是理解把握绝对理念的最高方式,因为她的这个最高方式是概念。换言之,哲学在自身内包揽了实在的和观念性的有限性、无限性、神圣性等形态分化,并对它们和她自己进行概念把握。至于这些特殊方式的推导和认识,则是那些

[550] 特殊的哲学科学的接下来的任务。绝对理念的**逻辑性**（das Logische）也可以被称作是绝对理念的一个**方式**；但由于**方式**标示着一个**特殊的**属，表示着形式的一个**规定性**，所以逻辑性是与之相关的普遍方式，在其中，全部特殊的方式都被扬弃了，并被掩盖起来。逻辑理念是在其纯粹本质中的理念本身，这时它作为单纯的同一性，被封闭在它的概念中，尚未在一个形式规定中**映现出来**。因此逻辑仅仅把绝对理念的自身运动呈现为原初的**话语**（Wort），这个话语是一个**外化**或**表达**，但却是这样的外化或表达，它作为外在的东西，既存在着，又直接消失了；因此理念的这个自身规定仅仅在于**倾听自身**（sich vernehmen）①，它位于**纯粹的思想**中，在那里，区别尚且不是**异在**，而是永远保持为一个完全通透的东西。——相应地，逻辑理念是把作为**无限形式**的自己当作自己的内容，——这个**形式**之所以与**内容**形成对立，乃是因为后者是一个内化于自身、并在同一性中被扬弃的形式规定，而在这种情况下，这个具体的同一性就与那个发展为形式的同一性相对立；内容在形态上是一个与形式相对立的他者，一个给定的东西，而形式严格说来完全立足于**关联**，它的规定性同时被设定为**映象**。——确切地说，绝对理念本身仅仅以这一点为它的内容，即形式规定是绝对理念自己的已完成的总体性，是纯粹的概念。现在，理念的**规定性**以及这个规定性的整个过程构成了逻辑科学的对象，而在这个过程中，绝对理念本身**自为地**显露出来；但作为自为的东西，它表明自己是这种情况，即规定性并不具有**内容**的形态，毋宁只是**形式**，惟其如此，理念才是绝对**普遍的理念**。既然如此，这里还需要考察的，就不是一个严格意义上的内容，而是内容的形式的普遍者，——亦即**方法**。

[551] 　　**方法**可以首先显现为认识活动的单纯的**样式和方式**，而它实际上在本性上就是这样的样式和方式。但样式和方式作为方法，不仅是**存在的**一个**自在且自为地已规定的**样态，而且被设定为由**概念**所规定的认识活

---

　　① 德语的"vernehmen"有"听见"、"获悉"、"知悉"等意思，这里根据语境选取了"倾听"的译法。此外需要指出的是，这个词语和"理性"（Vernunft）一词具有相同的词根，黑格尔借此展示理念和理性的本质关系。——译者注

动的样态和形式,因为它是全部客观性的灵魂,而所有别的已规定的内容都只有在形式中才具有自己的真理。假如内容对方法而言又是给定的,并且具有一个独特的本性,那么方法就和一般意义上的逻辑性一样,被规定为一个单纯**外在的**形式。然而事实上并非如此。这里不仅不能诉诸逻辑性这一基本概念,而且当给定的内容和客体的全部形态在逻辑性的整个过程中浮现出来,这个过程就揭示出它们的过渡和非真实性,也就是说,给定的客体不可能是根基,仿佛绝对形式相比之下仅仅是一个外在的和偶然的规定似的,毋宁说,绝对形式已经表明自己是绝对的根基和最终的真理。在这个过程中,方法表现为那个**认知着自己**、作为绝对者(即既是主观东西也是客观东西)而**把自己当作对象的概念**,随之表现为概念与它的实在性的纯粹契合,表现为一个本身就是概念的实存。

就此而言,那在这里被看作是方法的东西,仅仅是**概念**本身的运动,这个运动的本性虽然已经被认识到,但**第一**,它现在的**意思**是,**概念是一切东西**,而它的运动是一个**普遍的**、**绝对的活动**,是一个自己规定着自己、将自身实在化的运动。因此我们必须承认,方法既是一个不受限制的、普遍的、内在的和外在的方式,也是一个绝对无限的力,针对这个力,任何客体只要呈现为一个外在的、远离理性并独立于理性的东西,都不可能加以抗衡,既不能具有一个特殊的本性,也不能避免被其渗透。正因如此,方法是**灵魂和实体**,任何东西都只有在**完全服从方法**的情况下,才能够得到概念把握,并在其真理中被认知;方法是每一个事情本身自己的方法,因为它的活动是概念。这一点也是它的**普遍性**的更真实的意义;从反映的普遍性来看,它仅仅被当作适用于**一切东西**的方法;但从理念的普遍性来看,它既是认识活动(亦即**主观地认知着自己的概念**)的样式和方式,也是**客观**的样式和方式,或更确切地说,是**物的实体性**,——亦即那些对**表象和反思**而言起初显现为**他者**的概念的实体性。就此而言,方法不仅是理性的最高的**力**,或更确切地说,**唯一的**和绝对的**力**,而且是理性的最高的和唯一的**冲动**,即**力求通过自己而在一切东西中发现并认识自己**。——因此,**第二**,**方法与严格意义上的概念的区别**,即方法的**特殊性**,

[552]

也体现出来。过去我们单独考察概念的时候,它是显现为一个直接的东西;**反映**,或者说**那个考察着概念的概念**,属于**我们的**知识。方法就是这个知识本身,对它来说,概念不仅是对象,而且是对象自己的主观的活动,这个活动作为认识活动的**工具**和手段,区别于认识活动,但又是认识活动自己的真理。在探寻式的认识活动里,方法同样呈现为**工具**,呈现为一个站在主观方面的手段,并通过这个方式而与客体相关联。在这个推论里,主体是一个端项,客体是另一个端项,前者通过自己的方法而与后者**结合**,同时本身并不是**与自己**结合。这两个端项始终是有差异的,因为主体、方法和客体并未被设定为**同一个概念**;因此推论也始终是形式化的推论;当主体在一个前提里把形式设定为它自己那边的方法,这个前提就是一个**直接的**规定,并因此包含着形式的各种规定,即我们看到的定义、划

[553]

分等等,而这些都是作为**主体里面现成已有的**事实。反之在真正的认识活动里,方法不仅是一定数量的规定,而且是概念的自在且自为地已规定的存在,而概念之所以是中项,只不过是因为它同样意味着客观的东西,后者因此在结论命题里不仅通过方法而获得一个外在的规定性,而且被设定为达到了与主观概念的同一性。

1. 因此,那构成了方法的东西,是概念本身的各种规定及其关联,现在这些规定应当作为方法的规定,并在这个意义上接受考察。——**第一**,这件事情应当从**开端**开始。关于这个开端,我们在逻辑本身的开端以及此前的主观认识活动那里已经有所讨论,并且指出,如果开端不是以任意的方式在一种直白的无意识状态中造成的,那么它虽然看起来造成很多困难,但在本性上仍然是极其简单的。正因为它是开端,所以它的内容是一个**直接的东西**,但这个东西具有**抽象普遍性**的意义和形式。此外,无论它是**存在的**、**本质的**抑或**概念的**内容,只要它是一个**直接的东西**,就始终是一个**被接纳的**、**现成已有的**、**实然的**东西。但**首先**,它不是**感性直观**或**表象**的直接东西,而是**思维**的直接东西,而由于其直接性的缘故,人们也可以称其为一个超感性的、**内在的直观活动**。感性直观的直接东西是一个**杂多东西**和**个别东西**。但认识活动是一种概念把握式的思维,因此它

的开端同样**仅仅位于思维的要素之内**，——是一个**单纯的**和**普遍的**东西。——关于这个形式，此前在定义那里已经讨论过了。在有限的认识活动的开端那里，普遍性同样被承认为本质性规定，但仅仅被当作与存在相对立的思维规定和概念规定。实际上，这个**最初的**普遍性是一个**直接的**普遍性，因此同样意味着**存在**；因为存在恰恰是这样一个抽象的自身关联。存在不需要任何推导，仿佛它之所以属于定义的抽象东西，只不过是因为它来自于感性直观或别的什么地方，于是得到展现似的。这个展现活动和推导涉及一个**中介活动**，后者不止是一个单纯的开端，而是这样一个中介活动，它不属于思维着的概念把握，而是把表象，把经验的、推理式的意识提升到思维的立场。按照那种流行的把思想或概念与存在对立起来的做法，看上去有一个重要的真理，即前者本身并不具有任何存在，反之后者却是具有它自己的独立于思想本身的根据。但自在地看来，**存在**的单纯规定是如此之贫乏，以至于单凭这一点，就可以说它那里没有多少可扬弃的东西；普遍者本身直接就是这个直接的东西，因为它作为抽象的东西，仅仅是抽象的自身关联，而这个关联就是存在。人们要求揭示出存在，这个要求实际上有一个更深的内在意义，即这并不仅仅是一个抽象的规定，而是要求概念的完全的**实在化**，而这个实在化不是位于**开端**自身之内，毋宁说，它是认识活动的整个进一步的发展的目标和事务。再者，由于开端的**内容**应当通过内在的或外在的知觉里的展现而得到辩护，并让人相信它是某种真实的或正确的东西，所以这里所意谓的不再是普遍性的**形式**，而是普遍性的**规定性**，关于这一点，必须马上予以讨论。关于那个构成开端的**已规定的内容**，论证看起来落在开端**后面**，但实际上，如果这个论证属于概念把握式认识活动，那么它就必须被看作是先行的东西。

[554]

因此，开端对于方法而言，其唯一具有的规定性在于它是单纯的普遍者；这个情况本身就是**规定性**，而正因如此，开端是有缺陷的。普遍性是纯粹的、单纯的概念，而方法作为对于这个概念的意识，知道普遍性仅仅是一个环节，且概念在其中尚且不是自在且作为地已规定的。这个意识仅仅出于方法的缘故企图推进开端，而一旦有了这个意识，方法就是一个

[555]

形式化的、在外在反映里已设定的东西。因为方法是客观的、内在的形式，所以直接的开端必定**在其自身**就是有缺陷的，同时具有一个想要推进自身的**冲动**。在绝对的方法里，普遍者不是被当作单纯抽象的东西，而是被当作客观的普遍者，亦即一个**自在地具体的总体性**，但这个总体性尚未**被设定下来**，尚且不是**自为的**。哪怕是抽象的严格意义上的普遍者，在概念里，亦即从它的真理来看，也不仅仅是**单纯的东西**，毋宁说，它作为**抽象的东西**，已经**被设定**为与一个**否定**纠缠在一起。正因如此，无论是在**现实性**里还是在**思想**里，都没有人们通常设想的那种单纯的普遍者。这样的单纯东西是一个单纯的**意谓**，后者的唯一根据在于，它没有意识到那在事实上呈现出来的东西。——在这之前，开端的东西被规定为直接的东西；**普遍者的直接性**和这里表现出来的那种缺乏**自为存在**的**自在存在**是同一个东西。——因此人们诚然可以说，**绝对者**必定是一切东西的开端，正如就**自在存在者**是概念而言，一切推进都仅仅是开端的呈现。但是，正因为绝对者起初仅仅是**自在的**，所以它既不是绝对者，也不是已设定的概念，更不是理念；因为后面这些说法恰恰意味着，自在存在仅仅是一个抽象的、片面的环节。因此，推进并不是一种**流溢**（Überfluß），除非开端的东西真的已经是绝对者；毋宁说，推进在于普遍者自己规定自己，并且**自为地**成为普遍者，亦即同样是一个个别东西和主体。绝对者只有在自己的完成中才是绝对者。

[556]

这里有必要提醒，当开端**自在地**是具体的总体性，那么它严格说来也能够是**自由的**，而它的直接性也能够被规定为一个**外在的定在**；总的说来，**生物的萌芽**和**主观目的**已经表明自己是这样的开端，因此二者本身就是**冲动**。与此相反，非精神性东西和非生物只有作为**实在的可能性**才是具体的概念；**原因**是最高的层次，在其中，具体的概念作为开端，在必然性的层面里具有一个直接的定在；但原因仍然不是一个严格意义上的主体，因为主体能够在自己的现实的实在化里维系着自身。比如，**太阳**和全部非生物都是一些已规定的实存，在其中，实在的可能性始终是一个**内在的**总体性，这个总体性的各个环节又在主观的形式中**被设定下来**，而当它们将自身实在化时,就通过**其他**具有形体的个体而获得一个实存。

2. 那个构成开端的具体的总体性,严格说来在自身之内也具有推进和发展的开端。它作为具体的东西,具有一个**内在的区别**;但由于其**最初的直接性**的缘故,最初区分开的首先是**有差异的东西**。直接的东西作为一个与自身相关联的普遍性,作为主体,也是这些有差异的东西的统一体。——这个反映是推进的第一个层次,——是**差别**(Differenz)的显露,是判断,或者说一般意义上的**规定活动**。关键在于,绝对的方法是在普遍者自身之内找到和认识到普遍者的**规定**。在这里,知性的、有限的认识活动采取的做法是一方面抛弃某些东西,以抽象的方式得出那个普遍者,另一方面又以外在的方式从具体的东西那里把那些抛弃的东西接收过来。与此相反,绝对的方法并不是表现为一个外在的反映,而是从它的对象自身那里取来已规定的东西,因为它本身就是对象的内在本原和灵 ［557］魂。——这就是柏拉图对于认识活动提出的要求,即**必须考察自在且自为的事物本身**,一方面从它们的普遍性出发,另一方面并不偏离事物,仅仅去关心各种情况、样本和比较等等,而是应当仅仅盯着这些事物,并在意识里呈现出那个内在于它们的东西。——在这个意义上,绝对认识活动的方法是**分析的**。至于它完全只是在起初的普遍者里**找到**其进一步的规定,则是基于概念的绝对客观性,而方法是对于这个客观性的确定性。——但这个方法同样是**综合的**,因为它的对象直接被规定为**单纯的普遍者**,并通过其在自己的直接性和普遍性之内本身具有的规定性,表现为一个**他者**。对象在自身内是一个有差异的东西的关联,但这个关联不再是有限的认识活动所意谓的那种综合;一般而言,对象同样具有一个分析的规定,即关联是**概念**里的关联,单凭这一点,这个关联已经完全区别于那种综合。

通过**判断**的这个兼具综合性和分析性的环节,最初的普遍者从自身出发,把自己规定为**自己的他者**,因此这个环节可以被称作**辩证的**环节。**辩证法**是最经常遭到误解的古代科学之一,不但在现代的形而上学里是如此,在全部古代和近代的通俗哲学里也是如此。关于柏拉图,第欧根尼·拉尔修曾经说过,正如泰勒斯是自然哲学的创始人,苏格拉底是道德哲学的创始人,而柏拉图则是第三种哲学科学亦即**辩证法**的创始人,——自古以来,这件事情都被算作是柏拉图的最高功绩,但恰恰是那些言必称柏拉图的人始终对此无动于衷。人们经常把辩证法看作是一种**技艺**,就好像它是依赖于一个主观的**天赋**,而不是属于概念的客观性似的。在康德哲学里,辩证法具有怎样的形态,得到了怎样的结果,这些已经在那些以他的观点为特定例子的地方加以揭示。就康德重新承认辩证法必然归属于理性而言,这必须被看作是一个无限重要的进步,尽管由此必然得出一个与康德的结论正好相反的结果。

[558]

通常说来,辩证法除了看上去是某种偶然的东西之外,还具有一个更明确的形式,即对于任何对象(比如世界、运动、点等等),它都能指出其具有某一个规定,比如按照上述对象的秩序而言,这个规定是空间或时间里的有限性、在**这个**地方、空间的绝对否定等等,——但接下来,它同样必然也指出相反的规定,比如空间或时间里的无限性、不在这个地方、与空间相关联,随之具有空间性等等。古老的埃利亚学派主要是用辩证法来反对运动,而柏拉图则是经常用辩证法去反对他那个时代的观念和概念(尤其是智者的观念和概念),但也用来反对那些纯粹的范畴和反映规定;学养深厚的后期怀疑主义不仅把辩证法推广到直接的、所谓的意识事实和日常生活准则之上,而且推广到全部科学概念之上。一般而言,这种辩证法导致的结果,就是各种立论的**矛盾和虚无性**。但这件事情可以具有双重的意义:要么在客观的意义上,那些如此自相矛盾的**对象扬弃自身**,成为虚无的东西——比如按照埃利亚学派的结论,世界、运动、点的**真理**都被否认了,——要么在主观的意义上,**认识活动是有缺陷的**。就后面这个结论而言,同样可以有两种理解:要么认为这种辩证法仅仅是一种障眼法,而这是所谓的健全人类知性的惯常观点,它执着于感性的**自明性**和**日常的观念和说法**,有时候比较平静——比如犬儒第欧根尼就是用沉默的来回踱步去揭露运动辩证法的愚蠢——,但更多的时候却是表现为揭竿而起的宣战,而它所反对的,或者只是一件蠢事,或者在涉及一些重要

[559]

的伦理对象时,是那种企图动摇那些本质上坚实的东西,为恶行提出各种辩护理由的无耻罪行,——这个观点出现在苏格拉底的辩证法与智者的辩证法的对立中,而这个愤怒反过来甚至让苏格拉底付出了生命的代价。像第欧根尼那样作出的庸俗的反驳,即把思维与**感性意识**对立起来,以为在后者那里具有真理,人们必须听其自便,但是,倘若辩证法推翻了伦理规定,人们就必须信任理性,因为理性知道如何重建这些伦理规定的真理,让人们意识到它们的正当性,哪怕它们也具有局限性。——要么认为主观虚无性的结果并不涉及辩证法本身,而是涉及它所反对的认识活动,——并在怀疑主义(比如康德哲学之流)的意义上认为其涉及的是**全部认识活动**。

这里的根本成见是,辩证法**只有一个否定的结果**,而这个结果马上就会获得其更具体的规定。关于辩证法的上述经常显现出来的**形式**,首先需要指出的是,从这个形式来看,辩证法及其结果所涉及的是信手拈来的**对象**和主观的**认识活动**,它宣称认识活动或对象是虚无的,但与此同时,那些在作为**第三者**的对象那里揭示出来的**规定**却始终没有被注意到,并且被预先设定为本身就是有效的。康哲哲学的一个无比重要的贡献在于让我们注意到这种非批判的方法,随之在考察**自在且自为的思维规定**的 [560] 名义下,激励我们重建逻辑和辩证法。如果没有思维和概念,对象就是一个表象,或者说只是一个名称;只有在思维规定和概念规定里,对象才**是**其所**是**。实际上,关键就在于思维规定和概念规定;它们是理性的真正对象和内容,至于人们通常理解的那种与之有别的对象和内容,只有通过这些规定并且在这些规定里才算得上是对象和内容。因此,当这些规定通过状况和外在的联系而表现为辩证的,这一定不能看作是对象或认识活动的过错。通过这个方式,这个或那个东西被设想为主体,其中塞满了各种**规定**,它们在形式上是谓词、特性、独立的普遍者,但只有在一个第三者之内并且从这个第三者出发,当它们通过一个外在的和偶然的联系而处于辩证的对比关系和矛盾中,它们才被设定为固定的和自为地正确的东西。表象和知性的这种外在的、固定的主体,和那些抽象的规定一样,都不应当被看作是**终极的**、稳当地位于根基处的东西,毋宁说,它们作为直接的东西,恰恰应当被看作是一个预先设定的、刚开始的东西,而正如前面指出的,这个东西必须自在且自为地服从于辩证法,因为它必须被当作是**自在的概念**。所以,全部假定的对立,比如有限者和无限者的对立,个别东西和普遍者的对立等等,都不是通过一个外在的联系而陷入矛盾,毋宁说,正如我们在考察它们的本性时已经揭示的,它们本身自在且自为地就是过渡;那在过渡中显现出来的综合和主体,是它们的概念的自己的反映的产物。只要无概念的考察止步于它们的外在的对比关系,把它们当作孤立的和固定的预先设定,那个紧盯着它们的概念就会作为它们的灵魂而推动它们,并召唤出它们的辩证法。

[561]　　以上所述本身就是我们此前已经标示出的那个立场,也就是说,**自在且自为地来看**,第一个普遍者表明自己是自己的他者。在最一般的意义上,这个规定可以这样理解,即第一个**直接的东西**在这里随之被设定为**经过中介的东西**,与一个他者**相关联**,或者说普遍者被设定为一个特殊东西。由此产生出来的**第二个东西**,就是第一个东西的**否定者**,而当我们预先考虑到接下来的过程,可以说它是**第一个否定者**。从这个否定的方面来看,直接的东西在他者那里**沉没了**,但他者在本质上不是**虚空的否定者**,不是辩证法的那个通常的结果,亦即无,毋宁说,**它是第一个东西的他者**,是**直接东西的否定者**;因此它被规定为**经过中介的东西**,——并且在自身之内完全**包含着第一个东西的规定**。就此而言,第一个东西在本质上也在他者那里**保存**并**保留**下来。——在理性的认识活动里,最重要的一点就是必须坚持那个在**它的**否定者里,在预先设定的内容里,在结果里的肯定者;人们只需要作出一些最简单的反思,就会对这个要求的绝对真理和绝对必然性深信不疑,至于相关证明的**各种例子**,整个逻辑都在那里面了。

　　因此现在呈现出来的,是**经过中介的东西**,但在最初或同样直接的意义上,也是一个**单纯的规定**;因为,既然第一个东西在它那里沉没了,那么就只剩下第二个东西。现在,因为第一个东西也**包含**在第二个东西里,而且后者是前者的真理，所以这个统一体可以被表述为一个命题，在其中，直接的东西被放在主词的位置，经过中介的东西被放在其谓词的位置，比如"有限者是无限的"、"一是多"、"个别东西是普遍者"等等。但这类命题和判断的不完善的形式是显而易见的。在**判断**那里，我们已经指出，它的整个形式，尤其是**肯定判断**的直接形式，没有能力在自身之内把握思辨性和真理。它至少必须得到一个立即的补充，即一个**否定**判断。在判断里，第一个东西作为主词扬弃了"独立的持存"这一映象，因为它实际上在它的谓词亦即它的他者那里被扬弃了；这个否定确实包含在那些命题的内容里，但它的肯定形式与内容相矛盾；在这种情况下，那个包含在内容里面的东西就没有被设定下来，——而这本来应当是使用一个命题时的意图。 [562]

接下来，第二个规定，亦即**否定的**或**经过中介的**规定，同时是**进行中介**的规定。它起初可以被看作是一个单纯的规定，但真正说来，它是一个**关联**或**对比关系**；因为它是否定者，**但却是肯定者的否定者**，并且在自身内包含着肯定者。也就是说，它并非一方面与某东西漠不相关，另一方面却是这个东西的**他者**——否则它就既不是一个他者，也不是一个关联或对比关系——而是**自在的他者**本身，是**一个他者的他者**；正因如此，它在自身内就包含着**它自己的他者**，从而**作为矛盾**而言，就是**它自己的已设定的辩证法**。——因为第一个东西或直接的东西是**自在的**概念，随之也仅仅是**自在的**否定者，所以它那里的辩证环节在于，它**自在地**包含着的那个**区别**在它那里被设定下来。反之第二个东西本身就是**已规定的东西**，即**区别**或对比关系；因此它那里的辩证环节在于，把那个包含在它里面的**统一体**设定下来。——因此，如果否定者、已规定的东西、对比关系、判断乃至全部从属于第二个环节的规定都并非自为地已经是矛盾，并显现为辩证的，那么唯一的缺陷就在于思维不能够把自己的各种思想整合在一起。因为材料，即**同一个关联**中的**相互对立的规定**，已经**被设定下来**，并且对于思维而言是现成的。但形式化的思维把同一性当作规律，听任它所面对的相互矛盾的内容落入表象的层面，落入空间和时间，让相互矛盾的东 [563]

西**彼此外在地**处于并列关系和相继关系中,随之在互不接触的情况下出现在意识面前。意识为此制定了一条特定的原理:矛盾是不可思议的;但实际上,矛盾思维是概念的本质性环节。形式化思维事实上也思考了矛盾,只不过立即把视线从矛盾那里移开,并依据那条原理仅仅从矛盾过渡到抽象的否定。

以上考察的否定性构成了概念运动的**转折点**。否定性是一个**单纯的点**,即**否定的自身关联**,它是全部活动(亦即活生生的和精神性的自身运动)的最内在的源泉,是辩证法的灵魂,全部真相在其自身就具有这个灵魂,并且唯有通过它才是真相;因为,唯有以这个主观性为依据,才能够扬弃概念和实在性之间的对立,才会得出那个作为真理的统一体。——我们所达到的**第二个否定者**,即否定者的否定者,是矛盾的扬弃,但它和矛盾一样,不是**一个外在反映的活动**,而是生命和精神的**最内在的**、**客观的**环节,惟其如此,才会有一个**主体**、**个人**、**自由者**。——**否定者的自身关联**必须被看作是整个推论的**第二个前提**。当人们把"分析"和"综合"当作两个相互对立的规定来使用时,可以把**第一个前提**看作是**分析**的环节,因为直接的东西在其中**直接地**与它的他者打交道,随之**过渡到他者**,或更确切地说在他者那里沉没了,——尽管如我们已经提醒的那样,这个关联也是综合的,因为关联所过渡到的那个东西是关联的**他者**。这里考察的第二个前提可以被规定为综合的前提,因为它是**区分开的东西本身与它的区分开的东西**的关联。——第一个前提是**普遍性**和传递等环节,既然如此,第二个前提就是由**个别性**所规定的,而个别性首先是排他的,然后作为自为的、有差异的东西,与他者相关联。否定者显现为**进行中介者**,因为它在自身之内包含着它自己和它所否定的那个直接东西。当这两个规定按照某一个对比关系而被看作是外在地相互关联的,否定者就仅仅是进行中介的**形式化东西**;但作为绝对否定性,绝对的中介活动这一否定的环节就是统一体,而这个统一体就是主观性和灵魂。

[564]

在方法的这个转折点里,认识活动的过程同时回归自身。这个否定性,作为扬弃着自身的矛盾,就是**制造出第一个直接性**或单纯的普遍性;

因为他者的他者,否定者的否定者,直接就是**肯定者、同一性东西、普遍者**。如果人们愿意**计数**的话,可以说在整个过程里,这**第二个**直接的东西是继第一个直接的东西和经过中介的东西之后的**第三者**。但相对于第一个否定者(即形式化的否定者)第二个否定者(即绝对的否定性)而言,它也是第三者;现在,由于第一个形式化的否定者已经是第二个词项,所以那个被计数为**第三者**的东西也可以被计数为**第四者**,于是抽象的形式就不会采用**三分法**,而是会采用**四分法**。——总的说来,第三者或第四者是前两个环节(亦即直接的东西和经过中介的东西)的统一体。——至于这个**统一体**以及方法的整个形式采用了**三分法**,这虽然完全只是认识方式的一个肤浅的、外在的方面,但哪怕只是揭示出了这个方面的特定的应用——因为众所周知,抽象的数字形式本身已经很早就被提出来了,但没有概念,随之没有结果——,这同样必须被看作是康德哲学的一个无比重要的功绩。自古以来,**推论**乃至三重性东西就被认识到是理性的普遍形 [565] 式,但一方面,它总是被当作一个完全外在的、并未规定着内容的本性的形式,另一方面,由于它在形式化的意义上完全迷失在**同一性**的知性规定中,因此缺少一个本质性的、**辩证的**环节,即**否定性**;但这个环节在规定的三分法里出现了,因为第三者是前两个规定的统一体,而这两个规定既然是有差异的,那么在统一体里就只能**作为已扬弃的**规定。——诚然,形式主义同样掌握了三分法,并且死抓住三分法的空洞**范型**不放;现代哲学所谓的**建构活动**(Konstruieren)无非就是把那个没有概念和内在规定的形式化范型四处张贴,并当作一个外在的安排来使用,但它的肤浅的胡闹和贫乏已经让这个形式变得无聊透顶,声名狼藉。但三分法不会因为这种乏味的使用而失去其内在的价值,哪怕这里找到的起初只是理性东西的未经概念把握的形态,这一点也仍然应当得到高度评价。

确切地说,**第三者**是通过扬弃中介活动而成为直接的东西,通过**扬弃区别**而成为单纯的东西,通过扬弃否定者而成为肯定者;它是概念,即通过异在而将自身实在化,并通过扬弃这个实在性而与自身融合,随之制造出它的绝对的实在性或它的**单纯的**自身关联。这个**结果**因此是**真理**。它既是直接性,**也是**中介活动;——但"第三者**是直接性和中介活动**"或"**它是二者的统一体**"等判断形式没有能力把握这个结果,因为结果并不是一个静止的第三者,毋宁说,它作为这个统一体,是一个自己对自己进行中介的运动和活动。——如果说开端的东西是**普遍者**,那么结果则是**个别东西、具体东西、主体**;现在,前者**自在地**所是的东西,同样是后者**自为地**是所是的东西,也就是说,普遍者在主体中**被设定下来**。三分法的前两个环节是**抽象的**、非真实的环节,正因如此,它们是辩证的,并且通过它们的这个否定性而把自己改造为主体。起初**对我们而言**,概念本身**既是**自在存在着的普遍者,**也是**自为存在着的否定者,**并且是**第三个自在且自为的存在者,即那个贯穿了推论的全部环节的普遍者;但第三者是结论命题,在其中,概念通过自己的否定性而达到了自身中介,随之**自为地**被设定为**它的各个环节的普遍者和同一性东西**。

[566]

现在,这个结果作为一个内化于自身、与自身**同一**的整体,重新给予自己以直接性形式。在这种情况下,它本身就是**开端的东西**曾经把自己规定为的那个东西。作为单纯的自身关联,它是一个普遍者,而那个曾经构成普遍者的辩证法和中介活动的**否定性**,则是在这个普遍性里同样融合为一个能够重新成为开端的**单纯规定性**。乍看起来,为了认识到这个结果,必须对其进行分析,随之将其重新分解为那些规定及其已经得到考察的进程,因为结果是通过这个进程而产生出来的。但如果真的以分析的方式来处理对象,这个处理方式就属于此前考察过的理念层次,属于探寻式的认识活动,这种认识活动对于自己的对象只能指出什么东西**存在着**,却不知道对象的具体同一性的必然性及其概念。诚然,我们已经指出,那个对对象进行概念把握的真理方法本身是分析的,因为它完全位于概念之内;但这个方法同样也是综合的,因为通过概念,对象转变为辩证的,并且被规定为另一个对象。结果作为现今的对象,构成了一个新的根基,在这里,方法和在之前的对象那里是一样的。区别仅仅涉及严格意义上的根基的对比关系;现在,虽然根基同样是对比关系,但它的直接性仅仅是**形式**,因为它同时是结果;因此,它的规定性,作为内容而言,不再是

[567]

一个单纯被接纳的东西,而是一个**推导出来的和得到证实的**东西。

　　只有在这里,认识活动的严格意义上的**内容**才进入我们的考察范围,因为它作为推导出来的内容,如今属于方法。通过这个环节,方法本身拓展为一个**体系**。——起初对于方法而言,开端从内容来看必定是完全无规定的;在这种情况下,方法显现为一个单纯形式化的灵魂,对于这个灵魂而言,并且通过这个灵魂,开端只有从它的**形式**来看才是已规定的,亦即被规定为直接的东西和普遍者。通过以上揭示出来的运动,对象本身自为地获得了一个**规定性**,而这个规定性是一个**内容**,因为那个已经融入单纯性的否定性是已扬弃的形式,而作为单纯的规定性,它的发展过程,尤其是它的对立,本身就与普遍性相对立。

　　现在,由于这个规定性是无规定的开端的紧接着的真理,它就不但指责开端是某种不完满的东西,而且指责那个从开端出发的方法本身仅仅是形式化的。这一点可以表述为当前的一个明确的要求,也就是说,既然开端相对于结果本身的规定性而言是一个已规定的东西,那么它就不应当被当作直接的东西,而是应当被当作经过中介的、推导出来的东西;这看起来就是要求在证明活动和推导活动里有一个无限**回溯**的过程,——正如从一个新获得的开端那里,同样可以通过方法的过程而得出一个结果,以至于推进过程同样可以无限地**向前**移动。

　　我们已经多次指出,一般而言,无限演进过程属于无概念的反映;但那个以概念为其灵魂和内容的绝对方法不可能导致这种无限演进过程。乍看起来,诸如**存在**、**本质**、**普遍性**之类开端已经具有一个完全形式化的开端所必须具有的整个普遍性和无内容性,因此它们作为绝对最初的开端不可能要求或允许任何进一步的回溯。既然它们是纯粹的自身关联和直接的、无规定的东西,那么它们本身确实不具有任何区别,而在别的开端那里,其形式的普遍性和其内容之间的区别是立即被设定下来的。那些逻辑开端把无规定性当作它们的唯一内容,但恰恰是这个无规定性本身构成了它们的规定性;也就是说,这个规定性在于,它们的否定性是已扬弃的中介活动;规定性的特殊性同样给予它们的无规定性以一个特殊

［568］

性,使**存在**、**本质**和**普遍性**能够彼此区分开。现在,它们所获得的规定性是它们自己的规定性,而如果单纯拿出来看,则是一个**直接的规定性**,和任何一个内容的规定性都毫无区别,因此需要一个推导;对于方法而言,规定性究竟是被当作**形式**的规定性,还是被当作**内容**的规定性,这是无关紧要的。因此实际上对于方法而言,当一个内容通过方法的最初结果而得到规定,这并不是什么新的开端;也就是说,它的形式化程度和从前相比,既未增加,也未减少。但由于方法是绝对的形式,是一个把自己和全部东西都认知为概念的概念,所以没有任何内容能够与它对立,并把它规定为一个片面的、外在的形式。正如那些开端的无内容性并没有使它们成为绝对的开端,同样,内容就其自身而言也不会让方法陷入向前或向后的无限演进过程。从一个方面来看,那个在方法的结果中制造出自身的**规定性**是这样一个环节,通过它,方法达到了自身中介,并且使**直接的开端**成为一个经过中介的开端。但反过来,恰恰是通过这个规定性,方法的这个中介活动消失了;方法把**内容**当作它自己的一个可以映现出来的**他者**,将其**贯穿**,随之返回到它的开端,也就是说,它并非仅仅把内容当作一个**已规定的**内容重新制造出来,毋宁说,结果也是一个已扬弃的规定性,而这意味着把方法以之为开端的那个最初的直接性重新制造出来。方法只有作为**一个总体性体系**才做到这一点。就这个规定而言,方法还需要接受考察。

[569]

正如我们已经指出的,那曾经是结果的规定性,由于融入单纯性形式中,因此本身是一个新的开端;正是由于这个规定性,这个开端区别于之前的开端,于是认识活动从一个内容转移到另一个内容。这个推进过程首先对自己作出这样的规定,即从一些单纯的规定性出发,然后得出**愈来愈丰富和具体的**规定性。也就是说,结果包含着自己的开端,而它的过程又用一个新的规定性丰富了开端。**普遍者**构成了根基;正因如此,推进过程不应当被看作是从一个**他者**到另一个**他者**的**流动**。在绝对的方法里,概念在自己的异在里**维系**自身,普遍者在自己的特殊化(亦即判断和实在性)里维系自身;普遍者在后续规定的每一个层次上都提升了它之前的全部内容,既没有因为它的辩证的推进过程而失去任何东西,也没有丢下任何东西,而是本身就承载着全部收获,并且让自己变得愈加丰富和密实。

这个**拓展**可以被看作是内容的环节,并在整体上被看作是第一个前提;普遍者**被传递给**丰富的内容,直接在其中保留下来。但对比关系也有第二个方面,即否定的或辩证的方面。拓展遵循着概念的**必然性**,受控于概念,而每一个规定都是一个自身内反映。**外化**(亦即**进一步的规定**)的 ［570］ 每一个新的层次也是**内化**,而**更大的外延**同样是**更高的内涵**。因此,最丰富的东西是最具体和最主观的东西,而那个把自己收回到最深处的东西则是最强大和最具统治力的东西。最高的、最锐利的尖端是**纯粹的人格性**,后者仅仅通过自己的本性亦即绝对辩证法而在**自身之内把握**并掌控着**一切东西**(因为它使自己成为最自由的东西),——成为单纯性,而这个单纯性就是最初的直接性和普遍性。

通过这个方式,**推进过程**在继续进行规定时,每一个步伐都既是远离开端,也是**后退靠近**开端,于是那起初看上去有差异的东西,即开端的**回溯式奠基活动**和开端的**前进式继续规定活动**,就交织在一起,成为同一个东西。那个因此缠绕在一个圆圈里的方法,不可能在一个时间性的发展过程中被预见到,开端本身已经是一个推导出来的东西;直接的开端已经足以成为一个单纯的普遍性。只要开端是这样的东西,它就已经具有其完整的条件;至于人们只能**以权宜的假设方式**把它当作开端,这件事情是无可厚非的。无论人们用什么理由来反对这个开端——比如诉诸人类认识的局限性,或要求人们在走向事情本身之前必须首先批判地考察认识工具——,这些本身都是一些**预先设定**,它们作为**具体的规定**,本身就需要中介活动,需要得到论证。相比它们所抗议的事情的**开端**,它们在形式上并不具有任何优越性,毋宁说,它们作为具体的内容,反而需要一个推导;就此而言,我们只能认为它们是一些虚妄的举措,更应当提防它们,而不是去提防别的东西。它们具有一个不真实的内容,因为它们把一个众所周知有限的、不真实的东西,亦即把一个**受限制的**认识活动(而且这个 ［571］

455

认识活动被规定为**与它的内容相对立的形式**和**工具**)当作一个颠扑不破的绝对者；这个不真实的认识活动本身也是形式，是一个回溯式的奠基活动。——真理的方法也知道，开端正因为是开端，所以是一个不完满的东西，但这个不完满的东西无论如何都是必然的，因为真理只是通过直接性的否定性而来到自身(Zu-sich-selbst-Kommen)。有些人**仅仅**急于超越**已规定的东西**(无论这个东西叫做开端、客体、有限者，还是采取别的什么形式)，企图直接投身于绝对者的怀抱，但这种急躁心态作为认识，其面对的无非是空洞的否定者、抽象的无限者，——或者说一个**意谓中的绝对者**，这个绝对者仅仅存在于意谓中，因为它还没有**被设定下来**，还没有**被理解把握**；理解把握只能基于认识活动的**中介活动**，普遍者和直接的东西是中介活动的一个环节，但真理本身却是仅仅位于拓展过程中，位于终点。诚然，为了满足那个急于认识未知事物的主观需要，可以**预先**给出**整体**的一个概观，——通过一个对反映而作出的划分，即从普遍者出发，按照有限的认识活动的方式指出特殊东西是**现成已有的**、在科学里应当期待的东西。然而这种做法所提供的无非是表象的一幅**图像**；因为从普遍者到特殊东西，再到自在且自为地已规定的整体这一真正的过渡(在其中，那个最初的普遍者本身按照其真正的规定而言又是一个环节)根本不理睬那个划分方式，毋宁说，它仅仅是科学自身的中介活动。

基于方法的上述本性，科学呈现为一个在自身内缠绕的**圆圈**，而中介活动则是把终点绕回到圆圈的开端(即单纯的根据)；这样一来，这个圆圈就是**诸多圆圈形成的一个圆圈**；因为每一个个别的环节，作为被方法赋予灵魂的东西，都是自身内反映，而当这个反映返回到开端，就成了一个新的环节的开端。这根链条的片段是各门科学，其中每一门科学都具有一个**先行者**和一个**后继者**，或更确切地说，每一门科学仅仅**具有**先行者，然后在它的终点自身之内才**展示出**它的后继者。

[572]

这样一来，绝对理念里的逻辑也返回到它的开端，亦即这个单纯的统一体；在存在里，起初全部规定看起来都已经瓦解了或通过抽象而被抛弃了，但存在的纯粹的直接性是一个通过中介活动(亦即中介活动的扬弃)

而达到与自己相应的自身等同性的理念。方法是纯粹的、仅仅自己对待自己的概念；因此它是**单纯的自身关联**，而这个关联就是**存在**。但现在它也是**已充实的存在**，是对自己**进行概念把握的概念**，是作为一个**具体的、同样又绝对有内涵的**总体性的存在。——关于这个理念，还需要提出一点作为结语，即在它之内，**第一**，**逻辑科学**已经把握到自己的概念。在**存在**或者说逻辑科学的**内容**的开端那里，这门科学的概念显现为主观反思里的一个外在于内容自身的知识。但在绝对认识活动的理念里，概念已经转变为理念自己的内容。理念本身是纯粹的概念，这个概念把自己当作对象，而当它把自己当作对象时，又贯穿了它的各种规定的总体性，把自己塑造为它的实在性的整体，塑造为科学的体系，随之结束了以下活动，即去把握它的这个自身概念把握，进而扬弃它的作为内容和对象的地位，最终认识到科学的概念。——**第二**，这个理念仍然是逻辑的，它封闭在纯粹的思想之内，是一门仅仅以神性的**概念**为对象的科学。体系的具体展开虽然本身是一个实在化，但仍然局限于思想的层面之内。正因为认识活动的纯粹理念被封闭在主观性之内，所以这个理念是一个想要扬弃主观性的**冲动**，而纯粹的真理作为最终的结果，也成为**另一个层面和另一门科学的开端**。关于这个过渡，这里只需要略加提示即可。[573]

也就是说，当理念把自己设定为纯粹概念及其实在性的绝对**统一体**，随之使自己凝聚为一个直接的**存在**，它就是这个形式下的**总体性——自然界**。但这个规定并不是一个**转变而来的存在**和**过渡**，不像此前所说的主观概念那样在其总体性中转变为**客观性**，也不像**主观目的**那样**转变为生命**。在纯粹理念里，概念自身的规定性或实在性已经提升为概念，而纯粹理念毋宁是一个绝对的**自由化**，对它而言，任何一个直接的规定都同样是**已设定的**，是概念；因此在这个自由里，不会发生任何过渡；理念把自己规定为单纯的存在，这个存在对于理念而言始终是完全通透的，是一个在其规定中停留在自身那里的概念。也就是说，这里的过渡毋宁应当这样理解，即理念**自由地释放**自己，具有绝对的自信，并安息在自身之内。基于这个自由，**理念的规定性的形式**同样是绝对自由的，——是没有主观性的、绝对自为地存在着的**空间和时间的外在性**。——这个外在性仅仅遵循存在的抽象直接性,并被意识所把握,而在这个意义上,它就是单纯的客观性和外在的生命;但在理念里,自在且自为地看来,这个外在性始终是概念的总体性,是一门处在神性的认识活动与自然界的对比关系之间的科学。纯粹理念接下来作出的决断,就是把自己规定为外在的理念,但这个决断仅仅为自己设定了一个中介活动,在这个活动中,概念把自己提升为一个自由的、从外在性内化到自身之内的实存,**在精神科学里**依靠自己而完成自己的自由化,并在逻辑科学(即一个对自身进行概念把握的纯粹概念)里找到它自己的最高概念。

人名索引

（说明：人名后面的页码为本书德文原版的页码，即本书的边码）

459

主要译名对照及索引

（说明：主要译名后面的页码为本书德文版的页码，即本书的边码）

461

H

I

M

《逻辑学》导读

先　刚

黑格尔于 1812、1813、1816 年分三卷(《存在论》、《本质论》、《概念论》)陆续发表的《逻辑学》(以下皆称作《大逻辑》)是其真正意义上的"代表作"(Opus Magnum)。此前由我翻译的《逻辑学》I(即《大逻辑》上卷)已经于 2019 年 6 月出版。现在《逻辑学》II(即《大逻辑》下卷)也即将面世,因此借这个机会,我在这里大致阐述一下《大逻辑》各方面的情况并勾勒其思维线索,希望能够为读者顺利阅读本书并理解其内容提供一定的帮助。

《大逻辑》的形成过程

黑格尔于 1801 年入职耶拿大学之后,立即开设了两门课程,即"哲学导论"(Introductio in philosophiam)和"逻辑学与形而上学,或反思与理性的体系"(Logica et Metaphysica sive systema reflexionis et rationis)。这个课程安排体现了黑格尔的深意和雄心,因为他和近代绝大多数哲学家一样认为,在建立一个科学的体系之前,必须奠定一个不可动摇的基础,提出一个合适的导论①。因此,当时他授课和手稿都是围绕着这个核心计划展开,而"逻辑学与形而上学"就应当扮演这个"导论"的角色。在现存的三部《耶拿体系筹划》(Jenaer Systementwürfe)里,第二部就主要包含着这

---

① Hans Friedrich Fulda, *Das Problem einer Einleitung in Hegels Wissenschaft der Logik*. Frankfurt am Main 1965.S.1 ff.Klaus Hartmann, *Hegels Logik*.Berlin 1999.S.8 ff.

方面的内容①。但从 1804 年开始,黑格尔的思考有了新的推进,认为"逻辑学与形而上学"本身又需要一个导论,即关于"**意识经验**"的历史发展的探讨②,于是《精神现象学》后来居上,成为"导论之导论",最终于 1807 年以黑格尔本人起初都没有预料到的巨大的篇幅规模正式出版。当然,无论是在他为《精神现象学》亲自撰写的图书广告里,还是在后来的《大逻辑》第一版序言里,他都明确指出《大逻辑》是《精神现象学》的"第一个续篇"③,因此他的整个体系构想实际上并没有发生什么根本的变化,而且《精神现象学》明显已经具有后来的《大逻辑》的架构。也就是说,《精神现象学》相当于是黑格尔整个体系构思的一段插曲或变奏曲。

黑格尔虽然顺利发表了《精神现象学》,但受到拿破仑入侵德国造成的动荡时局的影响,不得不放弃教职离开耶拿,先是在班贝格短暂担任报纸主编,然后在纽伦堡担任高级中学校长。在纽伦堡期间,他给中学生讲授他的逻辑学,撰写了一系列逻辑学手稿④,最终于 1812—1616 年分三卷陆续发表了《大逻辑》。严格说来,这部著作的书名是《逻辑科学》(*Wissenschaft der Logik*),据说黑格尔本来想好的书名是《逻辑体系》(*System der Logik*),但没有预料到他一向蔑视的死敌同行弗里斯(J.F.Fries)居然抢先于 1811 年发表了一部书名完全相同的著作。这让黑格尔陷入进退两难的处境,最后他无奈将自己的著作更名为《逻辑科学》,同时在给朋友的信里大骂弗里斯的愚蠢和浅薄⑤。

---

① 《耶拿体系筹划》第二部已有中译本,见[德]黑格尔:《耶拿体系 1804—1805:逻辑学和形而上学》,杨祖陶译,人民出版社 2012 年版。

② Vgl.Karl Rosenkranz, *G.W.F.Hegels Leben*.Darmstadt 1977.S.201 ff.

③ 参阅[德]黑格尔:《精神现象学》,先刚译,人民出版社 2013 年版,第 506 页;[德]黑格尔:《逻辑学》I,先刚译,人民出版社 2019 年版,第 7 页。

④ 参阅[德]黑格尔:《纽伦堡高级中学教程和讲话(1808—1816)》,张东辉、户晓辉译,商务印书馆 2012 年版,第 136—179、198—259 页。

⑤ Walter Jaeschke, *Hegel Handbuch. Leben-Werk-Wirkung*.Stuttgart-Weimar 2003,S.222. 在《大逻辑》的导论里,黑格尔亦带着轻蔑的语气宣称:"弗里斯的基本观念,包括他的观点本身和具体论述,是如此之肤浅,以至于我根本用不着在这部毫无意义的出版物上面耗费半点力气。"(黑格尔:《逻辑学》I,第 30 页)

《大逻辑》发表之后，黑格尔名声大振，陆续获得海德堡大学和柏林大学的教授席位，逐步登上德国哲学界的王座。1831 年，黑格尔准备出版该书第二版，为《存在论》卷增补了大量内容。只可惜《存在论》卷修订完之后不久，黑格尔在当年底因为身染霍乱而突然去世，而写于 11 月 7日的全书第二版序言也成了他的绝笔。修订版《存在论》于 1832 年由斯图加特-图宾根的柯塔（Cotta）出版社出版之后，完全取代了 1812 年首版《存在论》，后者直到 20 世纪 60 年代才重新得到人们某种程度上的关注，但从客观的思想影响史来看无法与前者相提并论。正因如此，我们今天研究《大逻辑》，最基础的文本组合仍然是 1832 年修订版《存在论》加上黑格尔没来得及修订的《本质论》和《概念论》。考虑到《大逻辑》篇幅巨大，今天大多数通行的版本（包括我们这个译本）都是把该书分为上下两卷出版，上卷包含《存在论》（1832 年版），下卷包含《本质论》（1813 年版）和《概念论》（1816 年版）。

《大逻辑》的核心宗旨：作为形而上学的逻辑学

首先需要指出的是，黑格尔的逻辑学不是"普通的"逻辑学，即那种完全抽离了具体内容，仅仅关注单纯的思维形式及其规律和规则的"形式逻辑"。很多慕"逻辑学"之名而接触黑格尔《大逻辑》的人，其遭遇大概就和当年那些涌入柏拉图"论善"（*Peri tou agathou*）课堂的人一样。柏拉图的听众原本以为会得到关于人的财富健康等等的指导，但实际听到的却是大量关于数学的讨论乃至"善是一"这样的玄奥命题①，类似地，黑格尔的读者可能期待的是关于推理和论证的规则等等的讨论，但首先等待着他们的却是满篇的"存在"、"无"、"转变"、"质"、"量"、"度"、"本质"、"现象"、"对比关系"、"现实性"等范畴，最后甚至还有关于"机械性"、"化

① 参阅先刚：《柏拉图的本原学说》，生活·读书·新知三联书店 2014 年版，第 97 页。

学性"、"目的论"等等的讨论。因此,正如柏拉图的诸多听众公开拒斥那些内容,黑格尔的很多读者同样不承认这部著作讲的是"逻辑学"。

黑格尔本人完全预料到了这个问题。他在《大逻辑》第三部分《概念论》的前言明确提出,在"这门科学的某些朋友"(即那些只懂得普通逻辑的人)看来,或许只有这部分讨论的概念、判断和推论等等才属于通常所谓的"逻辑"的素材(TWA6,243)。至于本书的重头戏,即前两个部分(《存在论》和《本质论》),几乎可以说是他的纯粹创新,因此读者在其中找不到"普通逻辑"也就不足为奇了。再者,黑格尔指出,即便是属于"普通逻辑"的这部分素材,也已经在漫长的时间里演化成一种僵化的乃至僵死的东西,必须为它们注入新的生命,让它们流动起来,而这相当于去重新规划和改造一座人们已经持续居住数千年的老城,其难度丝毫不亚于在荒野里建造一座新的城市,甚至可以说还要更加困难。简言之,黑格尔的整个逻辑学体系确实不再是普通人心目中的普通逻辑,而是一种"全新的"逻辑学。

黑格尔的全新创造,在于让逻辑学与形而上学完全合为一体。当然,他并非一开始就明确地树立了这个目标。此前我们已经提到,黑格尔在耶拿时期仍然将"逻辑学"与"形而上学"分列并举,视二者为整个体系的基石。这本身仍然是一个很传统的观点,因为古代哲学基本上都是划分为形而上学、逻辑学、物理学(自然哲学)和伦理学四个模块,并且承认前面二者具有基础性的地位。但近代以来,经验科学和英国经验论哲学的兴起已经对日益空疏僵化的形而上学造成了严重冲击,康德虽然声称要重建"作为科学的形而上学",但他打着"纯粹理性批判"的旗号,固然摧毁了沃尔夫的经院式形而上学,但也把哲学史上所有那些严肃思考的形而上学及其分支(本体论、灵魂论、宇宙论、神学)宣判为"先验幻相",以至于到了黑格尔那个时代,"之前号称'形而上学'的东西,可以说已经被斩草除根,从科学的行列里消失了。"[1]在黑格尔看来,这绝对是一个糟糕

---

[1]　黑格尔:《逻辑学》I,第3页。

的结局,因为"**一个有教养的民族竟然没有形而上学**,正如一座在其他方面装饰得金碧辉煌的庙宇里,竟然没有至圣的神。"①他想要挽救形而上学,却发现近代的演绎逻辑同样已经走到了山穷水尽的地步,沦为一种不能提供任何知识的空疏言谈,以至于培根要用归纳方法这种"新工具"将其取代。诚然,逻辑为了自救,求助于心理学、教育学、甚至生理学,甚至搞出"如果一个人视力不佳,那么就应当借助于眼镜"之类规则,但这些要么是"瞎扯",要么是一种极为枯燥和平庸的东西②。最终说来,相比形而上学,逻辑的处境虽然没有那么糟糕,之所以还能得到人们的容忍,只不过是因为人们误以为它还有一点用处,即可以"训练思维"或让人"学会思维",而在黑格尔看来,这等于说人只有研究解剖学之后才学会消化,或只有研究生理学之后才学会运动。但是,如果逻辑连这点用处都没有,那么迟早等待着它的就是形而上学的命运。

因此,黑格尔实际上面临着双重的任务:既要提出一种全新的形而上学,也要提出一种全新的逻辑学。那么这两项工作,究竟孰先孰后呢?当前的局面是,经过康德的批判哲学的洗礼,任何未来的形而上学都不可能绕过这座大山,对其置之不理。更重要的是,康德在《纯粹理性批判》要素论第二部分里提出了一种新的逻辑亦即"**先验逻辑**"。他首先在"一般的逻辑"里区分出"纯粹逻辑"和"应用逻辑",然后在"纯粹逻辑"里区分出"形式逻辑"和"先验逻辑",并且指出,后者不像前者那样仅仅考察空无内容的逻辑形式,而是考察某些先天概念(作为纯粹思维的活动)与客体或对象的先天关系,以及这些知识的起源、范围和有效性。(《纯粹理性批判》A55/B79—A57/B81)实际上,这些概念无非是传统形而上学的各个范畴,因此黑格尔敏锐地注意到,"批判哲学已经把**形而上学**改造为**逻辑**"③。康德的问题在于,他仍然囿于形式逻辑的思维定式,不敢把客体完全包揽进来,于是赋予先验逻辑以一种本质上主观的意义,同时又与

---

① 黑格尔:《逻辑学》I,第 4 页。
② 黑格尔:《逻辑学》I,第 30 页。
③ 黑格尔:《逻辑学》I,第 29 页。

他企图逃避的客体纠缠在一起，不得不承认"自在之物"之类东西。尽管如此，康德的这项工作必定给予黑格尔重大启发，即反其道而行之，转而**"把逻辑学改造为形而上学"**。具体地说，就是重新发掘旧的形而上学的合理因素，以弥补先验逻辑的片面性。在黑格尔看来，相比近代哲学，旧的形而上学具有一个更卓越的"思维"概念，其优越性尤其体现在如下三个方面：1）思维和思维的规定不是一种外在于对象的东西，而是**对象的本质**；2）**事物**和对于事物的**思维**自在且自为地就是契合的；3）思维就其内在规定而言和事物的真正本性是同一个内容①。简言之，必须重树传统形而上学的**"思维与存在的同一性"**精神，同时将康德的先验逻辑扬弃在自身之内，以表明对于思维的考察本身同时就是对于存在的考察，从而达到逻辑学与形而上学的合体。

在黑格尔的全新的逻辑学-形而上学合体里，思维与存在的同一性或统一体，作为其要素，叫作"概念"（我们暂且接纳这个术语，后文再加以详述）。逻辑必须进一步划分，以展开概念自身之内的规定性，而这就是概念的"原初分割"或"判断"（Ur-teilung）。在这种情况下，概念区分为两个方面，一方面是**"存在着的概念"**（代表着存在），另一方面是**"严格意义上的概念"**或**"作为概念的概念"**（代表着思维），而逻辑也相应地分为两个部分，一个是"客观逻辑"（即"存在论"），另一个是"主观逻辑"（即"概念论"）。但在从"存在"到"概念"的过渡中，还有一个叫作**"本质"**的居间阶段，这是"一种向着概念的内化存在过渡的存在……[这时]概念本身尚未被设定为作为概念的概念，而是同时黏附着一种直接的存在，把它当作自己的外观。"②在这里，黑格尔之所以把"本质"以及与之相对应的逻辑（即"本质论"）归入客观逻辑而非主观逻辑的范围，是因为他希望把**"主体"**的特性明确地仅仅保留给概念。

① 黑格尔：《逻辑学》I，第 23 页。
② 黑格尔：《逻辑学》I，第 39 页。

正如之前所述,黑格尔的客观逻辑(存在论和本质论)堪称他的纯粹创新,而且这部分内容也以最为鲜明的方式展示了逻辑学与形而上学的合体。他不但指出客观逻辑在某些方面相当于康德的先验逻辑,更明确宣称:"客观逻辑毋宁说取代了从前的**形而上学**……如果我们考察这门科学的塑造过程的最终形态,那么可以说,客观逻辑首先直接取代了**本体论**……但这样一来,客观逻辑也把形而上学的其余部分包揽在自身内,因为这些部分试图通过纯粹的思维形式来把握那些特殊的、首先取材于表象的基体,比如灵魂、世界、上帝等等。"[①]旧的形而上学的缺陷在于武断而随意地使用这些思维形式,没有首先探讨它们是否以及如何能够成为存在的规定,就此而言,客观逻辑是对这些形式的"真正批判"[②],或者也可以说是一种更高层次的"纯粹理性批判"。

《大逻辑》的核心方法:概念的自身运动

仅仅知道黑格尔的逻辑学同时是一种形而上学,这仍然是不够的。对于任何一位学习并希望掌握黑格尔哲学的人来说,最基本的第一道门槛是要理解他所说的"**概念**"(Begriff)究竟是个什么东西。黑格尔曾经感叹:"在近代,没有哪一个概念比'概念'本身遭到更恶劣的误解。"[③]实际上,过去人们也是在同样的意义上误解了柏拉图所说的"**理念**"。这个误解就是把概念或理念当作某种空洞的、抽象的(从事物那里抽离出来并与事物相对立)、本身静止不动的、仅仅存在于思维中的普遍者;但实际上,这种意义上的普遍者毋宁是"**观念**"! 从字面上来看,"概念"的原文,无论是拉丁语的 conceptus(来自于 capere),还是德语的 Begriff(来自于

① 黑格尔:《逻辑学》I,第 41 页。
② 黑格尔:《逻辑学》I,第 42 页。
③ G. W. F. Hegel, *Vorlesungen über die Ästhetik I*, Frankfurt am Main:Suhrkamp 1970. S. 127.

begreifen），字面上都有"抓取"、"把握"的意思，但人们的错误在于把这种"抓取"理解为**抽离式的提取**，而不是恰如其分地将其理解为"**包揽式的统摄**"，或更确切地说，不知道"概念"同时包含着双重的意思，即"抽离"和"统摄"。正是基于这种片面的误解，人们当然更加信任各种看得见摸得着的具体事物，反过来拒斥抽象概念，甚至将其贬低为虚妄的东西。但在黑格尔这里，一切的关键在于，我们应当始终牢牢记住，他所说的"概念"一定是把事物包揽在自身之内的，因而绝不是一个抽象而片面的东西，毋宁总是意味着整全性、总体性、统一性等等。简言之，这个认识是理解黑格尔哲学的最最基本的前提。

当然，黑格尔绝不否认，概念确实具有抽象的、与事物分离的一面，因为这是概念发展的一个必然的、至关重要的环节，而且标志着哲学思考开始摆脱实在的事物，不再承认其是真实的存在者。这个环节就是"观念"或"**观念性东西**"（das Ideelle），但它仅仅是实在事物的单纯否定，与之处于同一个层次，因此仍然是一种片面的主观东西，不是真正意义上的概念。真正的概念，亦即那种包含"抽离"和"统摄"双重意思的概念，乃是"**理念性**"（Idealität），即在否定事物的同时又把事物包揽在自身之内，而这恰恰是"**扬弃**"（aufheben，"推翻"+"保存"）的基本含义。但令人遗憾的是，尽管黑格尔已经多次反复强调指出"理念性"和"观念性东西"的重大区别①，并且在任何地方都极为严格地区分使用这两个术语②，但我国许多学者还是没有意识到这个关键问题，不但将"理念性"简单地理解和翻译为"观念性"，而且轻率地使用"德国观念论"之类错误提法，甚至说什么"黑格尔的观念论"等等！这些情况反映出，我国学界对于黑格尔的原典（尤其是德文原文）仍然缺乏深入细致的研读。人们甚至没有注意到，其实康德已经在《纯粹理性批判》里专门强调指出"**理念**"和"**观念**"的重要区别（A319/B376，A320/B376—377），并且在修订该书第二版的时

---

① 黑格尔：《逻辑学》I，第 130—131 页。

② 关于这个问题，详参：先刚：《黑格尔论"理念性"和"观念性东西"》，《广西大学学报》（哲学社会科学版）2017 年第 6 期。

候特意增加了一节"驳斥观念论"。康德哲学本身已经带有浓厚的主观唯心主义色彩,现在连他都要拒斥的"观念论",怎么能够移花接木,扣在以谢林和黑格尔为代表的绝对唯心主义头上呢! 简言之,我们只承认"德国唯心论"或"德国理念论",却不懂得什么"德国观念论"。请读者注意,这并不是简单的术语翻译之争,因为隐藏在其后面的真正问题是,我们应当如何正确而准确地理解把握黑格尔的哲学思想。简言之,假若不懂得黑格尔的"概念"或"理念性"的真正意思,假若仅仅将其理解为"观念"或"观念性东西",进而把他的哲学理解为"观念论"之类脱离现实的抽象玄思或主观构想,那么后人对他的各种猛烈抨击就将完全成立。然而事实根本就不是这样的。

理解黑格尔"概念"的第二个关键,是不要把它当作某个静止不动的事物,而是要始终意识到它是一个"行动"、"活动"、"运动"等等。在探究本原的问题上,谢林和黑格尔都极大地受惠于费希特的"**本原行动**"(Tathandlung)概念,因为费希特革命性地不但把作为本原的"存在"理解为一种"行动"或"活动",而且揭示出**同一个**行动**同时具有两个**面向:一个是超越自身,走向无限,另一个是设定界限,返回自身。就此而言,费希特是德国唯心论的实际奠基人,更是谢林和黑格尔的辩证法思想的直接源头(虽然辩证法在宽泛的意义上可以追溯到古代的赫拉克利特和柏拉图,以及近代的康德)。当然,费希特的"本原行动"仍然囿于主观的"自我"层面,客观世界对他来说完全浓缩在"非我"这一完全空洞的概念之内,而谢林和黑格尔则是真正做到了一以贯之或大全一体,让这个本原行动贯穿自然界和精神世界。具体到精神世界,在政治尤其是经济的领域,马克思更是将概念的自身运动方法运用到了极致①。

换言之,黑格尔的"概念"就是这样一个"本原行动",它完全从自身

---

① Vgl.Horst Friedrich, *Hegels „Wissenschaft der Logik". Ein marxistischer Kommentar*. Berlin 2000.S.17.

出发,区分自身并与自身分离(在这个意义上成为"观念性东西"),同时又扬弃这个区别并返回自身(在这个意义上成为"理念性"),达到"自身中介",随之在一个更高的层次上,继续区分自身并与自身分离,以此逐渐展现出自身内的环环相扣的各种"规定"(亦即"范畴")。概念是对立的统一,是同一性与差别的同一性。依据"思维与存在的同一性"原则,这些规定的秩序既是思维的秩序,也是实在事物的秩序。但归根到底,只要我们牢记黑格尔的"概念"的真正意义,就没有必要刻意强调这一点,因为实在事物本身也只不过是概念的一个环节。

读者可能早就按捺不住内心的疑问:既然如此,那么黑格尔的"概念"和他同样推崇备至的"**理念**"、"**精神**"、"**自由**"、"**上帝**"等等有什么区别? 答复是:没有区别,或者说只有语境上的区别。比如在逻辑学里,概念的最初环节叫"存在",最终环节叫"绝对理念",而在精神哲学里,概念的最初环节叫"自然灵魂",最终环节叫"绝对精神",如此等等。所有这些概念(包括"**概念**"这一概念)本身当然具有明确不同的意义,但它们所指的毕竟是同一个本原行动,只不过强调的方面有所不同而已;更重要的是,这些意义和方面并不是偶然随意地信手拈来的,而是遵循着严格的逻辑秩序,比如"条件"、"根据"("理由")、"原因"都是指同一个东西,但它们作为"本质"的不同规定,是不能随便混用的。假若脱离逻辑秩序和具体语境,这些概念就仅仅是抽象的名词,甚至只是无意义的发音。黑格尔逻辑学的一个伟大贡献,就是史无前例地(甚至可以说空前绝后地)细致厘清了诸多基本概念的具体意义和彼此之间的区别与联系,并且摒弃了亚里士多德和康德囿于固定数目的"范畴"却每每顾此失彼的做法,得出了一个完善得多的基本概念体系。更重要的是,黑格尔把它们放在一个严密的遵循思维必然性的体系里面逐一推演出来,建立了一套"**概念谱系学**"(Genesis des Begriffs,TWA6,246)。在这个意义上,任何未经受黑格尔逻辑学的洗礼而随意谈论各种范畴的做法,都可以说是"独断的"。

《大逻辑》第一部分：存在的逻辑

黑格尔的逻辑学以真正的"无前提者"亦即"**存在**"（Sein）这一没有任何规定性或空无内容的东西为开端。他在开篇的"科学必须以什么作为开端？"这一节里指出，之所以不能以古代哲学的"一"、"努斯"、"实体"或近代的"自我"等等为开端，原因在于这些概念掺杂了太多偶然的经验内容，而如果抛弃这些内容，在纯粹而绝对的意义上理解它们，那么它们和"存在"就没有任何区别。换言之，真正的本原——哪怕不以任何别的东西，只以"**开端**"（Anfang）本身为本原——无论叫什么名字，实际上都是指"存在"，此外无他。

纯粹的"存在"没有任何规定性，因此是"**无**"（Nichts），而"无"同样被当作最空洞抽象的"存在"来对待；但"存在"毕竟是"存在"，不是"无"，因此这是一个双方直接消失在对方里的运动，即"**转变**"（Werden）。这里出现了第一个争议，即这究竟是一个客观的运动呢，抑或是观察者的思想上的转变，比如一位哲学家发现"纯粹存在"是"无"，发现二者是同一个东西，然后想到"转变"。关于这个问题，谢林就持后面这个观点①。当然，黑格尔可以反驳说，正因为事情本身就是如此，有这样一个客观的运动，哲学家才会观察到这个转变。这个"存在-无-转变"的三联体仍然是"存在"，但已经不同于最初那个纯粹的"存在"，而是具有了某种规定性，因此成为"**定在**"（Dasein）。定在的规定性叫作"**质**"（Qualität）；"质"一方面是"**实在性**"（代表着"存在"），另一方面是"**否定**"（代表着"无"），正因如此，一切规定性才同时也是否定（这句名言来源于斯宾诺莎），或者说一切肯定的、实在的东西（存在着的东西）都已经天然地包含着自身否定。就"定在"具有这个二重性的质而言，它是"存

---

① ［德］谢林：《近代哲学史》，先刚译，北京大学出版社，第158、161、262页。

在者"(Seiendes),或更确切地说,"**定在者**"(Daseiendes),亦即"**某东西**"(Etwas);附带说一句,中文的"东西"和德语的"Dasein"具有绝妙惊人的一致性,即都是用一个表示方位的词(德语的"da")来泛指一个在抽象普遍的程度上仅次于"存在"的"存在者"。而我们之所以摒弃前人采用的"某物"这一随意的译法,原因很简单,即"物"(Ding)作为一个严格的范畴是在后面的《本质论》里才出现的。

"某东西"是一个存在者,这首先归功于它的作为"实在性"的质,但与此同时,这个质又是作为"否定",因此"某东西"始终包含着"无"这一要素。"实在性"和"否定"具有同等的本原性,所以,如果把"某东西"看作是一个否定,那么它的实在性就是对于这个否定的否定,因此黑格尔说:"'某东西'是第一个否定之否定。"[①]这里的重点不是从"否定之否定"得出肯定,而是坚持那个永远在场的否定。在接下来的发展过程中,否定表现为"**他者**"(Anderes)、"**界限**"(Grenze)、"**限制**"(Schranke)等一系列与"某东西"相对立的东西,但因为它们其实都是发源于"某东西"自身,因此这是一种"内在的"自身否定。"某东西"不断地突破"界限"或"限制",借此达到"**自身内中介**"(Vermittlung in sich)。在这个过程中,从否定的一面来看,"某东西"始终是"**有限者**",而与之相对立的"他者"则是"**无限者**"。

知性思维执着于有限者和无限者的对立,同时又希望克服这个分裂。它要么认为有限者是虚幻不实的东西(比如埃利亚学派),要么认为无限者是臆想出来的空洞名称(比如唯名论和经验论),要么借助神秘的体验,通过消灭有限者而与无限者直接融为一体(比如各种神秘主义);除此之外,还有一种独特的思维模式,即一方面承认无限者是一个必然的理想,另一方面宣称有限者只能无限地靠近它,却永远不能达到它(比如康德和德国浪漫派)。所有这些做法毋宁都是强化了这个鸿沟,因为他们从始至终坚持认为,有限者位于一端,仅仅是有限者,无限者位于另一端,

---

① 黑格尔:《逻辑学》I,第96页。

仅仅是无限者。这就是黑格尔所说的"**恶劣无限**",其特征在于执着于无限者和有限者的绝对对立,比如"无限延伸"、"无限接近"、"无限分割"、"无限的单调重复"等等都是如此。

但正如刚才指出的,"有限者"和"无限者"其实是同一个运动的不同环节,所以有限者必然会转变为无限者,正如无限者也必然会转变为有限者。黑格尔说:"有限者的本性就是要超越自身,否定它的否定,成为无限者。就此而言,无限者本身并不是作为一个完结的东西凌驾于有限者**之上**,以至于有限者竟然能够驻留在无限者**之外**或**之下**。"①因此没有什么单纯的有限者,也没有什么单纯的无限者,毋宁说,任何一个东西本身都既是有限的,也是无限的,是有限者和无限者的统一体。这才是"**真实无限**"。很多人对这个统一体大呼小叫,而这只不过表明他们仍然囿于知性思维,即把"限制"、"有限者"等规定看作是恒久不变的东西。

有限者转变为无限者,同时仍然保留着有限者的规定,因此这是一种无限的"自身回归"(Rückkehr in sich)。"定在者"或"某东西"的现在这个环节叫作"**自为存在**"(Fürsichsein)。需要注意的是,"自为存在"是存在论部分最重要、最关键的一个概念,和"理念性"息息相关。在《小逻辑》里,黑格尔亦宣称:"'**理念性**'这一规定出现在**自为存在**里面。"②此外他还说:"一般意义上的**自为存在**应当被理解为**理念性**。"③在德语的日常语言里,"**自为**"(für sich)的意思是"与他者无关,单就其自身而言",但如果只是从这一点来看,那么"**自在**"(an sich)也是同样的意思,因此这里的关键区别在于,"自在"指最初原本就与他者无关,而"自为"却是指排斥他者,返回自身,并在这个意义上与他者无关。换言之,"自为"包含着"他者"环节,而"自在"则不然,因此二者虽然同样都是指一种单独孤立的状态,但"自为"是"自在"的升级,而当黑格尔使用"**自在且自为**"

---

① 黑格尔:《逻辑学》I,第118—119页。

② G. W. F. Hegel, *Enzyklopädie der philosophischen Wissenschaften I*, Frankfurt am Main 1970. S.202–203.

③ Ebd., S.204.

(an und für sich)之类说法时，则是为了强调这两个环节的结合，但重点终究还是落在"自为"上面。

自为存在排斥他者，导致"**单一体**"(Eins)和"**多**"(Vieles)这一对范畴的出现。并非首先有"单一体"，然后它分裂为"多"，也非首先有"多"，然后它们组合为"单一体"，毋宁说，"单一体"和"多"这两个规定是同时出现的，"单一体本身就转变为诸多单一体。"①

自为存在之所以代表着理念性，最重要的原因在于，"**排斥**"(Repulsion)和"**吸引**"(Attraktion)其实是同一个活动的两个方向。某东西为了成为孤立的单一体，必须排斥他者，但这恰恰意味着它需要他者，并在这个意义上重新吸引他者，与之相关联，以之为自己的一个环节。现实生活中也是如此，我们愈是排斥某东西，殊不知与这个东西的关系愈是密切。近代的个人主义就是立足于片面的自为存在，即只看到"排斥"环节，"这个最大、最顽固的谬误反而以为自己是最大的真理，——因此在一些更具体的形式下显现为抽象自由或纯粹自我，随后显现为恶。"②针对这一点，黑格尔指出："排斥仅仅是理念性的**应当**，而理念性是通过吸引而实现的。……前者[排斥]是单一体的实在性，后者[吸引]是单一体的已设定的理念性。"③

单一体身上的这种二重性表现为"**量**"(Quantität)，量是一个外在的规定，"一个在存在那里和存在漠不相关的界限。"量也是质，只不过是一种已扬弃的质，也就是说，任何"某东西"都带有两种规定性，一种决定它恰恰是这个东西而不是别的，另一种是无关紧要的，这个区分与后面本质论部分所说的"本质性东西"与"非本质性东西"相对应。现在，正如自为存在是排斥和吸引的统一体，"量是**延续性**和区间性这两个环节的统一体。"④无论是康德关于物质的无限可分割性的二律背反，还是古代的芝

---

① 黑格尔:《逻辑学》Ⅰ,第 150 页。
② 黑格尔:《逻辑学》Ⅰ,第 155 页。
③ 黑格尔:《逻辑学》Ⅰ,第 156 页。
④ 黑格尔:《逻辑学》Ⅰ,第 174 页。

诺悖论,都犯了同样的错误,即把"**延续性**"(Kontinuität)和"**区间性**"(Diskretion)绝对地割裂开来,殊不知任何量的东西都既是延续的,也是区间式的。接下来,正如"存在"过渡到"定在","量"也过渡到"**定量**"(Quantum),即"已规定的量"或"**数**"(Zahl),而在数那里,"延续性"和"区间性"则是分别表现为"**单位**"(Einheit)和"**数目**"(Anzahl),或"**外延**"(Extension)和"**内涵**"(Intension)。黑格尔在这部分大量讨论数学知识,尤其是微积分原理和"**比例关系**"(Verhältnis,这个术语在本质论部分被译为"**对比关系**"),最终都是为了阐明上述两个环节的对立统一。作为结果,定量不再是一个漠不相关的或外在的规定,而是重新成为质(确切地说,成为质和量的"统一体"),亦即"**尺度**"(Maß)。尺度既是一个定量,也是诸多特殊定量的比例关系,更是这些定量的无差别的统一体。当这个统一体重新被设定为一个单纯的存在,就成为"本质"。

《大逻辑》第二部分:本质的逻辑

正如亚里士多德的"ousia"概念本身就包含着"存在"和"本质"的意思,在黑格尔这里,"**本质**"同样不是"存在"之外的另一个东西,而是"已扬弃的存在"。德语的卓越之处在于其表明"本质"(Wesen)本身就是"存在"(Sein)的过去分词,从而揭示出了二者的联系。本质既是绝对的自在存在,因而经常被理解为一个抽象的东西,也是无限的自为存在,把自身包含着的各种规定区分开,与它们相对立。此前在存在的层面里,各种规定是相互过渡和转变着的(比如"某东西"也是"他者","他者"也是"某东西"),但如今在本质的层面里,这些规定已经固定下来(比如我们再也不能说"同一性"**也是**"区别",或"区别"**也是**"同一性")。相应地,从这部分开始频繁出现的"**已设定的**"(gesetzt)这一术语,就是指"固定下来"。与此同时,这些规定总是成双成对地出现,始终是"**相对的**"(relativ),但由于它们是"已设定的"亦即已经固定下来的东西,所以知性思维总是把其中一个规定当作本身就单独有效的东西孤立地看待,仿佛"同一性"即使与"区别"无关,也仍然是"同一性","实体"即使与"偶性"无关,也仍然是"实体",如此等等。黑格尔经常批评的"反映的立场"或"反思的立场",就是它明明把两个相对的(相互对立的、相互关联的)规定看在眼里,却总是执其一端,随之陷入无穷无尽的争执。

本质作为上述自在存在和自为存在的统一体,是一种"**映现**"(Scheinen)或"**反映**"(Reflexion),由此首先造成的结果是"本质性东西"和"非本质性东西"、"本质"和"映象"的对立。在《精神现象学》或黑格尔的其他文本里,我们曾经依据其语境把"映象"(Schein)翻译为非完整意义上的"假象"或"显像",以与完整意义上的"**现象**"(Erscheinung)区分开来。在《大逻辑》这里,"映现"以及"映象"所指的是本质的直接外化,而它和古代怀疑论以及近代唯心主义所理解的"**现象**"(Phänomen)确实是同一个东西(TWA6,20),即一种与本质割裂的非存在。现在的关键是,"映现"不仅是直接的外化,而且同时已经摆脱这种外化,内化到自身之内,因此这个环节叫做"反映"。换言之,"映现"是"**他者内反映**"(Reflexion in Anderes),而严格意义上的"反映"是"**自身内反映**"(Reflexion in sich),但这里不是有两个绝对不同的反映,毋宁说,二者是同一个反映的不同面向。此外,我们之所以不像旧译本那样把"Reflexion"译为"**反思**",而是译为"反映",原因很显然,因为黑格尔在这里始终强调的是本质自身的运动(因此与通常所说的"思维"无关),只有当它被片面地理解为意识的主观活动,才叫作"反思",而这种意义上的"反思"始终是一种"**外在的反映**"(TWA6,31)。实际上,真正的"反思"毋宁是指"**后思**"(Nachdenken),即不是随便拿着一个给定的对象就直接进行考察,而是结合它身上的各种相互对立的反映规定而对其进行考察。

类似于"纯粹存在",本质的直接的自身内反映是"**同一性**"(Identität),但这个抽象的东西毋宁是一种无规定性。同一律(A = A)是一个空洞的同语反复,而当人们反复强调"同一性"与其他东西的区别时,这恰恰表明"**区别**"(Unterschied)才是本质的真正规定。"区别"有时候是指一种外在的或毫不相关的区别(比如人与石头的区别),即一般意义上的"**差异性**"(Verschiedenheit),有时候则是指相反的、仅仅由对方所规定的差异性(比如男人与女人的区别),即"**对立**"(Gegensatz)。最后,当对立双方都表现为独立的自为存在,把对方排斥在外,比如肯定者和否定者(正和负),这时就是"**矛盾**"(Widerspruch)。但正如此前阐述"自为存在"时已经指出的,排斥就是吸引,就是扬弃自己的独立性,所以矛盾双方毋宁恰恰形成一个统一体,随之"**走向消灭**"或"**走向根据**"——而这是德语"zugrunde gehen"表达出的双重意思(TWA6,68)。

现在,本质作为自身内反映是"**根据**"(Grund),是"**质料**"(Materie)或"**内容**"(Inhalt);而作为他者内反映,作为映现出来的或直接外化的东西,它是"**有根据的东西**"(das Begründete)或"**形式**"(Form)。"形式化的根据"尚且不具有任何内容,只是一般意义上的"**根基**"(Grundlage),反之"实在的根据"已经具有一个有差异性的内容,随之"预先设定"了一个他者,而这样的他者就叫作"**条件**"(Bedingung)。但条件同样"预先设定"了根据,因此条件只是"相对的无条件者",只有它和根据的统一体才是"绝对的无条件者",亦即"自在的事情本身"。当这个统一体重新被设定为一个直接的东西,仿佛之前的中介活动的映象已经消失,就"**显露出来**"(Hervortreten),"**凸显到实存中**"(Sich-Herausstellen in die Existenz)。(TWA6,121)

由此可见,本质的"**显露**"就是"**显现**"(Erscheinen)或"**现象**"(Erscheinung),就是"**实存**"(Existenz,这个术语来自于拉丁词的 existere,字面意思即"站出来")。日常语言并不区分"存在"和"实存",因为"实存"确实就是"存在",但在严格的逻辑学里,这已经是一种包含着诸多本质规定的存在;相应地,正如完全抽象的存在过渡到"定在者"或"某东西",直接的实存也过渡到"实存者"或"**物**"(Ding)。"物"是直到这里才出现的规定,因此旧译本将"某东西"(Etwas)译为"某物"欠妥。黑格尔多次批评康德所说的"**自在之物**"(Ding-an-sich),认为他仅仅抓住物的自在存在(即本质)这一方面,将其当作一种摆脱了全部规定性的空洞抽象,殊不知本质必然通过物的"**特性**"（Eigenschaft）而显现出来。1）自在之物在本质上就实存着，2）这个实存作为外在的直接性同时是一个自在存在，这两件事情根本不是什么矛盾。真正的矛盾在于，"物"既是一个独立的直接东西，又是由许多质料组成的，因此这是一种扬弃着自身的实存，而黑格尔之所以明确把这种意义上的实存（亦即所谓的"**本质性的**实存"）叫作"现象"，是为了强调一点，即本质恰恰是要扬弃这些固定的环节，亲自显现出来。正因如此，黑格尔经常说"本质就在现象中"以及"本质不是位于现象的背后或彼岸"，或干脆说"本质作为实存就是现象"等等。在现象中，"自身内反映"表现为一种静止的、保持自身同一的东西，即"**规律**"（Gesetz），而"他者内反映"则是表现为那些杂多的、变动不居的东西，即"严格意义上的现象"。这就是"规律王国"或"自在存在着的世界"与"现象世界"的对立；前者也叫作"超感性世界"或"本质世界"，后者叫作"感性世界"，且前者是后者的"**颠倒**"（Verkehrung）。正是由于这个"颠倒"，二者的区别消失了，二者都把对方当作自己的环节，从而形成一个真正的总体性，即"**本质性对比关系**"。"对比关系"（Verhältnis）的关键在于，它将自身区分为两个方面，这两个方面之间不是仅仅有一种"关系"，毋宁说，双方既是独立的持存，但又只有在与对方形成一个统一体时才具有其意义，比如"**整体**"与"**部分**"、力的"**外化**"与"**诱导**"、"**外观**"与"**内核**"就是这样的对比关系。

黑格尔把这个完全由对比关系构成的统一体称作"**现实性**"（Wirklichkeit）或"**绝对者**"（das Absolute）、"**绝对同一性**"、"**绝对统一体**"等等。这里强调的是各种规定"既把绝对者当作自己的**深渊**，也把它当作自己的**根据**"（TWA6,189），而这些论述的目的是要维护有限者的地位和价值，将其看作是绝对者的表现和肖像，而不是像斯宾诺莎和流溢说那样将其看作是虚无的东西。最初直接的、形式化的"现实性"包含着"**可能性**"，"凡是现实的，也是可能的"，或者说一切不自相矛盾的东西都是可能的，但说"A 是可能的"和说"A 是 A"一样，都是空洞的同语反复。现实性和可能性的这个直接统一体是"**偶然性**"（Zufälligkeit），反之当二者在对方那里达到绝对的自身融合,整合为"**同一个运动**",就是"**必然性**"(Notwendigkeit)。黑格尔后来在《小逻辑》里指出,"'必然性'概念是极为困难的,因为它就是概念本身,但它的环节仍然是一些现实的东西,而这些东西同时必须被理解为一些内在破碎的、处于过渡中的形式。"①至于黑格尔的那句名言,"凡是合乎理性的东西都是现实的,凡是现实的东西都是合乎理性的"(Was vernünftig ist,das ist wirklich;und was wirklich ist,das ist vernünftig)②,其之所以经常遭到误解,就是因为人们一方面以为"现实的东西"所指的是那些支离破碎的、直接的(因而"偶然的")感性实存,另一方面不知道,"合乎理性"的意思是这里所说的"必然性",亦即一个将所有环节整合起来的运动。

这个在运动中达到自身同一性的现实性就是"**实体**"(Substanz),或更确切地说,是"作为自身对比关系的实体"或"绝对的对比关系",包括"实体性对比关系"、"因果性对比关系"和"交互作用"。正如之前所说,"对比关系"概念是本质论部分的灵魂,因此"**实体**"与"**偶性**"、"**原因**"与"**作用**"、"**主动**"与"**被动**"等规定都只有在相互对比亦即交互作用中才具有其意义。这样一来,它们就过渡到它们的绝对的概念,亦即来到"概念"本身。

《大逻辑》第三部分:概念的逻辑

黑格尔在本卷开篇的"概念通论"指出:"存在和本质是概念的转变的环节,而概念是它们的**根基和真理**,是它们沉没并包含在其中的**同一性**……由此看来,那个以**存在和本质**为考察对象的**客观逻辑**真正构成了**概念的谱系学展示**(genetische Exposition)。"(TWA6,245)在概念这里,

①　G.W.F. Hegel, *Enzyklopädie der philosophischen Wissenschaften I*, Frankfurt am Main 1970.S.288.

②　G.W.F.Hegel, *Grundlinien der Philosophie des Rechts*, Frankfurt am Main 1970.S.24.

"**实体**"作为自在且自为的存在达到完成,成为"**已设定的**"自在且自为的存在,随之过渡到"**主体**",过渡到"**自由**",因为那个自在且自为地存在着的同一性(它构成了实体的必然性)已经被扬弃为一种"**已设定的**"与自身相关联的同一性。

前面我们曾经专门用一节阐明《大逻辑》的核心方法是概念的自身运动,即概念如何作为主观的"观念性东西",通过把客观事物包揽到自身之内而过渡到"理念性"。如今在概念论里,这个运动以最为明确的方式体现出来。也就是说,经过此前的发展,虽然存在和本质已经融合在作为其同一性的概念里,但直接的概念本身起初仍然**仅仅**是概念("**主观性**"),是一个位于"**事情**"(即各种规定的已设定的、亦即固定下来的存在)之外的反映,与"事情"是分离的。因此概念必须扬弃这个分离,转变为真正的"**总体性**"(Totalität),亦即"**客观概念**"或"**客观性**",并在这个意义上"**实在化**"(realisiert,这个术语也可以理解为"**实现**")。当概念达到这个完成,达到"在其客观性中同样具有自由"这一形式,就成为"**理念**"(Idee)。

在主观性的层面上,概念作为绝对的自身同一性,是"**普遍者**"(das Allgemeine)。前人曾经把 das Allgemeine 译为"共相",但严格说来,这里只有"共",没有"相",假若将其译为"共相",那么"个别东西"岂不是应当译为"个相"?这是荒谬的。"普遍者"和当初的"存在"一样,既是最单纯的东西,也是内容最丰富的东西,而它的规定性,首先作为一般意义上的否定性,是"**特殊性**"(Besonderheit),亦即"**种**"(Gattung)和"**属**"(Art)——这是概念的"向外映现";其次作为否定之否定或绝对的规定性,乃是"**个别性**"(Einzelheit)或"**具体性**"(Konkretion)——这是概念的"自身内反映"。在这样划分的时候,黑格尔指出,概念作为一种"绝对的权力",恰恰在于让包括普遍性、特殊性和个别性在内的各种规定成为"自由的映象",让它们"自由地获得'独立的差异性'、'外在的必然性'、'偶然性'、'任意性'、'意谓'等形态,而这些形态本身却必须被看作无非是一个抽象的方面,即**虚无性**。"(TWA6,283)也就是说,归根结底,这些规定只不过是"同一个"概念的不同环节。在这些地方,黑格尔尤其批评了那种执着于"抽象的普遍者"亦即"观念性东西"的做法。

概念的这种自身区分或"原初分割"就是"判断"(Urteil)。"所谓判断,就是这样通过概念本身去设定已规定的概念。"(TWA6,301)黑格尔曾经多次指出"命题"(Satz)和"判断"的区别,即二者虽然在外表上同样是一个陈述(A 是 B),但命题强调的是系词或本质上的同一性,即 A 是 B,反之判断强调的是 A 和 B 的区分,因此"命题**在判断的形式下**不适宜用来表达思辨真理"①。换言之,通过判断而联系起来的是一些区分开的、已规定的、稳固的概念,判断把个别性设定为普遍者的自身内反映,把普遍者设定为已规定的东西。这里的关键在于,判断不是通常意义上的个人主观的思维活动,而是概念自身的发展运动。判断具有两个规定,分别是"**主词**"(Subjekt)和"**谓词**"(Prädikat);主词是个别东西,谓词是普遍者。按照作为谓词的普遍者所具有的不同层次的规定性,黑格尔区分出由低到高的四种判断,即"**定在判断**"(比如"玫瑰是红的"这样的感性判断)、"**反映判断**"(比如"人是有死的"等有着明确内容的判断)、"**必然性判断**"(比如"玫瑰是一株植物"等专注于种属关系的判断)和"**概念判断**"(比如"这个行为是好的"等价值判断),在每种判断下面,黑格尔又区分出三个类别,这里限于篇幅只能略过。总之,只有在最后这种判断亦即"概念判断"里,才真正"**呈现出对象与概念的关联**"(TWA6,344)。在这种情况下,系词"是"得到充实,于是判断过渡到推论。

"**推论**"(Schluss)在字面上是"**结合**"的意思,因此是"关联"范畴的进一步发展。这就是我们通常所说的"**三段论**"(Syllogismus),它由大前提、小前提和结论命题组成,其中不多不少只能有三个概念,即大词(普遍性)、中词(特殊性)和小词(个别性),而在这里面,那个发挥联系作用的"**中项**"(Mitte)或"**中词**"(medius terminus)无疑扮演着最重要的角色。依据于大前提是一个定在判断、反映判断抑或必然性判断,推论同样区分为由低到

----

① 黑格尔:《逻辑学》I,第 70 页;亦参看 TWA6,305。

高的三种推论,即"**定在推论**"(《小逻辑》里叫作"**质的推论**")、"**反映推论**"和"**必然性推论**",其同样遵循着从抽象到具体的发展过程。在必然性推论的最后一种形式亦即"**选言推论**"里,各种"**析取**"或"**选项**"(Disjunktion)已经完全呈现出来,中项成为"已发展的全体式统一体"(TWA6,400),中项和端项的区别被扬弃了,概念最终成为一个"通过**扬弃中介活动**而显露出来的**直接性**,一个同样与中介活动达到同一的**存在**⋯⋯这个**存在**是一个自在且自为地存在着的事情,——即**客观性**。"(TWA6,401)

不言而喻,从"客观性"部分开始,直到"理念"部分,黑格尔再度超出了"普通的"逻辑学的范围。从概念到客观性的过渡已经包含在笛卡尔的那个"最崇高的思想"亦即"上帝是一个**其概念包含着其存在的东西**"里面(TWA6,402)。这个思想后来堕落为一个恶劣的形式化推论(即"本体论论证"),因此遭到康德的批驳;当然,康德的批驳意见同样囿于另一个谬误,即执着于概念与存在的分离。本身说来,当概念表明自己是判断,就已经把自己设定为"**实在的、存在着的东西**",而谓词就是概念的"**实现**"或"**实在化**"的开始。"实在化"分为三个层次,即"**机械性**"(Mechanismus)、"**化学性**"(Chemismus)和"**目的论**"(Teleologie)。在第一个层次亦即机械性里,客观性的各个环节仍然表现为独立的、漠不相关的、彼此外在的东西,但通过"传递"(Mitteilung)而联系在一起;在第二个层次亦即化学性里,各个环节已经服从于作为规律的统一体,扬弃了自己的独立性。这个统一体就是"概念"本身,而当概念被设定为本身就自在且自为地与客观性相关联,就表现为"**目的**"(Zweck)。近代以来,伴随着"机械性"(亦即"力学")的节节胜利,目的论几乎已经被广泛抛弃,后者"之所以经常被指责为扯淡,就是因为它所揭示出的那些目的,相比于正常情况而言,要么夸大其词,要么隔靴搔痒",尤其是"把自己那些微不足道的乃至可鄙的内容鼓吹为某种绝对的东西"(TWA6,440)。但实际上,真正应当遭到鄙夷的是那种外在的、主观的合目的性,在那里,"目的"和"**手段**"(Mittel,这个术语亦意味着"中介")是彼此外在的偶然关系,反之在客观的亦即内在的合目的性那里,"手段"就是"目的"的实在化,就是实在化了的(已实现的)"目的",并且与"目的"直接合为一体。真正的合目的性是"**自身实现**",而这一点在"**生命**"和"**有机体**"里有最明确的体现。这里有一点需要预先提醒读者。很多人对黑格尔逻辑学竟然讨论"机械性"、"化学性"和"目的论"之类东西感到不可思议,殊不知,如果说《大逻辑》是整个黑格尔哲学的骨架,那么概念论的"客观性"部分则可以被看作是黑格尔**自然哲学**的骨架,正如随后的"理念"部分可以被看作是黑格尔**精神哲学**的骨架。

目的已经达到"具体的总体性",即一种与直接的客观性同一的主观性,这时概念就是"理念"。黑格尔说:"理念是**完善的**概念,即客观的**真相**或**严格意义上的真相**。"(TWA6,462)这里我们不妨回忆一下《精神现象学》序言中的那句名言:"一切的关键在于,不仅把真相(das Wahre)理解和表述为一个**实体**,而且同样也理解和表述为一个**主体**。"① "真相"——前人错误地将其译为"真理",并与后者混为一谈——就是概念,它不是一个僵死的实体,而是一个运动着的主体,现在它已经将客观性包揽进自身之内,达到与客观性的直接同一,因此是"理念"、"完善的概念"、"严格意义上的真相"等等。相应地,为了领会理念或概念的真正意义,必须采用那种包揽式的"**概念把握**"(Begreifen),而不能借助于通常所说的知性式的"**理解**"(Verstehen),因为后者仍然是一种囿于对比关系的表象活动。现在,正因为理念是概念的最高阶段,所以概念的对立统一的自由本性在理念那里有着最高程度的表现,因此黑格尔又说:"理念在自身内也包含着**最尖锐的对立**。"(TWA6,468)在这种情况下,理念分为三个由低到高的层次:1)作为统一体而直接实存着的理念或"自然精神",即"**生命**"(Leben);2)自身区分开的理念或"有限精神",即"**认识活动**"(Erkennen)和"**意愿**"(Wollen);3)当理念通过外化的意愿而把自己完全改造为一个客观世界,并且在其中认识到自己的"理念性",这就是"**绝对理念**"(Absolute Idee)。

---

① [德]黑格尔:《精神现象学》,先刚译,人民出版社2013年版,第11页。

至此我们以最粗略的方式勾勒了《大逻辑》的思维线索,这里面略过了大量重要范畴及相关的具体讨论,更不能反映出黑格尔的无比精深缜密的辩证推演。对于部分陷入黑格尔的思想迷宫而不知所措的读者,这个勾勒或许能够充当一条将他们带出迷宫的线索,但不言而喻,任何真正想要领略并学习黑格尔辩证法的人都必须长久地沉浸在其中,参与"概念的劳作",而他们也必定会亲自寻找到出路。

《大逻辑》的意义和影响

我们说《大逻辑》是黑格尔真正意义上的"代表作"(Opus Magnum),因为此前发表的《精神现象学》作为"自我意识的前进发展史"的呈现,在某种程度上仍然带有谢林《先验唯心论体系》的影响痕迹,反之《大逻辑》无论从哪方面来看,都配得上"横空出世"这一赞誉,堪称黑格尔最富有独创性、最无与伦比的著作。与《精神现象学》相比,《大逻辑》不但在本原性和精微性方面更胜一筹,而且就艰深晦涩的程度而言也有过之而无不及。外在地看,相比长期不受重视,用了20多年时间才卖完首印750册的《精神现象学》,《大逻辑》——加上后来属于《哲学科学百科全书 Ⅰ 逻辑学》(即《小逻辑》)——从一开始就被黑格尔本人及其学生视为其体系的真正基石。20世纪以来,出于多方面的原因(这里无暇展开),《精神现象学》的地位日益提升,甚至压过《大逻辑》和《哲学科学百科全书》一头,成为黑格尔在当代"最有影响的"著作,以至于就连许多业余哲学爱好者都趋之若鹜。但即便如此,真正的行家都清楚,《大逻辑》的基石地位是绝不可能被动摇的,人们无论读了多少黑格尔的其他著作,只有钻研并掌握《大逻辑》的思想之后,才有可能真正深入黑格尔哲学的堂奥。当然,我们根本就不应当在《大逻辑》和《精神现象学》之间制造出一个非此即彼的对立,难道同时研读两部伟大而深奥的著作不是一件更有意义、更有趣的事情吗?

正如之前所述,黑格尔《大逻辑》的核心精神和最大创新是通过概念的自身运动来阐明"思维与存在的同一性",进而将过去单独考察"思维"的逻辑学与单独考察"存在"的形而上学完全融为一体。在人类历史上,这是复兴形而上学的最后一次伟大努力。黑格尔并非单纯地"复古",而是立足于《大逻辑》充分阐明的"思维与存在的同一性"原则,扬弃现代精神的分裂性,重塑古代的"大全一体"(Hen kai Pan)精神,进而建立了一个庞大的、将一切处于对立和矛盾中的自然现象和精神现象统摄进来的圆融体系。这个体系是如此之圆满,以至于针对新康德主义者文德尔班的那句名言"理解康德意味着超越康德"①,新黑格尔主义者克隆纳又补充了一句名言:"理解黑格尔意味着知道黑格尔是绝不可能再被超越的。"②

遗憾的是,黑格尔虽然自命为黄昏起飞的猫头鹰,但他实际上并非处于现代精神发展的终点。毋宁说,以彻底撕裂和支离破碎为核心特征的现代精神还远远没有结束自己的发展,因此不愿意也不能够真正接受黑格尔哲学。知性思维再度统治了一切。在这个意义上,以"集大成"的面貌显现出来的黑格尔哲学反而是一种**过于超前的未来哲学**;相应地,在当代人看来,黑格尔更像是一位先知,而他揭示出的"大全一体"局面仿佛只能寄希望于不可见的未来。

因此不难理解,黑格尔去世之后立即遭到多方面的攻击,而在绝大多数情况下,这些攻击都是和对"思维与存在的同一性"原则的误解联系在一起。在所有这些批评者里,或许他曾经的精神同道谢林是个例外。谢林明确指出,在黑格尔那里:"'概念'并不是意味着一个单纯的概念——黑格尔无比强烈地抗议这种误解——,而是意味着**事情本身**。"③从这些

---

① Wilhelm Windelband, *Präludien. Aufsätze und Reden zur Einleitung in die Philosophie.* Freiburg im Breisgau 1884.S.IV.

② Richard Kroner, *Von Kant bis Hegel.* 2. Auflage, zwei Bände in einem Band. Tübingen 1961.S.6.

③ 谢林:《近代哲学史》,第152页。

言论可以看出,谢林并没有误解黑格尔,只不过他反对黑格尔用这种意义上的"概念"取代"上帝"的地位,用逻辑必然性取代上帝的自由创造。但更多的时候,谢林仍然有意无意地把黑格尔的"概念"贬低为一种主观的"思想"(Gedanke),进而质疑逻辑学的基石地位,认为它仅仅是哲学家对自然发展过程的归纳总结,仅仅是给自然哲学锦上添花,因此应当位于自然哲学"之后",然而黑格尔"在我的自然哲学之上构建他的抽象的逻辑学……这就颠倒了事情的真实关系。"[①]这是谢林的"自然辩证法"和黑格尔的"概念辩证法"分歧的关键所在,也是一般意义上的"谢林哲学"和"黑格尔哲学"的关键差异所在。在这个问题上,恩格斯的《自然辩证法》显然是继承谢林的路线。[②]

至于黑格尔的学生辈和直接追随者,已经抓不住黑格尔哲学最核心的原则,这里的一个重要标志就是他们重新割裂逻辑学与形而上学,将其分别对待,比如亨利希斯(Wilhelm Hinrichs)、埃尔德曼(Eduard Erdmann)、费习尔(Kuno Fischer)、罗森克朗茨(Karl Rosenkranz)等所谓的黑格尔右派都是如此[③]。激进的黑格尔左派则是跟随谢林的步伐,指责黑格尔哲学"脱离现实",比如费尔巴哈就认为黑格尔逻辑学是一种理性化的"神学",仅仅是现实世界在抽象思想中的重现,并且断言"黑格尔哲学根本没有超越思维与存在的矛盾"[④]。与之相反,马克思主义者始终强调"思维与存在的同一性"原则,天才的列宁更是无比重视黑格尔的逻辑学,他的《哲学笔记》,尤其是其中的《黑格尔〈逻辑学〉一书摘要》部分,对于今天我们理解黑格尔的逻辑学仍然具有不可替代的重要意义。针对《大逻辑》此书,列宁指出:"在黑格尔这部**最唯心**的著作中,唯心主义**最**

---

① 谢林:《近代哲学史》,第 166 页。

② 关于谢林对黑格尔的批评以及站在黑格尔立场上的可能回应,可参阅先刚:《试析后期谢林对于黑格尔的批评》,《哲学评论》第 20 辑(2017.10);先刚:《重思谢林对于黑格尔的批评以及黑格尔的可能回应》,《江苏社会科学》2020 年第 4 期。

③ Walter Jaeschke, *Hegel Handbuch. Leben-Werk-Wirkung*. Stuttgart-Weimar 2003, S.532.

④ Ludwig Feuerbach, *Entwürfe zu einer Neuen Philosophie*. Hrsg. von Walter Jaeschke und Werner Schuffenhauer, Hamburg 1996. S.5 und S.66.

少,唯物主义**最多**。'矛盾',然而是事实!"①遗憾的是,许多马克思主义者执着于"唯心主义—唯物主义"这一僵化的对立模式,又批评黑格尔"头足倒置",指责他把这个同一性归于"思维"而非归于"存在",因此陷入"唯心主义"的泥淖。从这一点看,他们同样没有真正理解黑格尔,而是割裂了"思维"与"存在",因为他们所理解的"存在"要么是实在的具体事物,要么是"物质",但他们没有深思,那个运动着的、用各种规律武装到牙齿的"物质"其实是一种精神性东西,而这个东西无非是黑格尔的"概念"的一个改头换面的**名称**罢了。

　　到今天,正如之前所述,由于时代精神仍然处于分裂破碎的进程,所以各种粗鄙的实在论和观念论大行其道,反之真正的形而上学已经奄奄一息,几乎没有哪一位哲学家有那个魄力和能力去恢复黑格尔将逻辑学与形而上学融为一体的伟大体系。在这种情况下,对于黑格尔《大逻辑》以及黑格尔哲学本身的研究被看作是学院式的"哲学史研究",但思想的火种恰恰在这里保存下来,等待着复燃的时机,等待着"理性的狡计"(List der Vernunft)重新展现自己的威力。另一方面,逻辑学似乎总是有着更好的运气,它虽然和从前一样门庭冷落,但靠着数理化的契机俨然已经跻身"科学"的行列,然后回过头来否认黑格尔的逻辑学是"逻辑学",殊不知这种意义上的"逻辑学"从来就不是黑格尔想要的东西。但透过那些繁复的符号和公式,从本质上来看,现代逻辑仍然是"普通的"逻辑,即那种脱离事情本身的"形式逻辑",而且继承了这种逻辑的一切缺陷和弊病。当代也有一些德国学者,比如斯特克勒-维特霍夫②和科赫③,试图在这个基础上重新诠释甚至重构黑格尔的形而上学,但由于这种逻辑的先天缺陷,他们的相关努力更像是一种南辕北辙的工作。

---

① 列宁:《哲学笔记》,人民出版社 1993 年版,第 203 页。

② Pirmin Stekeler-Weithofer, *Hegels Analytische Philosophie. Die Wissenschaft der Logik als kritische Theorie der Bedeutung*. Paderborn 1992.

③ Anton Friedrich Koch, *Die Evolution des logischen Raumes. Aufsätze zu Hegels Nichtstandard-Metaphysik*, Mohr Siebeck: Tübingen 2014.

译 后 记

　　自从新译《大逻辑》上卷（即《逻辑学 I》）出版之后，很多师友乃至一些素未谋面的读者都多次给我打电话或者写信，询问下卷何时能够面世，这些期待给了我很大的动力。实际上，我在呈交上卷译稿之后就马不停蹄地开始了下卷的翻译，但由于这期间我还同步翻译了谢林的《艺术哲学》，所以《大逻辑》下卷的翻译工作拖到今年秋天才得以完成。值本书出版之际，我首先要感谢责任编辑安新文女士一直以来对我的大力支持和特殊关照，其次感谢张梦薇同学非常耐心而细致地为本书制作了主要译名对照及索引。

　　借这个机会，我尤其希望表达对前不久仙逝的张世英先生（1921—2020）的缅怀和致敬。张先生是黑格尔研究大家，他的诸多黑格尔论著直到现在都仍然属于汉语学界黑格尔研究的必读书目。我在北大念本科和硕士的时候，张先生已经退休不再授课，因此我只知他的鼎鼎大名，却一直无缘目睹其本尊。没想到我于 2005 年从图宾根留学归来之后，恰逢年逾八旬的张先生担纲主编二十卷本《黑格尔著作集》译著，这才有机会真正结识张先生，聆听他的当面教导；更没想到的是，张先生竟然第一次和我见面就果断拍板，将重译《精神现象学》的任务托付给我。此后的十多年里，张先生一直关心我的工作进展，而我也没有辜负他的期望，在整套《黑格尔著作集》里率先完成并出版了《精神现象学》。对于这个新译本的质量，张先生是满意的，他不但多次亲口表达对我的赞许，后来更委我以重译《大逻辑》和《小逻辑》的重任。如今新译《大逻辑》全书即将付梓，而张先生已然不在人世。在这里，我想对于逝者最好的纪念，就是和诸位同仁一起继续努力,完成《黑格尔著作集》这项大业,并将张先生传承的德国古典哲学研究传统更加发扬光大。

先 刚

2020 年 12 月于北京大学外国哲学研究所

北京大学美学和美育研究中心

责任编辑:安新文
装帧设计:薛　宇

图书在版编目(CIP)数据

逻辑学Ⅱ/[德]黑格尔 著;先刚 译. —北京:人民出版社,2021.9
　(2025.6 重印)
(黑格尔著作集;6)
ISBN 978－7－01－022975－1

Ⅰ.①逻…　Ⅱ.①黑…②先…　Ⅲ.①黑格尔(Hegel,Georg Wilhelm
　Friedrich 1770－1831)-逻辑学-研究　Ⅳ.①B516.35②B811.01

中国版本图书馆 CIP 数据核字(2020)第 269047 号

逻辑学Ⅱ
LUOJIXUE Ⅱ

[德]黑格尔 著　先刚 译

人 民 出 版 社 出版发行
(100706　北京市东城区隆福寺街 99 号)

北京新华印刷有限公司印刷　新华书店经销

2021 年 9 月第 1 版　2025 年 6 月北京第 3 次印刷
开本:710 毫米×1000 毫米 1/16　印张:33.25
字数:460 千字　印数:13,001-18,000 册

ISBN 978－7－01－022975－1　定价:126.00 元

邮购地址 100706　北京市东城区隆福寺街 99 号
人民东方图书销售中心　电话 (010)65250042　65289539